LA "NUEVA NOVELA" EN FRANCIA Y EN IBEROAMÉRICA

BIBLIOTECA ROMÁNICA HISPÁNICA

DIRIGIDA POR DÁMASO ALONSO

II. ESTUDIOS Y ENSAYOS

LEO POLLMANN

LA "NUEVA NOVELA" EN FRANCIA Y EN IBEROAMÉRICA

VERSIÓN ESPAÑOLA DE
JULIO LINARES

BIBLIOTECA ROMÁNICA HISPÁNICA
EDITORIAL GREDOS, S. A.
MADRID

Depósito Legal: M. 13338 - 1971.

Gráficas Cóndor, S. A., Sánchez Pacheco, 83, Madrid, 1971. — 3637.

INTRODUCCIÓN

El título de este libro contiene una incógnita, así como una relación geográfica sorprendente a primera vista, de modo que quizá sea conveniente explicar brevemente el objeto del libro como introducción a él.

Al mencionar en el título la "Nueva Novela" no se utiliza este "nuevo" en un sentido general, sino muy específico, análogo al que tiene la denominación "Nouveau Roman" en Francia. El epíteto "nuevo" no se refiere aquí a una relación temporal (sin que se deba por esto negar que también se trata de una novedad cronológica); "nuevo" tampoco debe tomarse en el sentido de "otro", "distinto", del modo como se habla de un traje nuevo, sino que debe tener el peso de un aserto referido a la esencia. Este peso —no la significación—, sería comparable con el que tiene "nuevo" en el "dolce stil nuovo" de la lírica italiana, pero sobre todo con el "nuevo" que establece S. Pablo al hablar del "hombre nuevo". En este "nuevo" se da como premisa el abandono del hombre viejo; se trata de una renovación sustancial, no temática o de contenido, y justamente esto se da también en la "Nueva Novela".

Esta "Nueva Novela" de la que vamos a tratar abarca por ejemplo lo que a veces se llama antinovela, una denominación que yo sin embargo considero desorientadora, a pesar de que Sartre la propuso en el prólogo a *Portrait d'un inconnu* (1948) de Nathalie Sarraute y a pesar de que esta denominación contiene de hecho una componente esencial de la "Nueva Novela", justamente la liquidación de la novela vieja. Pero en el fondo dicha denominación es casi tan unilateral y, en último extremo, tan equivocada como sería querer imputar a S. Pablo haber pensado en un antihombre. Cierto que los objetivos positivos son mucho más difíciles de captar en el "Nouveau Roman" —para permanecer en el caso más perfilado de "Nueva Novela" en Francia—, que por ejemplo en S. Pablo. El malentendido consistente en no ver aquí más que una antinovela es natural, muy natural; en determinados casos no se trata siquiera de un malentendido. Pero fundamentalmente nos encontramos aquí con algo distinto, con una renovación de la novela, con una novela "nueva" en el sentido explicado más arriba, cuyo supuesto consiste sólo en evitar las estructuras de la novela vieja. Basta comprender por qué han de evitarse estas estructuras para darse cuenta de que detrás de todo hay un objetivo positivo, incluso según la tradición novelística. Las formas de la novela tradicional son consideradas irrealistas, irrealistas en un sentido mucho más profundo de lo que hubieran podido soñar los representantes de lo que suele llamarse realismo. Pues, ¿a quién se le habría ocurrido entonces siquiera respetar creativamente la existencia en sí mismas de las cosas y su desvinculación absoluta del hombre? Desde este punto de vista se encuentra la "Nueva Novela" dentro de la mejor tradición novelística, participa de una de las grandes pasiones de este género. Por lo demás, hemos de ver que una "Nueva Novela" definida exclusivamente por su antagonismo respecto de la novela tradicional casi nunca alcanza a ser una novela y, mucho menos, una buena novela. Por otra parte ha de mostrarse también que la hasta ahora sólo indicada finalidad positiva de la "Nueva Novela" encierra grandes peligros para el género.

"NOUVEAU ROMAN" Y "NUEVA NOVELA"

Este hecho se destaca con especial claridad en el caso del "Nouveau Roman", que en cierto modo puede ser considerado como modelo de la "Nueva Novela", como una especie de realidad de laboratorio en la que se muestra sin tergiversar la problemática de la "Nueva Novela" y el peligro a que el experimento la expone, pero también sus grandes posibilidades. El "Nouveau Roman" no está aislado, si bien es único en su índole dentro de toda la historia de la literatura. Al contrario, como una "cumbre" [1] de la literatura francesa actual —que, dicho a grandes rasgos, abarca de 1948 a 1959—, se articula claramente en la historia de lo que yo en un sentido más amplio llamaría la "Nueva Novela". Se trata de una cima que, con esta impronta, no sería imaginable en ningún otro país, pero se articula como algo normal en la continuidad de una evolución que naturalmente viene de lejos y que sigue adelante sin preocuparse del "Nouveau Roman" cuando éste ha quedado atrás. Esta evolución hace que las formas del "Nouveau Roman" —ahora convertidas en meras formas— queden por debajo del nivel de la gran literatura para sacarlas quizá más tarde a la luz transformadas. Efectivamente, el "Nouveau Roman" no tiene sólo antecedentes, no se articula sólo como cima y crisis en una evolución que ya en los años veinte y treinta —sobre todo en los países anglosajones—, había conducido a una "Nueva Novela", evolución que después había de experimentar una profundización y agudización en el pensamiento existencial y, más aún, en el existencialista. El "Nouveau Roman" ha sido relevado entretanto de su posición de "cumbre" y ha encontrado su sucesor en la "Nueva Novela" de Sudamérica. Ésta se encuentra a su vez dentro de la evolución general y en este momento (finales de 1967) tropieza con las mismas dificultades que, desde 1960, condujeron en el "Nouveau Roman" a la autorrenuncia de la novela. Paralelamente a estos peligros se observan nuevas y fundadas esperanzas.

---

[1] Elijo la denominación "cresta" apoyándome en los formalistas rusos. Acerca de éstos comp., en general, Victor Ehrlich, *Russischer Formalismus,* Munich, 1964, así como Boris Eichenbaum, *Aufsätze zur Theorie und Geschichte der Literatur,* Frankfurt a. M., 1965.

LITERATURA Y EVOLUCIÓN

La literatura es efectivamente una sucesión incesante de "pérdida y transformación", como dije en mi libro *Das Epos in den romanischen Literaturen* [2]; es una evolución incontenible en la que cada momento nunca se volverá a repetir, en la que cada detención y cada repetición se transforma en una pérdida de la sustancia. No existe una gran literatura de la rutina; en ella el escribir no es una propiedad de la que se pueda disponer con seguridad, aunque a veces pueda parecer así. Quien en suprema medida no vive su tiempo como momento (y al decir esto, naturalmente, no pienso en el tiempo en el sentido burgués, como algo que se encuentra uno ante sí previamente estructurado, sino en lo que —irrecuperable y único— hay entre el pasado y el futuro), quien no vive así su tiempo, si no queda estancado en el camino, queda relegado irremisiblemente.

Quien, por ejemplo, escribe en 1967 una novela que formalmente queda anclada en el año 1957, por muy bien que la escriba, habrá de conformarse con ser un epígono o el conservador de una mera forma. Su novela podrá tener éxito, podrá alcanzar grandes tiradas, pero no formará parte de la "cresta" de la literatura. Toda gran obra de la literatura es una exaltación del instante a la pureza de una validez supratemporal. Por ello es histórica en un sentido absolutamente concreto, por sí misma, como obra.

Esto se muestra muy claramente a través de la evolución de los cantares de gesta y de la novela cortesana * en Francia. Cualquier obra con relevancia estética suficientemente grande, desde la *Chanson de Roland* al *Parsifal*, se encuentra en un punto cronológicamente determinable con claridad dentro de una evolución, cuya regularidad

---

* Como se puede observar por lo que sigue, el término "novela cortesana" ("höfischer Roman") designa algo distinto a lo que normalmente se entiende por él en la crítica literaria española. Ejemplo español de este tipo de novela es el *Libro de Alexandre*. N. del T.

[2] Stuttgart 1966.

puede deducirse a partir de la comparación de los datos estructurales de varias obras. Esto tiene para la literatura medieval tanto más valor cuanto que en muchos casos la historicidad de la obra no es determinable por medio de la biografía, ya que no sabemos nada acerca del autor e incluso muchas veces no está claro siquiera si se trata de uno o de varios autores. A través del análisis estructural de la obra (incluida la infraestructura), podemos establecer con relativa seguridad a qué decenio corresponde el momento expresado en ella[3]. Lo dicho no vale sólo para la Edad Media, sino exactamente igual para la literatura del siglo XVII, por ejemplo, y no menos para la del siglo XX. También el "Nouveau Roman" es una evolución tal, ineludible, de progresión regular, en cierto grado previsible, en la que cada obra ocupa un puesto determinado. Y esto que, dado el carácter lineal de la evolución propio del "Nouveau Roman", quizá ni siquiera sorprenda, vale también para la exuberancia verdaderamente exótica de grandes novelas que representan la "Novela Nueva" en Hispanoamérica.

No me pesa confesar que, al principio, esta "selva virgen" de literatura me hacía resistirme a la idea de que pudiese reinar aquí la regularidad ineludible de una evolución. Pero los hechos me obligaron a reconocerlo. Recuerdo bien la lectura de *Los ríos profundos* de José María Arguedas en el tren que me llevaba todas las semanas de Santiago a Valparaíso, donde tenía que dar mis clases y seminarios. Por este tiempo comenzaba ya a dibujarse mi visión sintética de la "Nueva Novela" sudamericana, aunque todavía no estaba formulada. Leí el primer capítulo y miré asombrado la fecha de aparición de la novela, que hasta entonces no había incluido en mi análisis. Efectivamente, no me había engañado: la fecha era 1967, lo que naturalmente era sólo el año de la edición chilena. Pero, en cualquier caso, basándome en las costumbres editoriales, me parecía improbable que la edición original peruana (Arguedas es peruano) fuera mucho más

---

[3] Esto lo he mostrado en el congreso de la Société Roncesvals de 1967, basándome en el ejemplo de la *Chanson de Guillaume*. (Comp. mi trabajo *Romanische und gotische Kunst in den Chansons de geste*, en GRM 18, 1968). El azar quiso que estuviese presente una colega que, por un camino diferente, había fijado la misma fecha.

antigua, mientras que mis observaciones de la estructura de la novela daban como resultado una fecha "interna" entre 1953 y 1959. Este tiempo "interno" resultó ser el verdadero, como pude comprobar en seguida en el seminario al llegar a Valparaíso.

Con *Hijo de hombre*, la novela mejor y más famosa del paraguayo Augusto Roa Bastos, con *El señor presidente*, del ahora premio Nobel Miguel Ángel Asturias, con *Hijo de ladrón*, del chileno Manuel Rojas, tuve experiencias semejantes. En los dos útimos casos se aclaró la supuesta contradicción entre la fecha de aparición y la pura historicidad de la estructura al demostrarse que estas obras se habían escrito mucho antes de lo que hacía suponer la fecha de aparición.

Es de notar que estas observaciones han surgido espontáneamente en el curso de mis investigaciones. Me interesaba en primera línea hacer un análisis sin juicios previos de dos fenómenos literarios, de la "Nueva Novela" en Sudamérica y del "Nouveau Roman", fenómenos ambos que presentaban analogías y claras diferencias entre sí. Naturalmente no puedo escribir este libro con la misma falta empírico-fenomenológica de juicios previos, ya que le antecede de modo natural el "saber ya". Pero también aquí hemos de ocuparnos en primer término de las novelas concretas, hemos de enfrentarnos objetivamente con cada obra con los menos juicios previos posibles. Se ha de incitar en este libro a ir a las mismas fuentes, a trabajar científicamente en este campo tan amplio y productivo que podría ofrecer material para el análisis tanto a los lingüistas como a los críticos literarios, pues la literatura vuelve a ser aquí claramente lo que en el fondo no ha dejado de ser nunca: lenguaje.

Quiero expresar aquí mi especial agradecimiento a las instituciones y a los investigadores que han favorecido la realización y la pronta conclusión de este estudio, al Instituto Iberoamericano de Berlín, al Instituto de Investigación Iberoamericano de Hamburgo, a la Universidad Técnica de Berlín, a la Universidad Católica de Valparaíso y a mis colegas y amigos Narciso Costa, José Leopoldo Decamilli, René Jaral, José Promis, Orlando Pugliese y Hugo Montes.

Berlín, marzo de 1968.

I

SOBRE LA TEORÍA Y LA PRÁCTICA DE LA NOVELA

NUEVA NOVELA — NOVELA "ANTIGUA" — NOVELA

Al hablar de una nueva novela, nos distanciamos implícitamente de una novela "antigua". Sin embargo, conservamos la expresión novela, lo que de modo manifiesto indica que el género como tal ha de mantenerse: se quiere escribir novelas. Incluso aunque quisiéramos tener en cuenta la expresión antinovela, pese a que dicha expresión no se utiliza seriamente ni en el "Nouveau Roman" ni en la "Nueva Novela" de Sudamérica, tendríamos que consignar el hecho de que tampoco en este caso, pese al principio de contradicción, se renuncia a la palabra novela. Al contrario, la palabra se venga con éxito del prefijo que se le ha antepuesto, pues una antinovela es una novela que se define justamente por su relación a aquello que es la novela.

Es por tanto ineludible aclarar por de pronto lo que es una novela. En la búsqueda de definiciones hemos de contar ciertamente con que éstas se apoyan exclusivamente en la novela "antigua", de tal modo que, dado el caso, será necesaria una ligera corrección y abstracción para conseguir una localización de la novela por antonomasia.

UN GÉNERO LITERARIO MAL CONOCIDO

Sin embargo, no nos encontraremos a menudo en este apuro, pues respecto a una definición de la novela nos dejan en la estacada las autoridades que en otros casos son dignas de crédito.

Así, por ejemplo, Aristóteles no tiene en cuenta en absoluto la novela en su *Poética*. Divide la literatura en tres géneros fundamentales: Épica, Lírica y Dramática, y no menciona la novela. Por otra parte, no es difícil adivinar en cuál de estos géneros podría encuadrarse la novela, pues concuerda en algunos de sus atributos decisivos con la Épica. Si, según Aristóteles, la Épica es narración, también vale esto para la novela; si la Épica se diferencia de la Tragedia por la extensión, si desconoce la limitación temporal, también vale esto para la novela. La proximidad del parentesco la muestran por ejemplo las novelas medievales francesas en verso, llamadas novelas de tradición clásica, que eran traducciones de epopeyas de la Antigüedad, clásica o tardía. Hasta qué punto no se pensaba en derivar de estas novelas un concepto de género literario, se desprende de la misma palabra "roman", que ciertamente sólo expresaba que se trataba de una traducción a la lengua vulgar (*romanice*): "metre en romanz", "traducir al románico", significaba al propio tiempo "escribir una novela". Con la palabra "roman" no se asociaba una idea estructural ni de contenido de leyes de géneros literarios. Incluso en el caso del maestro de la novela francesa medieval, Chrétien de Troyes, se mantiene aún tan viva esta significación de "reproducir en lengua vulgar" exclusivamente, de "narrar" lo ya dicho de antiguo, que, aun en los casos en que de modo manifiesto supera soberbiamente a sus fuentes, nos afirma que sólo narra por encargo un tema previamente dado. Se podría pensar casi que se trata de una especie de justificación de algo que, de por sí, como género literario propio, no era justificable. En cualquier caso, Chrétien de Troyes está tan lejos de pensar en una poética de géneros literarios como cualquiera de sus contemporáneos, pese a que él, por otra parte, se preocupó de otros conceptos importantes de la teoría literaria, como tema (*matière*), sentido (*sens*) y estructuración (*antancion*) [1]. Ni "romanz", ni los conceptos más o menos intercambiables de *conte* (narración) y *estoire* (argumento) parece que hayan sido para él términos fijos dentro de una teoría de los géneros literarios. Y esto a pesar de que la novela en verso alcanzó por la pluma de Chrétien una altura que sólo había de alcanzar de nuevo la novela —pasajeramente—, con la picaresca española y —definitivamente—, en el siglo xix. Por otra parte, esta "apertura", esta carencia de precisión con que desde un principio se muestra el concepto novela, es característica de este género abierto que, como casi podría decirse, no pertenece a ningún género, y que por lo demás en el siglo xii está a mitad de camino entre la epopeya y lo que la novela va a significar en su sentido moderno. Así, por ejemplo, no vale para esta novela en verso la definición de Kayser: "La narración del mundo total en un tono elevado se llama epopeya, la narración del mundo privado en un tono privado se llama novela" [2].

La dificultad para definir este género y encuadrarlo en el canon de los géneros literarios, lo peligroso que puede resultar para la novela el que alguna vez se logre adjudicarle el status de género auténtico con leyes rígidas, se muestra, por ejemplo, en el Renacimiento y en la novela neoaristotélica. En estos casos se entendió la novela como una epopeya en prosa y se le aplicaron las leyes aristotélicas para la Épica, mientras que, por el contrario, teóricos como Giraldi y Pigna intentaron defender frente a estas reglas constrictivas la epopeya renacentista, *El Morgante* de Pulci, el *Orlando enamorado* de Boyardo y, sobre todo, el *Orlando furioso* de Ariosto, elevándolos a través de

---

[1] Sobre esto, últimamente, F. Douglas Kelly, *Sens and Conjointure in the Chevalier de la Charrette*, París, 1966.

[2] Wolfgang Kayser, *Das sprachliche Kunstwerk. Eine Einführung in die Literaturwissenschaft*, 12.ª ed., Berna-Munich, 1967, pág. 359. (Trad. esp. de Maria D. Mouton y V. García Yebra, *Interpretación y análisis de la obra literaria*, 4.ª ed., Madrid, Gredos, 1965).

la expresión "romanzo" (es decir, novela propiamente) a constituir un género independiente [3].

Aparte de que careciera de éxito, esta última iniciativa es interesante como tal, y es digno de atención el hecho de que se llevase a cabo a partir de un objeto inadecuado, a partir de obras que de ningún modo deberían calificarse como novelas. La novela misma siguió siendo algo desconocido, incluso al surgir en España un segundo tipo vigoroso de novela, la picaresca, y al elevarla Cervantes a principios del siglo XVII con su *Don Quijote* a un grado supremo de expresión artística. Lo que se realizó, sin embargo, en orden a un conocimiento de la estructura de la novela fue desorientador, más bien paralizante que promotor, pues después de la teoría neoaristotélica de la novela, proclamada en 1639 por La Mesnardière en Francia, sólo quedaba la posibilidad del mundo artificioso y juguetón de la novela heroico-galante [4]. Y casi parece como si Cervantes hubiese sentido poco antes de su muerte el peso de la conciencia neoaristotélica y hubiera querido aligerarlo en su última obra, no acabada del todo, *Los trabajos de Persiles y Sigismunda.*

Quien espere encontrar en el siglo XVIII la gran respuesta, la por fin conseguida visión de las grandes posibilidades de la novela y de

---

[3] R. Koskimies, en su *Theorie des Romans*, Helsinki, 1935, págs. 137-38, no hace bien al valorar las opiniones teóricas de Giraldi y Pigna acerca del "romanzo" como distinciones entre epopeya y novela, pues, estrictamente, no tienen nada que ver con ello.

[4] Una excepción es P. D. Huet que, si bien no da una definición aceptable de la novela en su *Traité de l'origine des romans* ("Des histoires feintes d'aventures amoureuses, écrites en prose avec art, pour le plaisir et l'instruction des lecteurs"), por lo menos indica que la novela se distingue de la epopeya en verso por una fundamental y profunda diferencia de carácter. Muy extendida estaba, por último, una tercera postura frente a la novela, la de la simple enemistad (piénsese en Cyrano de Bergerac, *Lettre contre un liseur de romans*, 1663, en Boileau, *Dialogue sur les héros de roman*, 1665, o en Langlois, *Le tombeau des romans où il est discouru. I: Contre les romans. II: Pour les romans*, 1626, donde se esfuerza el autor en dar directrices de "verdad" y "naturalidad" para unas posibilidades auténticas de novela). Para más detalles vid. R. Koskimies, *Theorie des Romans*, páginas 140 sigs.

sus leyes o carencia de ellas, se encontrará con una nube de juicios
y escritos teóricos, pero aún habrá de esperar largo tiempo hasta encontrar una respuesta sobre la esencia y la estructura de la novela.
Pese a que a principios de siglo un periodista ocurrente (Le Noble)
compare la novela con las cambiantes modas de los sombreros, pese
a que se haga la proposición de limitarla a una extensión de una a
dos horas de lectura, pese a que una y otra vez se procure establecer,
con contenidos cambiantes, módulos como "lo verosímil", "la verdad"
o "la imagen fiel de la vida humana", pese a que se apele, en fin, a la
probada apología sobre la interpretación moralizante para defender la
novela contra sus enemigos, pertenecientes sobre todo al clero, pese
a que Montesquieu en *De l'esprit des lois* dé una justificación indirec-
ta del género como fiel a la historia (las novelas de caballerías nos han
proporcionado la visión de épocas pretéritas, libro 28, cap. 23) [5], a
pesar de todo esto en ninguna parte se vislumbran las leyes propias
de la novela, aun cuando Francia ofrezca ya en el siglo XVIII novelas
aisladas importantes. (Ya hemos visto que de ningún modo existe
relación cualitativa entre novela y teoría de la novela). Por doquier
sigue vivo en el fondo algo de neoaristotelismo, aunque por otra parte
no acuse ya la fuerza de una visión sistemática.

EL BALANCE POSITIVO

Mientras se mantuvo en vigor este criterio estático, normativo, fue
imposible acercarse a la esencia de la novela, llegar a una teoría de la
novela adecuada a su objeto. Lo único que podía servir era la unión
de una consideración normativo-definitoria y al mismo tiempo histórica, lo que, adelantándose en mucho a su tiempo, había realizado
Giambattista Vico ya en 1730 en sus *Pricípi di una scienza nuova* y

---

[5] Acerca de todo esto vid. Werner Krauss, *Zur französischen Roman-
theorie des 18. Jahrhunderts. Nachahmung und Illusion*, editado por H. R.
Jauss, Munich, 1964, págs. 60-71. Ahí se encuentran también las indicaciones
citadas.

que hasta Hegel no habría de cobrar su justa vigencia. Anteriormente se habían dado, sin embargo, dos pasos decisivos, que supusieron importantes premisas para el conocimiento de la esencia y la estructura de la novela y que por fin nos permiten llegar al balance positivo en nuestra búsqueda de una definición. En 1774 Chr. Fr. Blankenburg desliga la novela de su funesta vinculación con la epopeya y establece una antítesis tajante epopeya-novela en su obra *Untersuchungen über den Roman*. Su distinción, que por otra parte no encontró al principio continuación, es ciertamente demasiado tajante [6], pero útil. Según él, la epopeya está dominada por un estilo del acontecimiento y tiene un carácter "burgués" (es decir, suprapersonal, "público"), mientras que la novela no se ocupa de los acontecimientos, sino de los destinos humanos, de los caracteres que reproduce.

La diferenciación no tiene un valor absoluto, pero ya apunta a la mencionada división de Wolfgang Kayser (mundo total-mundo privado), al tiempo que contiene ya algo de la significación del concepto "suceso", con que Hegel caracteriza la acción en la epopeya.

El segundo paso, por lo menos tan importante como el primero y, respecto a su repercusión, más significativo, lo da Schiller en su correspondencia con Goethe, un paso que, por otra parte, no concierne directamente a la novela. En dicha correspondencia se deduce una ley estructural decisiva de la epopeya, al tiempo que se crea un importante presupuesto para la comparación de las estructuras de novela y epopeya. Schiller dice: "La autonomía de las partes constituye una

---

6 Koskimies, *Theorie*, págs. 74 sigs., puede referirse a Jonas Fränkel (*Das Epos*, en *ZÄ* 13, 1918, págs. 21-55) y a Hermann Oesterley (*Die Dichtkunst und ihre Gattungen*, 1870), que llevan a cabo una distinción rigurosa. Koskimies mismo parece simpatizar con este punto de vista, sólo plausible por motivos históricos y específicamente heurísticos, mientras que no quiere dar mucha importancia a Hegel, por ejemplo, que subraya la unidad de ambos géneros como épica (págs. 145 sigs.). Sin duda malentiende Koskimies aquí el peso de las respectivas manifestaciones, y tampoco parece darse cuenta de lo claramente que diferencia Hegel ambos géneros, pese a su unidad, pues él mismo aduce la cita correspondiente (comp. págs. 19-20 de este estudio), sin comprender su significado.

característica fundamental de la poesía épica" [7]. Si a esto añadimos algunas definiciones importantes, y no menos conocidas, contenidas en la redacción definitiva de la *Estética* de Hegel, de hacia 1820, las afirmaciones de que una epopeya es una "totalidad unitaria", de que su contenido describe "la totalidad de un mundo", de que también sus héroes poseen este carácter de totalidad, de que la amplitud es propia de la epopeya, podemos decir ciertamente que se ha llegado con esto a algo esencial para el conocimiento de las leyes genéricas de la epopeya específica. Todavía Emil Staiger pudo partir con éxito de estos resultados en sus *Grundbegriffe der Poetik*, si bien consumó la desestimación de la novela, ya casi convertida en regla, al no considerarla en absoluto.

Tampoco Hegel presta demasiada atención a la novela; a él le interesa sobre todo el trío Épica-Lírica-Dramática, pero por otra parte suministra, de paso, por así decirlo, una "teoría de la novela" a la que aún Georg Lukács debe mucho, y que puede considerarse como válida y vigente hasta el día de hoy. Hegel expone que "en la moderna epopeya *burguesa*" por una parte se mantiene totalmente de nuevo "el amplio trasfondo del mundo total", pero falta en ella "el estado universal *originariamente* poético de que surge la epopeya propiamente dicha": "La novela en sentido moderno supone una realidad previamente ordenada en *prosa*, sobre cuya base después, dentro de su órbita... rescata para la poesía, en cuanto esto es posible, dado tal presupuesto, su perdido derecho. Una de las colisiones más frecuentes y que más se ajustan a la novela es, por tanto, el conflicto entre la poesía del corazón y su antagónica prosa de las circunstancias" [8].

Por fin tiene lugar aquí la visión decisiva de lo que separa la novela de la epopeya, sin que por ello se establezca una antítesis tajante entre los géneros literarios: mientras que la epopeya presupone la totalidad, mientras que en ella el héroe es uno consigo mismo,

---

[7] A Goethe, 21 de abril de 1797.
[8] Hegel, *Ästhetik*, con una introducción de G. Lukács, publ. por Fr. Bassenge, Frankfurt, s. a., tomo II, pág. 452.

"todavía no se han disociado la voluntad y el sentimiento" [9], y el sentimiento y la acción constituyen en ella una unidad inmediata, expresión de un estado universal no quebrantado; mientras que, por lo mismo, domina en la epopeya una "autonomía de las partes relativamente grande" [10] (la adición de "relativamente", frente a la afirmación de Schiller, es muy oportuna), una autonomía que es ahora comprensible en el fondo de su esencia, pues es confirmación y expresión de la totalidad previamente dada y reflejada por ello ya en la parte; mientras que la epopeya contiene así en su fragmento más pequeño el apriori del todo, surge la novela justamente de la pérdida de este apriori y de esta unidad. En ella se decide en el transcurso de la narración si es alcanzable todavía esa totalidad de un estado universal que presta sentido a lo singular. Esta totalidad, ahora no preestablecida, se intenta conseguir en la novela narrando, decidiéndose en cada caso y sobre una base individual su posibilidad o imposibilidad. Parsifal, para citar un ejemplo de la novela cortesana del siglo XII, no es un héroe terminado que abarque en sí todos los rasgos. Tanto es esto así que Chrétien de Troyes al principio no le da siquiera nombre. De Don Quijote nadie podrá decir que las fantásticas curvas y círculos de su actuar respondan a la unidad de voluntad y sentimiento. Julien Sorel, finalmente, parte de tal modo de un estado universal poético perturbado que Hugo Friedrich puede ver en él, como "sujeto ideal", "la situación angustiosa de los espíritus idealistas en la sociedad francesa de la Restauración" [11].

LAS DOS CARAS DE LA MONEDA

La tan citada frase de Stendhal "Un roman est un miroir qui se promène sur une grande route. Tantôt il reflète à vos yeux l'azur des

---

[9] Ibíd., pág. 408.
[10] Ibíd., pág. 407.
[11] Hugo Friedrich, *Drei Klassiker des französischen Romans*, Frankfurt, 5.ª ed., 1966, pág. 55.

cieux, tantôt la fange des barbiers de la route" (*Le Rouge et le Noir*, cap. 49) ha de tomarse en serio como imagen en dos aspectos. Por un lado porque habla de un espejo que ha de recoger la realidad sin contemplaciones ni distingos, pero también porque se habla de un camino, sobre el que se mueve este espejo. Aunque a Stendhal no le interesara más que el primer aspecto (en otro lugar dice: "On ne peut plus atteindre au vrai que dans le roman" [12], es digno de tenerse en cuenta también el aspecto del camino, que, quizá inconscientemente, se recoge en la imagen. Ninguna novela es simplemente espejo de la realidad, sino que lo es desde la continuidad —relativa, que incesantemente se está quebrando—, de un camino que el escritor establece, y en el que la totalidad o la experiencia de la imposibilidad de esa totalidad resulta sólo de la novela completa. El "sujeto ideal", para seguir con el ejemplo de *Le Rouge et le Noir*, no se encuentra en el detalle (mientras que en la *Chanson de Roland* la unidad del héroe con su mundo y su ideal están dadas previamente casi en cada parte), sino que sólo se manifiesta completamente al final, cuando Julien Sorel ha terminado su camino. Es posible que se pueda percibir ya antes, a través de situaciones concretas, pero como "sujeto ideal" sólo entonces se presenta.

En lo que se refiere a la "realidad cotidiana" como sujeto de *Don Quijote*, tampoco se expone ésta en el fondo, sino que resulta sólo del continuo quebrarse del camino que lleva Don Quijote, y este camino lo realiza conjuntamente el lector de un modo continuado. El *Quijote* es una parodia de los libros de caballerías, pero su acción permanece, contemplada desde un punto de vista formal, dentro del esquema del tipo de novela que se quiere reducir al absurdo. Aunque por ello sea tentador —y hasta cierto punto justificado— considerar el *Quijote* como la primera novela moderna [13], una afirmación tal es un poco

---

[12] *Mélanges littéraires*, II, pág. 417.
[13] Kayser, *Kunstwerk*, pág. 362, ve en *El Quijote* la fundación de la novela moderna en tanto que en él se da una novela de personajes, y además porque en él aparece un narrador personal como intermediario (comp. W.

arbitraria, pues traza fronteras donde todo fluye. Toda buena novela, toda novela que esté en la "cresta" de la literatura, es "moderna" en relación a las que le preceden [14], y esto vale tanto para Chrétien de Troyes como, en el siglo XVII, para la obra de Charles Sorel, llamada expresamente "antinovela", *Antiroman ou l'histoire du berger Lysis* (1631); es válido tanto para *Eugénie Grandet* como para cualquier "Nouveau Roman" (y no sólo para el "Nouveau Roman" como fenómeno global). Pero también es válido para todas aquellas novelas que se encuentran dentro de la evolución total del género, y cuya esencia, por muy "modernas" que sean, sigue siendo la de una novela. La novela es un género literario muy libre, podría decirse que no pertenece a un género literario, del que ya Thibaudet decía con razón que tiene su origen en la negación de las novelas precedentes. Así establecía Balzac en la introducción a la *Comédie humaine* (1842) que en la novela todas las formas son admisibles (y la historia del género muestra hasta qué punto es esto verdad). Por otro lado no debería, sin embargo, inferirse de esto que la novela es indeterminable como género literario, que en cada caso nos encontramos con algo nuevo, que no existe en absoluto la *Novela,* sino sólo novelas. En otras palabras, la "teoría de la novela" no es una cuestión desahuciada que hubiera que arrinconar necesariamente en el refugio de la tipología y de las investigaciones acerca de la técnica, antes bien, como después de Hegel puede apreciarse de nuevo claramente en Georg Lukács, es una empresa interesante y llena de perspectivas para el dialéctico, que posibilita y sugiere conclusiones que van más allá de su propio campo de investigación. La condición para ello es, desde luego, liberarse de

---

Kayser, *Entstehung und Krise des modernen Romans*, Stuttgart, 3.ª ed., 1963, pág. 17). Habría que precisar ambas cosas para que esto llegara a convencer, en comparación, por ejemplo, con Chrétien de Troyes.

[14] Carl Vossler desarrolló ya brevemente esta idea en *Der Roman bei den Romanen*, en *Aus der romanischen Welt*, Karlsruhe, 1948, págs. 111 siguientes. El artículo, por lo demás, es un ejemplo retrasado del no tomar en serio la novela como gran género literario.

un pensamiento normativo o exclusivamente normativo, pues la novela no es, en efecto, una realidad normativa [15].

LOS AÑOS 1914-1916

Quizá no sea casual que Georg Lukács escribiera su *Theorie des Romans* en los años 1914-15, en los años en que la novela, después de los tiempos de esplendor del siglo XIX, se enfrentaba a una grave crisis que suponía al mismo tiempo el descubrimiento de nuevas posibilidades para ella. Son justamente los años en que Proust comenzó a escribir *À la recherche du temps perdu*, el primer manifiesto estético de esta crisis y de este nuevo horizonte. Como tan a menudo sucede, queda libre la visión para contemplar la esencia sólo en el momento del peligro. No en vano es éste el momento en que a causa de la Primera Guerra Mundial tienen lugar una fuerte escisión y una violenta conmoción. Son éstos también los años en que se crea la escuela de los formalistas rusos, escuela que alcanza su apogeo a comienzos de los años veinte y cuyo significativo arranque consiste en una ruptura con el pensamiento estático-normativo y en la unión de un análisis estructural de las obras con un criterio evolutivo. No en último extremo son éstos también los años en que Ferdinand de Saussure intentó superar la escisión entre lingüística sincrónica y diacrónica en su *Cours de linguistique générale* (Lausana, 1916) y en los que Einstein estableció la teoría general de la relatividad. Por último, son estos los años que preceden inmediatamente a la revolución proletaria en Rusia (1917). En todas estas manifestaciones se abre camino un pensar o un crear que suprime las normas en su validez absoluta y las revisa y esclarece en el proceso dinámico de un análisis histórico, lo que quiere decir dialéctico. Así, Georg Lukács, cuya *Theorie des Romans* nos interesa aquí, llega a una unión íntima de criterio histórico y cate-

---

15   Algo similar subraya W. Pabst en su resumen de la bibliografía pertinente (*DVjS* 34, 1960, págs. 264-289).

górico en el ámbito de una determinación de la esencia de la novela. Lukács intenta captar la persistencia dentro del cambio, la *Novela* entre las novelas, si bien de modo bastante abstracto y apenas encuadrable en estructuras de obras concretas.

LA TEORÍA DE LA NOVELA

Lukács reconoce, partiendo de Hegel, que entre epopeya y novela se puede establecer una separación ateniéndose a hechos de filosofía de la historia: "La novela es la epopeya de una época para la que la totalidad extensiva de la vida no está ya dada de un modo manifiesto, para la que la inmanencia vital del sentido se ha hecho problemática, pero que, sin embargo, todavía está orientada hacia la totalidad" [16]. Con ello destaca Lukács una importante característica estructural y dinámico-genérica: "La epopeya da forma a una totalidad vital de por sí cerrada, la novela intenta descubrir y construir, dándole forma, la totalidad oculta de la vida" [17].

La novela es, pues, frente a la epopeya, un género constructivo. Intenta "construir... la realidad oculta" "*dándole forma*", es decir, como complejo formal que se configura y que el escritor establece. También es importante el presupuesto de que surge esta voluntad de construir: el no encontrarse ya dentro de un complejo ideológico consabido. La constructividad de la novela no puede pues equipararse en modo alguno a una fe ingenua, antes al contrario es, sobre todo, la expresión de una crisis oculta, a veces también confesada, señal del "desamparo trascendental" [18]. El protagonista de la novela es, por esto, un héroe problemático, que resulta de su "ser extraño respecto del mundo exterior" [19]. La "forma interna" de la novela es, como sigue

---

[16]　Georg Lukács, *Die Theorie des Romans*, Neuwied-Berlín, 2.ª ed., 1963, pág. 53.
[17]　*Ibíd.*, págs. 57 sigs.
[18]　*Ibíd.*, pág. 35.
[19]　*Ibíd.*, pág. 64.

formulando Lukács, "el peregrinar del individuo problemático hacia sí mismo, el camino que va desde la oscura confusión dentro de la realidad que simplemente existe, heterogénea en sí, carente de sentido para el individuo, hacia el claro conocimiento de sí mismo" [20].

En este punto habría que hacer sin embargo algunas limitaciones a Lukács, pues el camino del individuo no tiene por qué conducir necesariamente "de la oscura confusión" al "claro conocimiento de sí mismo", no obstante esta definición podría valer aún para un "nouveau roman" como *La Modification* de Michel Butor, por ejemplo. Al final de la novela no se encuentra necesariamente lo que Lukács llama "mera visión del sentido" y lo que Lucien Goldmann califica de "trascendencia vertical" [21]. Con otras palabras, el camino del individuo en modo alguno está fijado, en virtud del género literario elegido, en el sentido de un desarrollo positivo, si bien es verdad que en las grandes novelas tradicionales se encuentra con mucha frecuencia tal esquema estructural [22]. Al decir Lukács que el "principio y el fin del mundo de la novela" son "jalones cargados de sentido de un camino claramente delimitado" [23] no hace otra cosa sino absolutizar la estructura de algunas novelas "clásicas", considerándola como típica de la novela por antonomasia. ¿Dónde estaría el desarrollo hacia el "claro conocimiento de sí mismo" en la novela helenística, por ejemplo? ¿Dónde lo encontraríamos en *Don Quijote*? La muerte edificante de Don Quijote, su confesión "purificadora" de que, en adelante, va a sentir aborrecimiento contra los libros de caballerías no es el "jalón de un camino claramente delimitado", sino una retractación que le imponen las circunstancias. Un Don Quijote sano, como el del final de la primera parte, hubiera preferido sin duda salir en busca de nuevas "hazañas". Por lo que se refiere a la postura del narrador, éste la ha expresado inequívocamente desde el principio, pues desde la primera

---

[20]   *Ibíd.*, pág. 79.
[21]   Lucien Goldmann, *Pour une sociologie du roman*, París, 1965, páginas 20 sigs.
[22]   Sobre esto, vid. René Girard, *Mensonge romantique et vérité romanesque*, París, 1961, *passim*.
[23]   Lukács, *Theorie*, pág. 80.

página ha desilusionado ininterrumpidamente el mundo del protagonista por medio de comentarios de palabra y de obra.

En este punto ha caído Lukács en la tentación de una constricción normativa de la novela. La novela es un género literario constructivo, pero no tiene por qué construir necesariamente de un modo
rígido y continuado, sino que su carácter propio consiste justamente
en la unión de la constructividad de un camino y la libertad de dirección y medios. Un género literario en cuya esencia está el querer
construir la *totalidad* oculta necesita forzosamente también la *libertad*
en el construir. No puede, a no ser sólo en una medida ínfima, so-
meterse a la estructura de un camino articulado de modo fijo, si no
quiere perder lo que le es propio, su estar referido al todo.

Esta libertad de la dirección, que lo es al propio tiempo de las
formas, puede estar limitada en el caso concreto del tipo de novela
o de la novela singular. Así por ejemplo en el caso de la novela cortesana, que en Chrétien de Troyes (lo que equivale a decir en el caso
de su mayor perfección) tiene un carácter de camino continuadamente
constructivo [24] y que también formalmente delata este carácter, en
tanto que está ligada al apriori de una estructura formal, a los octosílabos emparejados. Así sucede también en la novela heroico-galante,
que ha de ajustarse a unos patrones, a unas leyes concretas. Pero re-
currir a éstas y a otras formas extremas de la novela para obtener una
definición es tan injusto como lo sería, en el caso contrario, considerar
estas posibilidades como ajenas al género, llevados de una intransi-
gencia en la libertad.

Por ello hay que tener en cuenta esta libertad, pese a toda constructividad, al intentar dar una definición de este género literario. La
frase de Wolfgang Kayser sobre "el mundo privado en tono privado"
es ciertamente sugestiva y certera para un gran número de novelas,
incluso podría decirse que para casi todas las novelas tradicionales,

---

[24] Comp. mi estudio *Chrétien de Troyes und der Conte del Graal*,
Beihefte zur *ZrPh* 110, 1965, 2.ª parte, así como el tercer capítulo de mi
libro citado *Das Epos in den romanischen Literaturen*.

pero al tiempo es peligrosa porque fija normativamente a la novela, mientras que, pese a todo, hay novelas, posibles y ya existentes, que se rebelan contra ella, o que sólo con dificultad se doblegan a ella. El mundo de la novela cortesana o alegórica, p. e., no es un "mundo privado". A la posible objeción de que éstas no son novelas en el sentido propio de la palabra se puede oponer que hay un gran número de novelas distintas que tampoco se ajustan a dicha definición, por otra parte buena en el fondo y, en cualquier caso, útil. Con seguridad no hubiera llamado Balzac *Comédie humaine* a su obra, si sus personajes fueran simplemente privados, como también *La Condition humaine* de Malraux deja ver ya en el título una ponderación distinta. Un mundo como el de Miguel Ángel Asturias en *El señor presidente*, como el de Ernesto Sábato en *Sobre héroes y tumbas*, como el de Beckett en *Comment c'est* o también en *Molloy* difícilmente puede caracterizarse de modo satisfactoriamente como "mundo privado". En *El señor presidente* se trata justamente del conflicto entre mundo privado y público, y este conflicto está trazado de manera que también el "mundo privado", en virtud de su carácter peculiar, se "eleva" a constituir un factor del mundo público y, con ello, se convierte en mundo público en absoluto. Asturias da forma al mundo público de un estado totalitario.

Podría objetarse que *El señor presidente* es entonces una epopeya, como también podría afirmarse que en Balzac se dan condiciones importantes de la epopeya [25], pero la diferencia decisiva respecto a la epopeya, la que Hegel y Lukács han puesto de relieve, sigue existiendo y se muestra de nuevo como la única "definición" resistente —es decir, universalmente aplicable—, de la novela: *El señor presidente* es una novela porque en ella la totalidad de esta nación sólo se experimenta y se construye al narrar, porque dicha totalidad no es el apriori intocable y no declarado de un estado universal, sino la realidad de un poder, experimentada en el curso de la narración, ante el

---

[25] Friedrich, *Drei Klassiker,* pág. 19. Algo semejante podría decirse también de *La Peste* de Camus (comp. Pollmann, *Epos,* págs. 168 sigs.).

que se destroza el mundo privado, de un poder que sólo en las últimas páginas hace doblegarse a la figura originariamente "pública"
del ministro Miguel Cara de Ángel, que había intentado crearse un
mundo privado a través del amor.

No puede, pues, decirse por otra parte que el "mundo privado"
permanezca en silencio en *El señor presidente,* pero ya no define el
género literario de modo decisivo. Si pensamos en *Comment c'est*
vemos que el yo de esta novela no es "privado" ni "público", está
antes de toda diferenciación, es juego divino [26] de una conciencia pura,
o, mejor dicho, casi pura. Y, en el fondo, es esto igualmente válido
para las figuras novelescas anteriores de Beckett, para Moran y Molloy
que, como todos los personajes de Beckett, pueden ser entendidos
como desdoblamientos y últimas posibilidades de un único yo. Tanto
el mundo privado como el público proceden, por el contrario, de la
firme identidad del personaje. Y nadie podrá negar que *Molloy* es una
novela (en el caso de *Comment c'est* podrá haber diversas opiniones
al respecto), y, además, una gran novela.

Por tanto no me parece posible, en último extremo, una determinación objetiva del mundo de la novela, aun cuando en gran parte sea
acertada, y esto por un motivo fundamental de la teoría de la novela:
como género literario referido a la totalidad se "define" la novela,
considerada potencialmente, por la referencia objetiva al todo. Por
tanto no puede —por definición—, ser definida por medio de su objeto. Lleno de posibilidades me parece, sin embargo, el intento de
llegar a una determinación detallada de lo que es la novela y lo que
la caracteriza por medio de la temporalidad y del modo de mediatez.
Esto es así por tratarse con ello de intentos que parten de la con-
genialidad de la novela y la epopeya en cuanto que ambas son poesía
épica y que pretenden diferenciarlas dentro de esa comunidad del
género literario fundamental. Éste es también el punto de partida de
Hegel y Lukács. Epopeya y novela son ambas mediatas, ambas están

---

[26] Comp. más adelante la interpretación de *Comment c'est,* págs. 306
y siguientes.

ligadas a un narrador, pero, por otra parte, cualquiera se da cuenta
de que en la novela el narrador y la situación narrativa son distintos
que en la epopeya. De nuevo fue Kayser quien dio una afirmación
importante sobre el particular, bien que necesitada de aclaración, al
decir que en la novela habla un narrador personal [27]. Con esta afirmación tiene Kayser un acierto esencial que sólo necesita renunciar a su
carácter normativo [28] y no ser considerado tan concretamente para
tener validez general. Efectivamente, que detrás de una novela hay
en cada caso un narrador personal que, del modo que sea, impregna
toda la obra, es sin duda exacto. Pero esta presencia del narrador personal no tiene por qué ser inteligible, ni siquiera sensible, sobre todo
no ha de serlo en el detalle, pues esta presencia es la de una reflexión
que se exterioriza ya directamente, ya indirectamente, posiblemente
también por medio de la abstención. "Tener que reflexionar * es la
más profunda melancolía de toda novela auténtica y grande" [29], dice
Lukács, y podría añadirse que al mismo tiempo es la exigencia bajo
la que está el lector de toda novela auténtica. El poeta que escribe
una epopeya nos participa lo que yace en sí mismo, lo objetivo o, al
menos, lo que se cree tal. El novelista en cambio nos participa una
problemática y un camino, por muy objetivo que quiera presentárse-
nos. Su reflexión está por ello incluida necesariamente en la novela.
El monólogo íntimo, para tomar el ejemplo más craso de lo que podría
considerarse como ausencia del narrador personal, significa, desde este
punto de vista, sólo un caso extremo de su presencia como reflexión,
esto es, el caso de la mencionada abstención consciente. El monólogo
íntimo es, por parte del narrador, una especie de contención, un es-
cuchar el pulso de un pensar liberado, y una contención tal sólo es
posible para una conciencia sumamente reflexiva. La novela se en-

---

[27] Kayser, *Kunstwerk*, pág. 359.
[28] Con razón se escandalizó Franz Stanzel de esta pretensión normativa
(*Die typischen Erzählsituationen im Roman*, en *Wiener Beiträge zur engl.
Philol.* 63, Viena-Stuttgart, 1955, pág. 4).
[29] Lukács, *Theorie*, pág. 84.
  * "Reflektieren", "reflexionar", en sus dos sentidos etimológicos, disocia-
dos en castellano en "reflejar" y "reflexionar".

cuentra aquí plenamente en la línea que Lukács tiene en la mente cuando dice: "La novela es la forma de la hombría madura"[30].

Con este tener que reflexionar, pero también con la diferenciación fundamental entre epopeya y novela como totalidad e intención de totalidad, están también ligados, en fin, tiempo y espacio en la novela y la epopeya. En la epopeya son ambos naturalmente algo previamente dado que yace en sí mismo, algo de lo que no se hace cuestión y que no se siente expresamente como condición. La novela, por el contrario, como intención de totalidad y construcción de una tal totalidad está dependiendo continuamente de espacio y de tiempo. Volvamos a Schiller: "(El poeta épico, lo que quiere decir el que escribe una epopeya) nos describe sólo la existencia y el obrar tranquilos de las cosas según su naturaleza, su finalidad se encuentra en cada punto de su movimiento. Por eso no nos apresuramos impacientes hacia una meta, sino que nos demoramos con amor en cada paso. El poeta épico nos sustenta la suprema libertad del ánimo..."[31]. La novela, sin embargo, no dispone de esa "distancia épica" ("épico" aquí en sentido de lo que caracteriza la epopeya). Y esto es así no sólo desde la Revolución Francesa, no sólo desde Flaubert y el "Nouveau Roman", como podría suponerse, sino desde siempre, en virtud de las

---

[30] *Ibíd.*

[31] A Goethe, 21 de abril de 1797. También quiere decir esto Ortega y Gasset al subrayar que el tema de la novela es "el pasado como tal pasado" y el de la epopeya "la actualidad como tal actualidad" (*Meditaciones del Quijote*, 1914, en *Obras completas*, t. I, Madrid 1950). En el fondo esta formulación es otra restricción normativa inadmisible, si bien importante desde el punto de vista heurístico.

Aunque no siempre se esté de acuerdo con Käte Hamburger, aunque ella caiga en la otra vertiente del "normativismo", sin embargo hizo algo importante al indicar que "el pretérito de la poesía épica o narrativa" no contiene "la exposición de un pasado" sino "la ficción de un presente" (*Das epische Präteritum.* En: *DVjS* 17, 1953, pág. 329; comp. también *Zum Strukturproblem der epischen und dramatischen Dichtung.* En: *DVjS* 25, 1954, págs. 1-26, así como *Die Logik der Dichtung*, Stuttgart, 2.ª ed. 1968, pág. 56 sigs.). Hasta qué punto Ortega está anclado a un pensamiento normativo lo muestran también sus pronósticos —consecuentemente negativos y anticuados hoy día— sobre el futuro de la novela moderna (*Ideas sobre la novela*, 1925, en *Obras completas*, t. III, Madrid, 1950, págs. 387-390).

leyes del género literario novela [32]. Ya en la novela cortesana de Chrétien de Troyes se presentaba al oyente no un mundo pretérito, sino
—naturalmente dentro de un marco fictivo— el mundo reflejo de sus
propios valores, el lento encontrarse a sí mismo de un héroe en que,
pese al carácter fabuloso de los sucesos, tenía experiencia de sí mismo
el oyente cortesano, como problemática proyectada en espacio y tiempo, mientras que en la epopeya (desde luego no en las tardías y novelescas Chansons de geste) contemplaba dicho oyente, desde una
"distancia épica" un mundo totalmente pretérito, yacente en sí mismo, que no le concernía a él inmediatamente.

LOS COMIENZOS

Hay, pues, que diferenciar claramente entre novela y epopeya,
pero a través de la esencia y no de las normas. Igualmente importante
es, por otra parte —y el análisis de la substancia obliga a ello— ver
la comunidad dialéctica de ambos géneros literarios, las posibilidades
de la novela de abrirse a la epopeya, sin poder llegar a ser epopeya
en lo esencial [33]. Todas las grandes novelas tienen —como ya notó
Lukács— "una cierta tendencia a trascender hacia la epopeya" [34],

---

[32] Comp., frente a esto, Hans Robert Jauss, *Zeit und Erinnerung in
Marcel Prousts "À la recherche du temps perdu". Ein Beitrag zur Theorie
des Romans*, Heidelberger Forschungen, cuad. 3, 1955, págs. 14 sigs. El
estudio tiene el defecto de que Jauss se rebela contra un concepto general de
épica que abarque a la novela y a la epopeya, si bien en parte no explícitamente (prosiguiendo la línea de Koskimies y de Jonas Fränkel) y, en correspondencia (como los investigadores citados), se distancia de Hegel (confr.
ibíd., pág. 23). Si el Roman Nouveau (es decir, la novela del tiempo, según
Jauss) puede ser considerado bajo el signo de la "liberación de las normas
de la poesía épica", como lo hace Jauss con razón, por lo menos con el
mismo derecho se puede considerar bajo el signo de una renovación de su
potencia "épica" específica (confr. también más adelante).

[33] Se puede salir del paso hablando de "poesía épica" o de una epopeya
novelesca, como lo he hecho en mi estudio *Das Epos in den romanischen
Literaturen*, pero una verdadera epopeya no se puede alcanzar a través de la
novela.

[34] Lukács, *Theorie*, pág. 132.

y los principios de la novela, por su parte, muestran claramente que
hay que considerar la novela como alternativa dialéctica de la epopeya, como antítesis que, de acuerdo con su naturaleza, no sería pensable sin la tesis, y que por su parte está relacionada a la síntesis.

De hecho podría dibujarse una especie de prehistoria del origen
de la novela partiendo de las Chansons de geste de la primera mitad
del siglo XII, y podría registrarse cómo el mundo yacente en sí mismo
de la epopeya va diferenciándose poco a poco en ideal y realidad,
como lo formula Erich Köhler [35], en imperativo y facticidad [36], cómo
el narrador penetra como reflexión, al tiempo que se va perdiendo el
yacer en sí mismo de la epopeya y va cediendo terreno a la estructuración por medio de problemática y camino. Mientras que los héroes
de la Chanson de Roland (anterior a 1100) eran en sí mismos des-
preocupados en medio del furor y la lucha, en la Conronnement
Louis (1131-1137) divergían ya tanto el ideal y la realidad del ser rey
que el héroe épico tenía que intervenir para restablecer el equilibrio
por medio de un acto de violencia, y esto ni siquiera de modo definitivo. Hasta qué punto el cambio de una monarquía yacente en sí
misma a una ideal, que se enfrenta a una realidad decadente, es un
cambio histórico (de momento sólo se alude a la historicidad de la
literatura), lo muestra el hecho de que en Gormont et Isembart (1110-
1120), obra igualmente muy antigua, la monarquía de Luis no delata
aún señas de diferenciación producida por la reflexión, sino que es
realidad yacente en sí misma, épica [37]. En el Viaje en carro a Nîmes
(1145-1150), que por otra parte se encuentra en una situación espe-

---

[35] Erich Köhler, *Ideal und Wirklichkeit in der höfischen Epik,* Tubinga, 1956.

[36] Sobre todo esto vid. mi breve resumen *Von der chanson de geste
zum höfischen Roman in Frankreich,* en *GRM,* N. F. 16, 1966, págs. 1-14.

[37] Sobre esto vid. K. H. Bender, *König und Vasall. Untersuchungen zur
Chanson de Geste des XII. Jahrhunderts,* en *Studia Romanica,* 13, Heidel-
berg, 1967, págs. 47 sigs. Acerca de *La Prise d'Orange* explica Bender con
razón que en esta epopeya más moderna no aparece el mismo Luis y que
"sus menciones laudatorias (probablemente) se apoyan en una tradición anterior" (*ibíd.,* pág. 46).

cial dentro del marco de la Chanson de geste [38], se ha dislocado de tal
modo el equilibrio que casi la mitad del cantar está dedicada a una
discusión reflexiva entre rey y vasallo. Fuera de esto, la situación
épica del *Viaje en carro a Nîmes* que viene después parece tan
poco creíble que este reencuentro con la realización de sí mismo en
la lucha —propia de la épica—, tiene algo de truco, está bañado por
una sonrisa en la que reverbera la reflexión que lo acompaña, sin
convertirse en ningún momento, a través de un narrador personal, en
presencia perceptible. La epopeya se va saliendo así, poco a poco, de
su realidad formal como género literario, que se le va quedando pequeña, y va madurando el momento en que será relevada por otro
género en su función de constituir la cresta de la literatura francesa,
por un género nuevo y más adecuado al transformado concepto del
mundo. Este género es la novela, que surge después de 1150 y que
ya en 1165 había de alcanzar su punto culminante con las obras
maestras de Chrétien, para durar algo más de dos décadas, más o
menos hasta 1185.

Esta novela cortesana era, justamente como novela, una realidad
constructiva, a diferencia de la Chanson de geste. Mientras que las
estrofas de las chansons de geste, llamadas "laisses", eran unidades
adaptadas a la "totalidad de lo singular" * (el número de versos por
estrofa podía variar considerablemente [39], de modo que lo singular
podía realizarse en su totalidad; además, gracias a la asonancia propia
de toda la laisse, se acentuaba también en lo sonoro la totalidad de
lo singular, su mero ser sí mismo); mientras que cada verso era

[38] Sobre esto vid. Jean Frappier, *Les chansons de geste du cycle de
Guillaume d'Orange*, II, París, 1965, págs. 179 sigs.
* "Das Jeweilige", propiamente "lo que hay cada vez".
[39] Al principio, entre tres y treinta y cinco versos aproximadamente,
después, hacia finales del siglo XII y principios del XIII, no eran raras las
"laisses" de más de mil versos. Estas grandes "laisses", tal como de hecho
aparecen en una época en la que la novela ocupa ya una posición preeminente,
no corresponden ya naturalmente al principio de la totalidad de lo singular,
sino que son en sí la lenta construcción de una totalidad episódica. Cifras
exactas se encuentran en Jean Rychner, *La chanson de geste. Essai sur l'art
épique des jongleurs*, Ginebra-Lille, 1955.

imagen de esa totalidad de lo singular (la unidad de verso lo era
normalmente sintáctica también; por lo demás, el verso de diez sílabas [40] podía prolongarse hasta un total de doce sílabas, gracias a la
cesura posible en francés medieval —a la cuarta sigue una sílaba que
no se cuenta—, y gracias a la terminación no aguda [41], de modo que
quedaba garantizada una cierta variabilidad); mientras que en la sintaxis, p. e., dominaba la colocación desligada de unas partes junto a
otras, la parataxis, como expresión de la "autonomía de las partes",
se doblega ahora lo que ha de narrarse —ya no lo que ha de can-
tarse—, al apriori formal de un carácter de camino. Ya no hay estrofas en las que pudiera agruparse lo singular. Se acentúa la diferenciación en el sonido por medio de la introducción de la rima obligatoria
y del cambio de rima a cada par de versos. La base del verso se disminuye y al tiempo se le priva de su variabilidad extensiva, ya que
sólo se utiliza el verso de ocho sílabas. En un doble sentido se suprime
así la posibilidad de respetar lo singular como totalidad. En la sintaxis
retrocede la parataxis frente a la hipotaxis; en el tratamiento del verso
tiene esto su correspondencia en la repercusión de un verso sobre
otro, en el encabalgamiento. En el uso de los tiempos se hace notar
un cambio análogo. En tanto que en la epopeya carecían de relieve
los tiempos verbales, en tanto que no eran algo determinado por otra
cosa, sino cada vez objetividad yacente en sí misma de una temporali-
lidad, comienzan ahora a fijar la acción en tiempo y espacio, comienzan a dar su relieve por medio de primeros y segundos planos, tanto
en sentido temporal como espacial [42]. Es ésta una transformación que
apenas sorprenderá después de nuestras consideraciones preliminares
sobre los fundamentos. Erec, Yvain, Lanzarote y Parsifal, los grandes

---

[40] El verso normal de la "chanson de geste" es el decasílabo; además
hay una en octosílabos (*Gormont et Isembart*), así como unas cuantas en
alejandrinos, la más conocida de las cuales es *La Pèlerinage de Charlemagne*.

[41] Como es sabido una sílaba átona tal no cuenta al final del verso
francés.

[42] Una investigación concienzuda acerca de esto falta aún. La opinión
de W. v. Wartburg al respecto fue revocada con razón a su tiempo (confr.
la recensión de H. Kuen sobre *Évolution et structure de la langue française*,
en *ZfSL*, 58, 1934, págs. 489 sigs.).

héroes de Chrétien, dependen efectivamente de espacio y de tiempo porque tienen ante sí un camino que sólo en su meta alcanza su sentido completo, mientras que el abrupto final de Roncesvalles carecía en el fondo de importancia para Roldán, pues no podía quitarle su intocable "ser sí mismo". El que Parsifal no aproveche la posibilidad de redención que se le ofrece en el castillo del Grial es una catástrofe que le atañe muy personalmente y que le pone en tela de juicio. Roldán, por el contrario, es ratificado incluso en su imprudencia como lo que es: el héroe. Y hasta qué punto el narrador del *Parsifal*, hasta qué punto Chrétien dependía del tiempo para poder cerrar su obra con la totalidad de una respuesta lo muestra el estado fragmentario en que ha sido transmitida la novela, lo muestran sobre todo las vivas discusiones sobre su sentido, que hasta la fecha no disminuyen.

NOVELA Y EPOPEYA

Por otra parte es el *Perceval* de Chrétien un buen ejemplo de que —como dice Lukács— la gran novela intenta trascender hacia la epopeya, ya que en él se compensa el puro carácter de camino propio de la novela por medio de momentos de quietud, sin que desde luego se pueda hablar de una autonomía ni siquiera relativa de las partes: la visita de Parsifal en la corte del rey Arturo y las enseñanzas que recibe de Gornemant, el amor de Parsifal por Blancheflor y la aventura que realiza paralelamente, la visita de Parsifal al castillo del Grial y las enseñanzas que le da el eremita, estos tres complejos episódicos se encuentran cada uno en un plano distinto, en el caballeresco, en el cortesano y en el sacro, respectivamente, pero juntos forman la continuidad de un camino [43].

El *Perceval* es, pues, una novela, es una realidad constructiva que sólo trasciende en un cierto grado hacia la epopeya, intenta, por medio de la construcción de su mundo, alcanzar a posteriori la totalidad que precede a la epopeya y a cada una de sus partes como a priori.

---

[43] Sobre esto vid. Pollmann, *Epos*, págs. 78 sigs.

La gran novela es, según esto, una novela en que la "intención de totalidad", herencia de la epopeya, permanece viva o despierta de nuevo. Así sucede también en *Don Quijote*: su objeto es verdaderamente el mundo entero (y además en un sentido más amplio y moderno que en el *Perceval*). Se puede incluso decir que *El Quijote*, emparentado en esto con la "Nueva Novela", es una especie de meditación de la novela sobre sí misma y sobre su gran legado. La novela no está aquí al servicio de una realidad de clases sociales, realidad preestructurada por tanto, que excluye la referencia al todo, sino que está casi incondicionalmente al servicio de la realidad, a la que ensambla en la totalidad de un concepto del mundo a través de las experiencias negativas de Don Quijote. También Parsifal avanza más allá de la realidad normativa y de estamentos sociales de lo cortesano, pero, a diferencia del *Don Quijote*, se articula aquí el mundo desengañado del estamento social (por ejemplo en el caso del rey Arturo adormilado en la corte), en la construcción ulterior, como un peldaño que hay que superar, mientras que en *El Quijote* aparecen por primera vez separados el carácter de camino de la novela y la pretensión de totalidad. Sólo en el quebrarse del camino se manifiesta la totalidad como lo propio, como la realidad cotidiana.

Esto suena muy moderno y, de hecho, se anticipa un poco a una problemática que ha de ser dominante en el "Nouveau Roman". La novela trabaja aquí en cierto modo contra sí misma, acepta su constructivo carácter de novela sólo como una especie de sobreestructura bajo la que se manifiesta lo propio como totalidad no estructurada de un mundo. De este modo diverge la novela de sí misma, en su esfuerzo por cumplir con la herencia de la epopeya, con su referencia a la totalidad. Así tiene que ser, pues para la novela no existe ya la ilusión de un cosmos cortesano de valores, pues la novela como constructividad no puede ser ya por tanto para ella expresión formal de una apertura frente a unos ideales.

También en el siglo XVIII se siente esta antinomia entre la realidad de la novela como género literario y la realidad que ha de configurarse en ella, impensable ya como realidad constructiva. Se intenta salir

del paso eligiendo nuevas denominaciones para el género, como "me-
moires", "histoire vraie" o "vie". También se recurre a nuevas formas
que evitan el carácter constructivo de la novela, como la novela epistolar, es decir, formas en que la relación con lo singular se encuentra
en un primer plano y en las que, como corresponde, disminuye la
atención hacia el complejo total continuo que hay que construir. El
ejemplo más enérgico y extremo, que se adelanta en mucho a su
tiempo en estos esfuerzos por dominar la constructividad de la novela
—inadecuada al concepto de la realidad— y por abrir la novela, en
cierto modo contra su voluntad, a su pretensión de totalidad, son los
nueve libros de Laurence Sterne, *Tristram Shandy*, cuyo título completo es: *The Life & Opinions of Tristram Shandy. Gentleman*; apa-
recidos por primera vez entre 1759 y 1767. Aquí actúa ya en detalle
aquel respeto "anglosajón" ante la realidad que conducirá en el siglo xx a las cimas de *Ulysses, The Sound and the Fury* y *The Waves*.
Baste pensar en la hoja que ha quedado en blanco en la novela, léase
el capítulo de la excomunión (III, 11), redactado en inglés y latín,
piénsese en las series mecánicas, dignas de un Beckett (p. e. en I, 14;
III, 4; VI, 19; VII, 18), piénsese en la lápida funeraria de Yorick,
que ocupa casi una página entera con su tinta de imprenta (I, 12),
en los numerosos asteriscos y en los guiones que a veces forman
líneas enteras (VII, 35). El lector se ve obligado continuamente a
descender de un mundo ensamblado sin solución de continuidad en
un todo y a hacerse consciente de que la realidad se encuentra menos
en la construcción que en los hechos simples.

Sólo al llegar al siglo xix se supera este conflicto entre las leyes
del género literario y la realidad que hay que representar. Por primera
vez desde la novela cortesana de la segunda mitad del siglo xii se
logra entonces afirmar de nuevo la novela como tal novela, sin que
tenga que abandonar —como en el caso de la novela heroico-galante—
su referencia a la totalidad o restringirse considerablemente. Y no es
casual que, también por primera vez desde el siglo xii, se convierta
la novela como género —y no sólo como novela aislada— en la ex-

presión literaria más convincente de su tiempo, constituyendo la "cumbre" de la literatura.

Entre ambas épocas existe, pese a todas las diferencias, la analogía de una voluntad casi despreocupada de totalidad. En la segunda mitad del siglo XII tiene esta voluntad un objetivo ideal que sin duda lleva el sello del pensamiento neoplatónico y que, a veces, como en el *Perceval*, pero también en el elevado estilo arquitectónico del gótico, puede adoptar un carácter específicamente metafísico. En el siglo XIX no faltan en absoluto tales aspectos ideales y metafísicos, todo lo contrario, pero para la gran novela llamada realista, que, como es comprensible, nos interesa aquí más que los intentos líricos de epopeya, carece este aspecto de importancia. Los "ideales" que determinan ahora la estructura son de naturaleza inmanente, son "ideales", personales o políticos, sueños de Ancien Régime o de Imperio Napoleónico, sueños de elevación social y, no en último extremo, de poder y dinero. Son, pues, en parte sueños bastante palpables y positivistas, a los que en el plano teórico les cuadra tan bien el objetivo optimismo científico como al mundo cortesano le cuadra el gradualismo de la escala de las *Artes liberales,* coronada por la astronomía.

Sin embargo, ambas épocas se encuentran muy cerca en el punto, tan importante para la novela, de que ambas mediatizan el mundo que encuentran [44]. Ambas hacen de dicho mundo un camino, en lugar

---

44 Lucien Goldmann (*Pour une sociologie du roman*, págs. 24 sigs.; las explicaciones sobre el siglo XII en una clase dada en Berlín) cree poder reconocer los motivos sociológicos de esta mediatización (que él llama "médiatisation") en la transición (s. XII) a los métodos de producción artesanos o industriales. El artesano no trabaja ya para cubrir inmediatamente la necesidad que se le presenta, no hace ya, por ejemplo, zapatos para sus propios hijos, sino zapatos que, como valores dentro del sistema social, le han de proporcionar otros valores, dinero o mercancías. La producción industrial conduce más tarde a que el trabajador no opere ya absolutamente más que en lo mediato, que no pueda siquiera divisar el radio de acción de su trabajo (por ejemplo, en la banda continua).

Esta explicación sociológica de las dos grandes épocas de la novela es seductora y, con seguridad, encierra algo de verdad. Sin embargo absolutiza un aspecto que, visto de un modo tan unilateral, conduce a una equivocada distribución de valores. Efectivamente, la industrialización y la introducción

de aceptarlo como algo yacente en sí mismo o algo preestructurado.
El siglo XVII, p. e., no había conocido una mediatización tal, ni la
apertura que ésta trae consigo, pese a tener en él ya gran importancia
el arriba y el abajo, tanto en el sentido del valor como en el de la
posición. En el siglo XVII se trataba efectivamente de un mundo previamente dado como algo escalonado, de la petrificada estructura de
una jerarquía monárquica que había que aceptar y en la que no se
podía mediatizar nada, en la que sólo cabía tomar de forma adecuada
los escalones ya existentes. A esta estructura social y a este concepto
del mundo correspondía como género literario el drama —justamente
el drama claramente estructurado, clásico—, pero no la novela. De
este modo el argumento de *La princesse de Clèves* (1678) no es propiamente un argumento novelesco abierto, sino una urdimbre de situaciones y de acción que correspondería más bien a un drama. En
efecto, nos encontramos con un conflicto típico entre el amor con-
yugal debido al esposo y el culpable, tributado al joven y guapo galán,
es decir, nos encontramos con una situación triangular típica de la
constelación dramática (M. de Clèves-la Princesse de Clèves-le duc
de Nemours), a la que se añade una instancia mediadora (la madre
de la princesa). Presenciamos la agudización dramática del conflicto
con la muerte del esposo y la catarsis heroica de la princesa, que renuncia al matrimonio con el duque de Nemours. Corneille hubiera
podido sin más utilizar este argumento para una obra.

Por primera vez en el siglo XIX, en la novela llamada realista o,
como propuso Hugo Friedrich, "actualista"[45], vuelve a encontrar el
género aquella apertura casi incondicional de que eran también expresión formal las cadenas casi interminables de octosílabos empareja-

---

del artesanado no son, por su parte, imaginables sin el trabajo previo de ciertos
sistemas filosóficos y también de la literatura. Lo propiamente motriz de esta
evolución, en la que participan tanto los sistemas sociales como la literatura,
es algo más profundo de lo que la explicación de Goldmann hace sospechar.
Espero poder dar en breve una opinión más extensa acerca de esto. Aquí
se saldría del marco de la investigación porque sería necesario dirigir la mirada a más de un género literario y a relaciones más complejas.

[45] *Drei Klassiker*, pág. 27.

dos de la novela cortesana. La apertura es ahora más general, porque la sociedad que la sostiene, la burguesía, es más amplia y no está tan claramente definida. "Advenedizos, grandes naturalezas voluntariosas, adolescentes ambiciosos, burgueses honrados, nobles arruinados, especuladores" [46] determinan ahora la imagen de la novela y la "fe en la calculabilidad y en la absoluta determinabilidad, dentro de la ley de causalidad, de todo lo real" [47] determina la dinámica del pensar que se refleja en la novela.

La novela, que por fin concuerda como género con el concepto del mundo, tiene así su segunda época de apogeo como novela burguesa. Pero no perdamos de vista que esta concordancia no deja de ser conflictiva. El siglo XIX es cualquier cosa menos un anacronismo. Su voluntad constructiva no surge de una fe ingenua, sino de una extrañación del mundo, que Hugo Friedrich pudo calificar como el sentimiento de una "desarmonía preestablecida" [48]. Aunque Julien Sorel siga un camino que construye continuamente en círculos de experiencia, aunque dé en Verrières sus primeros pasos hacia el poder junto a Madame de Rênal; aunque en un plano superior, salga airoso en el seminario de Besançon de su bautismo de fuego en su postura de equilibrio, en su "hypocrisie"; aunque, en un plano todavía superior, irrumpa en la nobleza en París por medio de Mathilde de la Mole, a pesar de todo, este camino no es la realización auténtica de unos peldaños, sino un camino cuyas elevaciones se convierten en la medida de la escisión interna, en el relieve de la extrañez * sólo encubierta por la postura de equilibrio. Basta pensar en el disparo de Julien a Madame de Rênal o en la "acumulación de paradojas" de la fase final para darse perfecta cuenta de que esta ascensión delata una estructura que, pese a ser conservada, es negada en el fondo como imposible.

---

[46] *Ibíd.*

[47] *Ibíd.*, pág. 35.

[48] *Ibíd.*, pág. 28. Me atengo al estudio de H. Friedrich también en lo que sigue, con los conceptos "postura de equilibrio" y "acumulación de paradojas".

*   "Fremdheit", "extrañez" en el sentido de "ser un extraño".

Balzac eludió esta problemática mediante la postura del "carácter científico" por la que, si bien se frustró por una parte la creación de una gran novela singular, se posibilitó aquel mundo cuyo cosmos nos abren las aproximadamente noventa novelas de la *Comédie humaine*. En Flaubert, por el contrario, que vuelve a trazar el camino de un "héroe" en su enfrentamiento con la totalidad del mundo, aparece de nuevo esta problemática en primer plano. En él se convierte la constructividad del análisis realista en la expresión de la total extrañación de lo descrito, y algo análogo a esto se encuentra también en la esfera del argumento, que en *Madame Bovary* (1857) acaba de modo inequívoco con el suicidio de la "heroína", enloquecida por ideales baratos.

La realidad de estas grandes novelas es, pues, como lo era ya la de *Don Quijote,* doble. Por lo pronto tenemos aquella realidad de la que vive la novela como estructura: el camino de una desilusión progresiva, ciertamente, pero, pese a todo, la continuidad de un camino. Por otro lado hay una segunda realidad que resulta como producto de evaporación de este camino: lo propiamente real, lo no estructurado, lo carente de camino, la realidad, en el fondo, extraña.

La novela como forma vive así de una estructura a la que ella ha reconocido como inadecuada a la realidad. Madame Bovary vive "como en una novela" cuando los agentes de la justicia la devuelven a una realidad de gestos vacíos. *L'Éducation sentimentale* (segunda versión de 1869) es, desde este punto de vista, más convincente, a pesar —y quizá en parte por ello— de que no puede calificarse de "gran novela". Pero, en último término, también esta serie de imágenes, esta "éducation sentimentale" de un "héroe" bastante mediano, Frédéric Moreau, es camino, continuidad de una experiencia, evolución que, a través de la desilusión, conduce de sentimientos grandes y auténticos al callejón sin salida de la burguesía, del simple vegetar. Los realismos que Flaubert inserta por medio del estilo en esta novela tan conscientemente cincelada, la relativa desligazón de los episodios, convertidos en imágenes, así como la supresión de la constructividad del héroe no llegan por ello aún a constituir una fórmula convincente con la estructura total. La solución, pese a lo interesante que es, se queda a medio camino, como testimonio de una antinomia que también en el siglo XIX permanece viva, de la antinomia entre la estructura de la novela y la exigencia de totalidad, lo que ante todo significa exigencia de realidad.

En el siglo XX aparece esta antinomia en un estadio de crisis aguda único en la historia de la novela, tan único como el relevo de la epopeya por la novela en la segunda mitad del siglo XII, con la diferencia de que la evolución discurre ahora en sentido contrario. La novela quiere por fin cumplir con su gran herencia, más o menos traicionada, objetivo que le lleva necesariamente a tener que trabajar contra sí misma.

Respecto a esto podría preguntarse por qué no basta para ello reflejar las estructuras prácticas de la vida, o por lo menos proponérselo, como lo hizo la novela del siglo XIX y como sigue siendo la regla hasta ahora.

Establezcamos por lo pronto que evidentemente ya Stendhal y Flaubert sintieron esta solución como insuficiente y como no totalmente adecuada a la misión de la novela, por lo que, como se ha expuesto, trazaron una especie de doble verdad en la novela, cuya última, intrínseca verdad sólo se hacía perceptible al aniquilarse la primera. La realidad a la que la novela se siente obligada (y no me refiero más que a la gran novela), es, en último término, distinta de la de las estructuras vividas, es realidad como totalidad, es decir, realidad como algo que precede a toda estructuración y a toda singularización.

Esta misión y la contradicción en que desemboca la novela tradicional, constructiva, son sentidas de modo creciente, si bien todavía no se esclarecen teóricamente.

Las guerras mundiales contribuyeron en buena parte a convertir totalmente la constructividad de la novela en un anacronismo formal, en una mentira declarada que no resiste el empuje de la realidad, en torres de una Babel que desde hace mucho tiempo yace entre escombros y ceniza. Es cierto que se siguen escribiendo novelas de tipo tradicional, pero en tanto que sus autores quieren dar testimonio verdadero de nuestro tiempo, se ven obligados a resignarse con la contradicción entre la estructura y el testimonio de sus novelas. Otros, como André Gide en *Les nourritures terrestres* (1897), Italo Svevo en *La coscienza di Zeno* (1898), Luigi Pirandello en *Il fu Mattia Pascal* (1904) y acaso el brasileño Machado de Assis en *Memórias Póstumas de Braz Cubas* (1881), intentaron romper con leyes estructurales importantes de la novela para poder ser auténticos. Estos intentos no tuvieron, sin embargo, el efecto de abrir brecha, mientras que la Lírica, género literario menos oprimido por el imperativo estructural de la constructividad, estaba ya por este tiempo cambiando decisivamente su fisonomía gracias a Mallarmé y a Rubén Darío. Sólo cuando ya se ha alzado Valéry junto a Mallarmé comienza también la novela a querer escapar de la constructividad de su forma tradicional, en cierto modo en dos impulsos: a principio de los años veinte, con *Ulysses* (1922), *À la recherche du temps perdu* (1918-27) y *Manhattan Transfer* (1925) [49] (en este tiempo empieza también Musil a escribir *Der Mann ohne Eigenschaften*). El segundo impulso tiene lugar al final de los años veinte y principio de los treinta con *The Sound and the Fury* (1929), *Berlin Alexanderplatz* (1929), *The Waves* (1931) y la trilogía *U. S. A.* (*The 42nd Parallel*, 1930; *Nineteen Nineteen*, 1932; *The Bid Money*, 1936). Es ésta también la época de las grandes novelas francesas que, sin embargo, no se abren esencialmente a una exigencia de autenticidad en la forma, como *Le Noeud de Vipères* (1932) de François Mauriac y *La Condition humaine* (1933) de Malraux.

La literatura en lengua inglesa está pues en este tiempo a la cabeza de los esfuerzos por superar la constructividad de la novela, por hacer que la forma y la estructura de la novela sean también expresión. (También en esto se había adelantado Sterne en el siglo XVIII a su tiempo). El único gran autor francés comparable, Marcel Proust, no es, en este sentido, ni remotamente tan revolucionario como un James

---

[49] Se podría pensar aquí también en *Der Zauberberg* (1924) de Thomas Mann, comparable en algunas cosas a *À la recherche du temps pardu* de Proust. Confr. sin embrago lo que sigue más adelante.

Joyce, un Faulkner o también un Alfred Döblin. La literatura francesa, sobre todo en la Edad Moderna, tiende —justo por su esencia peculiar— a una forma clara, lógica, estructurada. Es significativo que se adhiera a estas tendencias sólo en el momento en que han perdido su tinte caótico, amorfo, sólo cuando han adquirido, con el existencialismo, un fundamento filosófico. Entonces, desde luego, en el "Nouveau Roman", que con ello se ha hecho posible, es más consecuente que la literatura anglosajona correspondiente.

De todos modos en el amplio campo de la Romania se alza por lo menos una voz con una gran novela "abierta", una voz que, lo que es interesante, suena en Guatemala, donde se encuentran geográficamente las Américas de habla inglesa y románica. También es significativo el hecho de que esta novela, *El señor presidente* de Miguel Ángel Asturias, acabada en 1932 —casi al mismo tiempo que *The Waves*—, apareciera sólo al cabo de quince años, es decir, en un momento en que esta "voz" no parecía ya tan perdida en el complejo de la literatura latinoamericana, cuando Sudamérica [50] se había repuesto decisivamente de su retraso también en el terreno de la novela y se encontraba a punto de mezclarse con *su* voz, no sólo con la de un autor, entre los grandes, de avanzar a la cresta de la literatura.

Pero consideremos aún un momento la significación de lo que he llamado el primer impulso antes de ocuparnos directamente de la "Nueva Novela" en Francia e Iberoamérica, pues sin estas grandes novelas de principio de los años veinte no sería pensable esta "Nueva Novela", igual que no lo sería sin las grandes novelas del "impulso" de los años treinta, sin *The Sound and the Fury* de William Faulkner y *The Waves* de Virginia Woolf, mientras que *El señor presidente* de Asturias, madurado asombrosamente pronto, quedó por de pron-

---

[50] Utilizo el concepto "Sudamérica" de modo homónimo a "Iberoamérica", es decir, incluyendo también a Centroamérica. A este respecto hay que subrayar que el concepto "Iberoamérica" contenido en el título se ha preferido a otros sobre todo por motivos estéticos, de modo que no encierra ninguna tesis respecto de la esencia de la americanidad (confr. también páginas 105 sigs.).

to sin efecto, pues tardó mucho tiempo en publicarse por motivos políticos.

MARCEL PROUST

Marcel Proust, por empezar con el menos revolucionario —al menos así lo parece— desde el punto de vista de la forma narrativa, reacciona ya contra la novela en el sentido constructivo de la palabra —lo que es tanto como decir en el sentido que determina el género literario—, en tanto que prolonga de tal modo la base de su obra (¡de una sola novela!) que sólo con dificultad puede leerse lo singular como parte de una continuidad narrativa. En el caso comparable de *Der Zauberberg* de Thomas Mann —que tampoco es precisamente una novela demasiado corta—, esto es no sólo posible, sino que podría ser justamente la regla. Esto naturalmente no es en modo alguno una cuestión de tamaño solamente, ni siquiera sólo en lo esencial, pues la diferencia sería entonces puramente externa, cuantitativa. Decisiva es a este respecto la relación entre tiempo y acción. El argumento de *Der Zauberberg* está unificado por un lapso de tiempo objetivo claramente delimitado, justo los siete años que Hans Castorp pasa en un sanatorio de Davos, de tal modo que además se da una unidad de lugar claramente perfilada. Por otra parte el que Hans Castorp no piense al principio en un lapso tan grande de tiempo no juega ningún papel en el fondo (él cree efectivamente que va a pasar sólo tres semanas de vacaciones). También carece de significado a este respecto el que se desobjetivice el tiempo, el que, en cierto modo, se convierta el tiempo mismo, como algo absoluto, en el asunto de la novela. Lo decisivo es que estos siete años constituyen una sucesión en la que se mueve la novela, tanto desde el punto de vista del narrador como desde el del lector. Aunque el instante a veces se paralice, se encuentra en un punto de esta sucesión y nos conduce hacia el fin de los siete años. Esto es algo que puede observarse hasta en la frase aislada (mientras no se trata de estilo directo o de recuerdos). Cada frase está perfectamente articulada dentro de espacio y tiempo: "algunos días más tarde", "la anterior", "en adelante", "a pesar de", "aunque", "mientras que sin embargo", "después", "desde hace mucho", "a este fin" son señales de un encadenamiento causal-temporal que pueden encontrarse en un párrafo pequeño [51], y una frase como "desde hace mucho tiempo posa ella aquí en la casa para que alguien le haga un retrato" da testimonio de una articulación extraordinariamente clara del acontecer en el sentido de su dependencia espacial-temporal-final.

En *À la recherche du temps perdu* de Proust no existe una tal unidad, a pesar de que, por otra parte, las relaciones temporales no son en modo alguno arbitrarias, a pesar de que, como H. R. Jauss [52] ha mostrado de modo convincente y Proust mismo [53] había subrayado ya, no es aceptable hablar de anacronismos. En *À la recherche du temps perdu* no se abre al principio un marco temporal (como lo hace muy hábilmente Thomas Mann al principio de *Der Zauberberg* por medio del viaje en tren a Davos), ni se establece tampoco una limitación temporal, sino que al principio hay una novela al parecer totalmente desligada, aparte, la niñez del narrador recordada en el espejo de un día o de una temporada (*Combray*). Siguen de nuevo novelas dentro de la novela que pueden ser leídas independientemente, más recuerdos de la niñez (*Du côté de chez Swann*) y la "historia" (justamente no una historia continuada) del amor de Swann por Odette (*Un amour de Swann*) que, visto desde el yo del narrador, se remonta de nuevo y aún más atrás en el pasado. En los libros siguientes es verdad que se ajusta la acción a una sucesión temporal, pero los momentos singulares se dilatan excesivamente y la articulación con el momento siguiente pasa a menudo a un segundo término o no tiene lugar en absoluto, de modo que vuelve a darse aquí la condición de la relativa autonomía de las partes que Hegel formulaba, enlazando

---

[51] *Der Zauberberg*, Fischer-Bücherei, t. i, pág. 221.

[52] En el estudio ya mencionado. Especialmente útil es el cuadro sinóptico que da como apéndice y cuyos resultados utilizamos en parte en lo que sigue.

[53] En una carta a B. Crémieux (de 6 de agosto de 1922). En: B. Crémieux, *Du côté de chez Marcel Proust, suivi de lettres inédites*, París, 1929, pág. 167 (según Jauss, *Zeit und Erinnerung*, pág. 87).

con Schiller, como una ley fundamental de la epopeya. Entre lo singular y lo singular que sigue inmediatamente aparece una especie de "blanc" que anula la continuidad de la acción, un "blanc" que es comparable al "noir" de la técnica cinematográfica, pero también a los cuadros sin solución de continuidad de Ariosto [54], y del que algunos representantes del "Nouveau Roman" harán uso expreso al poner sencillamente en el texto un *"blanc"* o, más a menudo aún, un *"noir"* análogo, negando así conscientemente la continuidad. Esta técnica, un antiguo procedimiento estilístico de la epopeya utilizado en la Edad Media y en el Renacimiento, si bien inconscientemente, puede observarse también en los detalles. No faltan en la obra de Proust nexos temporales por medio de determinaciones adverbiales de tiempo, pero en principio están casi siempre velados y además puede observarse aquí también el "ritardando" que convierte las grandes unidades en momentos dilatados. A menudo se superdilata la acción hasta su paralización ante el punto de su máximo efecto articulatorio para, de repente, después de dejar en blanco el pasaje decisivo ("blanc"), saltar a otra cosa en el ritmo vivo de un después desvinculado. H. R. Jauss muestra esto muy bien en el primer beso, "dejado en blanco", que da Swann a Odette en un coche [55]. Con razón llama también la atención sobre el hecho de que en *L'Éducation sentimentale* —cuya técnica del "blanc", de esta falta de transición, admiraba el mismo Proust como el rasgo estilístico más bello de la obra— [56], a pesar de todo, "la aguja del tiempo avanza continuamente junto con el acontecer" [57], mientras que este "procédé" se convierte en Proust en expresión formal de un "mensaje". En esto estriba lo decisivamente nuevo, en lo que Proust se anticipa a un aspecto importante del "Nouveau Roman", como hemos de ver. Al tiempo establece con

---

[54] Confr. Pollmann, *Epos*, pág. 114 sigs.

[55] Jauss, *Zeit und Erinnerung*, págs. 89 sigs.

[56] En su artículo sobre Flaubert: "A mon avis la chose la plus belle de l'Éducation Sentimentale, ce n'est pas une phrase, mais un blanc" (*Chroniques,* Ed. de la NRF, *OEuvres de Marcel Proust*, París, 1927, t. XIX, pág. 205).

[57] Jauss, *Zeit und Erinnerung*, pág. 92. Este detalle formal de Flaubert ilumina de nuevo la escisión en que vive la novela tradicional.

ello un cimiento teórico, pues esta técnica refleja —es realmente—, la discontinuidad del tiempo que Proust reconoce como una condición de todo lo temporal, también en el plano del contenido, p. e. en el plano del amor o en el del personaje de la novela. Es conocido el pasaje en que Proust niega a la "passion" la cualidad de la "continuité", con lo que se adelanta a un punto esencial del existencialismo de Sartre [58]:

> Car ce que nous croyons notre amour, notre jalousie, n'est pas une même passion continue, indivisible. Ils se composent d'une infinité d'amours successifs, de jalousies différentes et qui sont éphémères, mais par leur multitude ininterrompue donnent l'impression de la continuité, l'illusion de l'unité.

Hasta qué punto puede cambiar sin transición un personaje novelesco en *À la recherche du temps perdu* lo muestra p. e. el "professeur Cottard" que aparece al principio de *À l'ombre des jeunes filles en fleur* de tal modo transformado que no lo reconocerían sus antiguos pacientes si hubieran estado mucho tiempo sin verlo [59]. Y lo cerca que estuvo Proust de ciertas consecuencias de técnica cinematográfica que sólo se han de sacar en el "Nouveau Roman" lo muestra de modo verdaderamente ejemplar la representación de *Fedra*, en la que el yo del narrador se afana desesperadamente por recuperar en una rápida sucesión de imágenes su representación ideal de la actriz [60].

También las numerosas torres de iglesias, las muchachas que se yerguen como árboles ante el mar y otros símbolos "verticales" en los que no me puedo extender aquí, podrían considerarse en relación con esto, es decir, como imágenes que corresponden a esta construc-

---

[58] Confr. el capítulo "Existencia y amor" de mi estudio *Sartre und Camus. Literatur der Existenz*, Stuttgart 1967, págs. 85 sigs. La cita siguiente en Marcel Proust, *À la recherche du temps perdu*, Ed. de la Pléiade, t. I, pág. 372.

[59] *Ibíd.*, pág. 433.

[60] *Ibíd.*, pág. 449.

tividad aislada, que no puede encontrar una coherencia, tal como se muestra formalmente ésta en la estructura episódica y en la construcción de acción.

EL "TIEMPO PERDIDO"

La obra de Marcel Proust es así una búsqueda del tiempo perdido en un sentido mucho más profundo de lo que el "contenido" en sí mismo da a entender. Efectivamente, por primera vez carece aquí de sentido distinguir entre forma y contenido a no ser por motivos heurísticos[61]. Proust echa abajo la estructura de la novela tradicional, en cierto sentido echa abajo la tradición para poder, si no recuperar, captar algo del espíritu de la para siempre perdida "niñez de la novela", de la epopeya. Proust se opone a aquel carácter específico de la novela según el cual una novela es la continuidad de un narrar y de un camino, la construcción encadenada de una totalidad, que sólo un concepto del mundo adecuado a dicha novela —p. e., el neoplatónico que sirve de base a la novela cortesana— podía considerar adecuado a la realidad. Hasta cierto punto vuelve Proust así a abrir la novela a aquella totalidad en lo singular que tan perfectamente respondía a la estructura de la epopeya, de la *Chanson de geste* p. e. La totalidad de un concepto del mundo que en Proust puede manifestarse en lo singular, no puede ser ya desde luego la de un sentido previamente dado que se refleja en el más mínimo detalle, sino que es la de una serie sin sentido de "états successifs" que se eleva a veces al éxtasis de un sentido fugaz para perderse al momento siguiente en una indiferencia de estados sucesivos.

Se está tentado de llamar heraclítico a este concepto del mundo (y a menudo tendremos todavía que evocar el nombre del gran filósofo de Éfeso), pero por otra parte ahí están las numerosas "torres de sentido", ahí está el sueño de la catedral gótica que había de llegar

---

[61] Los representantes de la "Nueva Novela" en Francia e Iberoamérica han de tener sus preocupaciones con estos "dualismos" inextirpables.

a ser la obra de Proust. A pesar de todo sigue ésta siendo una novela en el sentido constructivo de la palabra, pese a la relativa autonomía de las partes sigue siendo la continuidad de una búsqueda, camino polifacético cuyas etapas —y no sólo sus puntos finales—, merecerían tanto una consideración detallada como la merecen los medios que se oponen a este camino y a su continuidad. Pero aquí nos interesa en primera línea, como es comprensible, lo nuevo, nos interesa Proust como precursor de la "Nueva Novela", como el creador de una fórmula de la novela que aún está muy alejada de las consecuencias del "Nouveau Roman", menos alejada de la "Nueva Novela" de Iberoamérica y sin la que desde luego, no serían imaginables ambos fenómenos.

"ULYSSES"

Lo mismo puede decirse del segundo gran precursor de la "Nueva Novela", del irlandés James Joyce. Su *Ulysses,* una obra que por su extensión corresponde aproximadamente a *Der Zauberberg* y, dicho groso modo, es un cuarto del ciclo novelesco de Proust, lleva un camino distinto y, sin embargo, análogo. En esta obra parece justamente como si el autor buscara a través de una estructura compensatoria "dramática" la legitimación para, dentro del marco de esta estructura, echar por tierra verdaderamente todo respeto por la continuidad narrativa y para abrir de par en par las compuertas al torrente despreocupado y anárquico de la totalidad de las cosas y de los pensamientos. Ésta es por lo menos la primera impresión que despierta el *Ulysses,* impresión que sólo engaña en parte, pues no es casual que la obra tenga tres partes, si bien bastante desiguales. (Muchas nuevas novelas mostrarán una división tal, que corresponde a la de un drama. A menudo son también dos o cuatro, a veces cinco o seis partes. En cualquier caso es curioso que esto suceda precisamente en una época en la que el drama evita por su parte la clara construcción dramática en tres o cinco actos, en la que tiende a tener

sólo un acto y a ser una serie no estructurada de numerosas escenas [62].
Ulysses posee además la asimismo "dramática" característica de una
unidad de tiempo y acción casi clásica, por muy paradójico que esto
suene. Efectivamente, se trata de la relación de un día, de modo que
se mantiene la regla de las veinticuatro horas. Sin embargo lo que se
mete en estas veinticuatro horas, las noticias leídas en los periódicos,
las más banales conversaciones, jirones de lenguaje sin relación, canciones, notas incluso, poesías, letanías, frases y párrafos enteros en
latín, francés e italiano, abreviaturas y onomatopeyas en hilera, todo
esto anula cualquier ilusión de una unidad verdadera, integradora de
lo singular. Pese al marco dado yacen en sí mismos estos elementos,
tanto respecto a la forma como respecto al contenido, son realidad
no encadenada de lo dado en absoluto. Monólogo interno y segmentación del relato (dos o más procesos narrativos paralelos o convergen-
tes) son formas extremas de esto.

La primera impresión que se tiene es la de algo caótico, de algo
salido de su marco. Era conveniente causar esta impresión con medios
masivos en parte, evadirse decidida y valientemente del atolladero de
la constructividad novelesca y abrir nuevas posibilidades al género
en interés de su destino de totalidad que era inalcanzable por estar
sometido a estructuras atrofiadas. Con facilidad se pasa de largo por
un "blanc" situado en el estilo, a no ser que se esté analizando expresamente y, en cierto modo, profesionalmente. Pero cuando se ve
en el texto un asterisco, cualquiera se da cuenta de que tiene que dar
un salto intelectual, o cuando de pronto se tiene enfrente el titular
de un periódico, impreso en letras más grandes, se hace imposible la
ilusión del camino.

---

[62] Confr., por ej., las obras teatrales de Brecht. Algo semejante es válido
para el *auto sacramental,* pero en él normalmente (en las obras modernas
en un acto, sólo a veces) se oculta bajo la sucesión no estructurada de escenas
una velada estructura dramática en tres actos. En *autos posteriores* esta estructura subterránea se hace explícita, en lo que se manifiesta simultáneamente
la decadencia del género. Así sucede en el caso de Sor Juana Inés de la Cruz
con *El Divino Narciso* (1690).

La violencia de este acto de liberación, del que viven los novelistas de Occidente hasta la fecha, trajo consigo, como todas las revoluciones, una cierta desmesura. Sin embargo no se debería generalizar y verla en toda la obra. Quien analice despacio podrá descubrir más bien una estructuración que se realiza de modo compensatorio, casi siempre asociativa, sobre la que lo aparentemente caótico cobra relieve estético y una sucesión suplementaria [63]. Son éstas formas constructivas que no preceden a las cosas como el apriori de un camino, sino que alumbran desde ellas mismas, por así decirlo, como *su* iniciativa. La novela surge así en cierto modo como un fénix de sus cenizas, se proporciona a sí misma nuevas formas constructivas [64], aunque por otra parte, y pese a toda liquidación, se atiene todavía a formas constructivas tradicionales decisivas. Sobre todo se sigue ateniendo a la actitud constructiva de la narración, a la que no se renunciará hasta el "Nouveau Roman" y sólo en parte. Ésta podrá ser inundada en parte por lo temático en el *Ulysses*, pero en el fondo está siempre presente y puede reconocerse en cualquier frase (no precisamente en un anacoluto, como tampoco en un mero encadenamiento, en un parlamento literal o en un monólogo interno). Una frase como "Mr. Leopold Bloom ate with relish the inner organs of beasts and fowls" es una frase bien articulada, constructiva, y esta es la norma en el *Ulysses*.

Sin embargo se puede decir que en esta novela se han dejado conscientemente muchas cosas amorfas y sin terminar, que en esta totalidad, que no consigue ser novela sin solución de continuidad, se confirma la antinomia entre novela y continuidad, aplicada esta vez al contrario y de una manera cuya fuerza expresiva no había alcanzado jamás una novela románica. ¡Qué modosa es, por el contrario, la

---

[63] Confr., p. ej., la convincente interpretación de Fr. Stanzel del preludio al capítulo "Ormond Hotel" (*Typische Erzählsituationen*, págs. 126 siguientes).

[64] Me parece que Fr. Stanzel, si bien tiene razón fundamentalmente, trastoca un poco los acentos al mantener —frente a T. S. Eliot— que en *Ulysses* "sólo se han suprimido algunas convenciones narrativas tradicionales" (*ibíd.*, pág. 123).

"revolución" de Proust! El que lee *Ulysses* y se decide a aceptar el mensaje formal que contiene, no puede pasar de largo sin reconocer el mundo como lo contrario de una unidad, algo caótico, no estructurado que se refleja en el más pequeño detalle. Tampoco podrá dejar de reconocer el tiempo como un flujo que no conoce ya más "torres", sino sólo el hallarse prisionero dentro de un movimiento que no puede ya unificar ni ordenar nada. Así en el monólogo final de la señora Bloom, torrente de conciencia que se derrama a lo largo de más de cuarenta páginas, desarticulado en todos los sentidos, sin signos de puntuación siquiera. En efecto, quien "tenga ojos para ver" descubrirá, junto con algunas antiguas formas constructivas que flotan aquí y allá, un mundo nuevo de estructuras que desde ahora crea el arte sólo de sí mismo, no como imagen de un hecho o mensaje de un ser, sino como puro triunfo del arte sobre el caos del que el arte ha de dar noticia.

DOS CAMINOS DE LA MEDIACIÓN

Como ya se ha dicho, para ver esto hacen falta ojos expertos, algo así como la visión necesaria para darse cuenta de los "blancs" en el estilo de Proust. La solución de Joyce representaba por ello una fórmula que, como tal, era inadmisible para el concepto latino del arte, pese a todo lo que pudiera admirarse como documento artístico no románico. Esta fórmula y el mensaje en que se basa tenían que subordinarse a una relación más fuerte con el dar forma consciente para poder ser eficaces en la Romania.

Esta catalización por medio de la forma ordenada se realiza ya en el ámbito de la literatura inglesa y norteamericana, en Dos Passos, Faulkner y Virginia Woolf, autores que han ayudado considerablemente sobre todo a la literatura sudamericana. En Francia se realiza esta catalización fundamentalmente por medio de la "depuración" formal de una filosofía, la de Jean-Paul Sartre, filosofía que en Sudamérica sólo se afianza (y tampoco en su forma original), cuando la novela ha trazado ya allí sus propios caminos.

"MANHATTAN TRANSFER"

Manhattan Transfer de Dos Passos es una especie de conjuro retrospectivo bajo la mano salvadora de un orden severo de lo que en James Joyce brota en parte caóticamente. (Esto naturalmente no se piensa en el sentido de una relación causal directa entre ambos, sino en el de una relación suprapersonal, evolutiva).

Dos Passos segmenta la acción, como lo había hecho Joyce, o, por mejor decirlo, las acciones con sus personajes respectivos, de los que ninguno tiene ya una importancia central, unificadora de la novela. En segmentos, a veces más cortos, a veces más largos, salta la acción de un núcleo episódico al otro, de modo que dichos núcleos se desmiembran en cuadros, toda vez que la acción respectiva no arranca después del punto en que quedó cortada, de modo que hay que orientarse de nuevo antes de seguir leyendo "constructivamente". (La reacción más "juiciosa" y más significativa estructuralmente sería justamente no leer esta novela en absoluto constructivamente, sino dedicarse, como en la *Chanson de geste,* al momento presente. Pero, a fin de cuentas, la obra es una novela, de tal modo que al leer se buscan relaciones continuamente). Por lo demás no faltan técnicas que son familiares en Joyce, como fragmentos de periódicos diseminados, textos de canciones de moda, o también series de definiciones de diccionario, de modo que al lector de gusto tradicional le quedan motivos de escándalo y asombro suficientes. Por otra parte ya en la arquitectura externa llama la atención una voluntad de compensación por medio de un orden claro. *Manhattan Transfer* no tiene sólo tres partes (libros) como *Ulysses,* sino que, a diferencia de esta obra, estas partes son casi igual de largas y muestran a través de su subdivisión una construcción armónica, establecida de modo consciente: el libro primero tiene cinco capítulos, el segundo ocho y el tercero, en correspondencia simétrica con el primero, otros cinco. Incluso la segmentación se doblega en cierta medida al ritmo de un orden, en tanto que cada capítulo comienza por un párrafo impreso en cursiva, diferenciado también del resto por un distinto talante lingüístico. Además, por lo que se refiere a los fragmentos de acción mismos, por medio de analogías temático-formales [65] se encadenan también éstos más expresamente y de un modo que se debe más perceptiblemente al principio del orden. Dichas analogías corren en parte como un hilo rojo a lo largo de toda la novela y logran así una especie de continuidad formal que en cierta medida puede valer como compensación de la continuidad narrativa que falta. Dinero, ahorratividad, bancos, acciones, especulaciones, ganancia, trabajo, pleito, constituyen uno de estos patrones temático-formales. Otro, unido por medio de formas correspondientes, es el de excitación interior, fuego erótico, "felicidad", faroles callejeros, vaho de ginebra, locomotoras humeantes y quemadores de gas. Desde "boda" conduce el camino a comidas, ropas y niños. El objeto es pues la totalidad de un caos, pero este caos se formula por medio de fuerzas despertadas por el autor, en cierto modo por medio de fuerzas propias, hacia la única victoria posible todavía, hacia la victoria del arte. Es posible que esta monotonía, este desesperado ir y venir en busca de trabajo, sentimientos de placer, repugnancia, "felicidad" erótica nunca empañada no se acomoden al sentido de un orden ideal, de un camino, pero Dos Passos lo supera (al menos así lo parece) disponiendo el orden fijo de un cosmos artístico y, fuera de lo ya referido, dando p. e. también a su obra un claro acabamiento estructural. Esto comienza con el desembarco del lanchón, en otro plano con el nacimiento de niños que lloran lastimosamente, en otro con el "calor hormigueante que corre por las venas". Acaba con un crescendo de desilusión, sin que con ello haya cambiado nada esencialmente (con una boda que se siente como una muerte, con penuria de dinero, deudas y un pleito) [66], y desemboca finalmente en el zarpar del lanchón en dirección a Manhattan, con una especie de trascendencia motora. Requisitos de palabra de "tiempos remotos", un "por Júpiter" y un "todo se ha consumado" tienen que

---

[65] La expresión quiere decir que aquí los temas adoptan la función de las formas. También hemos de experimentar el caso inverso.

[66] Todo ello en el último capítulo.

pagar las consecuencias para dar fuerza expresiva a esta "elevación hacia el sentido", traspasada a lo simplemente motor. Como requisito material encontramos un carro cargado de flores que en el último momento entra también en el lanchón y, por último, en la otra orilla, la subida a una colina desde la que no se puede ver "nada más que niebla". Esta "trascendencia motora" —como la ha de utilizar aún Günter Grass en su *Blechtrommel*— [67] tiene que ver con el concepto de mundo de la novela a lo sumo en el lenguaje de la niebla. Éste se recapitula de nuevo sintéticamente, después que Jimmy Herf ha bajado de la colina, en los objetos junto a los que pasa (son las últimas líneas del libro): montones humeantes de basura, un sol rojizo que brilla a través de la niebla, motores oxidados, esqueletos de carrocerías, varillas de Fords, masas amorfas de metal carcomido, pero también bares, el último desayuno, los últimos tres centavos y un camión de mudanzas, amarillo y reluciente.

La antigua antinomia entre novela y exigencia de totalidad se ha elevado así a la "esquizofrenia" de un arte que, a pesar de todos los esfuerzos por ajustar forma y mensaje, sólo conduce a una última escisión agudizada de tectónica novelesca vertical y totalidad de un concepto del mundo que está en contradicción con dicha tectónica. La larga tradición del "roman malgré lui", que se remonta hasta *El Quijote* y que es sólo esquivada por el positivismo del siglo XIX, encuentra así su continuación en la velada "novela no obstante".

"THE SOUND AND THE FURY" Y "THE WAVES"

Con todo, dentro del marco experimental trazado por el *Ulysses* no se habían agotado aún todas las posibilidades de superar esta escisión. Quedaban dos caminos, fuera del de una epopeya novelesca suprapersonal y sin argumento, que sin embargo apenas puede cali-

---

[67] Se trata de la "escalera mecánica" del capítulo "treinta", el capítulo final de esta novela, también dividida en tres partes.

ficarse de novela en el sentido propio de la palabra (*U. S. A.* de Dos Passos) [68] : por un lado la mayor aproximación temático-formal de la "story" al estado del mundo que hay que describir (exclusión de la trascendencia vertical y de la acentuada "consecución a pesar de todo" formal). Éste es el camino de William Faulkner en *The Sound and the Fury.* Por otro lado, y en dirección contraria, se encuentra la inclusión de la consecución formal en el argumento: la novela como historia velada de sí misma. Este camino, que tomarán también muchos representantes del "Nouveau Roman", se dibuja ya muy claramente en *The Waves* de Virginia Woolf, si bien esta línea no se presenta tan inequívocamente como en Beckett o en *La Modification* de Butor, por ejemplo.

Faulkner consigue la mencionada aproximación entre "story" y estado del mundo que hay que describir no sólo anulando el orden temporal en su obra, dividida en cuatro partes (parte primera, 7 de abril de 1928; aprte segunda, 2 de junio de 1910; parte tercera, 6 de abril de 1928, y parte cuarta, 8 de abril de 1928), sino también presentando como narrador a un idiota, Benjy, un niño de treinta y tres años para el que el mundo de sus recuerdos es como un día, para el que no existen las estructuras auxiliares de espacio, tiempo y finalidad, con que solemos conjurar el mundo, para el que no existe causalidad ni ninguna otra especie de relaciones. Se hace volver el mundo adulto de la novela al escalón de la niñez —de una niñez no natural, desde luego—, y lo singular vuelve a cobrar así la autonomía perdida, es reducido a la mera referencia de sí mismo. En la segunda parte (2 de junio de 1910) es el hermano de este idiota, Quentin, quien escribe la relación, pero también esta narración está profundamente

---

[68] En esta trilogía, que en la edición de Penguin Modern Classics tiene más de mil páginas, intenta crear Dos Passos una síntesis épica del Nuevo Continente, aplicando para ello todos los medios imaginables de la discontinuidad. Michel Butor va a intentar, por su parte, una síntesis semejante en *Mobile.* En cualquier caso es más convincente la síntesis epicolírica del Nuevo Continente ofrecida por Saint-John-Perse en *Les Vents.* Un curiosísimo experimento de epopeya americana es la *Amereida,* aparecida hace poco en Chile, aparentemente anónima. Los autores no dan sus nombres hasta el final de la epopeya, ocultándolos entre las frases.

"desencadenada", pues tiene como objeto el día anterior al suicidio de Quentin, éste está atormentado por sentimientos de culpabilidad en relación con su amor a su hermana y, por lo demás, se encuentra en un estado de ánimo que se acerca mucho al contemplar incoherente. Es verdad que quedan aún las dos últimas partes, cuya fijación temporal —antes y después de la fecha de la primera parte—, da ya a entender que, ateniéndose a la sucesión espacio-temporal, se estructura lo hasta ahora solo difícilmente comprensible y se aclara de modo encadenante. Pero la tendencia total de la novela es la de evitar la constructividad en todo lo posible.

Podrá parecer cuestionable si esto se realizó ya conscientemente por consideraciones teóricas sobre los géneros literarios o siquiera por sentimientos de este tipo. Respecto a *The Waves* carece de objeto semejante cuestión, ya que Virginia Woolf convierte en cierta medida su obra en una reflexión sobre la novela. La extrema consciencia con que fue escrita esta novela hace que sea especialmente valiosa para nosotros en relación con este capítulo introductorio. Esta consciencia empieza ya en la clara disposición estructural de la obra. La novela, que por otra parte está muy cerca de la poesía, consta de parlamentos semejantes a monólogos, más o menos largos, de sus seis personajes principales, a los que se suma en la parte central una especie de personaje de sueño, Percival, que sin embargo no habla. Estos parlamentos están divididos en nueve partes o capítulos, que a su vez se inician por medio de una especie de preludio temático, una introducción impresa en cursiva que también en el talante lingüístico es diferente de lo demás. El círculo de estas nueve partes, cuyo número, lo mismo que el de los personajes principales, es múltiplo de tres —aunque también podría recordar muy concretamente a las nueve musas—, tiene algo de "astral", dado que los preludios de dichas partes toman como punto de partida temático la situación del sol y siguen su curso, desde el crepúsculo matutino ("The sun had not yet risen") hasta el vespertino ("Now the sun had sunk"). Con seguridad es también consciente el que el número de personajes, junto con Percival, dé como resultado una "Pléiade", con lo que al tiempo se muestra hasta qué punto está todo aplicado a una autorreflexión del autor. Pero la estructuración consciente va todavía más lejos, se estampa hasta en los detalles de este fuertemente ensamblado cosmos épico-lírico, incluso allí donde de primera intención se tendería a ver la novela "dispersarse a los cuatro vientos". Así comienza la primera parte con una serie de seis frases en las que cada uno de los personajes principales comienza su parlamento respectivo con un "I see" o un "I hear" y la descripción de un fenómeno objetivo. Después de esta serie de frases que obedecen a un mismo tipo sintáctico se introduce una segunda serie sintáctica con "look at", en la que se da respectivamente el sentido superior de una frase que se despliega en sujeto, predicado y complementos circunstanciales. Con un nuevo "look at" se marca el comienzo de una tercera cadena de frases que desde ahora están articuladas espacial y temporalmente y, por último, Rhoda anima, con otro "look at", a pronunciar frases en las que el yo del hablante se incluye en lo observado ("Suddenly a bee booms in my ear"), y las frases se contraen ahora por trozos en largos monólogos de una persona.

El lenguaje, utilizado muy conscientemente, se convierte aquí como forma en "mensaje", se convierte, situado al principio de la primera parte ("The sun had not yet risen"), en la salida lenta del sol que se realiza en la sintaxis y anuncia así una conciencia del proceso creador que pronto se condensa expresamente también en lo temático. Bernard es sobre todo quien autorrefleja el proceso creador, a su vez sobre todo en la problemática que seguimos aquí, como tentación de una constructividad que contradice a la experiencia existencial. La evolución de Bernard en *The Waves* es, pues, la evolución, que se convierte en novela, del autor (o autora) de novelas tradicionalas a autor de la obra presente.

De este modo es por de pronto Bernard quien puede reprochar a Susan: "Now you trail away... making phrases. Now you mount like an air-ball's string, higher and higher through the layers of the leaves, out of reach" [69]. En su boca se convierte todo en "sequence",

---

[69] Virginia Woolf, *The Waves*, Penguin Modern Classics, pág. 14.

en "story" [70]. Sin embargo, después, cuando en la parte cuarta se concreta en la figura de Percival el ideal de la literatura tradicional, que presupone un concepto vertical del mundo, cuando se convierte en una realidad refleja y, con ello, casi perdida ya, se inicia en Bernard un pensamiento existencial que se adelanta en algunos puntos a Jean-Paul Sartre, un pensamiento bajo el que se despedaza su constructividad. Ahora descubre su inseguridad en comparación con la palabra de los personajes auténticos como Louis, cuya palabra es "pressed, condensed, enduring" (el "en-soi" de Sartre), experimenta la caída de Percival y se da cuenta de que ninguno de ellos "puede subir ninguna escalera ya", de que todos están "solitarios y malditos" [71] La consecuencia para la teoría de la novela es palpable. Bernard comienza preguntándose si existen siquiera "stories" [72] y pasa en seguida a aplicar este conocimiento: "I begin to long for some little language such as lovers use, broken words, inarticulate words, like the shuffling of feet on the pavement" [73].

Con seguridad no es una casualidad que estas palabras se encuentren en el "summing up" de The Waves [74], el que en las últimas líneas de la obra descubra Bernard una nueva enemistad, la enemistad contra la muerte, el que sus cabellos parezcan en este momento los de Percival, ni el que la novela acabe con esta frase, impresa en cursiva: The waves broke on the shore. El libro conduce así hacia sí mismo, vuelve en sentido literal a "The Waves", hacia la inundación de totalidad que ha de ser The Waves, pero también conduce a un nuevo compromiso, por velado que esté, al compromiso con "Percival", con la musa tradicional de la novela.

Es también sumamente curioso y significativo que Virginia Woolf utilice, para esta realidad de una novela que presupone un concepto vertical del mundo, a Percival, a la figura ciertamente más típica y

---

[70]   *Ibíd.*, pág. 31.
[71]   *Ibíd.*, pág. 130.
[72]   *Ibíd.*, pág. 160.
[73]   *Ibíd.*, pág. 204.
[74]   Bernard comienza este capítulo: "Now to sum up" (*ibíd.*, pág. 204).

conocida de la novela cortesana. En la época de la novela cortesana, de Chrétien y Wolfram von Eschenbach, se daban efectivamente las condiciones "ideales" para una novela, para héroe y "story" (fuera de esta época no se dan totalmente, ni siquiera en el siglo XIX). Efectivamente, un concepto del mundo según el cual todo se movía sobre "escalas" había conducido entonces a la creación de este género literario como estructura formal adecuada.

Veamos ahora qué postura adopta la "Nueva Novela" en Francia e Iberoamérica ante esta problemática.

II

LA NOVELA "EXISTENCIALISTA"

El objetivo contenido en el título de este estudio trae consigo que su centro de gravedad sea el análisis de las novelas de los años 1948 a 1963, es decir, de los años en que tiene lugar en Francia y en Iberoamérica el impulso decisivo hacia una "Nueva Novela" resistente en un amplio plano y capaz de producir una cima de la literatura. Por otra parte, uno de los propósitos fundamentales de esta investigación es determinar la situación de este fenómeno dentro de la evolución histórica del complejo general de la gran novelística románica actual. (Esta posición dominante la ostentan indiscutiblemente el "Nouveau Roman" y la "Nueva Novela" de Iberoamérica, desde 1948 hasta la fecha, 1968. España y Portugal no ofrecen ninguna alternativa auténtica y, en Italia, el grupo de Pavese, Vittorini y Moravia había pasado ya en 1948 su punto culminante. Volponi, por su parte, no es comparable). Por ello, junto con la consideración de los grandes precursores y modelos que hemos llevado a cabo en el capítulo primero, es importante analizar a base de algunos ejemplos la fase preparatoria, lo que yo llamaría novela "existencialista", igual que se analizará la novela de los años 1964-1967, a continuación del núcleo de la investigación.

La novela existencialista es efectivamente de gran interés para nosotros, dado que existen en ella tendencias que dejan ver su dirección hacia la "Nueva Novela" en sentido estricto, sin las cuales no sería ésta imaginable. Estas tendencias permiten llegar a la conclusión de que en Iberoamérica ha tenido lugar una preparación semejante a la llevada a cabo en Francia por Sartre. Por motivos de economía del trabajo es imposible en este lugar delimitar con precisión y analizar detalladamente esta fase preparatoria como se hará en la fase principal. Por ello, junto al análisis de novelas singulares especialmente destacadas e importantes para la preparación de la "Nueva Novela" en Iberoamérica, ha de mostrarse aquí de un modo general cómo también en esta fase preliminar puede registrarse una continua transformación. Es ésta una transformación ineludible que no permite a ningún escritor mantenerse al ritmo del lenguaje del tiempo durante más de unos quince años (en la mayor parte de los casos menos de diez).

UNA LEY INELUDIBLE

Así, por citar algunos ejemplos, entre 1927 y 1933 es el argentino Roberto Arlt el guía de la novela iberoamericana (con *El juguete rabioso*, 1927; *Los siete locos*, *Los lanzallamas*, 1931; *El amor brujo*, 1932 y, finalmente, *El jorobadito*, 1933). Entre 1934 y 1941 lo es su compatriota Eduardo Mallea (con *Nocturno europeo*, 1934; *Historia de una pasión argentina*, 1935; *La ciudad junto al río inmóvil*, 1936; *Fiesta en noviembre*, 1938; *La bahía del silencio*, 1940 y *Todo verdor perecerá*, 1941). Entre 1939 y 1954, entre otros, el uruguayo Juan Carlos Onetti con *El pozo* (1939), *La vida breve* (1950) y *Los adioses* (1954).

Todos estos escritores, que sólo se han escogido como ejemplo, continuaron y, en parte, continúan aún escribiendo novelas, pero éstas no son ya rectoras respecto de una "cresta" que hay que crear o conservar, presentan síntomas de rigidez y decadencia. Más adelante veremos que, al parecer, se trata de una ley ineludible de la que no libran ni los premios literarios ni el talento, por grande que éste sea. Imaginémonos a un Ariosto que, después de escribir su *Orlando furioso* (1516), hubiera intentado encontrar el lenguaje de mediados del siglo XVI o el barroco de la segunda mitad del Cinquecento. Los resultados habrían sido seguramente tan decepcionantes como el intento de Tasso de reformar su *Gerusalemme liberata* para dar forma a un concepto del mundo que no era el suyo. El escritor puede, más aún, debe vivir con su tiempo, tiene que transformarse de obra a obra para no petrificarse, pero esta capacidad de transformación tiene límites, el escritor sólo puede transformarse a partir de un punto, a partir del hecho histórico que es él mismo. De este modo se le puede lograr seguir el paso del tiempo durante un corto período. Su gran posibilidad consiste en expresar algunos momentos de este período.

EXISTENCIALISMO Y EXISTENCIALISMOS

Lo que unifica estos años preparatorios es una cierta orientación —que se va haciendo explícita, temática y formalmente— hacia lo existencial en el sentido etimológico de la palabra, es decir, hacia el hecho de encontrarse el hombre desarraigado respecto de cualquier sistema de conceptos que lo sostenga. No es difícil comprender que esta dirección del pensaminto adquiera una importancia tan grande justamente para la novela, que haga entrar en liza a la problemática formal de la novela de modo nuevo y más intenso. Lo que en *À la recherche du temps perdu* aparece sólo incidentalmente (por ejemplo en la intuición de los "états successifs"), lo que en James Joyce y Dos Passos no es más que lenguaje inarticulado de la fermentación formal o experiencias no reflexionadas, lo que en Virginia Woolf parece elevarse sólo esporádicamente a la reflexión, se mueve ahora en dirección a la gran crisis de la constructividad que conocemos bajo el concepto de existencialismo, un concepto que, sin embargo, no siempre quiere decir lo mismo, sino que abarca en el fondo muchas formas del existencialismo y que, en la mayoría de los casos, se refiere sólo a Sartre.

No se debe confundir el pensar y el sentir existencialistas de los literatos sudamericanos con este existencialismo en sentido estricto, con el de Sartre. Nada más lejos de los escritores sudamericanos que poner su literatura al servicio de un pensamiento filosófico de impronta cartesiana según el cual la existencia precede al ser. En absoluto piensan ellos en una teoría que lo explique "todo" y a la que, considerado filosóficamente, tendría que ajustarse lo concreto. Dicho sea esto de paso, antes de dedicarnos a las novelas particulares y, por de pronto, a una novela que está en el comienzo de la "Nueva Novela" en Sudamérica o, mejor, que con su asombrosamente temprana síntesis se anticipa a ese comienzo, y que representa una gran fórmula orientadora de lo que va a ser la "Nueva Novela".

"EL SEÑOR PRESIDENTE"

En diciembre de 1932 estaba acabada esta obra, *El señor presidente*, de Miguel Ángel Asturias. En condiciones normales hubiera podido aparecer en el otoño de 1933 (me refiero al otoño europeo, en América es primavera), de tal modo que, sin tener en cuenta su fecha real de aparición (1946), se puede considerar como una "novela existencialista" temprana [1]. Del mismo modo podría considerarse como un ejemplo iberoamericano de las precursoras novelas de los años treinta, de las que ya hemos hablado. Efectivamente, ambas atribuciones no se excluyen. Por una parte ocupa esta novela, por su grandeza y por su estructura formal, una posición precursora e inalcanzada en este tiempo en Sudamérica, lo que hace de ella una "novela de principios de los años treinta". Por otra parte muestra una aguda conciencia del "desarraigo", lo que justifica el que se le cuente como "novela existencialista".

Esta palabra "existencialista" no debe entenderse —como ya se ha apuntado indirectamente— en el sentido del existencialismo sartriano. A Asturias no le interesa en absoluto una explicación extensa

---

[1] Acerca de los motivos biográficos de *El señor presidente*, confr. el bello estudio de G. W. Lorenz, *Miguel Ángel Asturias*, Neuwied-Berlín, 1968, introducción, págs. 22, 33, 50 y 54.

y de validez general de lo que sea la existencia, ni mucho menos le interesa una ideología. Más bien se pueden ver en su obra reminiscencias (cronológicamente muy anteriores a la primera novela de Sartre) en relación con la conciencia existencial desarrollada por Kierkegaard o, más aún, con la forma de existencialismo de Ortega y Gasset. Pero mientras que Kierkegaard en su "o esto o aquello" deja abierto, si no el camino, por lo menos el salto a la fe, nadie lleva a cabo jamás un salto semejante en *El señor presidente,* ni el idiota Pelele que, como un Job moderno, atormentado por los buitres, aguarda soñando a la muerte en un estercolero, al que, sin embargo, desde el fusil de un policía secreto acecha una muerte más absurda, sin ensueño, en el lugar de su crimen. Tampoco se lleva a cabo este salto en el caso de la mujer del licenciado Carvajal, condenada sin culpa a muerte. Ni en el de los mendigos que se arremolinan en enjambres ante el Portal del Señor y que después son obligados bajo suplicio a hacer una declaración falsa. Ni en el del general Canales al que, a sabiendas del presidente, se le facilita la fuga antes de su condena y que, volviendo a su país a la cabeza de un pequeño ejército revolucionario, se desploma muerto después de una comida al presentársele la noticia de un periódico según la cual se ha casado su hija con Miguel Cara de Ángel, la mano derecha del presidente, y el presidente ha actuado de testigo. Ni en el de Camila que, después de la ausencia de su marido (se le ha encarcelado, lo que ella no puede saber), se retira, según una versión (final del capítulo 40), al campo salvador; según otra versión, se venga haciéndose amante del señor presidente. Ni en el de su marido, Miguel Cara de Ángel, que se convierte en la cárcel literalmente en un animal, al que sólo mantiene algo en pie el recuerdo de Camila y que, desesperado, como "telaraña despedazada", se desintegra cuando le llega la noticia del acto de desesperación de su mujer, posiblemente sólo fingido o quizá falsamente atribuido por Cara de Ángel a ella.

Sería equivocado pensar que en una danza macabra semejante no queda sitio para el principio esclarecedor de la "razón vital" de Ortega... Mayor sería la equivocación si se quisiera afirmar que *El señor presidente*, con sus acentos sombríos, no es sino una continuación de la línea social-naturalista (comparable con Zola en Francia), la continuación de lo que había creado el grupo de Boedo (cuyo representante más conocido había sido Álvaro Yunque)[2], como queja del "fervor social", de lo que Roberto Arlt formuló como mundo de sueño del mal: la novela de la injusticia social y de los depravados, de los chulos y prostitutas, es decir, un tipo de novela que debe mucho a los autores rusos. (A Yunque podría llamársele el Tolstoi, a Arlt el Dostoyevski de esta escuela). *El señor presidente* es la continuación de esta línea (no le faltan figuras de Tolstoi o de Dostoyevski, como tampoco depravados o prostitutas o pintura de la injusticia social), pero al mismo tiempo esta novela es esencialmente otra cosa. No se trata aquí tanto de grupos sociales como de la condición de la existencia humana en absoluto, como se trasluce a través de los ejemplos citados. (Lo mismo se puede decir, en menor medida, de Eduardo Mallea). Efectivamente, esta expresión existencial se destaca a veces tan fuertemente que se hace perceptible una tendencia a lo alegórico que recuerda la mejor tradición del teatro religioso español[3]. Así por ejemplo el que el señor presidente, que evidentemente es la encarnación del mal, se presente por principio totalmente vestido de negro; el que su más fiel servidor, Miguel Cara de Ángel (Miguel es, según la tradición cristiana, el ángel de la muerte), del que se repite la fórmula: *Era bello y malo como Satán*, lleve una bufanda negra con la que se cubre la mitad del rostro al salir a la calle (en correspondencia con esto participará Miguel Cara de Ángel del bien y del mal); el que dos servidores fieles del presidente, Miguel Cara de Ángel y el mayor Farfán, se confiesen los preceptos que hay que cumplir para ganarse el favor del presidente: "cometer un delito",

---

[2] Junto a Álvaro Yunque hay que mencionar a Roberto Mariani, Elías Castelnuovo (todos nacidos en 1893) y Lorenzo Stanchina (1900). Confr. E. Ánderson-Ímbert, *Historia de la literatura hispanoamericana*, II, Méjico-Buenos Aires, 1954, págs. 131, 264.

[3] *El señor presidente* no está sola en este sentido. Eduardo Mallea (sobre todo en *Los enemigos del alma*, 1950) y Ernesto Sábato, pero también Carlos Fuentes, Alejo Carpentier y otros muestran tendencias semejantes.

"ultrajar públicamente a las personas indefensas", "hacer sentir la superioridad de la fuerza sobre la opinión del país", "enriquecerse a costas de la Nación". Es verdad que detrás de todo esto se esconde la crítica de sistemas políticos existentes, que todo esto está causado por el recuerdo totalmente concreto de una dictadura, la de Estrada Cabrera, pero por otra parte la constelación aparece tan típicamente trazada que es legítima la interpretación metafísica como la lucha desesperada del hombre contra el mal, si bien no es ésta en absoluto, subrayémoslo de nuevo, la única interpretación válida.

Efectivamente se podrían interpretar también en este sentido los numerosos "contrastes sin relación" de la obra, el mostrar la riqueza junto a una pobreza "animal", el azul del cielo junto a hombres "moribundos", la luz junto a la sombra, el Portal junto a los mendigos, la noche junto a las estrellas. Es como si, aparte de la intención social, que de seguro existe también, y de la nota local, ineludible, se diera forma a la escisión irreparable entre el arriba y el abajo que se realiza en una yuxtaposición desesperada. Aquí no se aboveda ya sobre el acontecer el cielo del *auto sacramental* como una invitación a elevar la vista a las estrellas, si no durante la vida, por lo menos en el momento de la muerte. El cielo ha perdido aquí su posición de lo que está arriba y aparece "allanado" como el reverso continuamente presente. Y, por lo que se refiere al arriba político y social, que todavía se mantiene, también éste es desenmascarado y allanado en algunas escenas violentas o simplemente mediante el curso de la acción (la temática del "desengaño", familiar por la literatura española).

En ninguna parte es esto más claro que en la escena que podría llamarse "En busca de posada" (cap. 28). Miguel Cara de Ángel ha secuestrado y salvado a Camila, hija del general Canales, que ha caído en desgracia. Él había creído que alguno de sus tíos, que siempre se habían portado tan amablemente, "como padres", con ella, la recogería después del exilio involuntario de su padre. En vano se había presentado a uno de ellos y había tenido ocasión de ver la preocupación ridícula, "animal", por conservarse, de este "arriba" social, tembloroso de miedo. Camila no había querido creerle cuando él in-

tentó contárselo con el mayor tacto y se empeñó en acompañarle ella
misma. De este modo salieron ambos "prometidos a la fuerza" a las
altas horas de la noche en una fantasmal busca de posada, sin recibir
respuesta más que de los perros, de las estrellas y de los borrachos.
La llamada alta sociedad descubre en estas escenas que es una mentira,
como lo descubre también, de manera casi burlesca, con ocasión de
la fiesta nacional, en que basta un estampido incidental para anular
todos los "grados" y obligar a la alegre sociedad, tan consciente de
los rangos, a reducirse rápidamente al plano de la pura yuxtaposición
(cap. 14) [4].

El hecho de que Asturias pretende la desilusión totalmente expresa de la constructividad en diferentes planos se muestra al acom-
pañarse la ya mencionada búsqueda de albergue por el canto de un
borracho, que suena como una burla:

> ¡Para subir al cielo
> se necesita
> una escalera grande
> y otra chiquita! [5]

Esto se muestra también en otra escena, cuando Miguel Cara de
Ángel "esperaba... muy cerca de la imagen de la Virgen. Sus grandes
ojos negros seguían de mueble en mueble el pensamiento que con
insistencia de mosca le asaltaba en los instantes decisivos: tener
mujer e hijos" [6]. Constructividad metafísica y matrimonial se sitúan
paralelamente de modo consciente, como dos formas de expresión de
un mismo concepto del mundo justamente constructivo. También se
trata de formas correspondientes de una constructividad, por otro
lado petrificada, cuando por ejemplo el auditor, una especie de gran
inquisidor, desempeña su cargo de modo cruel y después va a oír
misa.

---

[4] Confr. también el capítulo 11, el último de la primera parte, en el que
se arranca de sus cimientos el mundo constructivo de una mansión señorial
[5] *Obras escogidas*, t. I, Buenos Aires, 2.ª ed., 1964, págs. 353 sigs.
[6] *Ibíd.*, pág. 286.

Nos encontramos aquí con formas de constructividad distinta en el contenido, pero análoga en la imagen fenoménica. Los grados en que la sociedad se ordena y se ve a sí misma, la imagen de la Virgen, la necesidad de amar y tener hijos, torturar consecuentemente y oír misa, todo esto refleja la fe en la posibilidad de moverse dentro de relaciones constructivas, todo esto implica la existencia de "escaleras", de aquella verticalidad a la que sabemos que se debe la novela como género literario. Justamente estas "escaleras", esta base sustancial de la novela, son desilusionadas por *El señor presidente* (como en seguida veremos, también por medio de la forma) [7]. Sólo una de ellas permanece: la petrificada y defensiva constructividad del encarcelar y del simple ejercicio del poder, del poder del presidente, ante el que tiene lugar una acción que oscila entre el drama, la novela y la epopeya.

"EL SEÑOR PRESIDENTE", ENTRE DRAMA, EPOPEYA Y NOVELA

El señor presidente posee pues un marco claro que recuerda el de un drama, impresión reforzada por la división de la obra en tres partes. El drama clásico español tiene, como es sabido, tres actos o jornadas, pero también en el *auto sacramental*, en principio pieza en un acto con fuerte tendencia épica a veces, se puede reconocer un ritmo dramático trial [8]. Las tres partes de *El señor presidente* son efectivamente como tres actos de un *auto* que tiene lugar ante los ojos de un

---

[7] Considérese sin embargo, que también el conflicto temático trasciende ya a lo formal (constructividad/no constructividad), que ya es formaltemático. Es éste un motivo por el que doy tanta importancia a esta obra en relación con la "Nueva Novela", como pionera o, si así se quiere, como primer ejemplo de la "nueva novela" en Sudamérica. En Roberto Arlt, por el contrario, que muestra fuertes rasgos existencialistas en su novela *Los siete locos*, entre otras, es esto sólo una cuestión de la pura temática, confirmando estos rasgos los "antiguos dualismos".

[8] Por ejemplo en *La siega* de Lope de Vega o en *La Ninfa del Cielo* de Tirso de Molina (?). En la época de la decadencia del género, en el caso de la mejicana Sor Juana Inés de la Cruz, p. e., esta división se hace explícita (en *El Divino Narciso*). Sobre todo esto trataré en breve más largamente.

poder demoníaco casi siempre invisible, en cuyas manos se convierten los personajes en marionetas: un verdadero teatro del mundo del mal. Cuando Camila es incluida en el juego macabro del presidente, se dice expresamente, pensado desde Miguel Cara de Ángel: "El único ser que le era querido bailaba ya en la farsa en que bailaban todos" [9]. La palabra *farsa* no aparece aquí casualmente. (La *farsa sacramental* es un importante precedente del *auto sacramental*.) Fuera de esto no faltan referencias temáticas al mundo de la danza de la muerte y del teatro de marionetas, y este mundo se convierte —por otra parte no sólo aquí— en realidad dramática inmediata, cuando el señor presidente, en presencia de Miguel Cara de Ángel, condenado ya mentalmente, prorrumpe una y otra vez en su risa inmotivada y diabólica y, con regocijo mefistofélico, enseña a su huésped el sugestivo "juego de la mosca", persiguiendo una por toda la habitación [10].

Pero también la construcción total de la novela posee una estructura dramática:

Primera parte: conduce desde la tragedia desencadenada por el asesinato del coronel José Parrades Sonriente (también el nombre Sonriente se ha puesto conscientemente al asesinado), por el idiota Pelele, pasando por la muerte "al margen" de Pelele y otros, hasta el rapto de la hija de Canales, Camila, por Miguel Cara de Ángel. Éste, que permite al mismo tiempo la fuga de Canales por encargo del presidente, no podrá apelar jamás a este encargo cuando el mecanismo de la justicia inquisitorial se ponga en movimiento contra él. Con ello se ha trabado el nudo dramático también para él.

Segunda parte: tiene el carácter de punto culminante en el sentido de que en ella se ponen gran cantidad de acentos dramáticos. Tienen lugar detenciones, suplicios de posibles testigos, entre los cuales Niña Fedina, madre a la que han arrebatado su niño de pecho, se eleva a una grandeza especialmente conmovedora de dolor humano. Camila y Cara de Ángel, que ahora es cada vez más "ser humano",

---

[9] *El señor presidente*, pág. 473.
[10] *Ibíd.*, pág. 470.

se enamoran. Camila enferma y llega al borde de la muerte. Mientras tanto reúne el auditor material contra Cara de Ángel, de modo que éste y Camila están al borde del abismo en doble sentido. En la última "escena" de esta parte tenemos noticia de que el general Canales ha pasado la frontera sin novedad, lo que proporciona un contrapunto dramático.

Tercera parte: nos presenta, junto con el peligro que aumenta, una orientación elaborada de modo contrapuntístico en dirección a la posibilidad de una evolución hacia el bien: Camila va mejorando lentamente; Miguel Cara de Ángel va encontrando interiormente el camino hacia ella; un pequeño ejército revolucionario al mando del general Canales penetra en el país. Sin embargo la catástrofe acecha ya desde un segundo plano y no es posible evitarla: el general Canales se desploma muerto, como ya se ha mencionado, cuando lee la falsa noticia difundida por el presidente, según la cual ha actuado como testigo en la boda de Camila; Miguel Cara de Ángel es enviado fuera del país con una embajada secreta y detenido en el camino; Camila, que no sabe nada de esto, se marcha al campo con su hijo, según el capítulo 40, aunque en el capítulo 41 parece que se hubiera convertido en la amante del presidente, en venganza contra su marido que la ha abandonado; esta noticia, que puede ser cierta o no serlo, derrumba totalmente a Cara de Ángel.

Sin embargo *El señor presidente* es en último extremo poesía épica. No sólo porque la mediatez sea propia de la obra, ni porque dicha mediatez se transmita al narrar, ni tampoco porque delate "amplitud épica", sino porque delata una orientación expresa hacia la totalidad de un concepto del mundo. También el *auto sacramental* posee, en contraposición con el drama profano, algo de ese carácter de totalidad, no tanto en el sentido de una orientación hacia la totalidad, como sucede en la novela, sino, a la manera de la epopeya, en el sentido de un presupuesto, de un apriori [11]. Es justamente como si

---

[11] Entre los puntos comunes entre *El señor presidente* y el auto sacramental habría que citar aún que Asturias da mucha cabida en su obra a la

Asturias hubiera querido unir estructuralmente esta totalidad apriorística con la orientación hacia la totalidad que corresponde al carácter de la novela.

Asturias parte del apriori de una desarmonía preestablecida en la que rige el mal, encarnado por el señor presidente, y esta totalidad de un mundo desarmónico es al mismo tiempo el marco del todo. En ese marco introduce Asturias sin embargo la construcción de una acción y de un destino privado (la distinción de Wolfgang Kayser vuelve a mostrar aquí su gran utilidad), destino que a su vez está orientado hacia una significación constructiva. Y en esto estriba lo novelesco de *El señor presidente*: después de haberse deshecho el "arriba" social de Camila y la posibilidad de Miguel Cara de Ángel de entenderse a sí mismo desde su posición política clave, intentan ambos construir su felicidad personal, a partir de las ruinas de su engaño y de su penuria existencial, y superar en esta felicidad la soledad de la existencia [12]. Aparte de esto el padre de Camila podría también traer la redención política si tuviera éxito su revolución. Pero vence la desarmonía preestablecida, por fuerza tenía que vencer, pues en el camino de Camila y Miguel Cara de Ángel —como también en el del general Canales— había tantas contradicciones que ellos no podían ir más allá de una resistencia momentánea y, por ello, insostenible en esencia. (Un camino que quisiera convencer desde la esencia tendría que convencer justamente como camino y no como punto). Camila, que se ve totalmente separada de su pasado constructivo y que, ante un espejo —como también lo harán con predilección los personajes de Sartre—, reflexiona sobre su desesperado aislamiento [13], que, en su análisis del mundo de tíos y tías, se adelanta un poco al Lucien de *L'Enfance d'un chef*, esta Camila piensa ya demasiado

---

temática del *Canticum canticorum*, si bien como a una realidad que hay que desilusionar (confr. más adelante).

[12] Confr. lo que sigue y la nota 13.

[13] Así al principio de la segunda parte, en el capítulo titulado "Camila" (págs. 190 sigs.). Confr. también el principio del capítulo siguiente, donde se quiebra el mundo de la "constructiva" criada Chabelona; también ella se refleja en el agua.

existencialistamente para poder construir verdaderamente un amor continuado. De hecho es sólo la casualidad de una observación, como se fija expresamente, lo que le hace llegar a un pacto no declarado con Miguel Cara de Ángel [14], y con seguridad establece Asturias conscientemente el que en el capítulo siguiente (se titula *Canción de Canciones*) [15] no se mantenga firme esta unidad del análisis del pensamiento: "Pero las serpientes estudiaron el caso. ¿Si el azar no los hubiera juntado?". El "inútil encanto del Paraíso" se quiebra ante la conciencia de culpabilidad que surge en ellos y que está relacionada sustancialmente con el hecho de que efectivamente no pueden librarse del presidente, con el hecho de que en una desarmonía preestablecida no hay sitio para la "fractura del estilo" óntica de una felicidad a dúo [16]. Y hasta qué punto es existencialista esta conciencia de culpabilidad de una complicidad ineludible se muestra al decir Asturias de ellos que sentían "lástima y vergüenza de ser ellos" y al hablar de su "estar allí", es decir, al utilizar términos que en seguida serán elevados por Sartre a conceptos centrales del existencialismo ("avoir honte de l'existence"; "être-là").

El señor presidente no es pues, como novela, la construcción de una totalidad vertical, sino, al contrario, el derribo de todo lo que impide la totalidad reconocida como apriori de la desarmonía preestablecida y del imperio del mal. Desde este punto de vista es una "antinovela", como en el fondo lo era ya el *Quijote*, es realidad que, como construcción narrativa de una relación, lleva a cabo en el fondo el derribo de dicha relación y que pretende mostrar que en realidad no existe una tal posibilidad esencial de construcción. Es justamente como si se elevara la novela al escenario, como si Asturias intentara superar la escisión interna del género en realidad formal y concepto del mundo, poniendo la constructividad novelesca ante una instancia que la desilusiona continuamente y la muestra como vana.

14　Tercera parte, cap. 34, pág. 492. La cita siguiente, *ibíd.*, pág. 493.
15　La ironía se reconoce aquí claramente. Confr. también nota 11.
16　Análoga es la postura de Sartre en *Les Jeux sont faits*.

Pero Asturias es consecuente hasta el detalle formal y estructural. Una y otra vez se quebrantan y anulan el carácter de camino y la construcción continua, aun cuando exista un destino progresivo. El general Canales pierde en un momento y sin transición su constructividad como general (cuando Cara de Ángel le comunica que ha caído en desgracia y él cierra la puerta tras de sí), y adopta la abulia que de principio es propia de los mendigos, del trasfondo social del apriori:

> El general Eusebio Canales, alias *Chamarrita*, abandonó la casa de Cara de Ángel con porte marcial, como si fuera a ponerse al frente de un ejército, pero al cerrar la puerta y quedar solo en la calle, su paso de parada militar se licuó en carrerita de indio que va al mercado a vender una gallina [17].

Desde este momento es, como se dice expresamente, "otro" Canales, alguien que se mueve "a paso de tortuga" o "como cucurucho después de la procesión" [18]. Algo semejante le sucede a Cara de Ángel. Todavía cree poder apelar a los favores que ha hecho cuando restalla el látigo en su rostro [19]. Con la misma falta de transición pierde los estribos en la cárcel, después de una larga huelga de hambre, cuando se abalanza como una fiera a la lata de conserva que se le da y devora su contenido. También se desintegra en un instante cuando le llega la noticia del comportamiento de Camila. El que esta última escena esté al final de la obra tiene especial importancia dentro del complejo estructural de *El señor presidente*, pues confirma la serie como disposición estructural consciente.

También en el estilo se encuentran correspondencias con este descenso al plano uniforme del ser hombre "puro", privado de su constructividad. La palabra "correspondencia" podría evocar ideas falsas, podría revivir el dualismo forma-contenido, por lo que se subraya

---

[17] *Ibíd.*, pág. 273.

[18] *Ibíd.*, pág. 275.

[19] *Ibíd.*, pág. 529, cap. 39. La frase que se cita a continuación está en el capítulo 41: "No dejó nada y cuando tiraron de la cuerda vio subir la lata vacía con el gusto de la bestia satisfecha". (Pág. 539).

que este lenguaje formal representa ya en sí mismo un mensaje, que
no se pone al servicio de un contenido como medio expresivo. Así
hay que entender las numerosas repeticiones, las largas series de
partes de la oración de la misma especie, los estancamientos del lenguaje [20], la desarticulación de la lengua ("Un grito... un salto..., un
hombre..., la noche..., la lucha..., la muerte..., la sangre..., la fuga...,
el idiota...") [21], una serie mecánica de los números del uno al treinta
y ocho [22] y, por dar un último ejemplo, la reducción de una letanía
a una simple cadena de *ora pro nobis*... [23] Por otra parte a este mensaje lingüístico de la constructividad imposible, que recuerda a James
Joyce y parece anticiparse a Samuel Beckett, se aviene una y otra
vez un resto de esperanza o el símbolo de una posibilidad reconocida
como imposible y que, sin embargo, sigue existiendo de algún modo.
Así, un I-N-R-Idiota, en medio del lenguaje desarticulado por la fiebre del idiota y en analogía formal con dicho lenguaje (se trata de
letras sueltas), hace destellar el símbolo del supremo sentido cristiano
de la cruz (*Iesus Nazarenus Rex Iudeorum*, la inscripción que tenía
la cruz). En un plano episódico se encuentra un análogo simbolismo
velado, por ejemplo cuando "el poeta" (el poeta no se individualiza,
también esto es significativo) tiene que recitar una poesía y elige
El cantar de los cantares de Salomón, después de lo cual abandona el
presidente pensativo la sala, en tanto que el poeta conduce a Camila,
la novia, a la mesa [24]. Es como si Asturias quisiera elevar la realidad
a la idealidad de una constelación alegórica, al sueño de un instante
de una unión ideal entre la novia y el poeta en el momento del ban-
quete del amor. Es ésta una idealidad ante la que retrocede significativamente el presidente, la encarnación del mal. ¿No había retrocedido
también la muerte, si bien no definitivamente, del lado de Camila,

---

[20]   Confr. p. e. cap. 3, pág. 21: "A sus costados pasaban puertas y puertas
y puertas y puertas y ventanas y puertas y ventanas..."

[21]   Pág. 225.

[22]   Pág. 351.

[23]   Pág. 333.

[24]   Págs. 499 sigs.

porque se había mostrado el amor "más poderoso que la muerte"? El médico que la trataba se había referido expresamente al *Canticum canticorum,* en el que se dice que "el amor es más poderoso que la muerte" [25]. Pero, por otra parte, sería injusto querer ver en estas reminiscencias del *Cantar de los cantares* algo más que el fulgurar de una especie de sentido mágico del instante. No es casual el que el médico sea, como tantos otros personajes de médicos de la literatura iberoamericana, un hombre experto en teosofía, magia, astrología y ciencias ocultas [26]. Su voz no remite a un sistema coherente de amor y salvación. Tampoco remite, como la temática del *Canticum canticorum* en los *autos sacramentales,* a la existencia de una economía vertical de la salvación, sino a fuerzas mágico-telúricas en las que pervive mucho del criollismo y mucho también de lo que Ortega llama "razón vital", en las que, por otra parte, lo cristiano no está en absoluto excluido. (Lo mismo sucede con el literal "convertirse en polvo" de Cara de Ángel al final del libro. Aquí resuena, trasladado a lo telúrico, el recuerdo de un sacramental cristiano, del *memento quia pulvis es et in pulverem reverteris* de la liturgia del miércoles de ceniza).

Entre muchos, éstos son algunos ejemplos. Por todas partes encontramos, en yuxtaposición acausal con la sombra, semejantes luces sin relación. Asturias tiene sus imágenes propias para esta yuxtaposición de lo contradictorio: desproporción fantástica. Huracán delirante. Fuga vertiginosa, horizontal, vertical, oblicua, recién nacida y muerta en espiral... [27]

---

[25] Pág. 459.
[26] Pág. 457.
[27] Pág. 223. Esta imagen, como también la correspondiente del "caracol" se elige con gusto en la "Nueva Novela" de Sudamérica para simbolizar la constructividad absurda.

MÓDULOS PROBLEMÁTICOS Y MÓDULOS
QUE FALTAN PARA LA INTERPRETACIÓN

En este punto es donde se da uno cuenta cabal de que a un europeo le faltan realmente los módulos para comprender justamente esta contradictoria realidad sintética. Nuestro pensar tiende desde antiguo a no contentarse con contradicciones y a no descansar hasta haber aclarado todo en el sentido de la causalidad. Esta tendencia se acentúa especialmente en Francia, donde todo pensar es siempre algo que aclara y que excluye, donde, en consecuencia, tiende siempre la literatura a fijar absolutamente *un* pensamiento, *un* estilo y *un* concepto del mundo [28]. Por lo demás es ésta una tendencia general europea, si bien España no participa tan intensamente de ella. El sudamericano que, como Asturias, aún no está desvinculado de su suelo, parte justamente de la premisa de que el mundo en último término no puede captarse por medio del pensamiento, de que el mundo ni tiene por qué ni puede ajustarse a las categorías de un pensamiento, pues se trata de dos categorías inconmensurables. Para él el mundo es y ha sido siempre una realidad mágica que, a la postre, se burla de todos sus intentos por contemplarlo claramente, que en medio del caos de una falta manifiesta de sentido se reserva el capricho de un sentido supremo y que, viceversa, puede aniquilar en un abrir y cerrar de ojos cualquier constructividad humana. (Se comprende que los peligros de la inseguridad social y las experiencias de catástrofes naturales contribuyan a despertar y a mantener vivo este concepto del mundo).

Pues bien, el "Nouveau Roman" en Francia es justamente el intento de evadirse de la ley de la concatenación y deshacerse precisamente de la herencia en que estriba en parte la escisión entre el pensamiento francés y el sudamericano: la rigurosa causalidad y el carácter continuo de camino. (El que esto se logre o no, carece de impor-

---

[28] Esto vale también en gran parte para la literatura italiana y no tanto para la española, en la que se da una mayor posibilidad de compensación (confr. lo que se dice en las págs. 347 sigs.).

tancia para esta apreciación). La "Nueva Novela" ofrece por otra
parte la posibilidad auténtica —quizá sea la primera vez que se ofrezca una posibilidad semejante— de analizar comparativamente la literatura sudamericana y la europea sobre la base de una analogía formal,
sin imponer con ello a las obras sudamericanas módulos ajenos a su
esencia. Al hacer una interpretación semejante hay que tener en
cuenta que, como en cualquier otra interpretación, mucho se queda
sin decir. Ante todo hay que guardarse de los tan cómodos "ismos"
y de cualquier coacción de sistema interpretativo. Por otra parte tampoco podemos acercarnos al "Nouveau Roman" con "ismos". Es significativo el hecho de que actualmente los representantes del "Nouveau
Roman" y de la "Nueva Novela" se rebelen por igual, frente a ciertos
dualismos de la crítica tradicional, como "forma" y "contenido", entre
otros. Si se sabe eludir estas redes de la interpretación categorial,
entre las que se cuentan también los ismos, o, como mucho, admi-
tirlas sólo por motivos heurísticos, podrá no haberse encontrado aún
el camino hacia el "Nouveau Roman" y la "Nueva Novela", pero se
habrá evitado un malentendido fundamental, el del pensamiento categorial. En lugar de esto hay simplemente que contemplar, hay que
buscar las relevancias estéticas, los fenómenos, constatándolos de un
modo inmediato y, si es preciso, reducirlos a valores fenoménicos
abstractos y comparables (como por ejemplo constructivo-no constructivo, alineante-encadenante, asociativo-disociativo, autónomo-integra-
do, arriba-abajo, etc.). Este mero contemplar y constatar debería ser
la pauta suprema a la que habría de subordinarse cualquier regla, incluso la de evitar los dualismos, pues la experiencia de la interpretación
muestra que no se sale adelante sin ciertos dualismos como inmediato-
metafórico, directo-simbólico, ya que se dan también en la "Nueva
Novela". (Por lo demás los representantes de la "Nueva Novela" en
Sudamérica reaccionarán mucho más tarde contra interpretaciones o
problemas dualísticos, Carlos Fuentes, por ejemplo, en una interviú
de julio de 1967 [29], Ernesto Sábato en *El escritor y sus fantasmas*

---

[29] En la revista *Ercilla* de 30-VII-1967.

(1963). El Asturias de *El señor presidente* no piensa todavía en tales principios, que se han desarrollado a partir del diálogo con el "Nouveau Roman", como tampoco Proust pensaba en ello, aunque sí Sartre.

Hay que tener en cuenta que Sudamérica llega a la forma de la "Nueva Novela" a partir de presupuestos radicalmente distintos de los franceses. En Francia la forma tradicional de la novela era expresión de una tradición intelectual que había encontrado su expresión más vigorosa en la constructividad positivista del siglo XIX, de una tradición intelectual de la que el francés incluso hoy difícilmente puede librarse, que determina decisivamente hasta las formas de su oposición contra dicha tradición intelectual. En Sudamérica, por el contrario, la forma tradicional de la novela, recibida de Europa, era inadecuada por tener una constructividad lineal. Por ello, por mucha cabida que, desde el punto de vista del contenido, se diera a lo sudamericano en las novelas de la época colonial y del siglo XIX, existía una escisión fundamental entre la forma meramente heredada de un género literario y el carácter sudamericano. Para convencer, para irrumpir en la "cresta" de la literatura tiene un género que ser, precisamente como forma, lenguaje auténtico. En esto estriba, a mi parecer, el hecho de que la novela colonial y la del siglo XIX, así como la de tipo "naturalista", que se ha escrito y se sigue escribiendo junto con la "Nueva Novela", no puedan competir en un plano internacional. En contraposición con el "Nouveau Roman", que surge más bien de una necesidad del pensamiento, significa pues la "Nueva Novela" la exploración de formas que, por fin, corresponden también formalmente a su concepto del mundo, que hacen posible escribir novelas en las que no sólo se rompe la constructividad de un camino, para el pensamiento sudamericano sólo imaginable como estructura extraña, sino que se sustituye por una estructura pluralista que deja sitio para la yuxtaposición. Con esto se abren grandes posibilidades para la novela sudamericana que ésta debe utilizar, pues le es connatural la yuxtaposición que conscientemente busca el "nouveau romancier".

LITERATURA EXISTENCIAL Y EXISTENCIALISMO

Esta profunda diferencia hay que tenerla presente en todo. Cuando en *El señor presidente* se utilizan una serie de medios estilísticos y de composición que se oponen al carácter de camino de la novela, cuando nos encontramos con cadenas de sonidos inarticulados como el "¡Ja! ¡ja! ¡ja! ¡ja! ¡ja!... ¡Ji! ¡ji! ¡ji! ¡ji!... ¡Jo! ¡jo! ¡jo! ¡jo!... ¡Ju! ¡ju! ¡ju! ¡ju!" del señor presidente, que mentalmente tiene ya entre sus garras a su víctima [30]; cuando vivimos el literal punto muerto de una discusión [31]; cuando nos enfrentamos a cadenas de sonidos que no están orientados hacia una comprensión intelectual [32]; cuando las palabras se engarzan en espirales no progresivas [33]; cuando un capítulo entero (cap. 23) consiste en los dieciséis partes numerados que reproducen la correspondencia del día del presidente o cuando el onomatopéyico *Ton-tororón* de un llamador se extiende a lo largo de líneas enteras, se trata en todos estos casos de medios estilísticos que están de modo totalmente inmediato al servicio de una necesidad expresiva determinable por el contenido, pero no al servicio del "lenguaje de la forma", que desarrollará el "Nouveau Roman" y que aparecerá mucho después en Sudamérica, incluso en Asturias.

Algo semejante sucede con las ya mencionadas reminiscencias existencialistas. El concepto existencialismo indica, en virtud del sufijo, que se ha desarrollado una determinada idea de la existencia formulada, o al menos concebida, teóricamente, y que se acepta como dada. Así por ejemplo para el existencialismo es una máxima inconmovible que la existencia precede a la esencia ("l'existence précède l'essence", dice Sartre, y de presupuestos semejantes parte también

---

[30] Pág. 470.
[31] Pág. 265.
[32] Pág. 224.
[33] Pág. 223: "Curvadecurvaencurvadecurvacurvadecurvaencurvala mujer de Lot".

Ortega). Si alguien se desvía de esta máxima o no la acepta, deja de ser *eo ipso* existencialista en el sentido propio de la palabra. El pensamiento se ha impuesto en el existencialismo una especie de coerción estructural que, paradójicamente, consiste en excluir la posibilidad de un ser a priori. (Es claro que, en estas circunstancias, tenía que ser difícil para Sartre escribir literatura y seguir siendo un existencialista consecuente, pus la literatura presupone *per definitionem* un cierto "platonismo", una cierta fe en la esencia, lo que al final llevó a Sartre a escribir una *reprobatio* en *Les Mots* (1964), a revocar la literatura.) Asturias no piensa en una tal coerción sistemática —nadie lo hace en Sudamérica—, su pensamiento es demasiado existencial para ser existencialista como un todo. Sus héroes no son europeos supercivilizados que, como el Roquentin de *La Nausée*, se permitan el lujo intelectual de sentirse "de trop". Son hombres que se encuentran inmediatamente en la lucha por la existencia, que tienen hambre, a los que se les muere un hijo, a los que se ahuyenta del Portal, con lo que se les priva de la posibilidad de mendigar con éxito, a los que se acusa falsamente, que son torturados y encarcelados, que fenecen en un estercolero, a los que se impide ser hombres. Por ello es significativo que sólo Camila tenga arranques existencialistas y, junto a ella, el privilegiado Miguel Cara de Ángel, cuando se ven obligados a negarse a sí mismos en una recepción. Pero éstos son realmente sólo "arranques", y nadie podrá inferir que en ellos se presenta la tesis de *El señor presidente*. La tesis a la que Asturias da forma en *El señor presidente* es mucho más amplia y abierta, es la de un movimiento inauditamente circular, en cuya danza, vital y mortal a la vez, se destacan ya existencialismos, ya idealismos, ya vitalismos, sin que ninguno de estos elementos pueda pretender que él, por sí sólo, representa la respuesta de la obra.

DE ASTURIAS A J. C. ONETTI

Lo que es válido para Asturias lo es análogamente para todos los escritores sudamericanos de la novela "existencialista". Aunque se

den existencialismos, como se dan ya en *Los siete locos* de Roberto
Arlt, casi diez años antes de que escribiera Sartre su primera novela
y quince antes de *L'Être et le Néant*; aunque nos encontremos en
dicha novela con fórmulas como "Soy algo así como el no ser" [34] y
"Yo, que soy la nada, de pronto pondré en movimiento ese terrible
mecanismo" [35]; aunque Erdosain, un personaje que procede de *Crimen y castigo* de Dostoyevski, tenga la idea de un crimen liberador
que le ha de dar consistencia, como más tarde el Orest de *Les Mouches*,
a pesar de todo, estos pensamientos existencialistas surgen justamente
sólo en lo que Arlt llama "zona de angustia", desde la que una y
otra vez conduce el camino hacia la libertad de sueños evasionistas.
Estos sueños no tienen por qué ser en absoluto una declaración válida
de lo que sea la existencia y el ser-en. Esto se muestra de un modo
muy plástico cuando el héroe de *Los siete locos*, desenmascarado como
ladrón, desea vivir en un mundo que responda a ideales existencialistas: "(la ansiedad) le hacía apetecer una existencia en la cual el
mañana no fuera la continuación del hoy con su medida de tiempo,
sino algo distinto y siempre inesperado, como en los desenvolvimien-
tos de las películas norteamericanas".

Algo semejante es válido también para *Nocturno europeo* (1934),
de Eduardo Mallea, cuyo "ennui" no tiene por casualidad a Europa
como escenario. Lo mismo puede decirse de una novela corta que
ha de ocuparnos detenidamente a este respecto, porque conduce inmediatamente a la "Nueva Novela" en sentido estricto, porque en
ella, como hasta cierto punto también ya en *El señor presidente*, se
hace participar decisivamente a la forma del testimonio existencial:
El pozo (1939), de Juan Carlos Onetti (Uruguay). Mientras que en
Nocturno europeo se decía: "Aquellas islas eran el mundo" [36], en
El pozo se traza ya en la forma un tal concepto del mundo, que en
aquella frase sólo surgía momentáneamente.

---

[34] Roberto Arlt, *Novelas completas y cuentos*, tres tomos, Buenos Aires
1963, pág. 222.
[35] *Ibíd.*, pág. 223.
[36] *Obras completas*, t. I, 1961, pág. 162.

Efectivamente, esta novela corta, comparable en esto a *Tropismes* (Ed. de Minuit, 1938) de N. Sarraute, es como una sucesión desligada de islas lingüísticas en las que se retienen momentos o cortas unidades episódicas. A causa de esto se acerca a la lírica, pero, en contraposición a *Tropismes* de Sarraute, sigue siendo inequívocamente una unidad literaria que construye narrando y que, por su corta extensión, está entre el cuento y la novela. Si se tiene en cuenta que en 1938 aparece otra novela, *Fiesta en noviembre* de Eduardo Mallea, en la que se intenta, esta vez más según el modelo anglosajón que en el caso de Onetti, incluir la forma en el testimonio existencial [37], podemos designar los años 1938/39 como una etapa del camino hacia la "Nueva Novela" sudamericana, como una etapa que corresponde en Francia a la de *Tropismes* y —en menor medida—, de *La Nausée* de Sartre (ambas obras asimismo de 1938), a la que sigue diez años más tarde, casi simultáneamente con el "Nouveau Roman" (N. Sarraute, *Portrait d'un inconnu*, 1948), es decir, en 1949, la primera época de madurez de la "Nueva Novela".

"TROPISMES" Y "EL POZO"

Efectivamente sigue siendo *Tropismes* de N. Sarraute la gran obra precursora del "Nouveau Roman", obra que, como es sabido, no representa todavía una novela, sino que es una especie de *opus sui generis* épico-lírica, que permanece tan sola en Francia como *El pozo* de Onetti, que tiene en Iberoamérica una significación semejante desde

---

37 Eduardo Mallea, *Obras completas*, dos tomos, 1961-1965, pág. 85. *Fiesta en noviembre* es el cuadro de ambiente de una tarde de fiesta, sociedad y teatro, en la que una cierta María siente la falta de sentido de su existencia privilegiada. En este relato se proyectan fragmentos de una acción que discurre paralelamente en el tiempo y que contrasta por el contenido, acción destacada de lo demás por medio de la impresión en cursiva, a la manera de *The Waves* y *The Sound and the Fury* (en *La bahía del silencio* cita Mallea el título de Faulkner en la página 621). También en el estilo y en la nota social contrasta esta acción, presentada sólo fragmentariamente, con el mundo de la sociedad de la fiesta. (En ella es detenido un poeta sin la menor explicación sobre el motivo (paralelo con Kafka) y fusilado.

el punto de vista formal. Frente a estas obras pasan a un segundo término *La Nausée* de Sartre y *Fiesta en noviembre* de Mallea. La obra de Mallea porque representa una fórmula más "anglosajona" que iberoamericana que, por otra parte, queda estancada en lo experimental [38]. *La Nausée* de Sartre porque permanece en gran parte dentro de una fórmula muy vinculada a la tradición que, considerada formalmente, no conduce inmediatamente al "Nouveau Roman" [39]. Lo que viene después, en los años que siguen hasta 1949, son novelas que incluyen en parte la forma en el testimonio (*L'Etranger* de Camus, 1941 y *El túnel* de Ernesto Sábato, 1948, son ejemplos logrados de esta dirección). En parte son experimentos que se apoyan en modelos anglosajones, como *Le Sursis* (1945) de Sartre y la segunda parte de sus *Chemins de la liberté*, en Francia y, en Sudamérica, obras como *La tercera versión* (1944), de Silvina Bullrich y *Manglar* (1946), de Joaquín Gutiérrez. Pero todas estas son novelas que no prosiguen, al menos no de modo convincente, la dirección marcada en *El pozo* y *Tropismes*.

Tropismes es una serie de veinticuatro piezas en prosa que se alinean como islas sin comunicación y en las que chocan sin continuidad dos mundos: el mundo encerrado en sí mismo, convulso e hipersensible de un "moi" anónimo, del narrador y, a través de la visión de ese yo, la fauna del comportamiento colectivo, de "ils" y "elles" que miran escaparates o están junto al fuego y cuyas conversaciones se mueven exclusivamente dentro de patrones fijos. Como momento dialéctico entre ambos mundos se encuentran los intentos del yo por acercarse a los otros, a los que desprecia, y por que le permitan entrar en la rueda de sus lugares comunes.

El tomito está pues de acuerdo con su título (tropismos son movimientos de contorsión de plantas fijas), pues evoca un mundo estático y móvil a la vez, un mundo que tiene algo de lo que Nathalie Sarraute admira tanto en ciertos personajes de Dostoyevski, personajes como

---

[38] Confr. nota anterior.
[39] Sobre esto vid. M. Kruse, *Philosophie und Dichtung in Sartres "La Nausée"*, en *RJ* 9 (1958), págs. 214 sigs.

el viejo Karamazov, cuya psique permanece de algún modo superficial y representa una especie de acumulación desintegrada de reflejos. (Piénsese en Karamazov, que lanza una y otra vez ante el venerable anciano Zosima las antenas de sus absurdos parlamentos y gestos, para retraerlas rápidamente al encontrar oposición). N. Sarraute, nacida en Rusia [40], siempre ha confesado con gusto este parentesco, que, sin embargo, no debería acentuarse demasiado, pues lo propio de Sarraute va mucho más allá de Dostoyevski, lo que se muestra ya aquí con momentos esenciales que habrán de determinar más tarde la estructura del "Nouveau Roman" de Sarraute: discontinuidad de la construcción, personajes anónimos, psique superficial como conjunto de reflejos, una mezcla como de fauna de movilidad e inmovilidad, temática del "otro", de las conversaciones tópicas, del yo excluido.

La problemática existencial, la consciencia de la falta de esencia y del estar desarraigado respecto de cualquier sentido encontró así en *Tropismes* una forma que muestra ya la intelectualidad y exclusividad característica del "Nouveau Roman", y un parentesco aún potencial con el existencialismo de Sartre que pronto pasará al estadio de la actualización: Sartre escribió un prólogo para *Portrait d'un inconnu* de Sarraute. Es como si en *Tropismes* se pasara la tan a menudo contradictoria realidad de la vida por el filtro de una perspectiva, de tal modo que no quedara de ella más que lo que, según forma y contenido, refleja dicha perspectiva: el aislamiento desesperado, el estirarse en vano hacia las "plantas vecinas" y una comunidad aparente de trato formulario en la que lo propio, la existencia, no llega a mani-

40 Nació en 1902 en Ivanovo-Voznessensk, pasando los primeros años de su vida en París, en Rusia y en Suiza. (Los padres se divorciaron cuando ella tenía dos años). Desde los ocho años puede ser considerada definitivamente como francesa por elección. También es importante que estudió inglés (en Oxford, de 1920 a 1921, entre otros sitios), pero que, según ella misma dice, no leyó a Faulkner y a Kafka hasta 1946. Sobre la vida de N. Sarraute vid.: M. Cranaki y Y. Belaval, *Nathalie Sarraute*, París, 1965, págs. 13 sigs. Una breve orientación sobre el "Nouveau Roman" de N. Sarraute da K. Wilhelm en *ZfSL* 74, 1964, págs. 289-320.

festarse. En ninguna parte puede por ello descubrirse la "contradicción" de una luz extraviada, la humanidad de colores que prometen salvación, en ninguna parte naturaleza que llame hacia la esperanza. Domina aquí ya la severidad ontológica de la palabra perseguida por el "Nouveau Roman", su pretensión de ser continuamente expresión del ser que ha de reflejarse en el estrato temático de la obra, o la sustitución de este estrato temático por la mencionada expresión formal.

Nada de esto se registra en el equivalente sudamericano, en *El pozo*. Esta obra, típica del camino que ha de seguir la "Nueva Novela" sudamericana, está también dispuesta en islas episódicas, lleva adelante la acción como a empujones o por medio de cuadros. Además trata también el tema del aislamiento y de la imposibilidad de llegar a los demás (lo que ya indica el título). Pero todo esto no pretende ser una imagen ontológica consecuente del mundo. Junto a esto no faltan en absoluto el vocabulario y el "fluidum" existencialistas. Repetidamente nos encontramos con palabras como "asco", "absurdo" y "fastidio" [41]. Domina la parataxis, como forma sintáctica del aislamiento [42], el lenguaje es seco, sin adornos, reproduce lo que hay que decir; en general los párrafos descansan sobre sí mismos, desvinculados unos de otros. También la edad del protagonista podría calificarse de existencialista: cuarenta años, es decir, algo mayor que los personajes de Sartre, que están entre los treinta y cinco y los treinta y ocho años y algo más joven que los de Camus, que en general han pasado ya de los cuarenta [43]. Onetti elige el momento en el que casi siempre se ha disipado ya la ilusión de una juventud eterna, en el que podría tenerse la impresión de haber entrado en el desierto de la vida, en

---

[41] Confr. también mi artículo *La nueva novela en Hispanoamérica*. En: *Signos* 2, 1968.

[42] Por lo demás, la parataxis no tiene necesariamente esta función.

[43] Esta diferente elección de la edad es significativa: Sartre busca el desmoronamiento de lo recibido como presupuesto de la crisis existencial (también Dante, el viajero del más allá, tiene treinta y cinco años); Onetti prefiere la edad en la que comienza la nueva orientación; Camus, por último, se interesa por el hombre que, a pesar de saberse absurdo, se decide por la constructividad.

aquello que significa existencia. El protagonista de *El pozo* está también emparentado con los personajes de Sartre, sobre todo con el Goetz de *Le Diable et le bon Dieu*, en tanto que también para él es evidentemente imposible el amor hasta que se realiza contra la voluntad del otro, mientras que la muchacha que le espera aparece como algo lejano, inalcanzable. Sin embargo todo esto no es demostración de tesis existencialistas, no es modelo de cualesquiera concepciones. Sé que respecto a la literatura de Sartre cabe la polémica de si esto es así en ella, pero sólo el hecho de que exista la posibilidad de interpretar las obras literarias de Sartre como modelos filosóficos nos basta para nuestro propósito. En el caso de Onetti un intento de interpretación tal carecería de objeto. Lo que en él se da es un destino individual al que, según una antigua tradición española, corresponde algo moral de validez general, el peso de una afirmación ejemplar sobre la limitación humana. Ya en el título, *El pozo,* se alude ciertamente a esto: el protagonista es una especie de Narciso que no puede amar en el otro sexo más que a sí mismo, está desesperadamente aislado, es en cierto modo un hombre que vive en un pozo. Sin embargo, no lo es porque existencia significara para Onetti aislamiento (lo que sería existencialismo), sino porque su mirada no puede encontrar la belleza del mundo, que desde luego existe. Una frase "existencialista" muy citada de *El pozo* —que por otra parte casi nunca se cita entera— dice: "Yo soy un hombre solitario que fuma en un sitio cualquiera de la ciudad [44]; la noche me rodea, se cumple como un rito, gradualmente, y yo nada tengo que ver con ella" [45]. También aquí se da el casi nunca citado reverso: el estar rodeado por una noche que ofrece el sentido de un orden, el sentido mágico de la noche. La imagen vive así de una especie de "esperanza negra", como se dice en Sudamérica, de una esperanza no captable, potencial. Efectivamente, no

---

[44] En las novelas sudamericanas "se fuma mucho", lo que tiene el motivo objetivo de que el consumo de cigarrillos es allí efectivamente muy grande. Al fumar le corresponde frecuentemente, y así también aquí, la significación de una especia de evasión impotente del "ennui".

[45] *El pozo*, Narradores de Arca, Montevideo, 1965, pág. 53.

hace falta más que seguir leyendo unas pocas líneas más para darse cuenta de que a ese héroe le rodean una porción de cosas que parecen invitarle, aunque casi siempre de una manera muda, a dejarse apresar de nuevo por el ritmo del mundo. Incluso en el final de *El pozo*, al parecer tan desesperadamente nihilista, alumbra todavía, si bien veladamente, el sol de este sentido posible, sólo negado o inalcanzable.

> Esta es la noche. Voy a tirarme en la cama, enfriado, muerto de cansancio, buscando dormirme antes que llegue la mañana, sin fuerzas ya para esperar el cuerpo húmedo de la muchacha en la vieja cabaña de troncos.

Por muy desconsoladora que parezca esta escena, no niega categóricamente la posibilidad del amor. Sólo se niega —y eso a causa del estado momentáneo—, la fuerza para añorar el cuerpo que espera y que invita a la comunidad. Las causas son pues, desde un punto de vista filosófico, bastante accidentales, son causas prácticas, no intelectuales ni teóricas, bien distintas de las de Roquentin en *La Nausée*, de las de Mathieu en *Les chemins de la liberté*, de las de Orest en *Les Mouches* o de las de Hugo en *Les Mains sales*.

"EL TÚNEL" DE E. SÁBATO

También para *El túnel* de Ernesto Sábato valen estas diferencias decisivas, si bien en esta obra el parentesco con Sartre es mucho mayor que en *El pozo*, incluso pese a que puede suponerse que existe en ella una influencia de Sartre, pues Sábato pone en manos de su protagonista, María, una novela de Sartre, que muy bien podría ser *La Nausée*. El que, en cualquier caso, se pueda hablar de una motivación evidentemente existencialista de sello sartriano, el que se pueda decir que sólo desde esta perspectiva se puede explicar el asesinato de María por su amante Juan Pablo Castel, me parece cuestionable [46].

---

[46] Así Marcel Coddou en su muy meritorio estudio *La estructura y la problemática existencial de "El túnel" de Ernesto Sábato*, en *Atenea*, t. 162, 1966, págs. 141-68.

En el fondo representa ya esta novela una fórmula muy específica de Sábato, una especie de precedente importante por sí mismo de la gran síntesis novelesca *Sobre héroes y tumbas* (1963). De acuerdo con su función de "estudio previo" muestra todavía esta novela elementos que no parecen totalmente integrados en lo propio. Así, junto con las reminiscencias de Sartre, se podrían encontrar otras de *L'Etranger* de Camus (la amiga de Meursault se llama también María) e incluso sentir a veces el recuerdo de Sarraute.

Desde el punto de vista técnico no tiene esta novela todavía mucho que ver con la "Nueva Novela", como tampoco las obras citadas de Sartre y Camus (a excepción, en cierto sentido, de *La Chute*). Excepto los logrados excursos intelectuales del capítulo introductorio, en los que se presenta el fictivo yo del narrador —"Juan Pablo Castel, el pintor que mató a María Iribarne"— y trata de la tarea de su confesión. E incluso estos excursos aparecen, en una composición muy hábil, escalonados en la relación de los primeros encuentros con María. Tampoco los martirizantes análisis de sí mismo del yo del narrador ni su intelectualismo desintegrador, así como las reminiscencias temáticas de Sarraute [47] deben engañarnos: aquí se trata de hechos temáticos claramente delimitados, pero no de testimonios formales. El lenguaje desnudo, a veces casi crudo y preferentemente paratáctico, podría interpretarse por el contrario como una consecuencia de la forma que conduce a la "Nueva Novela", de modo análogo al lenguaje de *L'Étranger* de Camus. El lenguaje es expresión formal de lo que también aparece en el título, *El túnel*, de soledad e incapacidad de comunicación, es, como forma, un anticipo en cierto modo de la noción hacia la que Juan Pablo Castel "madurará" al final, la noción de que vive como en un túnel. Pero también este parentesco con el "Nouveau Roman" tiene sus claras fronteras, pues el mismo lenguaje nos conduce consecuentemente por el camino de su confesión

---

[47] Confr. la psicología de los "grupos" y su lenguaje de patrones (Sábato, *El túnel*, págs. 18 sigs.); por otra parte Sábato no piensa en deducir de aquí una regla. Basta con volver a la calle y dirigirse a la vida propia, que aquí está sólo marchita, para poder volver a respirar (*ibíd.*, pág. 21).

hasta que lo sabemos todo, excepto el por qué. La falsa interpretación consistente en considerar la obra como caso típico existencialista puede, sin embargo, excluirse con seguridad. María no es para Juan Pablo simplemente "el otro" sartriano. (Por lo demás el término no aparece jamás, en contraposición con *El acoso* del cubano Alejo Carpentier, por ejemplo, donde la expresión *los otros* se imprime incluso en cursiva, como hace Sartre con predilección con los términos ontológicamente relevantes en sus novelas y dramas) [48]. Juan Pablo no se siente en absoluto "definido" y petrificado por la mirada de ella, al contrario, varias veces se dice de la mirada de María que ofrece puentes, aunque sólo en algunos instantes: "...por un instante su mirada se ablandó y pareció ofrecerme un puente" [49]. Y frente a la posible objeción de que aquí encontramos la desenmascaradora palabra "parecer", se muestra más adelante, cuando Juan Pablo la ha herido con una de sus frases involuntarias, cuando, con su "engañas a un ciego", ha destrozado irremediablemente algo en la relación de ella hacia él, que efectivamente se podía tender entre ellos un puente tal. En este pasaje se dice: "...su mirada (¡cómo la conocía!) levantaba el puente levadizo que a veces tendía entre nuestros espíritus" [50]. Cuando Juan Pablo en una hacienda oye con el corazón palpitante subir las escaleras del primer piso a María y tiene que comprobar después que la luz sigue estando encendida sólo en una habitación (luz, escalera y amor son aquí de nuevo formas correspondientes de la verticalidad) [51], es decir, que tiene que estar con Hunter, podemos leer: "¡Dios mío, no tengo fuerzas para decir qué sensación de infinita soledad vació mi alma! Sentí como si el último barco que podía res-

---

[48] Sábato, por el contrario, según el modelo anglosajón, es bastante próvido con la impresión en cursiva, sin intentar desde luego nunca una segmentación.

[49] Sábato, *El túnel*, pág. 46.

[50] *Ibíd.*, pág. 87.

[51] Confr. lo dicho con motivo de *El señor presidente* (págs. 69 sigs.) y de Proust (pág. 48).

catarme de mi isla desierta pasara a lo lejos sin advertir mis señales de desamparo" [52].

Juan Pablo busca pues en María la superación de su soledad. Necesita a María, como dice repetidamente: "La necesito, la necesito mucho". Habla de "amor verdadero" que busca en María, sin, desde luego, poder decir lo que entiende por ello, y en otra ocasión subraya que no quiere hablar de sí mismo, sino de "nosotros dos". A partir de esto puede entenderse acertadamente el que Juan Pablo, poco después de los hechos arriba mencionados, suba a la habitación de María y la mate diciendo: "Tengo que matarte, María. Me has dejado solo" [53]. Juan Pablo no ama y mata a María porque quiera convertirla en un objeto y poseerla, sino porque se ha frustrado su esperanza de superar en ella su soledad, porque ella ha izado, no sin culpa de él, el puente de la posible "comunicación" entre ambos. Esta es una motivación que tiene mucho que ver con vida y existencia, pero muy poco con Sartre y existencialismo. Ya el "tengo que matarte" es extraordinariamente sospechoso desde el punto de vista existencialista, pues es justamente una superación de la soledad, por paradójico que parezca, ya que el tener que hacer algo es confirmación del estar relacionado, prueba del amor como frustrada ansiedad de unidad profunda. El "être-là" de Sartre, que significa aislamiento total y "libertad", se ha superado aquí.

Naturalmente se puede objetar que el amor presenta en Sartre también otros aspectos, que no todos sus personajes de amantes son como Lulu (de *Intimité*), que convierte a su marido en un objeto, como Anny (*La Nausée*), que abandona a su amante porque éste no se deja incluir en su juego de los "moments parfaits", porque no se deja utilizar para su felicidad, como Lucie (de *Morts sans sépulture*), de la que desaparece el amor cuando la torturan y deshonran los esbirros. Se puede objetar también que, frente al Goetz del primer acto de *Le Diable et le bon Dieu*, está el del segundo y tercero, el Goetz

---

[52] Sábato, *El túnel*, pág. 148.
[53] *Ibíd.*, pág. 149.

que encuentra el "nosotros" con Hilda [54]. También tenemos la fórmula de *Les Jeux sont faits,* donde, a partir del modelo de un amor de veinticuatro horas, se prueba que no es posible el amor como unión profunda. Se podría incluso defender el punto de vista de que *El túnel,* como *Les Jeux sont faits,* demuestra que no es posible el amor como continuidad, como puente entre dos seres humanos. Pero, aparte de que en *El túnel* faltan los acentos antiplatónicos característicos de *Les Jeux sont faits* (*Les Jeux sont faits* es la refutación del mito platónico de las mitades de almas destinadas a unirse desde la eternidad), se trata aquí, pese a la gran semejanza con un modelo semejante, de algo distinto, de un mito específico de Sábato, que deja ya entrever un poco la gran fórmula de *Sobre héroes y tumbas.* Sábato enfrenta dos mundos, uno de los cuales entra en relación dialéctica con el otro. Ahí está el mundo misteriosamente acausal de María y de su marido ciego, mayor que ella, y ahí está el pintor Juan Pablo que ha caído hasta el exceso en el pensamiento causal, que padece justamente de una neurosis de causalidad y que, por otra parte, abarca intuitivamente por su arte aquel mundo acausal sin poder encontrar el camino hacia él. La acción de María se mueve como a saltos y tiene, sin embargo, algo estático, es, como lo define una vez su marido ciego "como alguien que estuviera parado en un desierto y de pronto cambiase de lugar con gran rapidez. ¿Comprende? La velocidad no importa, siempre se está en el mismo paisaje" [55].

Su amor imposible había empezado en una exposición. María había sido la única que había prestado atención a una escena que había puesto Juan Pablo de modo desligado en su pintura, obedeciendo a un impulso oculto: una mujer que miraba al mar [56]. El cuadro se

---

54 Confr. J.-P. Sartre, *Le Diable et le bon Dieu,* París, 1951, pág. 219. Por lo demás, la solución existe exclusivamente en Sartre y la obra es además posterior a *El túnel.*

55 Sábato, *El túnel,* pág. 54.

56 De una imagen desligada semejante parte Robbe-Grillet en *Le Voyeur.*

llamaba *Maternidad*. El pensamiento de Juan Pablo se había dirigido desde entonces exclusivamente a averiguar por qué aquella "muchacha", que tenía al mismo tiempo algo raramente viejo en su fisonomía, había contemplado aquella escena. Se había prometido de ella noticia de sí mismo y superación de su soledad, sin comprender que el entender de María estaba más allá de toda causalidad, sin darse cuenta de que penetraba en un mundo de entendimiento mágico para el que no valían sus módulos, en el que no podía afirmarse jamás su pensamiento causal enardecido, en el que lucía un sol que le atraía, pero un "sol negro" [57]. La experiencia del absurdo —una noticia del periódico según la cual en un campo de concentración se había obligado a un prisionero a comer un ratón vivo— le había hecho irrumpir en ese mundo, pintar el cuadro que, incluso en su título, *Maternidad*, chocaba con motivos —el secreto mágico-telúrico de las mujeres— con los que él jamás podría comunicarse por medio de su pensamiento causal. Marcos y Martín, los personajes de *Sobre héroes y tumbas*, tendrán experiencias similares, también su pensamiento fracasará ante la realidad mágica en que los introducirá una mujer.

Pese a todos los rasgos que lo unen con Sartre y, en algunos pasajes, también con Camus y Sarraute, es *El túnel* una fórmula específicamente sudamericana en la que en último extremo domina el concepto mágico-telúrico del mundo, aunque el acontecer exterior, de acuerdo con la técnica novelesca predominantemente tradicional, esté dictado por el pensamiento constructivo de Juan Pablo, que al final acaba en el crimen. La muerte no significa una derrota para un concepto mágico-telúrico tal del mundo, para María lo significa tan poco como para el Meursault de *L'Etranger* de Camus. De todos modos María, como "heroína" sudamericana, como hija de la tierra no enajenada por especulaciones intelectuales, hace mucho menos aparato de esa muerte, se ofrece con "mirada dolorosamente humilde" al cuchillo. Y a Juan Pablo no le sirve de nada hundir repetidamente

---

[57]   Sábato, *El túnel*, pág. 63.

el cuchillo en su pecho y en su vientre [58], no puede llegar a alcanzarla, María regresa con su secreto a la tierra.

¿No nos muestra ya el título *El túnel*, como también *El pozo* que aquí no existe un punto de vista existencialista en el sentido de Sartre? En ninguna parte utiliza Sartre una de estas imágenes, irrelevantes para su pensamiento existencialista. Sartre prefiere imágenes como la del hilo flotante de la tela de araña (para Orest en *Les Mouches*), en la que se capta la libertad absoluta y desesperada de aquel para el que la existencia precede a la esencia. Quien, por el contrario, habla de "túnel" o de "pozo" implica lo que siempre está presente en la literatura sudamericana: la tensión metafísica. Quien tal hace elige imágenes en las que la desesperación no se concibe como libertad, sino como frustración, como constricción, confirmando así indirectamente lo inalcanzable que está fuera del túnel y del pozo como lo propio, como lo ansiado en el fondo, como aquello de lo que separan las paredes del túnel y del pozo, cuya existencia no es, sin embargo, afectada por dichas paredes.

---

[58] En ello hay una analogía con el crimen que comete Meursault en *L'Étranger* de Camus. Otra coincidencia se da en el nombre María, que es también el de la amiga de Meursault, pero las analogías no van mucho más allá.

III

LA NOVELA ABIERTA

DOS CAMINOS ("NOUVEAU ROMAN" Y "NUEVA NOVELA")

El túnel de Sábato no es una solución auténtica de la problemática que ha de plantearse la "Nueva Novela". Al contrario, es justamente una confirmación de la antigua antinomia, aparece como una recapitulación formularia: el pensamiento causal tradicional, el mundo de Juan Pablo, determina el camino de la novela hasta el crimen; el pensamiento acausal, por el contrario, a pesar de dominar en el fondo, no es tenido en cuenta más que sobre una base temática, como "escena desligada" en el cuadro de Juan Pablo, así como en el mundo de María, cuyo pensamiento, inalcanzable para Juan Pablo, queda como al margen. No es que a la "Nueva Novela" se le vaya a lograr cortar el nudo gordiano de esta antinomia, pero desde luego lo aflojará y, hasta cierto punto, lo desatará. Junto a esto Francia y Sudamérica seguirán caminos radicalmente distintos en su dirección y su dinámica, caminos que sólo más tarde, después de 1963, comenzarán de nuevo a acercarse —y quizá esto no sea tampoco más que un fenómeno pasajero—, caminos a los que sólo queda la analogía de una temática igual y de una serie de coincidencias estructurales. También el camino de nuestro análisis crítico de la "Nueva Novela" en Francia e Iberoamérica habrá de dividirse por ello a lo largo de algunos capítulos, pues apenas sería adecuado el que quisiéramos —dadas unas diferencias fundamentales así— dar en cada caso particular el salto espiritual que tendrá sentido como comparación después de haber conseguido una visión general. Más adelante, cuando de nuevo se dé la analogía en gran medida (es decir, en obras escritas después de 1963), habrá ocasión de unir de nuevo los hilos del análisis.

Mientras que la "Nueva Novela" en Sudamérica, a la que vamos a dedicarnos inmediatamente, muestra una especie de evolución dialéctica que parte de la novela existencialista como de una tesis, siendo ya como totalidad imagen de la apertura que le caracteriza también singularmente, eligen los escritores del "Nouveau Roman" el camino opuesto, que se define preponderantemente por la restricción. Esto llega tan lejos que podría pensarse, desde luego falsamente, que el "Nouveau Roman" se define exclusivamente por aquello que *no* quiere, por su enemistad con la novela tradicional. En el caso de la "Nueva Novela" de Sudamérica no sería posible una impresión tal, pues aquí la renovación no tiene lugar a partir de un programa, sino que surge desde dentro, haciendo en cierto modo irrumpir a la novela de sí misma y dar salida a fuerzas no aprovechadas, nuevas, que están encerradas en ella. En contraposición con el "aderezado" "Nouveau Roman", que con consecuencia experimental se acerca al punto en el que la novela es todavía posible, pero no más allá, es por ello la "Nueva Novela" de Sudamérica una evolución dialéctica natural, que discurre en curvas. Mientras que, por ejemplo, el existencialismo de cuño sartriano es un precedente necesario del "Nouveau Roman", encontrándose el "Nouveau Roman" en la continuación rectilínea del existencialismo, en cierto modo como consecuencia formal, vuelve a aparecer por fases la forma sudamericana del existencialismo transformada [1] y se sumerge consiguientemente a intervalos: así encontra-

---

[1] Rudolf Grossmann, *Geschichte und Probleme der lateinamerikanischen Literatur*, Munich, 1968, págs. 44 sigs., incluye por ello, no sin razón, toda

remos de nuevo el acervo intelectual existencialista en la fase de las grandes síntesis novelescas (1960-1963), mientras que éste retrocederá en la "novela abierta".

Tanto más sorprendente es el hecho de que, junto a esta dinámica tan diferente, exista sin embargo cronológicamente *una* fase común de la "Nueva Novela" en Francia e Iberoamérica, de 1948/49 a 1963, y que esa fase se divida en ambos casos en tres fragmentos casi totalmente paralelos. Casi dan ganas por ello de hablar con Ortega y Gasset de una "generación" que, como es sabido, abarca un lapso de tiempo de quince años. Sin embargo no me parece adecuado aplicar este concepto, por llevar demasiado el sello del pensamiento biológico-vitalista, sobre todo teniendo en cuenta la realidad del "Nouveau Roman" y teniendo en cuenta que este concepto no capta la forma dialéctica de evolución de la novela iberoamericana actual en su carácter peculiar, pues la naturaleza no conoce dialéctica alguna.

En el caso de la "Nueva Novela" de Iberoamérica resulta el siguiente cuadro de la fase total:

1. Apertura formal y mágico trascendental (novela abierta), 1949-1955.

2. Intento de cierre formal (novela presintética y restauradora), 1956-1959.

3. Síntesis (las grandes epopeyas novelescas), 1960-1963.

Por lo que se refiere al pasado más próximo (1964-1967), sospecho que existe una "apertura" hacia una nueva fase, cuyas características, dentro de lo que puede apreciarse hasta ahora, son preponderantemente de naturaleza formal.

En el caso del "Nouveau Roman" puede establecerse una división semejante, si bien ésta se impone de un modo menos patente. Justamente porque aquí no se trata de una sucesión dialéctica que delimite claramente los pasos singulares, sino de una especie de sucesión experimental. Dicha sucesión muestra sus resultados mejores en la tran-

---

la época del pasado más próximo (1935-1965) dentro de la "literatura del existencialismo".

sición del segundo al tercer fragmento, sumergiéndose después mucho más abajo del límite de la novela posible. Se podría distinguir en esta fase:

1. El "Nouveau Roman" en cierto modo "clásico", que aún se mantiene en equilibrio con las estructuras tradicionales (1948-1956).

2. Los experimentos formales progresivos que condujeron en 1959 al límite de la novela posible, es decir, lo que podría llamarse el "Nouveau Roman" "puro" (1957-1959).

3. La época de los experimentos que no llevan ya a novela alguna o a novelas que no merecen ese nombre o que no son ya legibles (aunque es necesario hacer notar que existen dos excepciones importantes: *Clope au dossier,* de Robert Pinget (1961) y *Le Palace,* de Claude Simon (1962) (1960-1963).

Como en Iberoamérica sigue evidentemente una nueva fase, cuya evolución naturalmente no se puede prever. Por lo demás presenta rasgos bastante poco unitarios, de tal modo que podría dar una impresión de inseguridad. Pero ya habrá tiempo de hablar de esto. Dirijámonos ahora a la primera fase de la novela iberoamericana, a la que he llamado fase de la apertura formal y mágico-trascendental o novela abierta.

CARACTERÍSTICAS GENERALES DE LA NOVELA ABIERTA

Las grandes novelas sudamericanas de este período que forman "cresta" tienen casi sin excepción en común el ser efectivamente fórmulas abiertas, obras que no representan el camino cerrado de una unidad que se construye al narrar, sino que se componen de partes más o menos autónomas que no se ensamblan de modo firme. Esta forma abierta no se limita sólo a la estructura general, sino que se manifiesta también en el procedimiento descriptivo concreto. En lugar del hilo de la narración, que encadena causalmente, aparece la sucesión más o menos desligada de instantes estancados.

Modelos norteamericanos e "ingleses" deben haber ayudado a encontrar esta solución que se ajusta a una importante componente de la cultura sudamericana. Pero el camino que toma aquí la "Nueva Novela" sudamericana representa por otra parte una solución propia que no puede equipararse ni a la irrupción caótica de la totalidad en James Joyce, ni a las fórmulas técnicamente perfectas e inteligentemente sopesadas, que delatan cálculo y una estética literaria europea, de Faulkner, Virginia Woolf y Dos Passos. La fórmula dentro de la que, como por casualidad, crece la "Nueva Novela" sudamericana, es más bien una fórmula auténticamente sudamericana que corresponde formalmente a las tres componentes fundamentales del pensamiento sudamericano: su monumental factor indio, que se expresa en el yacer en sí mismo de lo singular, su naturaleza "sintética" que se cristaliza en pluralidad y yuxtaposición y su componente románico-constructiva que une lo heterogéneo (en cuyo complejo se encuentra también el cristianismo), componente ésta a la que se ajusta dicha fórmula por medio de la conservación en último extremo de una estructura de la obra que, aunque veladamente, es constructiva, por encima de todas las técnicas discontinuas. Justo este momento libró a la "Nueva Novela" en Sudamérica de segmentaciones motivadas sólo por lo estético o lo estructural, que no se convierten en lenguaje de la forma [2], pero también de la abstracción de una enemistad fundamental contra la continuidad, semejante a la que caracteriza al "Nouveau Roman".

---

[2] Es verdad que estas segmentaciones como tales responden frecuentemente a una necesidad de expresión, pero se colocan de un modo relativamente "arbitrario", es decir, en pasajes adecuados sólo estructural o temáticamente, pero no como principio formal fundamental. Un ejemplo típico de utilización "arbitraria" de la segmentación dentro del ámbito de la literatura en lengua alemana es *Halbzeit* (1960) de Martin Walser. Significativo es sobre todo el final "joycechesco" de la primera y segunda partes. Más convincente es la segmentación continua y, sin embargo, abierta, en absoluto puramente temática o técnica, que practica Max Frisch en *Mein Name sei Gantenbein* (1964), y más aún la de Uwe Johnson en *Mutmassungen über Jakob* (1959) y *Das dritte Buch über Achim* (1961). Desgraciadamente no me permite el marco de esta investigación ocuparme por extenso de Uwe Johnson, pese a que inequívocamente pertenece a la "cresta" de la "Nueva Novela" (sólo que no de Francia o Iberoamérica).

Esta fórmula de la novela abierta que, con desplazamientos de los centros de gravedad, lo es al mismo tiempo de la "Nueva Novela" en Sudamérica en absoluto, ofrece la ventaja de liberar el problema estético de la elección fundamental entre continuidad y discontinuidad y hacer de ella un problema de equilibrio. De este modo se le abre a la "Nueva Novela" de Iberoamérica un amplio campo de posibilidades. El escritor puede ya en cierto modo dosificar su mensaje a través de la forma, puede poner sus acentos a través de los principios formales contrayentes. Así lo hace Asturias en *Hombres de maíz,* al convertir, a lo largo de amplios tramos, el principio formal indigenista, la apertura, y la autonomía monumental de las partes ligadas a dicha apertura, en el principio estructural dominante. Sin embargo esta novela está construida en su totalidad de modo continuo, aunque el lector no se haga consciente de ello al principio.

Y algo análogo sucede en todas estas novelas: sin ser convencionales pueden leerse como camino. La única excepción es, por lo menos en cierto grado, la obra de Alejo Carpentier *Los pasos perdidos,* en tanto que en ella se recorre literalmente un camino que ha de conducir a los motivos originarios de la existencia humana. Sin embargo es significativo el hecho de que en dicha obra la meta del caminar sea perder el camino, justamente los pasos ("los pasos perdidos"), no dejar huellas en absoluto, identificarse enteramente con el instante. Es decir, un camino en sentido inverso, del modo como lo vemos en Samuel Beckett [3], en la novela de unas aventuras que no discurren construyendo sino destruyendo, en las que el protagonista en cierto modo se dirige paso a paso hacia su propia disolución.

En segundo lugar se caracterizan las novelas de esta etapa por una tensión manifiestamente metafísica, ya se trate de *Hombres de maíz* [4]

---

[3] *Los pasos perdidos* apareció al mismo tiempo que el tercer tomo de la trilogía de Beckett *Molloy, Malone meurt, L'Innommable,* 1953.

[4] Se echará de menos aquí la trilogía compuesta por *Viento fuerte* (1950), *El papá verde* (1954) y *Los ojos de los enterrados* (1960), por lo menos los dos primeros libros. La trilogía me parece poco convincente, de modo que no la puedo considerar entre las grandes novelas. Aún he de volver sobre esto.

de Asturias, de *El reino de este mundo* (1949), de Alejo Carpentier,
de *La vida breve* (1950), de J. C. Onetti o de *Pedro Páramo* (1955),
de Juan Rulfo, de *Los adioses* (1954), de Onetti, de *Los pasos perdidos* (1955), de Carpentier o de *La hojarasca* (1955), de Gabriel García Márquez. En *Hombres de maíz* y *Pedro Páramo* se manifiesta ya
esta tensión, en lo puramente externo, en una visita al mundo subterráneo. En *Los pasos perdidos* esta tensión conduce al protagonista
a una especie de paraíso, a su fondo anímico-carnal originario. En
Sobre héroes y tumbas de Ernesto Sábato encontrarán su configuración sintética estas tendencias que recuerdan a Virgilio y a Dante. En
cualquier caso, esta mención de Dante no debe inducir al error de
ver en estas visitas al mundo subterráneo la vertical propia de la concepción cristiano-neoplatónica (pese a que en el mismo Asturias no
falta totalmente esta orientación). Más bien se trata de algo semejante
a lo que encontramos en Virgilio, así como, en el siglo XIX, en el pro-
venzal Frédéric Mistral (en *Mireille*) [5], tan apreciado en Sudamérica,
sobre todo en Chile. Se trata de que la visita al mundo subterráneo
no conduce en absoluto al cielo, sino al seno de la tierra, ni tampoco
conduce tan profundamente hacia dentro que, como en el caso de la
visita al infierno de Dante, se dé la vertical en sentido opuesto [6]. Pero
mientras que Mistral vuelve al pensamiento cristiano constructivo, en
tanto que a la visita al "infierno" hace seguir la acogida en el cielo de
la protagonista a su muerte, permanece Asturias muy cerca de la
yuxtaposición de cielo e infierno de la antigüedad clásica, no diferen-
ciada por un arriba y un abajo.

---

5 Gabriela Mistral eligió su seudónimo en parte en recuerdo suyo.
6 A esto se añade que en Dante el camino al interior de la tierra se
encuadra en la ascensión, desde el punto de vista geométrico, en tanto que
asciende a través de la tierra y después al monte de la purificación. Reservado respecto a la diferenciación del "más allá" en un arriba y un abajo es
también Vittorini en *Conversazione in Sicilia* (1941). En esta obra se pueden
observar, durante la visita a la madre, círculos de experiencia que van des-
cendiendo cada vez más de un modo verdaderamente infernal, círculos que
alcanzan su punto de máxima profundidad en la visita a la "armería" (al
afilador de cuchillos), para ascender de nuevo de un modo no descifrable.

Otra cosa que está en relación con la apertura metafísica de la novela abierta y con seguridad también con la situación "geográfica" indiferenciada del mundo subterráneo, y que pone de nuevo el pensamiento sudamericano en relación con el antiguo, en este caso con el presocrático, es el concepto circular del tiempo, concepto sin duda vernáculo, el sentimiento de que la historia se repite, de que incluso el hombre se repite (lo que va más allá del pensamiento griego). Esta manifestación se va a convertir en el tema dominante de la, por el momento, última novela de Gabriel García Márquez, *Cien años de soledad* (1967), pero se destaca ya vigorosamente en *La hojarasca*, concretándose sobre todo en las figuras del coronel y de su familia, así como en el pueblo de Macondo. Este lugar se ha convertido, gracias a García Márquez, en el fanal de la renovación de la novela sudamericana, renovación que pretende nada menos que demostrar la "esterilidad del Nouveau Roman" por medio de hechos. Carlos Fuentes y Vargas Llosa son, junto con García Márquez, los portavoces de este ambicioso grupo.

Este concepto circular, "no ordenado" del tiempo, que se contrapone al pensamiento cristiano occidental, pero que también tiene un adepto en el "Nouveau Roman", Claude Simon, está en relación con el pensamiento mágico y con la aversión contra cualquier principio formal o racional y contra cualquier abstracción [7], propia del sudamericano. Según ello, es también claro que el parentesco con los antiguos griegos, sobre todo con Heráclito (al que por ejemplo también debe mucho Haya de la Torre) [8], tiene sus límites claros, entre los que se cuenta también, junto a los ya nombrados, el parentesco originario con Asia, al que remite todo lo autóctono en Sudamérica: "Physis y psyche, los ojos rasgados, la tez rojoamarillenta, los pómulos salientes del indio tanto como el posponerse el hombre creador a su obra, la tendencia a la fusión de sistemas religiosos, el talento para la estiliza-

[7] Sobre esto vid. Grossmann, *Geschichte und Probleme*, págs. 38 sigs.
[8] Sobre esto vid. J. L. Decamilli, *El pensamiento filosófico de Haya de la Torre*, Ed. Univ. Criterio, 1, Asunción, s. a.

ción a grandes rasgos y para lo decorativo" [9]. Son límites entre los
que se cuenta también una especie de trascendencia mágica de lo
carnal-erótico, que se contrapone a las ideas griegas acerca del logos
y del eros, y que también para el pensamiento europeo es difícil de
reproducir. Se trata de una dimensión que surge en el amor inmediatamente de lo biológico, que aparece a menudo unido al fenómeno de
la maternidad, que a veces penetra en el ámbito de los excesos, pero
que en su forma específica se encuentra allí donde el interés exclusivo
estriba en la vivencia cambiante del cuerpo, pero del cuerpo como
una especie de experiencia de eternidad.

Frente a esto, *El túnel* de Ernesto Sábato representa ya una variante "europeizante" que delata un pensamiento dualista en su idea
de la insuficiencia de la carne y del "puente de espíritu a espíritu",
en la que no se concede a la carne más que una importancia secundaria, al tener que desempeñar el papel de consolidar el lazo espiritual
"mediante un acto material" [10]. Tampoco en *El señor presidente* se
trataba todavía de este amor "monumental" en el que sería imposible
separar el espíritu de la carne, en el que casi no es aceptable distinguir
entre amante y amado [11]. (Aquí y en la importancia metafísica de la
vivencia se encuentran las fronteras con Sartre, con el que, por otra
parte, existen paralelos considerables. Piénsese por ejemplo en que
Sartre califica de "mauvaise foi", es decir, de postura falsa, el que se
distinga en la vivencia amorosa entre lo espiritual y lo sensitivo, el
que descanse la mano del amante en la del amado mientras que el
espíritu sigue caminos más o menos evasionistas o utópicos. Piénsese
también que en *Les Jeux sont faits* la superación de la escisión dualista del amor tiene lugar en la entrega carnal-personal, y que sólo
esta entrega es capaz de detener a la muerte y al fin del amor). En

---

[9] Según Grossmann, *Geschichte und Probleme,* pág. 75.

[10] Sábato, *El túnel,* pág. 73. También viéndolo desde esta perspectiva se
confirma la distancia tan grande que separa a Sábato de Sartre.

[11] ¿Quién no piensa aquí en San Juan de la Cruz: "la amada en el
amado transformada"? Pero tales paralelos no deben engañar acerca de las
profundas diferencias que existen entre ambos casos.

El señor presidente no puede tratarse de este amor, desde el punto de vista de Asturias, aunque no sea más que por el hecho de que Camila es "del otro bando", porque pertenece a los ricos, a los aristócratas, a los "cristianos" a los *ladinos*. Y con esto nos encontramos con otro aspecto de la "Nueva Novela" o, mejor dicho, con una condición sociológico-política que exige de ella ciertas decisiones estructurales.

DIFICULTADES Y LÍMITES DE LA YUXTAPOSICIÓN

Efectivamente, no podemos olvidar que también el Cristianismo, la aristocracia y la riqueza se encuentran en yuxtaposición con el indigenismo y la pobreza. El mundo de los conquistadores españoles y portugueses ocupa su puesto en este "melting-pot" del pensamiento americano nuevo, de tal modo que, dicho un tanto exageradamente, una imagen auténtica del americanismo es tan impensable sin "europeísmo" como lo sería si sólo se considerase este último factor o como si se quisiera olvidar la yuxtaposición de los elementos a causa de la síntesis. Esto crea unas dificultades a la novela sudamericana que, hasta cierto punto, son idénticas a su historia y que permanecen vivas hasta la "Nueva Novela". No es sólo que parezca, sino que desde el punto de vista estético *es* imposible ajustarse totalmente a esta pluralidad y crear sin embargo una obra potente.

Pero, ¿es que Goethe se ajusta totalmente a lo alemán, Racine a lo francés, Dante a lo italiano? El problema podrá parecer secundario a los ojos europeos, pero nosotros vamos a prestarle cierta atención, porque en el caso de la literatura sudamericana sería impensable una estética pura, ya que en Sudamérica no se pueden separar la estética del nacionalismo, de la sociedad, incluso de la ideología o de la creencia.

Para mí sería muy penoso si se me diera a elegir y tuviera que tomar partido por alguna de las teorías culturales existentes, dentro de cuya polémica ha de verse también la creación novelesca. A pesar de las grandes simpatías que siento por ella, no podría por ejemplo decidirme por la tesis indioamericana (Prada, Mariátegui, Haya de la Torre), porque en ella se acentúa demasiado lo indio. Tampoco podría decidirme por la tesis hispanoamericana (Wágner de Reyna, Lira), que no me es menos simpática, porque en ella se acentúa demasiado el elemento "hispánico", lo cual es legítimo, pero no en la medida en que se hace aquí ("hispánico" se toma en el sentido histórico-etimológico, que incluye también a los portugueses). Menos posible sería dar mi voto a la tesis latinoamericana (E. Rodó, H. Ureña), porque acentúa demasiado el espíritu latino, sobre todo la influencia de Francia (y esto con una mirada de reojo a Norteamérica). Mucho menos podría decidirme por la tesis panamericana (A. Reyes), sencillamente por que no se atiene a los hechos (Sudamérica será siempre algo totalmente distinto de Norteamérica, incluso en un "estadio final"). Por lo que se refiere a la tesis "americana", la de la americanidad y autonomía de Hispanoamérica (Blanco-Fombona, Rojas, Arciniegas, Vasconcelos) [12], confieso con gusto que es la que tiene mi simpatía más sincera, pero he de añadir que me parece que a menudo no considera suficientemente el elemento hispánico, extraordinariamente importante dentro del marco de esa síntesis autónoma.

Desde luego tampoco es necesario decidirse aquí por cualquiera de estas tesis. Para esta investigación es suficiente ser simplemente consciente de la existencia de tales teorías, ser consciente de que Hispanoamérica es una síntesis en un sentido de yuxtaposición, una síntesis horizontal. Dejemos, por tanto, hablar de nuevo a los hechos literarios, veamos cómo se las compone la novela con esta condición de la yuxtaposición sintética, cómo intenta convertirse justamente en

---

[12] He aquí algunas obras fundamentales de las diferentes tendencias: Raúl Haya de la Torre, ¿Adónde va Indoamérica?, Santiago de Chile, 1935; A. Wágner de Reyna, Destino y vocación de Ibero-América, Madrid, 1954.

O. Lira, Hispanidad y mestizaje, Madrid, 1952;

E. Rodó, Ariel. En: Obras completas, 7 vols., 1917-27;

H. Ureña, Ensayos en busca de nuestra expresión, Buenos Aires, 1952;

R. Rojas, Eurindia, Buenos Aires, 1951 (primera edición 1921);

J. Vasconcelos, Indología, Barcelona, 1925.

el lenguaje de esta síntesis horizontal sin abandonar su estructura como novela.

No es difícil comprender que, en estas condiciones, la problemática de la creación novelesca había de convertirse en una cuestión de equilibrio entre los distintos elementos. En la novela tradicional se había buscado este equilibrio casi siempre en un plano temático y del contenido, pero a causa de ello se había dado lugar aquí y allá a una inseguridad estructural, lo que es significativo. (Contenido y forma son, sin vuelta de hoja, una unidad indivisible, que se mantiene recíprocamente). Así, el colombiano Eustacio Rivera, en su novela *La vorágine* (1924), incluida merecidamente entre las grandes novelas hispanoamericanas de los años veinte, junto con *Doña Bárbara* (1929), de Rómulo Gallegos y *Don Segundo Sombra* (1926), de Ricardo Güiraldes, había colocado "excursos" dentro del marco de la novela, en los que se hace justicia al factor indigenista, y en los que, como corresponde, domina formalmente la yuxtaposición alineante frente a lo unitivo novelesco. Así, con motivo de una estancia entre los indios, nos da Rivera una "Crónica de los indios" y, a través de la relación de un colombiano, hace aparecer ante los ojos del lector las penalidades de los caucheros. Con ello echa mano de un medio horizontal de composición totalmente adecuado en la epopeya, donde tenía validez la "autonomía de las partes", pero que extraña un poco dentro del complejo de esta novela que, por lo demás, construye de modo continuo y que no satisface del todo formalmente. Junto a esto se muestran sin embargo otras tendencias hacia la apertura de la novela que surgen de esta necesidad expresiva y que están muy de acuerdo con el carácter americano. Así cambia Rivera por ejemplo entre el "yo" del escritor colombiano Arturo Cova, el "tú" del diálogo consigo mismo (lo que se adelanta un poco al "vous" de Michel Butor), y el "él" del distanciamiento épico. Aquí se da ya una ligera apertura de la forma rígida, un precedente de la pluralidad, en el que sin embargo se conserva el unitivo y único yo del narrador [13].

---

[13] Esto último me llevó a no tratar la obra entre los precursores de la "Nueva Novela" de los primeros años veinte, pese a haber algunos argumentos en favor de hacerlo así.

Una solución cómoda de esta problemática, que sin embargo difícilmente convence, la ofreció el psicologismo, al que le era posible fácilmente reunir cosas diferentes bajo una sola perspectiva, justo la del psicologismo, tal como lo hizo, con habilidad y éxito, el Argentino Benito Lynch, sobre todo en su novela *El inglés de los güesos* [14], aparecida en 1924, como *La vorágine*. Interesante y significativa es, por el contrario, la fórmula casi alegórica que ofrece Rómulo Gallegos en *Doña Bárbara*. En ella presenta lo americano en cierto modo como en un reparto de papeles, lo que recuerda un poco el mundo del *auto sacramental*, sobre todo el de la mejicana Sor Juana Inés de la Cruz, en cuyo auto *El divino Narciso* aparecen en la loa figuras alegóricas que representan diferentes aspectos de América. Gallegos da a Doña Bárbara, la protagonista que da título a la obra, el papel del indigenismo, ya insinuado en su nombre, a Santos Luzardo el papel, no menos claramente contenido en su nombre (Luzardo, de "luz"), de lo cristiano y de lo que trae la luz, y el papel del peligroso tercero europeo lo representa un Mr. Danger, cuyo nombre es también inequívocamente significativo.

También es posible, y esta reacción es mucho más inmediata de lo que podría imaginarse un observador de fuera, tomar partido por un solo factor y dedicarse a una literatura de protesta y de queja social, como por ejemplo lo hacen el peruano Ciro Alegría en *El mundo es ancho y ajeno* (1941), o el ecuatoriano Jorge Icaza en su muy citada novela *Huasipongo* (1934) (Huasipongo es en quechua la palabra que designa una parcela de terreno en la que podían vivir los indios y que éstos pierden al ocurrírsele al dueño venderla).

Se puede eludir el problema huyendo a un mundo que encontró en la segunda mitad del siglo XIX una fórmula literaria válida en la epopeya gaucha *Martín Fierro* [15], de José Hernández, pero este mundo

---

[14] El título se explica por la acción: un antropólogo inglés llega a la Pampa para buscar restos óseos de indios. El investigador vive en casa de un jornalero, se enamora de su hija, pero no llega a decidirse por ella, abandonando el país después de realizar sus excavaciones. La muchacha se ahorca.

[15] La primera parte, la "Ida", apareció en 1872, la segunda, la "Vuelta", en 1879.

no pasa ya de ser un sueño, una evasión: la evasión hacia la dura libertad de los gauchos en la pampa. Así sucede por ejemplo en *El paisano Aguilar* (1934), del uruguayo Enrique Amorim. En esta novela vemos a un campesino que crece en el campo, se educa en la ciudad y vuelve después como señor a la estancia, no siendo capaz de unir armónicamente en sí al señor con el campesino, ante lo que, de acuerdo con su inercia natural, se deja arrastrar a la solución del gaucho.

Mucho más matizada es, por el contrario, la fórmula de *Don Segundo Sombra* (1926), la famosa novela del argentino Ricardo Güiraldes. Dicha novela muestra con bastante claridad la contradicción formal dentro de la que, desde nuestro punto de vista, se movía la novela tradicional, contradicción que, aunque no muy convincente estéticamente, lo era también de la situación social. Efectivamente, esta novela es formalmente la expresión de mundos distintos que pasan uno junto a otro sin rozarse (como aproximadamente también en las dos partes de *Martín Fierro*) [16].

Ahí tenemos por una parte la severa arquitectura de esta novela, cuyos veintisiete capítulos se pueden dividir bastante inequívocamente en tres partes de nueve capítulos, una estructura que es apoyada por repeticiones de contenido en los puntos articulatorios, así como por una división temática, y que deja ya entrever la estructuración "musical" específicamente americana: la primera "parte" de los recuerdos que constituyen esta novela, presenta la vida picaresca de un huérfano que descubre su vocación de gaucho al encontrarse con el gaucho don Segundo Sombra. La segunda "parte" comienza después de un lapso de cinco años: Fabio Cáceres, el "héroe", se ha convertido en un gaucho auténtico. En la tercera "parte" se entera, una vez que va al pueblo, de quién era su padre. Recibe una gran herencia, le ataca la fiebre de la cultura, siente la vocación de escritor y se despide de don Segundo Sombra.

---

[16] A las dos partes corresponde el dualismo de contenido de la obra: la primera parte es indigenista, en la segunda aparece un personaje "europeizado", un "viajero que vuelve", que ha aprendido ciertas causalidades.

Por otra parte es por ejemplo esta sorprendente solución un atavismo estructural que recuerda el esquema del reconocimiento de las novelas helenísticas. A eso se añade que la novela delata casi siempre en el detalle un estilo narrativo claramente constructivo, que con su engranaje lógico no se convierte en lo más mínimo en expresión formal de la pampa, sino que representa una estructura novelesca heredada que podría corresponder a la segunda sofística, a la novela cortesana o a la constructividad escéptica del siglo XIX francés, pero no a la vida de un gaucho. Güiraldes no puede anular esta contradicción más que en parte, atenuando hasta cierto punto la composición constructiva desde dentro: así por ejemplo al no establecer las tres partes en una sucesión continuada, sino hacer de cada una de ellas un momento con leyes propias, convirtiéndola en cierto modo en uno de los cuadros de un tríptico: el "héroe" como pícaro, el "héroe" como gaucho, el "héroe" como escritor que empieza. Estos tres cuadros yacen también considerablemente en sí mismos, en tanto que el primero y el segundo están separados no sólo por un largo período de tiempo, sino también respecto al contenido, y el tercero no continúa en absoluto al segundo, sino que la evolución yacente contenida en éste se rompe y continúa en una dirección nueva. Si tenemos en cuenta que también en el detalle se alinean los cuadros, desde la vida de la aldea hasta el duro trabajo de llevar el ganado, pasando por las peleas de gallos y los navajazos, podemos afirmar que en *Don Segundo Sombra* se da ya un punto de partida importante hacia la apertura de la novela, en dirección a una fórmula específicamente hispanoamericana.

Pero a pesar de todo queda un cierto malestar: predomina lo extraño, lo recibido de Europa como estructura, lo cual no encuentra una armonía convincente con lo autóctono. Era absolutamente necesaria una novela verdaderamente nueva, auténticamente hispanoamericana, tal como se dibuja ya como posibilidad en *El señor presidente.*

"HOMBRES DE MAÍZ"

Nadie, por tanto, más adecuado para proponerse esta tarea que Asturias. Tampoco es sorprendente que en el año clave de 1949 abra él la primera época de esplendor de la "Nueva Novela" en Iberoamérica con sus *Hombres de maíz,* apoyado por una segunda gran novela, *El reino de este mundo,* de Carpentier, que sin embargo está más fuertemente ligada a la estructura de la novela tradicional. En *El señor presidente* había alcanzado ya Asturias en algunos pasajes una dimensión en su lenguaje que sólo se puede calificar de "americana", que en cualquier caso no se da en España. Había alcanzado aquel "idioma americano" que se confunde con un juego de palabras semántico, cuyas raíces, sin embargo, penetran profundamente en aquel fondo mágico primitivo del que mana también el juego de gestos de un curandero o de un mago. La palabra se escapa aquí de su función servidora dentro de la relación causal del lenguaje hacia una especie de danza alrededor del fetiche. En cualquier caso sería imposible transcribir su ritmo a conceptos de la retórica, pues dicho ritmo escapa a la comprensión del pensamiento causal europeo, del que surge también la retórica. Pensemos sólo en un ejemplo típico, en el principio de *El señor presidente*:

> ¡Alumbra, lumbre de alumbre, Luzbel de piedralumbre, sobre la podredumbre!... ¡Alumbra, lumbre de alumbre, sobre la podredumbre, Luzbel de piedralumbre! ¡Alumbra, alumbra, lumbre de alumbre..., alumbre..., alumbra..., alumbra, lumbre de alumbre..., alumbra, alumbre... [17]

Este lenguaje no se puede captar con conceptos como "figura etymologica", lo mismo que es insuficiente la referencia a su función onomatopéyica como "repique de campanas". También la comparación que salta a la vista con fórmulas mágicas germanas tiene sus límites claros, pues en este plástico ejemplo del "idioma americano" no hay

---

[17] *Obras escogidas,* Madrid, 1961, pág. 189.

sólo magia prerracional, sino al mismo tiempo toda la viveza de un ritmo abstracto que, aparte de a otras cosas, debe mucho a las estructuras intelectuales cristianas.

No obstante, en *El señor presidente* queda todo esto aún como en germen, irrumpe sólo ocasionalmente y respaldado por el contenido, mientras que en *Hombre de maíz* el "idioma americano", pero también estructuras novelescas americanas [18], determinan casi continuamente la forma. Asturias encuentra aquí una estructura abierta de la novela, que sólo se quebranta en la última parte (*Correo-Coyote*). Sin quererlo y sin copiar tampoco los modelos americanos, logra abrir la estructura novelesca que construye de un modo continuo, y aplicarla a una síntesis estructural acausal, pluralista y sin embargo entrelazada con una conciencia ordenadora, síntesis que corresponde a la síntesis cultural "americana". Y esto vale tanto en lo grande como en lo pequeño.

De este modo llama en seguida la atención del lector que *Hombres de maíz* consta de partes, cada una de las cuales tiene su título y, como verá el lector en seguida, sus protagonistas propios: en *Gaspar Ilom* lo es el "invencible" cacique de este nombre, que está en contacto con los poderes mágicos de la tierra y de la luna; en *Machojón* lo es el pretendiente de una mujer al que alcanza la maldición del cacique; en *Venado de las Siete-Rozas* lo son un curandero y la familia Tecun que cuida a la madre enferma y después al hermano loco Calistro; en *Coronel Chalo Godoy* lo es justamente este coronel que ayuda a los hombres de maíz con sus tropas gubernamentales, que hace envenenar a Gaspar Ilom y al que alcanza la venganza de la luna y la tierra en "El Tembladero", un cráter rodeado de misterio; en *María Tecun* lo es Goyo Yic, un ciego abandonado por su mujer, María Tecun, junto con sus hijos y todo su haber, el cual se cura y que va en busca de su mujer, a la que sólo podría reconocer por la voz, pues no la ha visto nunca; en *Correo-Coyote,* por último, lo es el correo Nicho Aquino, del que se dice que se transforma en un

---

[18] Con "americano" se quiere decir aquí, como siempre, hispanoamericano.

coyote en sus caminatas por las montañas, por lo rápidamente que lleva a cabo esos recorridos.

Pero estas seis partes, relativamente independientes, son coherentes, si bien no en un sentido rigurosamente lógico, lo que ya indica la numeración continua de los capítulos. (La parte *Correo-Coyote,* por ejemplo, empieza con el capítulo 13). También tienen un efecto unificante los parentescos entre los personajes de las distintas partes y no en último extremo el curso de la acción, que avanza como en cuadros desligados y sólo a empujones con "blancs" interpolados (o "noirs", si así se prefiere), y que al principio no deja entrever dirección alguna.

Especialmente típica a este respecto es la parte *Gaspar Ilom.* El lenguaje se mueve aquí una y otra vez como en un círculo, es decir, no progresa, para dirigirse después súbitamente a un nuevo objeto o para dar un salto cronológico no siempre anunciado por una lacónica fórmula como "Y al día siguiente" [19]. Lenguaje de fórmulas, anáforas, repeticiones incluso dentro de un mismo párrafo, largas hileras de sustantivos, anacolutos y palabras-frases sostienen y dan ritmo a este girar y no progresar. El pensamiento y el contenido por su parte escapan una y otra vez a la comprensión que pretende encadenar. Un aserto absoluto como "Lo que pensaba el Gaspar ya viejo era monte" [20] priva al pensamiento causal de la posibilidad de ser constructivo. Un torbellino de objetos, como el que conjura la frase siguiente, aleja tanto del ser algo manifiesto de los objetos como del yacer en sí mismo del ser objeto. Y la explicación que tranquiliza lógicamente de que se trata del subjetivismo de una conciencia, es inadecuada frente a esta frase:

> Un remolino de lodo, bosques, aguaceros, montañas, lagos, pájaros y retumbos dio vueltas y vueltas y vueltas en torno al Cacique de Ilom y mientras le pegaba el viento en las carnes y la cara y mientras la tierra que levantaba el viento le pegaba, se lo

[19] *Hombres de maíz,* pág. 557.
[20] *Ibíd.*

tragó una media luna sin dientes sin morderlo, sorbido del aire
como un pez pequeño [21].

Esta danza de los objetos no es una realidad ni puramente ontológica
ni psicológica. Más bien representa una afirmación ontológico-meta-
física en la que participan tanto una imagen mágica del mundo como
una especie de ontología heraclítica. "El agua de los ríos que corriendo duerme", leemos ya en las primeras páginas de la novela, y también la nota "elemental" de esta cita puede recordarnos al gran maestro de Éfeso. No se trata aquí simplemente de afirmaciones absolutas
que se evadan sin más hacia lo poético-irracional (como tampoco los
medios formales mencionados más atrás son exclusivamente de naturaleza estilística). La media luna que se traga a Gaspar Ilom, que
se podría considerar como una simple metáfora, la imagen del pez
pequeño, pero también cosas aparentemente nimias como lodo, viento,
carne y aire, no son aquí medios de una irracionalidad ciega escogidos
al azar, sino que están en relación con una metafísica de signo mágico
en la que desempeñan un papel más o menos importante la luna y los
elementos y también ciertas especies de animales (peces, coyotes, venados, pájaros, luciérnagas, incluso piojos y hormigas), pero sobre
todo el fuego, así como el maíz.

Pero todavía hemos de tener a menudo ocasión de acordarnos de
Heráclito, por ejemplo del fragmento 33 ("El fuego se transforma
primero en mar, pero el mar se transforma mitad en tierra, mitad en
lava") [22], toda vez que en *Hombres de maíz* parece darse una correspondencia objetiva con la "lava" en "el Tembladero", que es una
especie de cráter. Pero en Heráclito encontramos ya en el fondo el
espíritu griego ordenador o que quiere reconocer un orden, que pretende deducirlo todo de un principio. El fuego es para Heráclito principio originario y origen divino del que surge todo transformándose,
si bien no lo es en absoluto de una manera disociadamente vertical,
como lo será más tarde en las ideas y las sombras de Platón o más

---

[21] *Ibíd.*, pág. 555.
[22] Según Heráclito.

aún en el arriba del *nous* y el abajo de la *hyle* del neoplatonismo. En Asturias por el contrario ningún elemento es origen evidente y principio último, en correspondencia formal con la tradición politeísta de los mayas, que no sólo adoraban a un dios lunar, sino también a un dios solar, a un dios del maíz y a un dios de la fertilidad.

Por otra parte aparece sin embargo una cierta tendencia a la encadenación de estos medios mágicos y su subordinación parcial a un principio dentro del cual se corresponden. Los más frecuentes de estos medios en *Hombres de maíz* coinciden efectivamente en tener un efecto cromático amarillo o marrón-amarillento o amarillo-blanquecino (luna, sol, maíz, fuego, luciérnagas, conejos amarillos —cuyas orejas se corresponden también como forma con el fuego—, venados, coyotes). Todos estos medios están pues, directa o indirectamente, ligados desde el punto de vista del tipo fenoménico. Pero sería imposible desenganchar un elemento de esta cadena sin principio ni fin —por ejemplo el fuego, la luna o el maíz—, y reconocer en él el principio básico de todo lo demás. Además quedan todavía la tierra y el agua, realidades de dimensión no menos mágico-sacral, que no se dejan subordinar en esta cadena. Junto a esto a veces se tiene incluso la impresión, aunque sólo en algunos instantes, de leer el lenguaje del dogma cristiano de la Encarnación y reconocer, gracias a dicho lenguaje, una especie de puente entre la tierra y el principio de la luz, por ejemplo en la frase: "La palabra del suelo hecha llama solar" [23], pero si se sigue leyendo, la impresión se pierde de nuevo en un desorden mágico:

> La palabra del suelo hecha llama solar estuvo a punto de quemarles las orejas de tuza a los conejos amarillos en el cielo, a los conejos amarillos en el monte, a los conejos amarillos en el agua... [24]

No es que Asturias quiera revivir el politeísmo de los mayas. Esto no sería ciertamente una fórmula americana y se ajustaría tan poco

[23] De modo semejante se dice, si bien en un medio distinto, en el prólogo del Evangelio de San Juan: "Y el Verbo se hizo carne".
[24] *Hombres de maíz*, pág. 554.

a los hechos como, digamos, el Cristianismo "puro", es decir, europeo, o como el indianismo de color chateaubriandesco, con razas primitivas que parecen no estar haciendo otra cosa que esperar el Cristianismo y la palma del martirio. Pero el mundo de *Hombres de maíz* está efectivamente más fuertemente relacionado con estos lejanos orígenes indigenistas del pensamiento guatemalteco que con cualquier otro elemento de la síntesis americana. Asturias traslada este acervo de ideas de las culturas mayas, que en su forma pura apenas tendría hoy un efecto estético verosímil, a una fórmula cosmológico-ontológica más verosímil, que se puede presentar mejor a un hombre culto del siglo XX, una fórmula que en el fondo duerme en el interior de todo hombre, que se reconoce también en el trasfondo de la filosofía de Camus [25] y que era lo que nos recordaba a Heráclito.

Por lo demás hay que tener en cuenta que *Hombres de maíz* no se mueve exclusivamente en este mundo. La novela debe más bien mucho de su estructura y de la traza de su acción justamente al enfrentamiento y a la pugna entre este mundo y el de pensamiento racional, económico, encarnado por los *maiceros* y las tropas gubernamentales que los apoyan. (Por motivos económicos hay que quemar selva para hacer sitio a nuevos campos de maíz. Los indios se rebelan contra esto, pues el maíz es para ellos sagrado y no puede sembrarse por unos motivos profanos semejantes). Por último está también el mundo, en el que se mezcla la racionalidad, el indigenismo y el cristianismo, de los *ladinos,* es decir, de los nativos que pactan con este mundo nuevo sin poder sin embargo deshacerse de su herencia ni negar su raza. Es éste un mundo en el que establece Asturias el cristianismo y formas modestas del comercio, así como todo lo que está relacionado con la civilización, un mundo al que Asturias asigna con predilección la traición y la debilidad, pero también lo organizado, como por ejemplo la carretera, en contraposición con el sendero de color de tierra y encharcado por la lluvia, al que asigna también, como lo hace ya en *El señor presidente,* el amor sentimental, el amor que

---

[25]   Sobre esto vid. Pollmann, *Sartre und Camus,* págs. 11 sigs. y en varios lugares en la parte de Camus.

temáticamente se destaca en absoluto como tal amor. Machojón, el pretendiente, y la piadosa y fiel Candelaria Reinosa [26], entendida en cosmética, que atiende a sus clientes en una pequeña tienda, pertenecen por tanto a este tercer mundo.

Gaspar Ilom es por el contrario el representante puro del mundo del indio. Como cacique está aliado a las fuerzas mágicas de la luna, del maíz y de las luciérnagas, pero también está cerca y emparentado con los elementos, sobre todo con la tierra, aunque también con el agua y el fuego. Su mujer es, como corresponde, terrosa, y merecidamente lleva el nombre bastante sugestivo de la Piojosa Grande, en contraposición con la entendida en cosmética Candelaria Reinosa. Su figura apenas se destaca de la esterilla de fibras sobre la que yace, mientras que Gaspar Ilom vacía como un fetiche sediento la calabaza de aguardiente al resplandor de luciérnagas de la noche, de tal modo que se inflama un fuego en su interior y vuelve a encontrar los motivos "donde... se volvían especie, tribu, chorrera de sentidos". Pero tengamos en cuenta que este mundo intacto de Gaspar Ilom está amenazado desde el principio, que Gaspar Ilom habla en seguida a la Piojosa Grande de los maiceros y de su firme determinación de matar a tiros al mayor número posible de ellos, que quieren quemar la selva y cultivar el sagrado maíz para el lucro, y cómo es envenenado este invencible cacique a instancias del coronel Godoy, siendo los *ladinos* Vaca Cuña, madrastra de Machojón, y su marido los que agencian el veneno. Hemos de tener en cuenta que al final de la parte titulada *Gaspar Ilom* encontramos a un héroe que se revuelve desesperado contra el veneno que le quema, que se bebe casi un río

---

[26] Este nombre, como el del novio, habla por sí solo. Contiene "candelaria" y "reina", es decir, formas correspondientes de la verticalidad. Hasta qué punto hace Asturias conscientemente que las formas correspondan entre sí en este tercer mundo, se muestra cuando dice de Candelaria, que está en su tienda —una forma humilde de comercio—, que el color de Candelaria desde que se fue Machojón era como el color de la tierra blanca (!) que cubría la carretera (!), tierra fina (!) como polvo de ceniza cuando el viento la arremolina en una nube deslumbrante (!).

entero para lavarse el veneno de las entrañas y que al final se ve en un mar de llamas que se lo lleva a él, al invencible.

Con otras palabras, Asturias no hace en absoluto que uno de los principios triunfe simplemente, hace incluso que muera la encarnación seguramente más bella del indigenismo, Gaspar Ilom, si bien de un modo, rodeado de llamas, que podría interpretarse como el ingreso en el principio puro de sí mismo, como una victoria en un plano metafísico. Efectivamente, con la muerte de Gaspar todavía no se ha fallado la sentencia, esta muerte es más bien el punto que lo desencadena todo, la primera articulación en la arquitectura compositiva de *Hombres de maíz*.

La obra consta pues, desde este punto de vista, de dos círculos temáticos que se construyen uno sobre otro. El primero llega hasta la parte *Coronel Chalo Godoy,* y abarca las cuatro primeras partes, que son aproximadamente igual de largas, y el segundo abarca *María Tecun* y *Correo-Coyote,* partes de desigual longitud.

El primer círculo aparece muy claramente cerrado en lo temático, pese a la apertura en lo singular, en tanto que lleva del envenenamiento de Gaspar Ilom a la muerte del coronal Godoy y de sus tropas, es decir, a la venganza de la muerte del cacique. Las partes que hay en medio están unidas con este círculo temático directamente, en el caso de *Machojón,* o indirectamente, en el caso de *Venado de las Siete-Rozas.* En *Machojón* se refiere una venganza provisional de lo ocurrido: como ya se ha dicho, fenece Machojón, el hijastro de Vaca Cuña, en las llamas de los grillos vengadores. En *Venado de las Siete-Rozas* la relación es más compleja y al mismo tiempo velada. Por una parte aparece aquí una madre enferma de la que se dice que la han hechizado los *maiceros,* además tiene esta parte una función que complementa el mundo indigenista de *Gaspar Ilom,* y por último tiene una función preparatoria con vistas al segundo círculo temático, representando un eslabón que lo une a él. Después de *Gaspar Ilom* podría tenerse la impresión de que Asturias quiere idealizar el mundo indigenista e ignorar ciertos aspectos crueles de él. Después de leer la tercera parte hay por lo menos que restringir este parecer. En esta parte hay tanto errar manifiesto que apenas puede verse en ella una imagen ideal. Así por ejemplo cuando, a instancias del curandero, se le administra a uno de los cinco hijos de la enferma María Tecun un agua de la verdad, cuando este hijo, Calistro, culpa a la familia Zacatón de haber hechizado a su madre; cuando los hijos asaltan a dicha familia y se ufanan de volver con los trofeos de una o dos cabezas de los que han matado mientras dormían; cuando se muestra que Calistro se ha vuelto loco, evidentemente a causa del agua, y el curandero impone a los hermanos la tarea traicionera de matar al Venado de las Siete Rozas.

La tercera función de esta parte, la de transición, está sin embargo en relación justamente con este Venado de las Siete Rozas al que tienen que matar los hijos de María Tecun, porque ésta es la única posibilidad de curar a Calistro. Este Venado de las Siete Rozas es la segunda encarnación del curandero. Esto no debe confundirse con reencarnación. La idea de la reencarnación surge de un pensamiento que busca el encadenamiento, pues contiene una sucesión causal. Es significativo que se relacione con predilección con sistemas neoplatónicos y cabalísticos. En nuestro caso no existe una relación causal entre ambas existencias, sino sólo una relación existencial: ambas se contienen recíprocamente en una yuxtaposición temporal. Por ello, cuando se logra matar al venado, muere simultáneamente el curandero en su cabaña. En el segundo círculo va a pasar a un primer plano, con una fuerte acentuación metafísica, justamente esta temática de la encarnación *sub specie animalis,* sobre todo en la última parte.

Y con esto hemos tocado ya la función decisiva del segundo "círculo" frente al primero: adopta tesis del primero en una elevación metafísica para desembocar en una singular apoteosis del indigenismo, que con seguridad debe algo a estructuras europeas de pensamiento. Llama la atención y es significativo el hecho de que esta posición diferente se condense también en la estructura narrativa (la metafísica comienza ya en la sintaxis y en la forma narrativa) Mientras que *Gaspar Ilom* consistía en cuadros yacentes en sí mismos, surge ahora un movimiento narrativo continuo y aparece al mismo tiempo la técnica novelesca de la búsqueda, conocida por una larga tradición. No es sólo que Goyo Yic vaya concretamente a la busca de su mujer, como Parsifal iba a la busca de su madre, sino que su caso se dilata en seguida a lo general, se trata del hombre en busca de la mujer perdida, en busca de la perdida unidad del amor. Por ello en todas partes se va a la busca de una "María Tecun". El amor, indiferenciado en el primer círculo, realidad seyente ella misma, se ha convertido aquí en ideal hacia el que se está en camino. De este modo, sucede dentro de esta novela, en un plano temático y formal, algo semejante a lo que sucedió al nacer la novela en la Francia del siglo XII: el relevo de la imagen épica del mundo por la novelesco-constructiva. El primer "círculo" (partes 1-4), vive de una imagen épica del mundo, posible sólo para las culturas tempranas, de un mundo cerrado que precede al acontecer, el mundo de la tribu y de sus leyes sagradas; el segundo "círculo" construye sobre la tensión hacia una totalidad que está por cerrarse.

No es, pues, sorprendente encontrar en el segundo "círculo" estructuras novelescas concretas que nos son familiares, sentir por ejemplo a tramos el recuerdo de la picaresca española, como por ejemplo cuando Goyo Yic, en su búsqueda de María Tecun, se asocia a otro "rata de presa", como se dice en el texto, y a ambos se les ocurre un singular sistema para proteger el contenido de una botella de licor contra un agotamiento demasiado rápido, una escena que, con su humor negro y su exagerada agudización, recuerda un poco la "escena de la piedrecita" de la novela de Beckett, aparecida casi al mismo tiempo, *Molloy* [27]. (Huelga subrayar que aquí, como en todos los paralelos semejantes, no se piensa ni por asomo en una dependencia, sea ésta en un sentido o en otro, sino más bien en una unidad espiritual). En Asturias recibe la escena a que me refiero un considerable añadido de áspera crítica social y de tragedia humana. Los dos "buscadores" tienen la idea "genial" de aumentar y asegurar su riqueza vendiéndose su último haber, la susodicha botella, a seis pesos el trago. Cuando uno

---

[27] Ed. de Minuit 1951, págs. 105 sigs. Confr. el presente libro, pág. 200.

de ellos no pueda aguantar más la sed, pagará al otro el precio fijado
por un trago, asumiendo la administración de la botella hasta que el
primero "se muera de sed" y tenga que pagar el mismo elevado precio
para aplacar sus deseos. Como se adivina fácilmente, al final, cuando
se encuentran unidos en una cuneta y la botella está irremediablemente
vacía, se eleva su capital a lo mismo que al principio, a seis pesos, y,
para terminarlo de arreglar aparecen unos guardias que los llevan
ante el juez por no tener licencia de licores, lo que les acarrea una
considerable pena de prisión y el final de su camino.

El que Asturias era consciente, por lo menos hasta cierto punto,
de estas relaciones entre estructura de la novela, imagen vertical del
mundo y temática de la búsqueda, se muestra en la última parte, en
la que se habla de caminos de niebla, y de una enfermedad que podría
ser muy bien la enfermedad de Don Quijote, el caballero errante que
todavía hoy yerra por el mundo, de aquella enfermedad que durante
largo tiempo se acreditó como el *perpetuum mobile* no sólo de una
temática, sino de todo un género literario, la enfermedad del desmoronamiento de ideal y realidad.

Pero Asturias no se contenta con dar forma a esta diferenciación,
a la desavenencia consigo mismo que resulta de ella y a la tensión
hacia el ideal como problemática y pérdida que surge de todo ello.
Pese a toda su apertura en el detalle, tiene Asturias ya el sentido de
la síntesis que ha de sostener más tarde, sobre todo entre 1960 y 1963,
a la "Nueva Novela" sudamericana. (De este modo vuelve Asturias,
como en *El señor presidente,* a adelantarse a la evolución). Quiere
crear una síntesis de estructura novelesca abierta y cerrada (Julio
Cortázar ofrecerá más tarde un ejemplo verdaderamente "clásico" de
esto en *Rayuela*), una síntesis de visión épica del mundo y de carácter
de camino novelesco-constructivo, de indigenismo y de estructuras
literarias e intelectuales europeas. Si bien es cuestionable el que se
pueda considerar este intento como logrado en todos los aspectos,
como fórmula sigue siendo considerable, más aún, magnífico, y *Hombres de maíz* tiene méritos suficientes como para poderse permitir
algunas faltas estructurales, que se dan evidentemente en la última

parte, en proporción demasiado larga (su extensión corresponde a la
de las otras cinco partes juntas). Es discutible si es totalmente convincente estéticamente y desde el punto de vista del contenido esta
pródiga trascendencia vertical y el acrisolamiento, en aras de un sentido metafísico, que resulta de ella, trascendencia que se muestra, por
ejemplo, cuando sigue aumentando la tensión metafísica establecida
en *María Tecun*; cuando se generaliza demasiado el tema del amor
perdido, como unidad y experiencia de fertilidad, y "María Tecun"
se convierte en el nombre de mujer que "todos gritan para llamar a
esa María Tecun que llevan perdida en la conciencia"; cuando se
expresa claramente que el concepto Tecun designa aquellos momentos de éxtasis sexual en los que el amor con "su hociquito escondido
busca la raíz de la vida. Se existe más. En esos momentos se existe
más", es decir, cuando se ve claramente que se trata de la búsqueda
del sentido perdido, a la que iba también Gaspar Ilom; cuando el
"Correo-Coyote", que también va a la busca de su mujer, penetra en
una gruta y ve pasar en una lancha unas figuras fantasmales, envuel-
tas en unas telas blancas; cuando "las substancias" se deslizan junto
a una barca cargada de frutos (lo que está en relación con el mito de
la fertilidad); cuando este "Correo-Coyote" se adentra cada vez más
en el más allá, se encuentra con su yo-animal, su *nahual* [28], como se
dice en el texto, y se reúne con él el curandero-venado, como segundo
caminante por el más allá (se pensaría casi en Virgilio y Dante) [29];
cuando tienen que purificarse por medio de tres pruebas, una de las
cuales consiste en una autoacusación ininterrumpida a lo largo de
cuatro días, otra en que pase el yo-animal cuatro días en los árboles,
con lo que los pies se le convierten en manos (como los monos) y la
vergüenza se desnuda; cuando reciben la gran enseñanza de que han
de volver a la tierra, donde les espera el maíz en todas las formas y
transformaciones: "(...) en la carne de sus hijos que son de maíz;

---

[28] *Hombres de maíz*. pág. 903: "... van al encuentro de su nahual, su
yo-animal-protector".

[29] *Hombres de maíz*, pág. 891. Con todo se habla del acompañante, y
éste da explicaciones.

en la huesa de sus muertos que son de olote reseco, polvo de maíz, en la carne de sus mujeres, maíz remojado para el contento..." [30]; cuando se bañan "los invencibles" en helados ríos subterráneos (lo que corresponde al Leteo de la *Divina Commedia*) y se embarcan después en ligeras lanchas hacia las "grutas luminosas"; cuando encuentran allí a Gaspar Ilom, el cacique invencible, al que arrastraron las aguas hasta aquí. Como queda dicho, podrá discutirse si esta trascendencia vertical es convincente o no, pero del final que sigue a continuación puede decirse con seguridad que decae: el Correo-Coyote vuelve a la tierra, llega, después de vagar de un lado a otro, a un puerto desde el que se puede ir a la isla donde cumplen su condena Goyo Yic y su acompañante, se hace barquero y una vez lleva a María Tecun, que vuelve así a ver a Goyo Yic, pero que se aleja de nuevo de él, y al final se reúne con el Correo-Coyote el curandero-venado que le da una revelación del sentido de todas las cosas que, en el fondo, no es tal revelación. Por esto añadió Asturias también el corto epílogo en el que se da una respuesta no menos enigmática, pero de la que parece desprenderse un sentido, el sentido de la fertilidad aplicado al maíz, a los niños y a las hormigas.

El epílogo, que abarca una página escasa, no logra reconciliar con el final de la novela, que fluctúa entre "happy end" y nueva desembocadura en el absurdo. Esto es así ya que el final, extrañamente torpe, lo único que hace es borrar la intención de Asturias de conducir de nuevo al sentido del mito de la fertilidad y de su divinidad, el dios del maíz, lo que resulta inequívocamente de las enseñanzas que reciben los invencibles en el mundo subterráneo. Asturias quería conseguir esto por medio de una trascendencia —convincente por motivos inmanentes de la obra— que remite a estructuras intelectuales y a ritos de las antiguas culturas mayas, y que hacía posible la síntesis entre estructura vertical de la novela y pensamiento indigenista.

Pero, en el fondo, estas pequeñas torpezas estructurales no son más que defectos exteriores dentro del complejo de esta fórmula ad-

---

[30] *Ibíd.*, pág. 896.

mirable para la "Nueva Novela" de Iberoamérica, y muy bien podemos contar *Hombres de maíz* entre las grandes novelas de los últimos
tiempos.

LA TRILOGÍA "VIENTO FUERTE", "EL PAPÁ VERDE" Y "LOS OJOS DE LOS ENTERRADOS"

Por el contrario, difícilmente podrá hacerse un elogio tal de la
trilogía *Viento fuerte* (1950), *El papá verde* (1954), y *Los ojos de los
enterrados* (1960), a pesar de que Asturias concede un gran valor
precisamente al testimonio de esta trilogía [31]. En *Viento fuerte* casi
se vuelve a recaer en el peldaño de aquellas fórmulas novelescas
"combinadas" que dieron lugar en los años veinte a grandes novelas,
si no a escala internacional, sí, por lo menos, a escala iberoamericana:
La vorágine y *Don Segundo Sombra,* novelas sólo imaginables en un
clima, en suma, naturalista. Pero Asturias se ha comprometido demasiado en el ínterin con el lenguaje de los años cincuenta, con el
lenguaje de la forma, para poderse permitir impunemente presentar
como "héroes" a dos idealistas norteamericanos, por si fuera poco,
claramente identificables en la vida real como Lester Stones y Leland
Foster, que tienen la inverosímil meta de transformar sus plantaciones de plátanos en una empresa social en beneficio de los naturales
del país. Contra un principio así nada puede siquiera el "idioma
americano" de Asturias, que más bien es desplazado a desempeñar un
papel simplemente decorativo. Tampoco sirve de nada que las cosas
den después un giro total en sentido opuesto, que equivale a un desenmascaramiento. Tampoco pueden reconciliarnos más que desde un
punto de vista del detalle, las escenas campesinas diseminadas en la
obra o el hecho de que "el papá verde", es decir, el propietario de la
mencionada United Fruit Company, espectro mítico de tiranía económica, semejante al presidente de *El señor presidente,* ejerza su
poderío desde un rascacielos de Nueva York. Falta aquí la unidad in

---

[31]   Sobre esto vid. el citado estudio de G. W. Lorenz, *Asturias*, págs. 83
siguientes.

terna que en tan alto grado distingue a *El señor presidente* y a *Hombres de maíz,* falta aquella necesidad telúrico-simbólica en cuyo complejo es, por ejemplo, impensable que el color verde sea al mismo tiempo el del "infierno verde", es decir, del mundo de los indios, y el del "papá verde", que está en un rascacielos neoyorquino. Por último, en lo que se refiere a los acentos expresamente polémicos, anticapitalistas, que ofrece esta trilogía, éstos no sólo no ayudan a recobrar el malogrado poder de convicción, sino que perjudican, pues una novela no puede convencer más que gracias a sus cualidades estéticas, lo que esencialmente quiere decir gracias a sus cualidades estructurales. Las sentencias no se dictan aquí por lo conceptual.

Cabe preguntarse si este escaso poder de convicción de la trilogía de Asturias puede estar en relación con el hecho de que el autor se entregara activamente a la política desde 1951, al subir Jacobo Árbenz al poder en Guatemala, porque vio acercarse la oportunidad de una reforma social auténtica; con el hecho de que fuera enviado a París en misión diplomática en el año 1952 y de que, tras las amargas experiencias del derrocamiento de Jacobo Árbenz por el ejército, comenzara para Asturias en 1954 el exilio de Buenos Aires, que había de durar ocho años. (Luis Harss defiende esta teoría en su sugestivo e inteligentemente selectivo libro *Los nuestros,* Buenos Aires 1966, que en la edición original inglesa lleva el título *Into the Mainstream*). Es posible que mucho esté en relación con todos estos acontecimientos, pero en el fondo el defecto decisivo se da ya en *Viento fuerte,* que apareció en 1950.

"EL REINO DE ESTE MUNDO"-"LOS PASOS PERDIDOS"

Hombres de maíz, de Asturias, representa una gran fórmula para la "Nueva Novela" de los años cincuenta en Iberoamérica, convincente a excepción de algunas cosas nimias. El poder de convicción de esta fórmula se debe sin duda en gran parte a que el autor procede de un país relativamente intacto de influencias europeas, cuyo épico yacer

en sí mismo y cuya épica imagen del mundo han imprimido decisivamente su sello, en él pese a toda su consciencia, a su ilustración y
carencia de prejuicios *, a su comprometimiento social y a sus estancias anteriores en Londres (1923) y en París (1923-1926). La unión
íntima con Guatemala no se rompió jamás durante estas estancias en
el extranjero, en parte involuntarias. Así, una de las primeras cosas
que hizo en Londres fue ir a ver la sección de arte maya del Museo
Británico, y en París tradujo al francés *Popol Vuh*, el libro sagrado
de los mayas. Y cuando en 1965, después de ocho años de exilio en
Buenos Aires [32] y tres en Ginebra (en Argentina se hizo imposible su
situación a la caída del liberal Frondizi), esperaba el premio Nobel,
que no le había de ser concedido hasta 1967, uno de los profundos
motivos de su esperanza era la suposición de que si se le concedía el
premio lo dejarían en paz en Guatemala a causa del orgullo nacional.

El caso de Alejo Carpentier es completamente distinto. Este cubano nacido en 1904 en La Habana (es cinco año más joven que Asturias), no es, por su ascendencia, y como delata ya su nombre, un
hijo "íntegro" de Hispanoamérica. Su padre era un arquitecto francés
emigrado años antes a Cuba y su madre una rusa que había estudiado
medicina en Suiza. El comprometimiento socialpolítico de Carpentier
nace por ello de unos presupuestos distintos que en Asturias, y lo
mismo sucede con su literatura: Carpentier es siempre un hijo de
la Revolución francesa y de la Ilustración al mismo tiempo, es un
hombre en el que la abstracción teórica y la especulación desempeñan
un papel por lo menos tan importante como la inmediatez de la situación. Un manifiesto contra Machado le acarrea en 1927 seis meses
de cárcel, y después le lleva el exilio a París que, significativamente,

---

* "Aufgeklärtheit", "ilustración y carencia de prejuicios". Traducción
doble que intenta acercarse al original, en el que se da el sentido del ideal
humano creado por la Ilustración francesa, N. del T.

[32] En 1951 subió al poder en Guatemala Jacobo Árbenz, un coronel re-
tirado, y su principio de auténtica reforma social movió a Asturias a emprender una carrera política activa. Con la "ayuda" de los Estados Unidos se
derrocó pronto este gobierno, ante lo que no le quedó a Asturias otro camino
que el del exilio. Acerca de todas las cuestiones biográficas vid. G. W. Lorenz, *Asturias*.

le retiene durante nada menos que once años, donde toma parte en la "Révolution surréaliste". Es verdad que en seguida se distanció del movimiento surrealista, pero siguió largo tiempo bajo la influencia de su gran portavoz André Breton, al que debe en parte su predilección por lo "real maravilloso".

Lo "real maravilloso" era algo excepcionalmente adecuado para aprovechar y destacar el aspecto mágico de la americanidad, que también se da intensamente en Asturias. Lo maravilloso de *El reino de este mundo*, sin embargo, es algo distinto de lo maravilloso en *Hombres de maíz*. Es algo maravilloso de impronta africana, no es algo que, a pesar de toda su movilidad, gire en sí mismo, como lo maravilloso de los indios, y que corresponda así formalmente a la tendencia a la monumentalidad, sino algo que se exterioriza como una fantasía que se prolifera exuberantemente, que brota de repente y que vuelve con la misma rapidez a su estado primitivo, como un encanto pródigo y una transformación polifacética. Este papel que desempeña el elemento africano está tanto en relación con el hecho de que Carpentier es cubano (en Cuba está muy fuertemente representado lo africano), como con la acción del libro y con su protagonista. Y la pincelada de melancolía y de tragedia que da Carpentier, difícilmente podemos decir si se trata también de algo africano, o si se muestra en ella la nostalgia del civilizado que sabe perfectamente que las fuentes de lo vernáculo yacen sepultadas e inalcanzables para él.

La "evolución" azogada de esta novela no es comparable con lo que hemos encontrado en Asturias. He aquí algunos ejemplos que muestran esto: el esclavo negro Ti-Noël admira al mandinga Mackandal por sus historias de héroes y dioses verdaderos, de los héroes y los dioses de África; el poder mágico y la capacidad de transformación de Mackandal son un hecho para Ti-Noël y los demás negros, ellos saben que Mackandal puede aparecer como una mariposa nocturna, como una verde iguana, como un pelicano o como un perro, y Mackandal se eleva ante los ojos de los negros, que no parecen esperar otra cosa, de las llamas que habrían de quemarle; Mackandal fulmina epidemias misteriosas; cuando, a pesar de todo, muere, como

Gaspar Ilom en *Hombres de maíz,* descubre Ti-Noël en sí mismo, después de muchas odiseas, la misma capacidad de transformación de Mackandal. Pero a esta diferencia en la dinámica se añade otra: el descubrimiento de Ti-Noël no conduce a la confirmación de la herencia de Mackandal, sino a la verificación de la pérdida, pues Mackandal había utilizado sus dones en beneficio del pueblo y él quiere transformarse por necesidades individuales, quiere librarse de las condiciones de su existencia; para él la transformación significa evasión. De este modo se convierte Ti-Noël en la encarnación poética del hombre para el que se ha hecho imposible la renovación de la herencia vernácula. De hecho naufraga, y en el fracaso descubre un ideal que delata al hijo de la Revolución francesa. Comprueba que tampoco en el reino animal existe una *Utopía,* una "sociedad sin clases": como hormiga le tocó arrastrar cargas horribles bajo la vigilancia de guardianes que le recordaban demasiado a los alcaides de Lenormand de Mézy, y por lo que se refiere a los gansos, entre los que intentó después evadirse, transformado en uno de ellos, entre ellos regía la norma de que el Gran Ganso de Sans-Souci no hubiera deseado el menor trato con el Gran Ganso de Dondon.

La solución que le queda a Ti-Noël después de todas estas experiencias es bastante desilusionada y, sin embargo, positiva, cercana a la de un Albert Camus en *Le Mythe de Sisyphe.* Es la noción de que el hombre nunca sabe para quién sufre ni lo que puede esperar, pero que, a pesar de todo, no debe evadirse ante el absurdo de la existencia, sino darse cuenta de que su única posibilidad de grandeza está justamente en el "reino de este mundo", que no está en un sentido metafísico, sino en la aspiración "desesperada" de mejorar lo existente.

Es ésta una solución bastante explícita y teórica, como ya parecía prometer el programático título del libro, una solución surgida, como en el caso de Camus, de la polémica con el cristianismo (lo que también se anticipa en el título). En *El reino de este mundo* el paralelismo contrastante con estructuras de pensamiento histórico-cristianas es a veces muy fuerte, así por ejemplo cuando en la época de Adviento se dice que los negros esperan su liberación desde hace cuatro años, o cuando Ti-Noël, tras de cuyo nombre podría leerse la promesa de una redención (Noël-Navidad), deja embarazada en el pesebre de una caballeriza a una pincha de cocina. Pero tales identificaciones son sólo posibles en instantes fugaces. En el fondo domina en este libro una estructura acomodada a la solución de Sísifo: un subir y bajar azogado de revoluciones y restauraciones, en el que tan pronto llevan los negros la voz cantante como la llevan los señores, es decir, una especie de situación de Sísifo en la que el hombre construye y destruye irremisiblemente, siendo la destrucción sólo una constructividad en sentido opuesto.

Naturalmente este azogamiento está también, como ya se ha mencionado, en relación con la impronta africana del indigenismo cubano, es correspondencia formal de la americanidad cubana o también haitiana, pues la acción se desarrolla en Haití. Efectivamente, también se desprende del estilo de Carpentier esa movilidad inerte, que gira en sí misma, propia del estilo de Asturias, a pesar de todas sus metáforas. En *El reino de este mundo* al menos, en *Los pasos perdidos* toca Carpentier otros registros estilísticos, se narra incansablemente según el cambio multicolor de las cosas. Casi cada frase contiene una serie de alusiones objetivas en la mayoría de los casos sociales o, si así se quiere, políticas. Todo se encuentra así dentro de este incansable subir y bajar de una dinámica que a veces se mantiene contenida, a veces aparece abiertamente como revolución u opresión [33]. Incluso el amor, al que, como hemos de ver aún, se da una gran importancia en Carpentier, se adapta aquí a este movimiento jadeante, es un amor de la venganza social o de la compensación, pero nunca amor como movimiento trascendente, como en *Hombres de maíz*. Sin embargo, más que la impronta africana del medio popular de

---

[33] Carpentier, cuyas novelas tienen a menudo el carácter de crónicas, elige para ello el marco de una sucesión de situaciones políticas real, rápidamente cambiante, el de Haití a finales del siglo XVIII y principios del XIX: rebelión de los esclavos, gobierno del general Leclerc, un cuñado de Napoleón y, por último, la tiranía del rey africano Henri Christophe, que se orienta en parte según modelos franceses en parte según africanos.

que parte Carpentier, parece ser el pensamiento europeo-causalista de Carpentier lo que le ha impedido llegar a una solución construida sobre el mundo indígena. Su pensamiento está repartido entre París y La Habana, y este estar repartido se refleja también en la composición de *El reino de este mundo*: mientras que la parte central está construida de un modo relativamente abierto, con principios de segmentación [34], se ataja de nuevo esta apertura en las partes I y IV, construidas simétricamente, en las que se cierra claramente la temática. El constructor y arquitecto, el "latino", vuelve a llevar aquí la voz cantante.

Carpentier mismo parece haberse hecho consciente de esto, pues *Los pasos perdidos* es justamente la fórmula de esta incapacidad de olvidar las propias huellas, de volver a ser totalmente idéntico consigo mismo, pero, en este sentido, también las fórmulas de muchos sudamericanos, si no la fórmula *del* sudamericano. (Hemos de darnos cuenta claramente de que el mundo indigenista que Asturias evoca ante nosotros vive considerablemente del mundo desaparecido hace mucho de los mayas, vivo sólo en formas residuales, tal como lo estudió Asturias intensamente en Londres y París, y hemos de darnos cuenta de que su fórmula debe su consistencia interna a este lejano pasado). En *Los pasos perdidos* el tono es distinto, es un tono monumental-severo. De acuerdo con ello, el estilo es menos agudo, es pronunciadamente objetivo, manifestándose a veces una tendencia a un esparcimiento enciclopédico, lo que da a Carpentier oportunidad para mostrar no sólo que es hijo de un arquitecto, sino también que tiene intereses musicológicos, y que además participa de la tendencia al saber enciclopédico de muchos sudamericanos.

---

[34] Aquí se abre la narración a una estructura pluralista, por lo menos se inicia esto. A Ti-Noël y a su señor sólo se subordinan unidades episódicas separadas en las que la acción sigue discurriendo paralelamente. Junto a esto aparece la actriz Paulina Bonaparte como protagonista de una unidad episódica aparte, por lo demás estrechamente ligada con el núcleo de la acción. Pero ya en la tercera parte comienza a concentrarse de nuevo la acción alrededor de Ti-Noël y del rey Henri Christophe, antes de ser reducido todo, en la parte cuarta, a la perspectiva de Ti-Noël exclusivamente.

El contenido, condensado, es el siguiente:

Un hombre en edad "existencial" siente que no es plena su existencia al lado de su mujer Ruth, que va ascendiendo en su profesión de actriz. Añora "ciertos modos de vivir que el hombre había perdido para siempre". Por ello se ofrece con gusto para llevar a cabo durante sus vacaciones una expedición por encargo de la universidad y buscar ejemplares de un instrumento musical, no encontrado hasta entonces, en lugares que aún no han estado en contacto con la civilización. Esta expedición se convierte en una especie de alegoría de la búsqueda del tiempo perdido, búsqueda que asciende por el río del tiempo según se va adentrando la relación del viaje, dispuesta en forma de diario, cada vez más en la selva, hasta llegar a un punto en que se pierden las huellas. De cada día de este viaje se entresaca un momento, a veces dos, y partiendo de él se describe lo objetivo del "peldaño" respectivo, recibiendo a menudo la acción una importancia bastante subordinada. Junto a lo objetivo y a lo cultural desempeña lo erótico un gran papel, primero en la relación del protagonista con su amante, que representa en cierto modo el primer peldaño en la búsqueda del tiempo perdido, después en la relación con la salvaje Rosario, que guarda dentro de sí el secreto del origen, para la que no existe el concepto del estar alejado, porque vive enteramente el instante, que es como la encarnación del principio de la maternidad, que muestra frente al hombre una cierta ironía y superioridad, que representa una "entidad profunda". Para Rosario no existen, como para él, grados del amor, por lo que vive su amor hacia él como algo natural, inesperado, sobreentendido, a lo que han precedido otras experiencias amorosas igualmente naturales, mientras que para él este amor es el grado supremo, tras del que quisiera anular los anteriores. Por eso acaba con su amante y en seguida le viene la idea de acabar también con Ruth definitivamente, de volver a casa para divorciarse y entregar los instrumentos que ha encontrado ya hace tiempo y, sobre todo, publicar una obra. Rosario contempla muda, pero con gran escepticismo, estos empeños que delatan al civilizado con su manía concatenante, que no se da cuenta de que ha penetrado en una región "donde escribir no respondía a necesidad alguna". Efectivamente, a su vuelta se encuentra con grandes dificultades, no sólo con una mujer que mientras que él ha estado fuera ha "representado el mejor papel de mi vida" como esposa atemorizada, no sólo con una amante que ha revelado a los periodistas los motivos verdaderos de su larga ausencia, sino con la catástrofe económica que le acarrea su petición de divorcio, de tal modo que tarda mucho en poder emprender el largo y costoso viaje para reunirse con Rosario. Allí, en el Valle del Tiempo Detenido, se han borrado entretanto totalmente las huellas de su amor y Rosario, para la que él no pudo llegar a ser más que un visitante extraño de este valle, hace mucho que se ha marchado y se ha casado con otro. No le queda más que la consecuencia final: "Hoy terminaron las vacaciones de Sísifo". De nuevo ha de echar sobre sí la piedra de su absurda existencia.

La solución es pues semejante a la de *El reino de este mundo*, con la diferencia de que entretanto ideal y realidad han experimentado una separación aún mayor: por un lado se encuentra el sentido inalcanzado, por otro el absurdo de la vida. Este sentido, que se acerca mucho al de *Gaspar Ilom*, está evidentemente en estrecha relación con el mito de la fertilidad, pues una vez se dice respecto del amor, que se explica por sí mismo, de Rosario: "Esto es Dios. Más que Dios: es la Madre de Dios. Es la Madre primordial de todas las religiones. El principio hembra, genésico, matriz, situado en el secreto prólogo de todas las teogonías" [35]. El protagonista iba de camino hacia ese principio. Para ello dejó atrás primero su ciudad, después la capital, llegó entonces al "reino de los caballos", al reino en que el hombre intenta elevarse aún de la tierra, en el que se da a sí mismo una estructura [36]. Se sigue acercando a su meta a través del "país de los perros", en el que el perro se convierte en cierto modo en el

---

[35]   A. Carpentier, *Los pasos perdidos*, Méjico, 1953, pág. 222.

[36]   En un plano figurado es éste el reino del caballero y del estar de camino, el reino de Don Quijote (confr. *ibíd.*, pág. 147: "Nada tenía que hacer el caballo en un mundo ya sin caminos".) Confr. también *ibíd.*, página 102.

único acompañante posible del hombre, en un acompañante que se mueve casi al nivel de la tierra y proporciona así de nuevo al hombre erguido el contacto con ella. Desde aquí conduce el camino a aquel país en el que incluso se pierden los pasos, en el que la existencia humana se identifica con la tierra y no se diferencia ya de ella como presente, pasado y futuro, como algo que tiene estructura en sí. Por ello el amor no es aquí tampoco un ideal hacia el que se puede estar en camino, ni es algo que deje huellas. El amor se encuentra aquí más bien al nivel de la tierra, lo mismo que para Gaspar Ilom, cuya mujer, la Piojosa Grande, yacía como una esterilla.

Este ideal carente de ideal está fuera del alcance del protagonista, tras del que no es difícil reconocer al escritor Carpentier. Sus presupuestos son ya de principio falsos, en tanto que se dirige a dicho ideal a través de caminos y peldaños (sin embargo, ¿cómo podría evitarse esto una vez que se ha perdido la unidad natural consigo mismo y con la tierra?), y se sigue delatando como "hombre secundario", pues no quiere renunciar a la constructividad del escribir.

LOS AÑOS 1954/55

Las novelas de Carpentier sólo pueden con limitaciones calificarse de abiertas. Sobre todo la estructura formal participa en él muy poco de esta relativa apertura. En el caso de *Los pasos perdidos* por ejemplo sólo se podría hablar de apertura formal en tanto que los momentos singulares del viaje, de los que parten los capítulos, aparecen bastante desligados (si bien no en la medida en que se da en *La Modification*, de Butor), y en tanto que en ellos se da una especie de apertura "enciclopédica" a las cosas. Pero en el fondo esta relativa autonomía de la parte afecta poco al hecho de que se trata de una novela de camino.

Frente a ello no se continúa el camino emprendido por Asturias hasta llegar a los años 1954/55. J. C. Onetti había buscado ya en 1950 una fórmula abierta en *La vida breve* (incluso llama expresamente a su obra novela abierta), pero la apertura consiste en ella exclusivamente en una pluralidad exterior, temático-estructural, de la acción, a la que no sigue la realización en el detalle: el estilo y la manera de narrar siguen siendo naturalistas. (Desde este punto de vista es comparable la obra con el intento de Sartre en *Le Sursis,* aunque Onetti va más lejos que Sartre). De este modo surge un contraste curioso entre la manera narrativa tradicional, que articula exactamente lo acontecido, y la amplia manifestación estructural que impide la realización de un hilo de la acción:

Bransen, un modesto empleado, huye, en vista de la consunción lenta de su mujer, de su mundo estrecho y mórbido (que sigue existiendo paralelamente) a la compensación de otras existencias sólo imaginadas (pero de acuerdo con la manera narrativa del naturalismo referidas como existentes). (Onetti coloca sin solución de continuidad las imágenes presentadas, tal como aparecen a la conciencia, unas junto a otras, o unas detrás de otras, lo que tiene un efecto desorientador, ya que al principio se cree que cada vez se trata de una persona distinta). Bransen crea estas existencias partiendo de un cuadro, de *El retrato de Dorian Grey* (lo que con seguridad remite a *The Picture of Dorian Gray,* de Oscar Wilde). En cierto modo saca este retrato de sí mismo, traspone sus elementos al plano episódico y los amplía. Estas existencias, entre las cuales la más importante parece ser la existencia como psiquiatra, como doctor Díaz Grey, son antagónicas entre sí, y este antagonismo permanece abierto hasta el final [37].

No es difícil de comprender que esta novela no sólo tiene a "la vida breve" como tema, que se refleja de modo más impresionante en el espejo de varias existencias por ser este reflejo como el de un sueño fugaz, sino que vemos que en esta obra, como tan a menudo sucede en la novela moderna, como sucede también en *Los pasos per-*

---

[37] Es inmediato pensar aquí, además de en *Dans le labyrinthe* de Robbe-Grillet, en *Mein Name sei Gantenbein* de Max Frisch. Desde luego en Onetti falta la nota didáctico-moralizante que aquí se da, como tan a menudo sucede en la literatura alemana actual y que también diferencia al moderno teatro en lengua alemana (como continuación de Brecht) del de los países románicos.

didos, se da una especie de fábula de la literatura: Bransen, el escritor, no puede ya decidirse por *una* existencia y *una* acción.

Emparentadas y al mismo tiempo distintas, más cerradas y al mismo tiempo más consecuentes en su apertura, más unitarias y al mismo tiempo más desgarradas son en comparación con esta obra las novelas de los años 1954/55. Ya en lo exterior se parecen: son pequeños tomitos como *Los adioses* de Onetti, del año 1954, casi siempre un poco postergada respecto a *La vida breve,* y las dos novelas de reconocida importancia *Pedro Páramo,* de Juan Rulfo, y *La hojarasca,* de García Márquez. Las tres tienen la propiedad de privar continuamente al lector de su base, de confundirlo, de no permitirle la construcción continuada de un nexo causal. Pero ya no se trata de un rompecabezas, con el que podrían compararse algunas obras de Faulkner y Dos Passos, así como *Le Sursis* de Sartre y quizá también *La vida breve* de Onetti. Quiero decir que ya no se trata de piezas singulares claramente articuladas en sí, a las que haya que buscar su sitio en el conjunto. La apertura se convierte ahora más bien en una cualidad formal general, pierde lo artificioso de la injerencia compositiva que viene de fuera, que caracteriza totalmente a los ejemplos norteamericanos, convirtiéndose en una cualidad interna de la novela que hace innecesario el desgarrón artificioso de una realidad, que en el fondo sigue estando intacta. Las tres novelas tienen por tanto una sucesión lineal de acción, si bien escasa y laxa, un "argumento".

Los adioses de Onetti cuenta la historia de un ex atleta que, con una enfermedad incurable, se retira a las cercanías de un sanatorio apartado (primero vive en un hotel, después en un chalet), para despedirse allí de la vida, aislado de todo y de todos. Allí recibe a intervalos regulares cartas de dos damas, desarrollando un ritmo curiosamente amanerado en la recogida de estas cartas y en el tratamiento diferente que da a ellas. Después recibe la visita de una de las damas, joven y muy guapa, y más tarde de la otra, que muy bien podría ser su mujer. La más joven parece ser su amante, y la servidumbre se asombra de que él, resignado, la deje marchar de nuevo a la vida, cuando una gran parte de su enfermedad consiste evidentemente en esta resignación mórbida; casi se enfadan con él porque no se deja rescatar por la vida. Pero todo esto son suposiciones vagas que no pueden captar la realidad de esta vida totalmente aislada, lo que se muestra en el sorprendente desenlace final, según el cual resulta que la dama es la hija de un primer matrimonio del protagonista.

En *Pedro Páramo* intenta un hijo, Juan Preciado (que narra en primera persona, pero que en absoluto es continuamente el narrador), reconstruir la historia de su padre que ha abandonado a él y a su madre en un lugar extraño. La madre había encargado al morir a Juan Preciado buscar a su padre y exigirle su parte de herencia, para hacerle penar así su culpa. El hijo desciende a su pueblo natal, Camala, acompañado de su hermano de padre, que se ha reunido con él para enseñarle el camino y que, como él, es el fruto de uno de los amoríos de una noche y de las promesas de matrimonio del tiránico caudillo Pedro Páramo. El pueblo al que baja Juan Preciado se revela visible-mente como una especie de infierno [38], en el que no hay más que ecos y voces, donde los muertos le cuentan de modo fragmentario la his-toria de su familia. Esta narración comienza con Miguel Páramo, el hijo predilecto de Pedro Páramo, semejante en muchos aspectos a su padre, y alinea los fragmentos de modo totalmente desligado y en sucesión temporal inversa, para acercarse después en círculos, a me-nudo no relacionados entre sí, al poderoso y temido cacique del pue-blo, a Pedro Páramo mismo. Los muertos evocan el miedo que infun-día y la atracción que ejercía sobre las mujeres (pero siempre narran de un modo directo, sin que se pueda reconocer un narrador tras de lo narrado, casi siempre sin que se incluya tampoco a Juan Preciado como oyente), cuentan su penuria económica, que sin embargo no le preocupaba en absoluto, su afortunado matrimonio con la madre de Juan Preciado (ella, que estaba enamorada de él, era su principal acreedora y sólo por eso le había interesado; a otros acreedores se los había quitado de encima empleando la violencia su fiel criado Ful-

---

[38] Sobre esto trata extensamente H. Rodríguez Alcalá, en *El arte de Juan Rulfo*, Méjico, 1965, págs. 95 sigs.

gor). También hablan los muertos de la habilidad de Pedro Páramo
para estar igualmente a buenas con revolucionarios, rebeldes y tropas
gubernamentales, sin adherirse a ningún partido, pero también de su
muerte, que le fue dando jaque poco a poco, que le arrebató primero
a su hijo Miguel, después a Susana, la muchacha de otro mundo a la
que no había podido obligar a corresponder a su amor, ante la que
había fracasado su poder, y cuya muerte había dejado un dolor invencible en su corazón, un dolor que le había acarreado la muerte.

También *La hojarasca* de García Márquez (el primer capítulo de
un gran "libro" que fue continuado en otras novelas, hasta llegar a
Cien años de soledad, en 1967), tiene como escenario un pueblo. Se
trata de un pueblo que poco a poco va volviendo a sumergirse en la
tierra, que va borrando sus huellas, el pueblo colombiano de Macondo
(en el que nació García Márquez en 1928). Este pueblo no es desde
luego una especie de más allá, pero sí en cierto sentido el límite entre
el tiempo y la eternidad. Una empresa platanera ha probado allí for-
tuna como última hojarasca de la vida constructiva, y lo que queda
de todo son algunos hombres que, como hojas caídas del árbol, son
traídos y llevados por el viento del tiempo y que terminan deshacién-
dose. La historia parte de una hoja caída tal, del duelo junto al féretro
de un médico que ha sido un secreto para la aldea y cuya muerte es
el pretexto para que tres voces, que representan al mismo tiempo tres
generaciones, evoquen un fragmento del pasado, la historia de Macondo desde 1903 hasta 1928, es decir, hasta el año en que nació
García Márquez. Los narradores son un viejo coronel, que se encuentra en todas las novelas de García Márquez, su hija de segundas
nupcias, Isabel, y el hijo pequeño de ésta, que podría ser un anticipo
poco claro del autor mismo. (El que estos tres relatos, que, desde distintas perspectivas, avanzan de un modo fragmentario y espóradico,
no estén claramente diferenciados estilísticamente, y el que ni siquiera
se remedie esto imprimiendo partes en cursiva, como sucede en el
caso de los norteamericanos correspondientes, hace confusa esta técnica de la segmentación, pero esto está totalmente de acuerdo con la
temática y con la apertura de la obra). La historia misma es difícil

de captar: un médico (junto a cuyo féretro están los narradores), y un párroco habían llegado al mismo tiempo al pueblo para hacerse cargo de sus funciones. Cada uno se había aislado a su manera, lo que en absoluto había impedido que se convirtieran, junto con el coronel, en las figuras centrales del pueblo. El médico sobre todo se comportaba de manera bastante singular. Una vez ayudó al coronel, en cuya casa llevaba viviendo una larga temporada, pero se negó a asistir a su doncella Meme, pese a rogárselo su anfitrión. Esto pareció después aún más extraño, cuando se vio que esta doncella era su amante desde hacía años, y que se iba con ella a vivir a una casa propia al hacerse muy fuerte la oposición en el pueblo y tener que abandonar la casa del coronel. Definitivamente se había ganado el odio del pueblo al negarse a prestar su ayuda en una epidemia y quedarse sentado detrás de sus cerradas ventanas. También la muerte repentina de su amante fue algo oscuro. Ahora sólo el coronel está en cierto modo de su parte e intercede para que se le entierre en sagrado.

Hasta aquí los "argumentos" de estas tres novelas, que giran todos en torno a la temática de la muerte y del aislamiento, del estar en manos de un destino que desborda al individuo y lo sumerge en un torrente que muere indefectiblemente en sus partes y que, sin embargo, sigue avanzando en nuevas generaciones. Y justamente esto lo contiene también la forma abierta de dichas novelas pues expresa yuxtaposición, falta de relación y fluir sin orden. El reproche de que los fragmentos no están suficientemente encadenados [39] no puede atañer a estas novelas, pues justamente esta falta de encadenamiento es en ellas auténtico lenguaje de la forma. No se trata de un empleo malo o insatisfactorio de técnicas de Faulkner y de Virginia Woolf, sino de un mensaje formal propio que parte de estas técnicas. (La imitación no hubiera dado lugar en el mejor de los casos más que a epígonos). García Márquez (y de Onetti y Juan Rulfo puede decirse algo análogo) tenía razón al decirse que "el caos" de las novelas de Faulkner correspondía a condiciones esenciales del sentimiento vital colombiano, pero hizo bien al dar un soplo de espíritu colombiano,

---

[39] Así Luis Harss en el citado estudio *Los nuestros*, págs. 396 sigs. Harss no tiene evidentemente la adecuada relación con la "Nueva Novela"

"americano", a estos materiales técnicos brutos, hizo bien en no so-
meterlos a una gradación que conduce lentamente del caos a la claridad de un orden, desde el que cobra forma retrospectivamente el caos,
tal como sucede por ejemplo en *The Sound and the Fury*. En estas
novelas encontramos una estructura a la que no anulan de nuevo la
yuxtaposición, la carencia de relación y el fluir sin orden, sino una
estructura que es confirmada como la condición de la vida. Por eso
en estas novelas la autonomía de lo singular dentro del cauce total
de la narración es la forma adecuada: el desesperado aislamiento del
individuo, que si bien se encuentra a veces junto a un ser próximo,
jamás puede crear una estructura duradera con él, que se reproduce,
pero que siempre es *una* voz entre las voces del padre y del hijo,
una voz que no puede aunarse a otras en la "polifonía" de una novela
concatenante. Todo esto no podía convertirse en mensaje formal más
que del modo dicho. Hubiera sido inconsecuente formalmente el
subordinar, por ejemplo, los tres "yos" de *La hojarasca* (abuelo, madre, hijo) a un sólo yo, junto a un "él" y un "ella", pues una subordinación tal estaría en contradicción con los hechos. También sería
contradictorio formalmente el que el narrador de *Los adioses*, el dueño de un almacén en el que el forastero tiene entre otras cosas que
recoger el correo, consiguiera aclarar párrafo a párrafo la existencia
de este forastero. Habría entonces una contradicción entre el aislamiento y la aclaración progresiva, entre la realidad temática y la formal de la novela. Inconsecuente es por ello como mucho el que Onetti
dé al final una explicación de todo. *Pedro Páramo* (también *La hojarasca*) es a este respecto más homogénea. Al narrador Juan Preciado,
que, como se ve en seguida, es ya también una sombra, no sólo no se
le concede la posibilidad de dominar en su conciencia lo que le han
dicho los muertos y ordenarlo en una imagen, sino que casi siempre
está ausente de los jirones de diálogo que ofrece el libro. García Márquez fue lo suficientemente consecuente como para no redondear el
final del libro con una vuelta a Juan Preciado, sino abrirlo formalmente en una pura imagen en la que el "caminante del más allá" no
tiene la más mínima participación.

IV

EL NOUVEAU ROMAN "CLÁSICO"
(1948-1956/57)

Los años de la novela abierta en Iberoamérica coinciden con la primera etapa del "Nouveau Roman", prescindiendo del "milagro" que llevó a cabo Nathalie Sarraute en 1948 con su *Portrait d'un inconnu* ("milagro" que pierde poco de su sorprendente carácter de temprana madurez si se tiene en cuenta que *Murphy* de Beckett, que es sólo un precedente del "Nouveau Roman", apareció casi al mismo tiempo). En estos años comienza a formarse el "Nouveau Roman" como movimiento de grandes pretensiones dentro de la République des Lettres francesa. Nathalie Sarraute, Alain Robbe-Grillet y Michel Butor, junto con el un poco independiente irlandés Samuel Beckett, son los nombres a los que aparecen unidos los destinos del "Nouveau Roman" en esta primera fase. Robert Pinget y Claude Simon, por el contrario, escriben todavía por este tiempo de un modo tradicional. (Se podría excluir *Le Vent*, de Claude Simon, pero esta novela no apareció hasta 1957, justamente el año en que acaba la primera fase y empieza la segunda). Son años éstos en los que el "Nouveau Roman" está todavía fuertemente determinado —pese a sus esfuerzos por librarse de ellas— por las estructuras de la novela tradicional, meramente heredadas e inadecuadas a la realidad, ya sea porque éstas no han sido reconocidas aún como "enemigas", ya porque se elevan de sus propias cenizas como un fénix casi invencible. Para el lector supuso esta circunstancia la no despreciable ventaja de, una vez pasado el primer "shock", poder descubrir todavía cualidades normativas, si bien de modo vacilante, y poderse dejar convencer sin tener que cambiar de modo de pensar. De este modo *Molloy, Martereau, Le Voyeur* y *La Modification* pudieron convertirse en ejemplos "clásicos" del "Nouveau Roman", a los que hoy da su aprobación, si bien no incondicional, cualquier entendido que se precie. Sin embargo no se trata de que en esta fase todavía no se haya trazado claramente la frontera entre novela tradicional y "Nouveau Roman". Aquí nos encontramos ya inequívocamente con el inconfundible tipo del "Nouveau Roman", que representa casi un género literario aparte dentro del complejo de la novela. Para darse cuenta de esto basta leer dos páginas: sencillamente no se puede leer una creación de estas tal como se está acostumbrado a leer una novela, es imposible acomodarse en ella, ella no se somete, falta el cómodo butacón del sentido y de la significación claramente articulada. Esto se nota en seguida, a veces después de haber leído sólo una frase (cuando ésta no se acaba nunca, cuando se pierde en paréntesis o cuando no ha tenido principio siquiera).

Obras en las que esto no sucede todavía continuamente, como *Les Gommes*, de Robbe-Grillet, o *Passage de Milan*, de Butor, están todavía al principio del experimento, pero, por otra parte, muestran ya claramente la dirección, lo mismo que *Murphy* de Beckett anuncia ya en muchas cosas la trilogía *Molloy, Malone meurt, L'Innommable*.

Otra cosa también característica de esta primera fase del "Nouveau Roman" es que en ella domina sobre todo la práctica, que esporádicamente se dan ya justificaciones teóricas (Nathalie Sarraute, que también en esto se adelanta algunos años, interviene incluso una vez en relación con el problema de la novela), pero que los manifiestos propiamente dichos no aparecen hasta el final de la fase, en 1956, cuando publica Alain Robbe-Grillet su fundamental artículo *Une voie pour le roman futur* (ahora en *Pour un Nouveau Roman*, 1963), y Nathalie Sarraute reúne algunas aportaciones teóricas sobre el tema bajo el título *L'Ère du soupçon* (1956).

Se trata de aportaciones que se refieren a la realidad de la precedente fase del "Nouveau Roman", que ahora llega a su fin, pero que por otra parte, como reflexión teórica, han tenido un efecto de exclusas que conducen hacia adelante, hacia la segunda fase. Además son adecuadas para dar a conocer algunos de los objetivos principales del "Nouveau Roman", objetivos que, como hemos de ver, se mantienen a través de todas las transformaciones experimentales. Por esto vamos a ocuparnos primero de ellos, a despecho del orden cronológico y de las relaciones causales.

Hay que guardarse de la conclusión falsa de que la práctica ha surgido como efecto de la teoría del "Nouveau Roman" que sigue. Por otra parte es interesante, sin embargo, comprobar cómo el "Nouveau Roman" se presenta desde el principio como una dirección a la que sigue los pasos la reflexión sobre la novela, que corre después paralelamente a ella y que, en la última fase, es precedida por dicha reflexión. En el ámbito de la "Nueva Novela" sudamericana no se observa nada relacionado con una teoría de la novela en la primera fase. Allí se trata, por lo menos en esta época todavía, de iniciativas singulares de apertura de la novela, iniciativas que aparecen diseminadas en los distintos países del continente iberoamericano, y cuya coincidencia cronológica y analogías de contenido no tienen nada que ver con un movimiento concreto, ni mucho menos con una escuela.

ACERCA DE LA TEORÍA DEL "NOUVEAU ROMAN" (1948-1956)

Pero tampoco sería justo si atribuyéramos al "Nouveau Roman" el haber desarrollado, ya en estos años, criterios de escuela fijos y preceptivos, en el fondo esto no sucede siquiera en el día de hoy. Las divergencias entre Nathalie Sarraute, Michel Butor y Alain Robbe-Grillet siguen siendo grandes hasta hoy. Estos tres portavoces no sólo tienen temperamentos muy distintos, sino que aportan también diferentes condiciones intelectuales y psíquicas. Realmente, sólo Alain Robbe-Grillet, un incansable experimentador y analítico, que medita sus novelas teóricamente paso a paso, tiene presente el *"Nouveau Roman"*. Él fue el que formuló por primera vez en sucesión sistemática principios fundamentales sobre el "Nouveau Roman" en su artículo *Une voie pour le roman futur,* para cuya formulación le fue sin duda útil la sobria referencia a la realidad de su profesión de ingeniero agrónomo. No quiere decir esto que Nathalie Sarraute no esté referida a la realidad (todo "nouveau romancier" lo está *per definitionem,* como hemos de ver), pero lo está de un modo subjetivo, fuertemente influenciado por su alma "rusa", sensible, necesitada de contacto y, sin embargo, tímida. Simone de Beauvoir cuenta que, una vez que recibieron la visita de N. Sarraute, les costó gran trabajo a ella y a Sartre superar esta desconfianza innata. (Se podría también pensar que esta desconfianza tiene motivos biográficos, pues la escritora, nacida en Rusia, fue perseguida en el Tercer Reich por ser judía. Durante una época tuvo que hacerse pasar por la institutriz de sus propios hijos, bajo un nombre falso, para escapar a la detención. Pero esta suposición carece casi de consistencia, pues en *Tropismes,* es decir, en 1939, aparece ya esta psique). Este alma "rusa" [1] suya no sólo le hace descubrir fenómenos psíquicos en los medios personales de sus novelas que se escapan a la visión "normal", sino que determina también considerablemente sus opiniones teóricas. Esto se expresa ya en el título de su colección de "ensayos acerca de la novela": *L'Ère du soupçon* (La era del recelo). Con este título quiere expresar N. Sarraute que entre el lector de una nueva novela (en el sentido más amplio de la palabra), y el autor de ella no existe ya la relación de confianza que existía al leer una novela tradicional. En la novela tradicional podía abandonarse el lector al autor, podía dejarse llevar por él de la mano a un mundo que le ofrecía durante unas horas una morada espiritual, a un cosmos de leyes fijas, esclarecido previamente por el autor. Dicho con palabras de N. Sarraute, encontraba en esta novela tradicional "un système de conventions et de

---

[1] La misma N. Sarraute califica una vez de rusa esta mezcla de desconfianza y necesidad de acercamiento (*L'Ère du soupçon,* pág. 39, así como, en general, lo que dice acerca de Dostoyevski).

croyances très solide, cohérent, bien construit et bien clos: un univers ayant ses lois propres et qui se suffit à lui-même" [2]. Como ejemplo de este mundo cerrado de la novela, en el que el lector puede acomodarse, elige N. Sarraute *Le Rouge et le Noir*, de Stendhal, y *Guerra y paz*, de Tolstoi, pero no excluye totalmente de esta regla a uno de sus grandes modelos, a Marcel Proust. N. Sarraute dice que si bien éste descompone en partículas diminutas "la substancia incomprensible" que extrae de lo profundo de sus personajes, sin embargo, una vez que se ha cerrado el libro, se ensamblan esas partículas en una relación causal de figuras y de imágenes en las que se confirma en el fondo también para la novela de Proust la existencia de un cosmos prefijado [3]. Dice además que también le ha decepcionado *L'Étranger* de Camus, a cuyo protagonista Meursault había celebrado al principio como al por fin encontrado *homo absurdus* de la literatura, como a un personaje carente de dimensión de profundidad, pero que después le habían dado que pensar ciertos adjetivos y los pensamientos altamente poéticos del "extranjero", y que se había hecho consciente (y con razón) de que también en esta novela se da un "univers" en el que cada cosa tiene su sitio, en el que, por lo tanto, puede un lector de mentalidad adecuada sentirse en casa y acomodarse exactamente igual que en una novela de Balzac, por ejemplo [4]. Sin embargo N. Sarraute tendría que haber incluido en esta desconfianza *suya* frente a la novela tradicional a su escritor predilecto Dostoyevski y, en cierto modo, incluso a J.-P. Sartre, con el que igualmente está muy relacionada. Es verdad que en Dostoyevski hay figuras, como la del viejo Karamazov, que no tienen una dimensión de profundidad, cuya alma parece agotarse en un sinnúmero de reacciones y tanteos sin ordenar, que permanecen en la superficie, pero también hay figuras (lo que reconoce N. Sarraute, pero que podría igualmente haber acentuado),

---

[2] *Ibíd.*, pág. 95.

[3] *Ibíd.*, pág. 84. Sin embargo en *L'Ère du soupçon*, aparecido en 1950, se cuenta por principio a *À la recherche du temps perdu* entre los ejemplos de la "era del recelo" (*ibíd.*, pág. 58).

[4] Confr. también mi interpretación en *Sartre und Camus*, págs. 135 sigs.

como las de Alioscha, el anciano Zosima o el idiota, que, dicho con palabras de Sarraute, "encuentran el contacto con los demás por caminos regios" [5]. Y todos sabemos por la experiencia de la propia lectura que también Dostoyevski es un autor al que puede uno abandonarse, al que puede uno entregarse confiado durante el tiempo que dura la lectura. En el caso de *La Nausée* de Sartre es esto ya más difícil. Aquí es oportuno un poco de desconfianza por parte del lector, pues de lo contrario corre el peligro de verse identificado con juicios y afirmaciones que le comprometen de un modo no deseado por él. Sartre, por su parte, está también precavido contra las costumbres del lector, y hace todo lo posible por impedirle el "tomar asiento" en la novela. Aquí se ha convertido la novela en aquello que N. Sarraute considera distintivo de la era; se ha convertido en el lugar de la desconfianza mutua [6]. Sin embargo, al citar también como ejemplo de esto, junto con Sartre y Proust, las obras *Tagebuch des Malte Laurids Brigge* (Diario de Malte Laurids Brigge), de Rilke y *Voyage au bout de la nuit,* de Céline, muestra N. Sarraute que propiamente todavía no tiene el "Nouveau Roman" ante la vista, sino que sólo busca espíritus afines dentro del ámbito de la literatura moderna, y que en parte proyecta en ellos su propio punto de vista. Sus propios objetivos, los del "Nouveau Roman", no aparecen por ello más que indirectamente, a través del ejemplo de predecesores, de autores "que escriben en primera persona", y en los que este yo anónimo se diluye en una figura imposible de captar. Son éstos autores como Kafka, que llama solamente K. a su héroe, con lo que priva al lector de la posibilidad de identificarlo; de autores como Faulkner, que da el mismo nombre a dos personajes de *The Sound and the Fury* (Quentin es el nombre del tío y de la sobrina, Caddy el de la madre y la hija). También N. Sarraute desearía en primer término evitar que el lector viera en sus personajes figuras auténticas, y sabe que tiene que estar prevenida contra la perspicacia del lector, al que basta la alusión más mínima para construir pieza a pieza la imagen de un personaje, con

---

[5] *L'Ère du soupçon,* pág. 36.
[6] *Ibíd.,* pág. 59.

lo que deja de tener que contemplar aquello que le interesa a la autora: la singularidad sin dimensión de profundidad de reflejos psíquicos. (Cabe preguntarse si un objetivo semejante puede estar de
acuerdo con la naturaleza de la novela, pero, frente a esta objeción,
podemos afirmar tranquilamente que la novela ha estado desde siempre referida a la realidad, y que, desde este punto de vista, está dentro
de la mejor tradición de la novela al querer captar esa realidad de
un modo más adecuado a como era posible hasta ahora. Ya en el
capítulo de introducción hemos visto cómo también el valor de re-
novar está dentro de la tradición de la novela, cómo, formulándolo
de un modo paradójico, el antitradicionalismo es la mejor tradición de
la novela).

En el mencionado artículo de Robbe-Grillet, *Une voie pour le
roman futur,* podemos captar más claramente este objetivo positivo
del "Nouveau Roman", esta vez a través de su objeto propio. Con
razón comienza Robbe-Grillet su artículo con la declaración aclaratoria de que, en los treinta años anteriores, los intentos de sacar a la
novela de la vía muerta de la tradición han conducido, en el mejor
de los casos, a obras aisladas. Demos un paso más, partiendo de estas
útiles premisas, y añadamos que incluso frente a esos intentos aislados
representa el "Nouveau Roman" mismo algo nuevo. Mientras que el
concepto "novela nueva", tal como lo he establecido para la amplia
perspectiva del presente estudio, puede hacerse extensivo también a
estos precedentes (como en francés el concepto "roman nouveau"),
representa el "Nouveau Roman" algo aparte, a lo que también con-
ceptualmente se debe reservar una pureza correspondiente. Es verdad
que este "Nouveau Roman" tiene modelos en un sentido vago de la
palabra, pero no tiene un modelo directo. Incluso podría añadirse que
se trata de un fenómeno tan único que carece hasta el día de hoy (al
menos por lo que sé) de correspondencias auténticas en otras literaturas. La misma "Nueva Novela" sudamericana, lo que más se puede
comparar a él (o un Uwe Johnson en Alemania), es análoga a él sólo
en algunos puntos (si bien estas analogías se intensifican al correr de
los años). El "Nouveau Roman" es el intento de escribir una novela

puramente ontológica, fenomenológica. Este intento es hasta ahora único en la historia de las literaturas y se continúa en una larga cadena de experimentos. Es inexacto decir que el "Nouveau Roman" se define por medio de su enemistad contra la tradición. Esta enemistad es más bien sólo un aspecto al servicio de él, un presupuesto para la consecución de un fin positivo. Robbe-Grillet expone al respecto que en la literatura tradicional las cosas no aparecen como tales, como fenómenos, porque "los flecos de la cultura" (psicología, moral, metafísica, etc.) se adhieren continuamente a ellas y las falsean, de tal modo que se hacen más familiares para nosotros de lo que en realidad son. Las cosas se observan a través del cañamazo interpretativo de las categorías. Éstas privan a las cosas de su ser cosa, las subordinan al proceso mental categorial, es decir, a una realidad con la que las cosas no tienen nada en común. Y cuando algo efectivamente se escapa por entre ese cañamazo, cuando no se deja domesticar por él, se echa en seguida mano de la cómoda categoría del absurdo. "Or le monde n'est ni signifiant ni absurde. Il *est,* tout simplement" [7]. Ésta es una noción en la que está contenido todo el programa del "Nouveau Roman", y es imposible decir con más claridad que este programa es de naturaleza ontológica, que se refiere al ser de las cosas y no a su significación. Hasta qué punto está en esto el "Nouveau Roman" en deuda con Sartre, lo muestra otro pasaje, no menos significativo: "Autour de nous, défiant la meute de nos adjectifs animistes ou ménagers, les choses *sont là*" (ibíd.). En el momento en que el autor ha reconocido este sencillo y obstinado estar ahí de las cosas como una cualidad que puede ser reproducida, no es sino una consecuencia natural el que declare la guerra a esa "jauría de adjetivos" y, con ella, a todos los elementos estructurales tradicionales que intentan domesticar a las cosas, igual que lo es que exija una novela que libre a las cosas de la "signification", que les devuelva la libertad de su pura presencia, su libertad de fenómenos. Cuando la "tiranía de la significación" tiene todavía apresadas a las cosas, debe tratarse sólo de una apariencia, debe existir, pues, algo así como una parodia.

---

[7] *Pour un nouevau roman,* Coll. Idées, París 1963, pág. 21.

También es comprensible y consecuente el que Robbe-Grillet, como portavoz del "Nouveau Roman", declare al mismo tiempo la guerra a cualquier dimensión de profundidad, pues esta tercera dimensión es peligrosa, no sólo porque hace entrar en juego a la dimensión del tiempo, junto con la del espacio, no sólo por ser por antonomasia la dimensión del incluir, de la anulación del puro *être-là*, sino porque es, como observa con razón Robbe-Grillet, el preludio de toda metafísica[8]. En el "Nouveau Roman" tiene que imperar, por tanto, la superficie bidimensional, la "condition" tiene que sustituir a la "nature", las cosas no deben tener ya "corazón", deben ser aquello como lo que aparecen: fenómenos.

Huelga subrayar lo alejados que estamos aquí de la "Nueva Novela" de Sudamérica, pues ésta es inconcebible sin metafísica, en ella confluyen la apertura metafísica y la formal, aunque desde luego no se trata de una metafísica constructiva de la ascensión, que se eleve sobre la tercera dimensión, tal como lo representa en la literatura occidental el prepotente sistema metafísico del neoplatonismo, sino de una metafísica de lo carente de camino, una metafísica del ser uno y lo mismo con el propio origen, que excluye un camino. Al hacer esta afirmación hemos de seguir siendo conscientes de que, por el momento, nos estamos ocupando de la teoría del "Nouveau Roman", pues la práctica tiene un aspecto algo diferente. Pero, prescindiendo de esta diferente realidad práctica de la novela, a la que nos vamos a dedicar en seguida, muestra también la teoría del "Nouveau Roman" en algunos lugares relajaciones que pueden ser interpretadas como inicios de metafísica, y que, en cualquier caso, se salen del objetivo reístico (de *res*) descrito anteriormente, lo que se da sobre todo en Michel Butor.

Michel Butor, si bien uno de los grandes portavoces del "Nouveau Roman", está un poco al margen de la "norma", en comparación con N. Sarraute y A. Robbe-Grillet. Él es el gran alquimista del "Nouveau Roman", al que no le interesan sólo las cosas, sino que

---

[8] *Ibíd.*, pág. 27.

también va siempre a la busca de una fórmula que haga surgir de las cosas el oro de una sorprendente síntesis que una el pasado mítico al presente realista. Todavía en la obra más reciente de Butor, en *Portrait de l'artiste en jeune singe*, un capricho que tiene ya muy poco que ver con la novela, sigue estando presente este sueño romántico y un poco utópico. Sin embargo sería injusto querer deducir de esto que Butor no es un "nouveau romancier" auténtico, pues lo es inconfundiblemente. También él es un fenomenólogo. La novela, según sus propias palabras, es para él "domaine phénoménologique par excellence" [9]. Lo que sucede es que Butor emprende esta tarea a su manera, la manera de un hombre dinámico, especulativo, pedagógico, lo que sigue queriendo decir un hombre entregado al sentido de las cosas. (Butor ha estudiado filosofía y ha dado clase en centros de enseñanza superior. No cito esto porque vea en ello las fuentes biográficas de la mencionada dinámica de su pensamiento, sino porque estos hechos biográficos están también en relación con la dinámica fundamental de su pensamiento). No es, pues, sorprendente que su artículo fundamental acerca de la novela se titule *Le roman comme recherche* (incluido en 1960, junto con otros trabajos, en el volumen primero de *Répertoire*). Para él, la novela es un campo experimental, una especie de laboratorio en el que se prueban nuevas formas, y a través del cual hay que descubrir nuevas realidades y nuevas relaciones de la realidad. La novela y su creación han de tener, según Butor, una función progresiva y externa a ellas. Como Butor ha expuesto concretamente, debe la novela causar en nuestra conciencia un efecto que parta de la realidad, y esto de un modo triple: "La recherche de nouvelles formes romanesques dont le pouvoir d'intégration soit plus grand joue donc un triple rôle par rapport à la conscience que nous avons du réel, de dénonciation, d'exploration et d'adaptation" [10]. La novela debe, pues, llamar la atención del lector (y del autor que experimenta), sobre modos de ver equivocados, debe hacerle penetrar

---

[9] *Répertoire. Études et conférences*, 1948-1959, Ed. de Minuit, París, 1960, pág. 8.
[10] *Ibíd.*, pág. 9.

en una realidad nueva, desconocida para él, y ayudarle a hacer frente a estos descubrimientos.

Butor quiere una novela que sea reísta de un modo creativo, una novela que cree una conciencia de la realidad, pero que además descubra nuevas posibilidades de la realidad ("... les formes nouvelles révèlent dans la réalité des choses nouvelles", ibíd.). Es verdad que esto suena de un modo bastante reísta, y Butor subraya expresamente algo más adelante: "L'invention formelle dans le roman, bien loin de s'opposer au réalisme comme l'imagine trop souvent une critique à courte vue, est la condition *sine qua non* d'un réalisme plus poussé". Pero, en el fondo, aquí se delata ya un poco el utopista y el alquimista Butor, que probablemente, al hablar de las tres tareas de la novela (dénonciation-exploration-adaptation), pensaba ya en el triple paso de la alquimia, del que trata extensamente en otro trabajo, en *L'Alchimie et son langage* (igualmente contenido en *Répertoire*). En él distingue, sobre diferentes planos de sentido, un "viaje triple" que representa el camino de una gran obra: de la materia primitiva al mercurio, del mercurio al azufre y del azufre a la piedra filosofal. A esto corresponde, en un plano cosmológico, un triple paso en el que, de momento, sólo podemos soñar, el paso de la tierra a la luna, de la luna al sol, del sol al firmamento o paraíso. Hemos de ver que éstas no son consideraciones y especulaciones independientes de su teoría de la novela: las novelas de Butor llevan a cabo de modo análogo un triple paso que, correspondientemente, hay que leer en tres planos, el más "alto" de los cuales, el plano utópico, es sueño [11].

"PORTRAIT D'UN INCONNU"

Pero veamos ahora la práctica del "Nouveau Roman" y, por lo pronto, la primera obra de N. Sarraute que está dentro de él, *Portrait d'un inconnu*. Esta solitaria obra se adelantó tanto a su tiempo que,

---

[11]   Sobre esto vid. también mi interpretación de *La Modification* en *Der moderne französische Roman*, publ. por W. Pabst, Berlín, 1968 (en prensa).

pese al prólogo de Sartre, pasó mucho tiempo sobre las mesas de los editores hasta que Robert Marin se apiadó de ella y la publicó. De esta edición se lograron vender incluso cuatrocientos ejemplares, antes de ofrecer el resto a precio rebajado. Sin embargo, cuando en 1953 pudo aparecer *Martereau* en Gallimard, al llegar los años cincuenta, la gran época del "Nouveau Roman", se rompió el hielo y *Portrait d'un inconnu* pudo ser también incluida en el programa editorial de Gallimard. Un lector desprevenido, no familiarizado todavía con las novelas de N. Sarraute, que abra *Portrait d'un inconnu* y comience a leer, comprenderá muy pronto este retraimiento de los editores. Era necesaria una preparación del público para que esta novela se hiciera legible, una preparación por medio de novelas análogas pero más asequibles, como *Murphy* y *Molloy* de Beckett, *Les Gommes* de Robbe-Grillet y la segunda novela de N. Sarraute, *Martereau,* pues en *Portrait d'un inconnu* falta sencillamente cualquier tipo de deferencia respecto al lector. El atrevimiento de la novela nueva va aquí mucho más lejos que las comparables novelas abiertas de Iberoamérica. *Pedro Páramo,* por citar un ejemplo al azar, comienza con páginas que describen la situación que lo desencadena todo con una claridad verdaderamente naturalista: "Vine a Comala porque me dijeron que acá vivía mi padre, un tal Pedro Páramo. Mi madre me lo dijo. Y yo le prometí que vendría a verlo en cuanto ella muriera" [12]. El comienzo de la lectura no ofrece así dificultades, como tampoco las páginas que siguen, a pesar del ambiente extraño, pero justamente determinado por la temática, que rodea al protagonista en el pueblo de las sombras. Sólo cuando los muertos comienzan a sumergirse en el pasado con sus relatos, se pierden los hilos, se confunden el presente del oír, del seguir andando, del llamar a las puertas, los jirones episódicos de relato, los párrafos líricos establecidos de un modo absoluto. Ahora sí desaparece la base sobre la que se estaba, pero se siente perfectamente que tiene que haber una base. Efectivamente, basta ordenar adecuadamente estos jirones de relato, como se ordenan las piezas de un

---

[12] Juan Rulfo, *Pedro Páramo,* Letras Mexicanas 19, Méjico, 1955, pág. 7 (el principio de la novela).

rompecabezas, de un rompecabezas desde luego bastante incompleto y, en cierto modo, descolorido, para obtener la imagen del pasado, de todo punto existente.

En *Portrait d'un inconnu*, por el contrario, falta esa base. El lector se siente metido en un caos lingüístico anónimo, se mueve dentro de un lenguaje que, por de pronto, no da nada, que parece no ser más que lenguaje. Sólo al cabo de varias páginas se puede descubrir quién puede ser el yo del narrador, es decir, cuando se observan las variaciones de los participios perfectos y se da uno cuenta de que tiene que ser un joven. Además se puede deducir de las declaraciones de este yo anónimo, carente de dimensión de profundidad, que consta sólo de reflejos psíquicos, que se trata de un joven hipersensible, enfermizamente reflexivo, neurótico y poco trabajador, al que no se le logra utilizar simplemente las cosas y tratar con los hombres como si pertenecieran a su mundo. (Está, pues, emparentado con Roquentin, con Meursault y con Malte Laurids Brigge, es alguien que ha perdido el ser captable de las cosas y la relación con los hombres, para expresarlo con términos de Heidegger y, visto más ampliamente, de Sartre). Sin embargo, si se piensa que es posible ir acercándose a tientas a la historia de este yo, se tiene una decepción: el no ser captable de las cosas no tiene en esta novela validez sólo para el yo del narrador, sobre una base episódica; este no ser captable es al mismo tiempo la condición formal de la novela, que hay que actualizar al leer. Quien tenga el valor de hacer la prueba y se ponga a atar los cabos de los jirones discontinuos de argumento para conseguir un nexo causal, tendrá que conformarse al final con tener en las manos tres o cuatro líneas episódicas, pero no un argumento. Quizá entonces se dé cuenta de que esas líneas, por su parte, pese a lo poco que aparentemente tienen que ver entre sí, se pueden cerrar, con algo de valor y de generosidad, en la imagen total de un proceso, si bien no de un argumento. Intentemos llevar esto a cabo.

Por lo pronto se encuentra ante la vista del yo del narrador un padre viejo, que delata todavía un asombroso dinamismo en su avaricia y en su manía de poder tiránica, como de araña, y su hija, que padece de una grave neurosis, y a la que tiene el padre en sus redes (a veces parece que esta hija no es sino un duplicado vegetativo del yo del narrador, más espiritual). Encontramos también los fantasmales intentos del yo del narrador por acercarse a la tímida hija. En seguida vemos un tratamiento psicoterapéutico en el que el yo del narrador se vacía literalmente por medio de sus palabras (saliendo lo singular tan caóticamente como está en el subsconciente, con lo que vuelve a burlarse el pensamiento constructivo-episódico del lector de novelas). A este tratamiento (por lo menos parece que lo es) sigue una unidad episódica más larga. A causa de su vaciamiento espiritual ha pasado el joven a un estado de necesidad de plenitud anímica. Se encuentra ahora en una tensión hacia el ideal, de modo que aparece brevemente en un primer plano la antigua temática novelesca de la búsqueda, apoyada, en correspondencia formal, por una continuidad episódica: el joven emprende un viaje y llega a una ciudad que le parece la ciudad ideal de que habla Baudelaire en *L'Invitation au voyage* [13]. Y este viaje no le defrauda, pues en un museo se le depara la experiencia de la plenitud. En este museo encuentra el "portrait d'un inconnu", al que debe la novela su título, el retrato de un hombre desconocido, pintado por un maestro anónimo. Con este retrato le sucede al joven algo parecido a lo que le sucede a Proust con el olor a magdalenas en *À la recherche du temps perdu*: algo perdido hace mucho tiempo emerge dentro de él:

> Et petit à petit, je sentais comme en moi une note timide, un son d'autrefois, presque oublié, s'élevait, hésitant d'abord [14].

La esperanza le llena, se siente liberado, el retrato del desconocido le separa, como un soplete, de la cadena a la que sus padres le habían tenido amarrado. Penetra en un paraíso terrestre, en una especie de

---

[13] Aquí, como tan a menudo, da N. Sarraute misma su "fuente" (*Portrait d'un inconnu*, París, 1956, pág. 83). El episodio está también en relación con antiguos ideales literarios en tanto que el psiquiatra dice a su paciente que ha de llegar a ser como Nathanael, el protagonista de *Les Nourritures terrestres*.

[14] *Portait d'un inconnu*, pág. 87.

"locus amoenus", en la Jauja de las "nourritures terrestres" (el término de Gide "nourritures" vuelve a aparecer dos veces), encuentra
otra vez la fuerza de su pureza:

> Je retrouvais mes nourritures à moi, mes joies à moi, faites pour
> moi seul, connues de moi seul. (...) Mes fétiches. Mes petits
> dieux. Les temples où j'avais déposé tant de secrètes offrandes,
> autrefois, au temps de ma force encore intacte, de ma pureté [15].

Pero después se quiebra esta unidad episódica. Tenemos noticia de
cosas totalmente distintas, y pronto sabemos por el narrador que también respecto al contenido se ha quebrado esta experiencia de libertad,
que él reconoce como una ilusión: el retrato del hombre desconocido
ha roto las cadenas que le ataban a sus padres, pero le ha puesto otras
nuevas, que le unen desde ahora con el ideal del "portrait d'un inconnu".

Lo que N. Sarraute quiere decir con esto no se puede aclarar más
que con conceptos sartrianos. Después de la esclavitud bajo sus padres
ha elegido el joven una esclavitud nueva, la de la "mauvaise foi":
ha eludido la libertad auténtica y sin puentes, en la que la existencia
precede a la esencia y ha elegido los ídolos de una esencia que precede a su existencia, los ídolos de un ideal artístico al que se tiene
que ajustar ahora. Esto le da seguridad, en la euforia de una solemni-
dad extática de libertad (la libertad de un sentimiento anónimo, inani-
mista del mundo), le preserva de la libertad auténtica, incapaz de ligar
al hombre a una base.

Con todo, esta "mauvaise foi" no ha sido, como ya se ha dicho,
más que un pequeño error episódico, refutado formalmente por el
rompimiento de la unidad episódica que sigue a continuación y, respecto al contenido, por la confesión expresa.

Siguen ahora, como antes del viaje "liberador", jirones de argumento que no permiten la construcción de un nexo causal cerrado.
Por una parte tenemos un eco curioso de lo que el narrador ha dicho
de sí mismo: un psiquiatra recomienda igualmente a la hija del viejo

---

[15]   *Ibíd.*, pág. 88.

avaro hacer un viaje. En una de las escenas más impresionantes del libro vemos cómo lucha la hija para arrebatarle al padre el dinero necesario. Sólo después de haberse enemistado y de abandonar la hija la habitación de la "araña", se le arroja un fajo de billetes por la rendija de la puerta, de tal modo que ella, imagen ahora de la fuerza y de la confianza, puede abandonar la casa. Confusa es una imagen de la que se podría deducir que la hija ha renunciado al viaje, aunque también podría ser que lo hubiera hecho ya. (Si admitimos la propuesta identificación del yo y de la hija, la explicación inmediata consiste en decir que ha sido justamente el yo cognoscitivo el que ha tomado parte preferentemente en ese viaje). Sigue una imagen en la que se presentan padre e hija en grotesca armonía, al ir por la calle balanceando la pelvis al mismo ritmo. De este modo se anuncia el final, el cortocircuito y la renuncia de la hija en sentido existencialista que tiene lugar con él: la hija se casa con un hombre sólido, trabajador, bajo cuya mirada de medusa se petrifica ella (se convierte en el *en-soi* de Sartre), un hombre que, significativamente, se las maneja bien con lo constructivo, con la compra de casas y con el cálculo, y que (también esto hay que interpretarlo simbólicamente), en contraposición con los demás, tiene incluso un nombre real (en el que se contiene la etimología "monter"):

"Dumontet: son regard de Méduse. Tout se pétrifie"[16].

La hija entra, según las palabras de Sarraute, "en la iglesia del Bon-Sens", donde están preparadas las verdades como vestidos terminados. La novela termina enfrentándose el yo del narrador al padre, es decir, ocupando el puesto de la hija.

El proceso psíquico que nos revela la adición de las imágenes de esta novela, acaba con ello: el yo inconstante y de libre pensamiento ha renunciado a su libertad a causa de la decisión de la parte "vegetativa" de convertirse en una cosa bajo la mirada de un hombre.

Portrait d'un inconnu no tiene, pues, propiamente una acción, sino que contiene sólo una especie de proceso sobre un plano episódico,

---

16 *Ibíd.*, pág. 228.

proceso de sencillez casi vegetal que tiene un sentido doble. El primero es el sentido existencialista. Este proceso muestra tesis existencialistas fundamentales de un modo paradigmático (la temática del "otro", que intenta convertir en cosa al yo; la de la libertad sin esperanza; la de la "mauvaise foi", que libera de esta libertad). Por ello tiene aquí validez lo mismo que la tiene en la lectura de una obra de Sartre: el módulo de la realidad práctica no se ajusta a lo que se dice en ella. Efectivamente, desde el punto de vista de la realidad práctica apenas se comprende hasta qué punto el matrimonio ha de ser un cortocircuito para una criatura hipersensible y neurótica. No lo es necesariamente. (La misma N. Sarraute, al contrario de Sartre, que no distingue tan convincentemente entre realidad práctica y especulativa, está casada y tiene tres hijos. Por lo demás, su marido ha contribuido a darle confianza en sí misma y en su vocación de escritora). Aquí sólo han de captarse procesos vitales "primitivos" de los que se escapa la profundidad de un caso práctico, es decir, individual.

Y con esto llegamos al segundo sentido de este proceso, un sentido que está íntimamente unido al primero. N. Sarraute quiere mostrar por medio de él fenómenos puros, quiere desligar esos fenómenos de las falseantes relaciones de la acción narrada y del destino personal, para captarlos como lo que *son,* es decir, para captarlos como aparecen antes de cualquier integración. Es claro que también está el existencialismo detrás de este objetivo fenomenológico (*Tropismes* y las experiencias de la novela existencialista sudamericana deben prevenirnos de aplicar sin más la influencia de Sartre). Detrás de este objetivo está lo que Sartre ha formulado en la máxima "l'existence précède l'essence": el fenómeno como tal ha de preceder a su integración.

Desde el punto de vista de este objetivo psico-fenoménico [17] es también fácil de comprender por qué se parecen tanto entre sí las novelas de N. Sarraute, por qué su medio ambiente no puede experimentar más que cambios insignificantes, pues cada vez tiene que re-

---

[17] El término ha de situarse entre "psíquico" y "psicológico". No se trata aquí ni de lo inmediatamente psíquico ni de la ciencia de la psique, sino de un ejemplar hacer en que se manifieste la psique.

ducirse a lo meramente elemental, a un proceso que evita los nexos causales.

"MARTEREAU"

Entre todas las novelas de N. Sarraute es considerada *Martereau*, más aún que *Portrait d'un inconnu*, como su obra "clásica", debido a que en ella se da una centralización de todos los elementos singulares, de modo que casi se podría hablar de un principio de argumento.

La deferencia comienza ya en el título que da el nombre del protagonista de la novela, con lo que da vuelos a la fantasía, toda vez que el nombre tiene un significado simbólico, como el de Dumontet en *Portrait d'un inconnu*. Este nombre tiene que recordar a la palabra "marteau" (martillo) y sugerir así una idea de dureza, sobre todo de la dureza de una capa exterior impenetrable. En un concepto en el que puede apoyarse en gran parte en Sigmund Freud, distingue N. Sarraute entre una "corteza" de la psique, que puede endurecerse hasta convertirse en una coraza o, incluso, un martillo, o que también puede reducirse a una delgada piel (esta "corteza" es, en gran parte, idéntica al concepto conciencia), y a un caos amorfo que está debajo (más o menos lo que llamamos subconsciente). Esto que está debajo se encuentra contenido en los "hombres-martillo", mientras que en la psique de piel delgada irrumpe una y otra vez hacia fuera de un modo impulsivo, incluso se puede decir que esta psique consiste en ceder a los impulsos que irrumpen de ella. Pero también las almas sensibles tienen un escudo, según Sarraute, para defenderse de los ataques de sus enemigos (es decir, de las palabras de sus interlocutores): el escudo del convertirse en cosa, en lo que asimismo se puede ver la reacción de inmovilidad, según Jung y según el concepto sartriano del "en-soi"). Con otras palabras, la psique herida o en peligro hace como si estuviera muerta, se rodea con la coraza del "en-soi", ante lo que no pueden penetrar en su interior los disparos del enemigo.

Las novelas de N. Sarraute son, por ello, como duelos o torneos continuados, que, sin embargo, no se apartan ni un paso de la realidad cotidiana: son conversaciones, encuentros dentro del círculo de la familia y de las amistades más íntimas. Estos procesos se revelan bajo su pluma como extraordinariamente peligrosos. Cada conversación oculta el peligro de convertirse en un invisible duelo verbal a vida o muerte. Esto sucede tan pronto como uno de los circunlocutores no se mantiene en el virtuoso camino burgués de los lugares comunes, tan pronto como los que se han reunido en tan amigable conversación no logran encontrar un objeto común en el que descargar impunemente los golpes de sus palabras. Entonces parecen las conversaciones torneos gigantescos. Sin compasión se enfrentan dos o más seres que alternativamente asumen la iniciativa del ataque, pero que, también alternativamente, se refugian bajo la coraza del ser cosa, donde no puede alcanzarles ya ningún golpe, pero desde donde pueden observar y esperar la oportunidad de arrojar a los otros a la petrificación.

Estas escenas son muestras soberbias del arte novelístico de N. Sarraute. Tienen un efecto fantasmal y realista al mismo tiempo, son como la ampliación por medio de un microscopio de un estado de cosas anímico que permanece oculto al ojo normal, y que ese ojo reconoce como acertado, una vez que lo ha visto proyectado en proporciones gigantescas por la lupa del arte novelesco de N. Sarraute. Estos torneos verbales mortales, y, sin embargo, tan inofensivos, no encuentran en ninguna parte una orquestación tan convincente como en *Martereau*. En lugar de la situación triangular padre-hija-joven encontramos aquí una combinación cuadrangular, que de momento se mueve dentro de sí misma y que se ajusta mejor a la "situación de torneo": un tío, su mujer, su hija y su sobrino. El tío es un hombre cerrado para los matices y para los atractivos de lo bello, que defiende obstinadamente su autoridad, pero que, en el fondo, es bastante vulnerable. Frente a él se encuentra su mujer, que de manera soberana está por encima de él en la lucha diaria por el poder, que impertérrita deja que le resbalen las pretensiones de poder de él, para elevarse de repente a una grandeza imponente y arrinconar a su marido tras de la corteza protectora del ser cosa (a veces también le deja afanarse en balde mientras ella está en reposo, como un gato seguro de su presa).

Como satélites de los anteriores hay después dos tipos blandos, doblegables, no aptos para el combate abierto, pero peligrosamente reflexivos e insinuantes. Uno de ellos es la relativamente insignificante hija, que se alía con especial predilección a su madre de la que, en el fondo, no se ha desligado todavía cabalmente, pero que, a veces, también se une con el segundo satélite, que se halla dentro de la zona de influencia del tío, para ofrecer con él la imagen de unos niños perdidos en el bosque, irreales. El segundo satélite es un sobrino de la familia que vive con sus tíos por motivos de salud (es decir, por lo visto, en casa de sus padres era aún peor). Éste es el narrador.

Casi dan ganas de hablar de una situación que recuerda los torneos medievales, en la que dos caballeros, secundados por sus escuderos, se encuentran en una lucha que no acaba nunca. En esta analogía, naturalmente muy limitada, encaja también la llegada brusca de Martereau, que se presenta en esta situación en cierto modo como el caballero libertador, cabal y añorado largo tiempo. Pero con esto se acaba también la ligera correspondencia con el esquema novelesco medieval.

Martereau es uno de esos constructivos "hommes vrais", tal como los que Sartre enfrenta predilectamente a sus personajes, comparable al Brunet de *Les Chemins de la liberté* o al Hoederer de *Les mains sales*. El narrador le admira al principio por su seguridad, pero pronto surgen las primeras dudas. El tío, por su parte, intenta utilizar a Martereau para la realización de antiguos planes, pero, llevado de un instinto sano, trata de rechazarlo y aislarlo de nuevo, pues es demasiado sano y peligroso para su mundo: Martereau debe comprar y administrar una casa de campo en la que podría reponerse su sobrino. (Aquí volvemos a encontrar, desde luego integrada más inmediatamente en la conexión del acontecer, la temática de *Les Nourritures terrestres*: toda la familia a excepción de la "sanamente" dominante tía, es presa de una tensión febrilmente idealizante respecto a esta compra de una casa de campo [18]. La importancia del ideal no es, sin embargo, tan clara-

---

[18]   N. Sarraute ha unido, pues, aquí dos elementos constructivos de su primera novela haciendo de ellos la estructura de un tema: el de la cons-

mente perceptible como en *Portrait d'un inconnu*). La compra se lleva a efecto. Martereau entra a vivir en ella como administrador y hace venir a su mujer, de modo que se forma en el campo una nueva combinación doble que está unida de modo poco firme a la primitiva combinación cuádruple. En seguida descubre el narrador, que observa sin descanso, un nuevo campo de batalla en esta combinación, en el que se lucha tan a vida o muerte como en casa de su tío. Hasta cierto punto esto no es, naturalmente, más que una transposición de la enfermiza perspectiva del narrador a Martereau y a su matrimonio (toda vez que estas escenas tienen un efecto bastante fantasmal, tal como si sólo fueran soñadas o imaginadas), pero también parece concurrir en esto el hecho de que Martereau ha perdido algo de su estructura de martillo en aquel ambiente peligroso, con lo que se muestra su interior. Por el contrario las sospechas concretas del tío y del sobrino son exclusivamente el producto de una imaginación enfermiza (ellos piensan que Martereau no quiere acusar recibo del dinero que le ha entregado el tío para quedarse con la casa). En cualquier caso la sospecha se disipa un poco antes del final de la novela, en el que se nos presenta el narrador mirando en su jardín a Martereau que está preparando su caña de pescar, y que de nuevo se ha convertido en la imagen cabal de lo cerrado y de la constructividad ideal [19].

Como *Portrait d'un inconnu* es *Martereau* una especie de proceso vital vegetativo, primitivo, que en esta novela adopta una estructura claramente continua, en tanto que en *Portrait d'un inconnu* teníamos que distinguir claramente entre la estructura formal de la "escena del viaje" y la de las "imágenes" anteriores y posteriores a dicha escena. N. Sarraute no combina en *Martereau* una estructura novelesca cerrada con una abierta, ensamblando la una en la otra (poniendo la cerrada como una isla episódica no estructurada en el agua de la novela), sino que la novela en conjunto delata una estructura abierta que cons-

---

trucción de una casa, matrimonio y constructividad, personificado por Dumontet, y el de la búsqueda del ideal.

[19]   Pienso en la circunstancia de que Martereau pesca, es decir, que da cara a la vida de un modo constructivo.

ta sólo de imágenes, pero que se acopla (y en esto estriba el "clasicismo") al ritmo de una evolución que sólo sale a la luz al analizarla paciente y consecuentemente. Cada lector realiza esta evolución implícitamente, siente su ritmo velado sin poder reconocerlo. Su secreto consiste en las cinco (una cifra "clásica") fases de un proceso que parece biológico. Por una parte tenemos las dos células enfermas que representan el tío con el sobrino y la tía con su hija, células ensambladas en la intrusión del enfrentamiento (I). Después tenemos el trastorno producido por la célula sana, "ideal", es decir, por Martereau (II). Después encontramos la segregación de esta última célula mediante la compra de la casa de campo (III). Después se une esta célula segregada a otra (llega la mujer de Martereau), y penetran o brotan los gérmenes patológicos que ha dispersado y sigue dispersando el narrador (IV). Por último está la última fase, de difícil interpretación, y que yo interpretaría en el sentido de que en ella la célula ideal (Martereau) ha vuelto a encontrar su independencia y, con ello, su serenidad (V).

De este modo tiene *Martereau,* que en la primera lectura parece tan caótica, un poco de la construcción del drama clásico en cinco actos. Pero esta novela merece también la denominación de "clásica" en tanto que contiene una serie verdaderamente ejemplar de asertos de la teoría del lenguaje de N. Sarraute. Normalmente se trata de imágenes, pero de unas imágenes de una tal claridad y penetración conceptual que equivalen a asertos teóricos. Al tratar de la configuración de la conversación como combate verbal hemos visto ya que N. Sarraute considera la palabra como algo muy peligroso, lo que constituye algo más que una metáfora. Más bien se revela aquí una originalísima filosofía de la palabra. N. Sarraute considera la palabra, igual que la psique, como una realidad de dos capas. Para ella la palabra es una materia explosiva que —como una bala o una pastilla de veneno— oculta bajo una forma más o menos duramente cerrada la substancia venenosa de sus choques intelectuales multiformes e incontrolados [20]. Lo peligroso de una conversación es, por lo

---

[20] Confr., p. e. *Martereau,* París, 1953, pág. 283: "les mots sont des

tanto, según Sarraute (y algo de verdad hay en ello), que se deja penetrar las palabras en la psique, dado que tienen un aspecto insignificante e inocuo ("anodin" es una palabra clave en Sarraute), y que éstas no descargan su material explosivo hasta que no están dentro. El narrador se propone por ello una vez no dejar penetrar las palabras en él, atraparlas antes y descargarlas por medio del análisis [21]. Las palabras dejan de ser peligrosas cuando se convierten en fórmulas usuales fijas, cuando se endurecen como monedas y penetran en el hombre como si fuera en un mecanismo automático, corriendo por una ranura prevista al efecto y provocando una respuesta de un modo prescrito [22]. Las palabras se convierten en estos casos en monedas de toda confianza, con lo que traiciona su esencia igual que traiciona la suya el hombre que se convierte en martillo.

De este modo, en N. Sarraute se adapta todo a una sola perspectiva, todo es la aplicación a distintos medios de una misma visión, ya sean esos medios la relación escritor-público (en la "era de la sospecha"), el lenguaje o la psique. En esto, como en la búsqueda consecuente del aspecto psico-fenoménico, consiste una de las diferencias decisivas respecto a la visión orgánica de la novela abierta iberoamericana. En Iberoamérica no sería imaginable una tal "tiranía de la perspectiva", porque el pensamiento es allí más libre y abierto, porque éste no conoce allí el imperativo de un sistema y de la aplicación monocausal y universal de un principio, imperativo casi ineludible en el pensamiento europeo, que en Francia representa en gran parte la estructura misma del pensamiento. Un Descartes sería inimaginable en Sudamérica (por lo demás, también en España, que, en ciertos aspectos está a medio camino de esta "apertura" del pensamiento, aunque desde luego en otros no), y no menos un Marx. A cambio ofrece Iberoamérica la síntesis heraclítico-marxista de un Haya de la Torre [23], que representa una variante cíclica del marxismo, que tam-

---

soupapes de sûreté minuscules par où des gaz lourds, des émanations malsaines, s'échappent".

[21]　*Ibíd.*, pág. 26.
[22]　*Ibíd.*, pág. 133.
[23]　Confr. Haya de la Torre, *Aprismo y Filosofía*, Lima, 1961.

bién puede reconocerse en Carpentier. También sería inimaginable
allí un "Nouveau Roman" como el de N. Sarraute.

"LES GOMMES" Y "LE VOYEUR"

Más bien sería imaginable un Robbe-Grillet sudamericano, no sólo
porque su perspectiva parezca cambiar y delate un dinamismo extraordinario, sino porque en él aparecen relaciones metafísicas de
sentido, por mucho que quiera negarlas su autor. Tampoco le sirve
de mucho a Robbe-Grillet su esfuerzo por cerrar esta apertura metafísica de obra a obra y por anular las contradicciones respecto a su
propia teoría, según la cual no debería haber ninguna "signification".
(Esta voluntad por su parte y la consecuencia con que dicha voluntad
determina el carácter lineal de sus experimentos progresivos, le separan, por otra parte, de la "Nueva Novela" de Iberoamérica).

En el caso de *Les Gommes* (1953) no puede hablarse todavía de
tales contradicciones y de esfuerzos por evitarlas. Aquí escribe Robbe-
Grillet despreocupadamente una novela que simplemente ha de interesar y ser leída mucho y con gusto, una especie de novela policiaca
con pretensiones literarias. Con asombro comprueba Robbe-Grillet
que la cuenta no sale como él ha imaginado: la novela no gusta. Los
unos la encuentran demasiado hermética y difícil de leer, los otros
dicen que está mal construida, y, en general se le reprocha justamente
aquello en lo que más empeño ha puesto —de lo que se hace consciente ahora—, algo que, de este modo, descubre ahora en su pretensión nueva. Así por ejemplo, el reproche de que *Les Gommes* carece
(como se pensó en un principio) de una intriga coherente le hace ver
que él realmente no ha querido nada semejante y le afirma en el propósito de perseguir esta meta en el futuro de un modo aún más consecuente. La crítica ayuda así a Robbe-Grillet a descubrir un camino
que todavía no ha emprendido en *Les Gommes*. Posteriormente se ha
podido afirmar con razón, basándose en un análisis minucioso del contenido de la novela, que la acción de *Les Gommes* se apoya desde

luego en una intriga cerrada, si bien cuidadosamente velada [24]. Un poco simplistamente puede resumirse así el contenido:

El agente secreto Wallas es encargado de investigar un asesinato que no se ha realizado, lo que él ignora. La víctima, Daniel Dupont, ha sido sólo levemente herida, pero él tiene interés en pasar por muerto, pues tiene motivos para pensar que se ha tratado de un intento de asesinato político que se podría repetir fácilmente. La investigación de Wallas se basa, pues, en presupuestos falsos. Ésta le ha de llevar, al cabo de veinticuatro horas, al lugar del delito, donde espera encontrar al asesino. Sin embargo, en lugar del presunto asesino es la víctima quien se le enfrenta. Ésta cree encontrarse de nuevo ante un intento de asesinarle y saca su arma, con lo que obliga a Wallas a defenderse y a consumar así el crimen, aplazado en cierto modo veinticuatro horas.

A este argumento, bastante cerrado pese a todo su carácter enigmático, y que incluso podría recordar la regla clásica de las veinticuatro horas, se une una tectónica igualmente clara y "clásica". Efectivamente, la novela consta de un prólogo, cinco capítulos y un epílogo, lo que corresponde tanto más a la división en cinco actos del drama clásico, cuanto que cada capítulo está subdividido, a la manera de un acto, en un número de "escenas" que varía de cinco a siete (a lo que se añade que la numeración no es continua, con lo que se acentúa la relativa autonomía de los "actos").

Aún hay un tercer motivo, quizá más decisivo, que nos revela que esta novela se encuentra todavía en un diálogo intenso con principios estructurales clásicos. Esto comienza ya en el título, que, sin embargo, suena tan objetivo, casi como el programa de la antinovela puramente "reísta", objetiva. Este título se refiere al hecho de que el agente secreto Wallas busca una determinada goma de borrar y, durante su investigación, va a diferentes papelerías, sin motivo visible, a buscar

---

[24] Br. Morrissette, *Les romans de Robbe-Grillet*, París, 1963, tiene el mérito de haber llevado a cabo un tal análisis detallado de todas las novelas de Robbe-Grillet, corrigiendo así la imagen de Robbe-Grillet que había trazado Roland Barthes.

esa goma que le ha visto a un amigo. Se trataba de un cubo amari-
llento de dos a tres centímetros de arista, en una de cuyas caras estaba
estampada la marca, de la que no se podían leer más que las letras de
la mitad, "di", antes y después de las cuales debían faltar unas dos
letras respectivamente. Al principio podría pensarse que esta descripción estuviera exclusivamente orientada de un modo objetivo, que intentara justamente describir el objeto e introdujera un poco de misterio para crear una tensión análoga a la de la novela policiaca, una
tensión vacía que sería fin en sí misma. Pero no es así. Existen otros
puntos de apoyo que permiten reconocer en el título y en la realidad
de este objeto buscado un significado simbólico que remite mucho
más allá de lo objetivo. En relación con la búsqueda infructuosa de
la goma se presenta siempre ante la vista de Wallas un mapa de Tebas
y una tarjeta postal que reproduce la casa en que ha sucedido el supuesto crimen, la casa en que él va a consumar ese crimen sin quererlo. Esta casa le recuerda algo. Después tiene Wallas la impresión de
haber estado de niño en esa ciudad, y se refuerza en él además la
idea de que está buscando a un pariente. Después, cuando va al lugar
del crimen, se planta una y otra vez en su camino un borracho que
va dando traspiés, y le pone, como la esfinge a Edipo, una adivinanza
que él no puede resolver. Pero todas las dudas acerca de la identidad
mítica de Wallas se vienen abajo al verse obligado el agente secreto,
por una curiosa combinación de circunstancias, a matar a la víctima
del supuesto crimen que es su padre. Cuando Wallas se desploma en
la cama después del hecho y se mira a sí mismo, se da cuenta de que
tiene los pies hinchados (lo que es una alusión al nombre "Edipo",
"el de los pies hinchados") [25].

Las dos letras de la goma deseada se completan pues en "Oedipe",
y Wallas la busca quizá para borrar el destino de Edipo que se le ha

---

[25] Br. Morrissette, *Robbe-Grillet,* ha descubierto este "secreto" de *Les
Gommes.* Aparte de lo mencionado puede aportar mucho para su interpretación, por ejemplo una estatua que hay ante la Prefectura y que podría representar el asalto de Edipo por Layo, el dibujo de unas cortinas en el que
se representa cómo un niño es criado por unos pastores, la "rue de Corin-
the" y más cosas. (Confr. págs. 50 sigs.).

impuesto. Pero no pudo encontrarla, sólo pudo encontrar gomas de borrar que no le servían para nada, que compraba por cortesía y que se iban amontonando, inútiles, en su bolsillo.

Les Gommes es, pues, hasta cierto punto, una recreación del mito de Edipo; en su significación, por velada que esté, nos vuelve a llevar a los lejanos mitos de la antigüedad clásica.

Algo semejante sucede en el segundo "nouveau roman" "clásico" de Robbe-Grillet, en *Le Voyeur*. En esta novela renueva inconscientemente un viajante de relojes un mito local por medio de la violación y asesinato de una muchacha. También aquí encontramos una multitud de hechos objetivos en relación simbólica con este destino. Por un lado tenemos, como en *Les Gommes,* una estatua, que representa a una mujer que mira fijamente al mar. Además vemos en un muestrario una colección de afilados cuchillos que señalan todos a la marca de la casa, esta vez ya totalmente ilegible, que se encuentra en el centro de la caja (Robbe-Grillet da, pues, un paso más en el encubrimiento, respecto de *Les Gommes*). Por último se nos ofrece, cuando ha pasado todo, el relato de una leyenda, según la cual antiguamente había que ofrecer todos los años una doncella al mar para que los monstruos marinos fueran propicios a los navegantes. A esto se une el hecho de que la descripción del rito de este sacrificio concuerda en puntos esenciales con lo que se nos ha relatado sobre las circunstancias del asesinato.

A esto se opondrá con razón que a Robbe-Grillet no le interesa el aspecto mítico de sus novelas, que incluso ha hecho todo lo posible para velarlo hasta hacerlo irreconocible. Esto es cierto, pero, por otra parte, estas novelas viven del encanto de un misterio, aún más, su estructura es impensable sin este encanto. Efectivamente, el involuntario asesinato ritual de *Le Voyeur* y el no menos involuntario parricidio de *Les Gommes* constituyen inequívocamente el núcleo de la novela, la idea inflamante en la que la novela encuentra su unidad y a la que está subordinada la objetividad contemplada. Por otra parte podría opinarse también que, desde el punto de vista del mensaje de la novela, los crímenes son sólo ejemplos especialmente enérgicos de algo que aparece aquí por doquier en las cosas y en su condicionalidad formal, que son casos extremos de un conocimiento fundamental de la naturaleza del ser.

Por lo pronto observemos esto en *Les Gommes*. Comencemos por la construcción externa, pues en ella empiezan ya las correlaciones formales que atraviesan toda la obra y que la subordinan al instante del parricidio. *Les Gommes* posee, efectivamente, una construcción casi perfecta, interrumpida sólo en un punto. Es como una máquina de relojería que en un punto se permite el lujo de una irregularidad: la obra tiene cinco capítulos, y cada capítulo seis subdivisiones por término medio; los capítulos 1, 2 y 5 tienen, regularmente, seis subdivisiones, el capítulo 3 sólo cinco y el 4, en compensación, tiene siete. El ritmo perfecto pierde, pues, ligeramente el compás, pero lo recupera en seguida. En los detalles se reproduce, con múltiples variaciones, esta temática que conjuga una absoluta perfección mecánica a lo que Robbe-Grillet llama "décalage" ("grieta", "hendidura"). No es sólo que encontremos en esta novela gran número de bicicletas, es decir, de vehículos cuyas ruedas dan vueltas en un movimiento casi perfecto, pero de las que tienen que apearse sus propietarios al llegar, por ejemplo, a un paso a nivel cerrado; no es sólo que se conviertan en una obsesión los relojes en todas sus formas (relojes de estación, de torre, de bolsillo, de pulsera); no es sólo que constituya un gran placer para Robbe-Grillet describir cómo un vapor tiene que retraer la chimenea al pasar por debajo de un puente de poca altura, con lo que, consiguientemente, ha de dar a conocer un "décalage" en su estructura, no es sólo todo esto, sino que a Robbe-Grillet le ha parecido oportuno introducir un modelo en toda regla de este fenómeno del "décalage". Se trata de un "pont-bascul" (puente basculante), tal como los que hay de obstáculos en los campos de minigolf, que aparece como un leitmotiv. Robbe-Grillet traspone un puente basculante tal al tráfico automovilístico cotidiano. Un puente, que funciona exactamente igual que un balancín infantil, une dos tramos de calle de diferentes niveles. Cuando el extremo del puente que está de su lado se encuentra a nivel del suelo, entran los coches en él y se dejan bas-

cular hasta la continuación de la calle, que está más alta o más baja
que la otra. (En el fondo, esto corresponde a lo que hacen las esclusas
en los canales. También el motivo de la esclusa aparece repetidamente
en *Les Gommes*). Con este infantilmente simple mecanismo llega
Robbe-Grillet a una unión de continuidad aparente y desilusión de la
misma. Por muy inmóvil y claramente que parezca reposar el puente,
quien sepa observar con precisión (y Robbe-Grillet lo hace), se dará
cuenta de que este puente sigue vibrando largo rato, de que entre
él y la calzada se abre una y otra vez un ligero "décalage", pese a que
desde hace rato existe un "phénomème achevé", por lo que podría
pensarse que vuelve a darse la continuidad absoluta de una calle [26].

Los más diversos motivos objetivos delatan así una perspectiva
formal establecida por Robbe-Grillet, que se bosqueja ya en la construcción de la novela, y que reaparece también en la acción. Ésta representa una especie de "décalage" temporal en tanto que es "veinticuatro horas de más", un paréntesis temporal tras del cual sigue su
marcha la máquina del tiempo, tras del cual se normaliza el crimen
no ocurrido [27]. Pero esta temática reaparece también en motivos singulares de la acción. Por ejemplo, Wallas está predestinado, en el
fondo, al fracaso, pues su peso y su perímetro pectoral no corresponden exactamente a las ordenanzas pertinentes. Y su plan, urdido con
la mayor precisión, en el que se han calculado y prescrito hasta el
número de escalones que ha de subir en la casa, fracasa porque un
interruptor de la luz no está exactamente en el sitio previsto. (En este
punto puede que haya influido la novela de ciencia ficción).

Hasta qué punto le importan a Robbe-Grillet todas estas formas
del "décalage" se muestra en que ya en el prólogo se plasma este
interés por medio de una imagen, pero también por medio de una
expresividad teórica. En él se nos lleva, a las seis en punto de la

---

[26] *Les Gommes*, París 1954, pág. 148.
[27] Así se para también el reloj de Wallas en el momento del supuesto
crimen y empieza de nuevo a andar cuando él ha cometido el crimen, cuando
se ha superado el "décalage" surgido en su plan.

mañana, es decir, en un instante "redondo", perfecto en cierto modo,
detrás del mostrador de un café, donde está trajinando el dueño:

> Il n'a pas besoin de voir clair, il ne sait même pas ce qu'il fait.
> Il dort encore. De très anciennes lois règlent le détail de ses gestes,
> sauvés pour une fois du flottement des intentions humaines;
> chaque seconde marque un pur mouvement: un pas de côté, la
> chaise à trente centimètres, trois coups de torchon, demitour à
> droite, deux pas en avant, chaque seconde marque, parfaite, égale,
> sans bavure. (...) Bientôt malheureusement le temps ne sera plus
> le maître. Enveloppés de leur cerne d'erreur et de doute, les événe-
> ments de cette journée, si minimes qu'ils puissent être, vont dans
> quelques instants commencer leur besogne, entamer progressive-
> ment l'ordonnance idéale, introduire çà et là, sournoisement, une
> inversion, un décalage, une confusión, une courbure, pour accom-
> plir peu à peu leur oeuvre: un jour, au début de l'hiver, sans plan,
> sans direction, incompréhensible et monstrueux.

Robbe-Grillet hace aquí que el todavía adormilado dueño del café
consume el mecanismo de un obrar cerrado en sí, perfecto, gracias
al cual encuentra la conexión con "leyes antiguas", es decir, con leyes
propias sólo de los cuerpos contenidos en los campos de atracción del
cosmos. Esto, sin embargo, sólo tiene validez mientras que el dueño
del café prescinde de su específico ser de hombre y no puede pensar
ni reflexionar, con lo que se escapa de los dominios del error y la
duda, de los dominios del "décalage" y de la "courbure", dominios
que el día y la conciencia van a sacar incontenib1emente a la superficie.

Y esto es lo que va a interesar a Robbe-Grillet en toda la novela:
automatismo y confusión, continuidad y "décalage" apenas perceptible,
plan y error insignificante, perfección y fracaso en un punto. Robbe-
Grillet quiere describir el mundo en que está encuadrado el hombre
de hoy, quiere representar el engranaje automático al que tiene que
acoplarse el hombre, y al que, de hecho, se acopla una y otra vez,
y, por otra parte, la realidad humana que, sencillamente, no es totalmente asimilada por la perfección de este automatismo, por lo que se

manifiesta preferentemente como defecto, como discontinuidad o como un no encajar totalmente.

Les Gommes, que da la impresión de ser una obra técnica y "reística", se revela, al observarla atentamente, como un cosmos de signos a los que no puede llamarse símbolos en el completo sentido de la palabra, porque no remiten a algo distinto de su propia significación, pero a los que corresponde un carácter de signo en la concatenación de un modelo de la existencia establecido en las cosas. En relación con esto están incluso las numerosas calles en ángulo recto o en círculo, las líneas horizontales y verticales (por ejemplo las de la nieve que cae y la de la capa de nieve que se va formando en el suelo, la superficie del agua y el muro de la esclusa), y la constelación de colores de una comida servida automáticamente, constelación descrita exactamente y motivada objetivamente. Quizá respecto a los colores en *Les Gommes* haya que hablar de simbolismo auténtico, por lo menos en gran cantidad de casos. Así por ejemplo aparece el azul allí donde se da un automatismo que funciona perfectamente (por ejemplo la chaqueta del guarda encargado del puente basculante es azul). Robbe-Grillet vuelve con ello a recoger el azul de los simbolistas como color del idealismo. De modo igualmente evidente es el rojo un color de "violence" y de amor (este color abunda, por ejemplo, en los anuncios de las papelerías donde Wallas busca la goma de borrar y donde, sin él saberlo, encuentra a su madre, que, según el mito, habría de convertirse en su mujer). El amarillo parece estar en relación con el destino de Edipo, aunque no es tan claramente controlable en su función. En la ya mencionada comida hace Robbe-Grillet entrar la temática del "décalage" incluso en un juego de tales colores, lo que constituye una especie de prefiguración objetiva de su crimen por equivocación: en un trozo de tomate se ven, ordenadamente agrupados, el rojo químico de la pulpa, las semillas amarillas y el racimo de nervios blancos. Uno de esos nervios llega anómalamente hasta las semillas, como anticipo formal del "accident" que ha de suceder.

En *Le Voyeur* van a alcanzar su punto artístico culminante, suprimiéndose en gran parte, de modo consecuente, los colores sospechosos de simbolismo. También aquí se ve con facilidad que toda la novela tiene una temática formal fundamental, que esta vez, sin embargo, no se somete al servicio de un significado, sino que es ella misma la base a que se subordina todo lo demás, incluso la temática. Se trata de una combinación de dos formas fundamentales que pueden aparecer juntas o separadas, en torno de las que (como en *Les Gommes*) se agrupa gran cantidad de formas correspondientes y de motivos objetivos. Es una combinación de "décalage" y de "double circuit". Son éstas dos formas fundamentales a las que ya se concedía gran importancia en *Les Gommes*, pero entre las que no se establecía una relación recíproca convincente en dicha novela, sino que, como realidades contrarias, pasaban una junto a la otra sin rozarse: bicicletas cuyas ruedas giran, Boulevard Circulaire, relojes, planes y ordenanzas exactas sobre las medidas por un lado, escisión, discontinuidad, no asimilación y defectos por otro. En *Le Voyeur*, por el contrario, la combinación de ambos principios formales es la fórmula fundamental unificante. Esto se muestra ya en la construcción externa de la acción: mientras que *Les Gommes* como un todo no era más que un *décalage* temporal y su división en capítulos estaba también totalmente referida a este fenómeno, se trata en *Le Voyeur* de una acción que se mueve en un circuito doble en cuyo punto de intersección aparece un "décalage". Tenemos, pues, ante nosotros una fórmula combinada.

El protagonista, Mathias, viajante de relojes, emprende un viaje de negocios por su isla natal, en la que no ha estado desde hace mucho tiempo. En este viaje describe fundamentalmente dos "tours", en cuyo punto de intersección tiene lugar un "décalage" (es mediodía, el sol está en el cenit), un lapso de tiempo que se omite, pero en el que ha sucedido lo que presta toda la tensión a la novela. Por todas las señas ha violado el protagonista a una muchacha y la ha arrojado al mar por el acantilado. Al final del primer círculo lo hemos visto bajar por un sendero que lleva a ese acantilado. En cualquier caso en el segundo círculo de su viaje de ventas, al que saltamos en la lectura, se esfuerza visiblemente en sus conversaciones con los clientes por construir una especie de coartada para el tiempo en cuestión. Además, después de perder por un pelo el barco (*décalage*), vuelve al solitario acantilado para hacer desaparecer algunos rastros delatores, como colillas y envolturas de caramelos.

Esta fórmula fundamental de un circuito doble con "décalage" en la zona de intersección (lo que, en el fondo no es más que una consecuencia de la interferencia), se repite con múltiples variaciones, es el módulo formal de toda la novela. Así por ejemplo se muestra que los dos círculos de acción esbozados anteriormente constan a su vez de otros dos, y que también en cada una de las superficies de intersección de estos círculos se encuentra una referencia formal o temática al *décalage* temporal y al crimen contenido en él. El primer círculo de acción (cap. I) se disgrega en dos "tours". El primero lo realiza Mathias a pie, porque el mecánico tenía que arreglarle la bicicleta, el segundo lo hace ya con la bicicleta y acaba con la bajada a la costa. Es interesante anotar en este punto que Mathias también va a la costa en el punto de intersección de estos dos subcírculos y ve allí la estatua de la mujer que mira al mar, lo que está en estrechísima relación temática con su crimen. El segundo círculo principal se disgrega a su vez en una jira de ventas con el intento de construir una coartada (cap. II), y en la vuelta a la costa para hacer desaparecer rastros molestos y peligrosos (cap. III). En el punto de intersección de estos dos subcírculos se encuentra no sólo el "décalage" geográfico-temporal de la pérdida por un pelo del barco (como es fácil de comprender, quería Mathias abandonar la isla en el primer barco que saliera, pero la bicicleta le había jugado una mala pasada, por lo que llegó tarde —fin del segundo capítulo—), sino también la mirada a un cartel en que se anuncia la película "Monsieur X, sur le double circuit" (al principio del tercer capítulo).

La fórmula fundamental reaparece también, ligeramente modificada, en un contexto que está en íntima relación temática con el título. A este respecto encontramos una forma coordinante, que no se repite por casualidad, en la figura de un ocho horizontal, tal como lo representan unas argollas en un muro del puerto, las vetas de la madera de una puerta, los anillos que forma el humo del tabaco, el vuelo de

dos gaviotas, pero también una cuerda de cáñamo que Mathias lleva
consigo (todos estos motivos no aparecen sólo una vez, sino que se
repiten con frecuencia). Este ocho horizontal significa una analogía
con el título en tanto que representa dos círculos uno junto a otro,
que como forma corresponden a unas gafas o a unos ojos, con lo que
están en correlación formal con el fenómeno de la visión y, ulterior-
mente, con las circunstancias del crimen, pues un "voyeur" es un
testigo libidinoso y, como resulta después, efectivamente ha contemplado un muchacho el crimen en la costa solitaria. Habría que mantener presentes todas estas correlaciones formales cuando se lleva a
cabo la identificación concreta y se dice que con "voyeur" se hace referencia justamente a este muchacho [28]. Con "le voyeur" se hace simultáneamente referencia a la presencia puramente formal de unos ojos,
de dos anillos, en los que, a través de un apriori formal, se hace presente ya de antemano cualquier concreto ser visto. A esto se añade
con toda seguridad que Mathias mismo es también el "vidente", pues
cuando, en la famosa escena del principio, está mirando al suelo, lo
hace sólo (como apuntó Br. Morrissette) porque ha entrado en una
especie de éxtasis del contemplar interno y atemporal, en el que se
cruzan dentro de él imágenes del pasado, del presente y del futuro
(también aquí se podría documentar la forma fundamental). Por último hay que tener en cuenta todavía que el título "Le Voyeur" (por
el que Robbe-Grillet sustituyó el originariamente previsto de "Le Voyageur") está en íntima relación —a través de la correlación formal
visión-gafas-ocho-círculos— con lo que he llamado la fórmula fundamental de la composición de *Le Voyeur,* dado que justamente se refiere a un ver de un modo múltiple.

Hasta qué punto esto es así, hasta qué punto hasta las circunstancias del crimen pueden observarse como lenguaje formal en esta
figura del ver, se muestra ya en la primera página de *Le Voyeur,* en
la mencionada escena introductoria. El barco está para atracar, sólo
unos pies, un "décalage", le separan del muelle. Las líneas horizon-

---

[28]   Br. Morrissette, *Robbe-Grillet,* págs. 86 sigs.

tales de la cubierta y de la superficie del agua se cruzan fantasmalmente con las verticales del muelle y del casco del barco de un modo absoluto. En este instante se paralizan el espacio y el tiempo: en extática contemplación ve Mathias unas imágenes. Como una obsesión aparecen una y otra vez ante sus ojos las parejas de argollas del muro del puerto, las argollas por las que pueden pasarse las cadenas de las anclas, y en cuya superficie de intersección se destaca un rojo de herrumbe. Este rojo de herrumbe es, naturalmente, como todo lo demás, una realidad objetivamente fundada, la del cáncamo algo sobresaliente en que están fijadas las argollas. Pero no es difícil descubrir que bajo estos hechos objetivos se oculta toda la fórmula fundamental de la novela: "double circuit" y "décalage", incluido el "accident" que tiene lugar durante el "décalage", simbolizándose por medio del rojo la "violence" y el erotismo del "accident".

Se podría objetar que esta significación del rojo no es, en modo alguno, segura, toda vez que en el resto de los casos se establecen los colores en *Le Voyeur*, si bien de un modo impresionante y con un tono de misterio, al propio tiempo desde luego como algo absoluto, de modo que parece imposible la coordinación simbólica a un significado. ¿Qué habría de significar, por ejemplo, el gris que aparece ahora, el gris de una gaviota? También el blanco y negro de un faro y de unas baldosas, el azul de un paquete de tabaco, el sucio blanco de unas colillas y lo multicolor de unos envoltorios de caramelos son difíciles de interpretar. Pero el rojo es aquí una excepción. Este color aparece siempre cuando Mathias ve escenas violentas o cuando contempla su interior y, no casualmente, también cuando se decide por el camino del acantilado. En este pasaje se dice: "de menus flocons d'écume rousse s'envolent en tourbillon dans le soleil" [29].

Dentro de estas correlaciones de forma y de color ha quedado, pues, un resto de simbolismo y, por lo tanto, de inconsecuencia respecto de la meta propuesta. Con esto no se quiere en absoluto señalar un defecto de *Le Voyeur*, como tampoco con la indicación hecha con

---

[29] *Le Voyeur*, ed. de Minuit, París, 1955, pág. 87.

anterioridad de que la novela vive todavía de la unión con antiguos mitos. Al contrario, pues estas inconsecuencias han contribuido de modo considerable al logro de la novela, y todo observador sin prejuicios las cuenta entre sus cualidades positivas.

Valdría la pena seguir ocupándose de *Le Voyeur,* pues esta novela es también "clásica" en tanto que resiste el análisis, y a cada nuevo paso interpretativo nos revela nuevos secretos, en lugar de perder encanto. Es una novela que demuestra su grandeza hasta en los motivos y estructuras más nimios. Así, por aducir todavía un último ejemplo, hasta la bicicleta que monta Mathias está en correspondencia formal con la estructura total de la novela, igual que sucede con el "pont-bascul" en *Les Gommes.* También la bicicleta consta de dos círculos, las ruedas, y en ella se origina un "accident" que está en analogía formal con el crimen, en tanto que este "accident" sucede en la cadena que, como es sabido, es el elemento de la bicicleta que corta los dos "circuits".

LOS LÍMITES DEL LOGRO

Le Voyeur es, pues, un notable "Nouveau Roman" que lleva totalmente el sello de un arte novelesco individual y que, al mismo tiempo, responde a condiciones fundamentales del "Nouveau Roman" (Mathias es muy superficial para ser un "personnage"; la forma es testimonio dominante; a las cosas les falta la dimensión de profundidad; el argumento, si bien bastante cerrado todavía desde el punto de vista del todo, está construido alrededor de un espacio hueco, alrededor del "décalage" de los momentos decisivos; la técnica narrativa proporciona más discontinuidad aún [30]. En esta novela, como en las de N. Sarraute, resulta que a la liberación de vínculos tradicionales esenciales sigue la subordinación a un principio continuo, de modo contrario a

---

[30] No me es posible dar aquí, en cierto modo de paso, un análisis estilístico de Robbe-Grillet, pese a que con seguridad sería instructivo. Confr. también más adelante.

lo que sucede con la apertura de la novela iberoamericana. Incluso podría opinarse que este principio continuo falsea la realidad que se ha de representar de un modo aún más arbitrario que en el caso de la novela tradicional. Ésta sometía las cosas a la continuidad de una unidad construida al narrar, por cuyo camino se dejaba conducir el lector más o menos inconscientemente. Irreflexión semejante es ahora naturalmente imposible, pero, por otra parte, tampoco son aquí las cosas privadas de cualquier significación las que hablan, sino que, de un modo semejante a como sucede en la pintura cubista, el escritor ensaya en las cosas un principio formal elegido por él. Por lo demás, las cosas se someten aquí todavía a la continuidad del narrar y a una estructura literaria de una mesura verdaderamente clásica, a pesar de todas las imágenes retrospectivas e intercaladas, a pesar de las escenas "falsas", sólo imaginadas o ideadas como coartadas, a pesar del monólogo interno y de la paralización del tiempo, si bien es posible que esto no se note hasta la segunda lectura.

De nuevo se encuentran las cosas tras de un cañamazo, y el ideal de una novela de las cosas parece haberse alejado más todavía con esta aproximación. Pero esto es sólo una apariencia. En realidad Robbe-Grillet, como N. Sarraute, se ha acercado un buen trecho a la meta, si bien quizá surja ahora la noción de que esta meta es inalcanzable en último extremo, pues lo que las cosas son, lo *son* sólo ellas, y las palabras, inevitables en toda novela, no son, efectivamente, el ser de las cosas, ni lo pueden ser nunca. En el mejor de los casos representan las palabras la aparición —traspuesta a un sistema de signos en gran parte heredado— de las cosas en el plano del pensamiento y de la visión. Por otra parte esta noción no priva a la novela de su misión de totalidad, tal como la quiere alcanzar Robbe-Grillet en un plano ontológico. También se da cuenta cualquiera de que Robbe-Grillet habla más adecuadamente de lo que son las cosas que como lo hace la novela tradicional. Así por ejemplo en el caso de Robbe-Grillet flota en el agua un paquete azul de tabaco de un modo "carente de significado", intacto respecto a una intervención humanizante, y el agua y el muelle se cruzan como vertical y horizontal, sólo seyentes en sí mismas, mientras que en una novela tradicional no sería pensable un tal paquete de tabaco más que como suciedad al borde del camino, como mercancía en una tienda o como una cosa utilizada para mi servicio, es decir, abierta y vuelta a meter en el bolsillo. Y el agua podría, según el estado de ánimo del protagonista, "brillar al sol", "gemir azotada por la tempestad" o, por el contrario, "dormir tranquila, reposando en sí misma" o, incluso, "jugar con el muelle".

Robbe-Grillet se ha acercado, pues, esencialmente más a las cosas (como N. Sarraute a la realidad óntica de lo psíquico), si bien este acercamiento se realiza también por medio de un cañamazo. Y al tratar de las novelas "clásicas" de Michel Butor vamos a ver que esto también tiene validez para ellas, que la proximidad a las cosas no tiene por qué excluir la afirmación del mito, ni siquiera el modelo clásico.

MICHEL BUTOR

Efectivamente se encuentran las novelas de Butor en asentido diálogo con mitos y con modelos de la antigüedad clásica, y Butor no piensa en encubrir este diálogo más allá del marco de lo estéticamente necesario. Así encontramos ya en *Passage de Milan* (1954) la temática del viaje al más allá, que reproduce bastante claramente imágenes de Virgilio y además coincide en puntos específicos con la *Divina Comedia* y con la visión del más allá de Asturias. El Abbé Jean, uno de los personajes centrales de *Passage de Milan*, sueña despierto en una especie de visión, que está sentado al timón de una barca que se desliza sobre aguas profundas y le lleva a una gran caverna que se va angostando, en la que hay que encontrar una gran puerta guardada por centinelas, y en la que existe una división geográfica en círculos ("enceintes") [31]. Finalmente aparece la agudización

---

[31] *Passage de Milan*, Ed. de Minuit, París, 1954, págs. 206 sigs. y 208 siguientes. Más interesantes todavía son las coincidencias con la visión del más allá de Asturias en *La soirée des proverbes* (París, 1954) de Georges Schehadé, donde el diácono Sonstantin maúlla, ladra y silba como un pájaro (págs. III sigs.), al pasar al lugar de cita escatológico "Quatre Diamants",

propia de Butor, quizá desarrollada a partir del ejemplo de la *Civitas Dei,* pero también de la imagen de una nueva Roma y de un *alter Aeneas,* cuando en el mundo subterráneo aparecen las cúpulas de una ciudad que hay que alcanzar.

Hasta *La Modification* no se ensamblan en una fórmula cerrada todos estos pensamientos, aquí aún dispersos y desligados, de una síntesis cultural por realizar. Pero *Passage de Milan* es sin embargo interesante en el sentido que nos ocupa, en tanto que es una novela que delata casi a partes iguales modelos anglosajones y un sentido románico-francés de la forma. En este sentido es entre las "Nuevas Novelas" francesas la que mejor se puede comparar con la novela abierta iberoamericana.

Este parentesco no surge por casualidad (la técnica en una buena novela no es nunca simple técnica), y se da ya también, aunque en menor medida, en *L'Emploi du temps* y sobre todo en *La Modification.* (La última obra está muy ligada a *Los pasos perdidos* de Carpentier.) A lo que se ve, no sólo no tiene Butor, como los iberoamericanos, miedo a una contradicción entre perspectiva objetiva y mitos, sino que además es, como aquéllos, un escritor que no se podría pensar sin lo metafísico y sin unas pinceladas de magia. (Respecto a lo cual hay que decir sin embargo, que esta tendencia mágico-ocultista más bien descubre en Butor al hijo del "siècle des lumières" que al hijo de la tierra, que es una tendencia más de carácter especulativo que telúrico.) A esto se añade, finalmente, que Michel Butor, de modo semejante a los iberoamericanos, se esfuerza por conseguir una síntesis cultural, y que, como vamos a ver, tiene en esto preocupaciones parecidas.

Esto es pues algo que hay que tener en cuenta cuando ahora observamos que en *Passage de Milan* se practica la segmentación técnica un poco externa que ya se encontraba en James Joyce y que la novela abierta iberoamericana coloca con predilección paralelamente a hechos del contenido. La irrupción en el reino del desligado lenguaje de las

---

es decir, que hace manifestarse su ser animal, observando después, subido a un árbol, la "soirée des proverbes" (págs. 158 sigs.).

sombras (*Pedro Páramo* de Juan Rulfo), la múltiple existencia ilusoria de un protagonista (*La vida breve* de Juan Carlos Onetti), el aislamiento de un protagonista (*Los adioses*), son ejemplos de esto. Por el contrario, en *Hombres de maíz* de Asturias, la forma abierta no era de carácter técnico sino orgánico y, al menos en lo que yo llamé el primer círculo (Capítulos 1-4), correspondía en gran parte a la estructura de departamentos de una epopeya y como tal era expresión de un apriori independiente de un apoyo del contenido: del "sólo ser sí mismo" indígena y carente de construcción. Por último, en *La hojarasca* de Gabriel García Márquez, la consciente segmentación del relato por medio de tres narradores era ciertamente de carácter técnico, pero también estaba motivada por el contenido, justamente en cuanto que hablan tres generaciones. Además eran expresión formal del *panta rhei*, del eterno fluir de las generaciones.

Algo semejante existe en *Passage de Milan*. Aquí tiene la segmentación técnica un fundamento objetivo-perspectivo, pero, como se ve claramente en algunos pasajes, aspira a un lenguaje de la forma, cuya intención fundamental aparece tan ampliamente ramificada en lo estructural, episódico y temático, que es fácil reconocer la dirección hacia lo que he llamado forma fundamental en Robbe-Grillet. El fundamento objetivo-perspectivo consiste en que el escritor fotografía en unidades más o menos largas a los distintos inquilinos de un bloque de viviendas situado en el "Passage de Milan", concentrando el interés episódico (en la medida en que se puede hablar de algo semejante) en tres inquilinos que viven uno encima de otro: los Vertigues en el quinto piso, en cuya casa tiene lugar un baile que acaba con un misterioso asesinato, que se desvanece en una irrealidad de ballet; el esteta y egiptólogo Samuel Léonhard en el cuarto piso, donde se desarrolla una conversación filosófico-cultural, casi se podría decir también utópico-cultural, y por último, el inquilino Ralon con los dos hijos de un sacerdote y el sobrino Louis, que está de visita.

Este quebrantamiento tecniconarrativo del "récit" en gran cantidad de "débris" episódicos encuentra un múltiple eco formal, repartido en toda la novela. No es sólo que se baile en casa de la familia

Vertigues (el nombre alude con seguridad a "vertige"), con lo cual el techo vibra al ritmo de la música sesgada y obliga a la conversación utópico-cultural que está teniendo lugar en el piso de abajo a convertirse literalmente en una síncopa (lo que significa la revocación formal de su constructividad). Ahí está también por ejemplo la luz de la escalera, con un interruptor automático, que se apaga una y otra vez y deja a los visitantes a oscuras. Está el metro, que pasa por debajo de la casa y que la hace retemblar a intervalos regulares, está el zumbido del ascensor, y por último está, como en *Les Gommes,* al principio de la novela una imagen introductora que anticipa la temática formal fundamental de *Passage de Milan.* El Abbé Jean Ralon está en esta escena en una ventana en el Passage de Milan y como todas las tardes mira el patio donde divisa confusamente como siempre un montón de tablas y palos viejos, de hierros oxidados y de piedras, todo ello material inservible, que sólo parece limpiar el viento y que evidentemente sólo tiene que resistir al polvo. Y sin embargo, choques imperceptibles conmueven continuamente este "assemblage sordide" cada día se cambia de sitio algo en él: una tabla vieja, que ya se creía desaparecida, se puede ver de nuevo o una aún visible el día anterior, desaparece. Tras estas observaciones que sirven de exposición formal, cierra el Abbé la ventana, y entonces comienza la acción que se desarrolla exclusivamente en el interior del bloque de viviendas y que se extiende, en doce horas [32] y doce capítulos, desde el anochecer hasta la mañana. Comienza entonces la múltiple conmoción, apenas perceptible hacia el exterior, de este "assemblage" de piedra, cemento, madera y hierro, que no despierta ninguna mañana como había penetrado en la noche.

Si nos preguntamos lo que es esta conmoción, que se comporta respecto a la construcción del bloque de viviendas y sus inquilinos aproximadamente como el "décalage" de Robbe-Grillet respecto al

---

[32] La acción comienza, como se apunta exactamente, a las siete de la tarde (cuando el abate Jean mira el reloj son las siete y nueve minutos) y acaba con la frase: "Sept heures sonnent au clocher des soeurs." (*Passage de Milan,* pág. 9).

automatismo perfecto, hemos de confesarnos que su sentido no se puede captar fácilmente. Por otra parte, está claro que no se trata simplemente de una pura fórmula sin significado, sólo relacionada inmanentemente a la obra, como lo es la combinación de Robbe-Grillet de "double circuit" y "décalage" en *Le Voyeur*. Se nota que aquí se configura algo así como el "diente del tiempo", la acción incansable de un "protagonista" oculto y casi todopoderoso, que también adquiere una gran importancia en *L'Emploi du temps*, como ya delata el título, y que se esconde tras el título de *La Modification*. Con toda seguridad tampoco indica el título "Passage de Milan" solamente un bloque de viviendas en la calle del mismo nombre, sino que evoca al mismo tiempo la imagen de un "tránsito", es decir, el tránsito a un lejano reino utópico (como el que el Abbé Jean trata de alcanzar en vano en sus ensueños). En tercer lugar indica el título simplemente el "vuelo de un milano". (Cuando al comienzo de la acción el Abbé Jean ha cerrado la ventana de su cuarto de estudio y piensa en "un camino que la noche habría de franquear", pasa volando un milano, "milan" [33].

Estos planos de sentido no se diferenciarán claramente entre sí y no se ensamblarán en una fórmula novelística articulada hasta *La Modification*, el "nouveau roman" clásico de Michel Butor. Lo que no quiere decir que *L'Emploi du temps*, situado entre *Passage de Milan* y *La Modification*, carezca de importancia al lado de éstos. Por el contrario, muchos lectores tienen sus motivos para preferir esta novela, que se desarrolla en una fictiva ciudad industrial inglesa. Es más emocionante y por ello menos antinovela que *La Modification*. Sin embargo, como es comprensible, no son éstos motivos a los que pueda corresponder una gran importancia respecto al propósito de este libro. Frente a esto es más importante que el clásico "nouveau roman" *La Modification* sería impensable sin el trabajo previo aclarador realizado en *L'Emploi du temps*. En comparación con esta gran novela bien equilibrada que ostenta de nuevo totalmente el sello de Butor, marca

---

[33] *Passage de Milan*, págs. 7-8.

L'Emploi du temps justamente el estadio de una especie de fermentación romántica, en la que se prepara el gran lance alquimista. Aquí
se aventura Butor en un medio que iba muy bien a Robbe-Grillet,
pero que dadas las ambiciones sintético-culturales de Butor más bien
resulta perturbador: en el medio de la novela policiaca literaria. Y
muchas cosas dan a entender que ha sido el ejemplo de Robbe-Grillet
el que le ha inducido a ello. *L'Emploi du temps* no sólo tiene cinco
capítulos como *Les Gommes* (cada uno de ellos dividido no en seis,
sino en cinco subcapítulos y en los que falta el fenómeno del "décalage") [34], sino que parte de un doble circuito temporal [35] como *Le
Voyeur*, que igualmente se publicó antes de *L'Emploi du temps*. Por
un lado está el período de cinco meses, en correspondencia con los
cinco capítulos en que el protagonista, Jacques Revel, escribe el diario
que representa *L'Emploi du temps*, y por otro los doce meses de la
estancia en Bleston, resumida en estos cinco meses. Como puede uno
imaginarse, esto a veces resulta bastante confuso, pues la comprensión
de lo sucedido aumenta en Revel de anotación en anotación, sin que
logre, sin embargo, conseguir claridad definitiva sobre la relación que
guarda todo. Esto trae consigo repeticiones y retoques de lo dicho
ya anteriormente, pues realmente se trata de un diario que Revel escribe exclusivamente para sí mismo. En el trascurso del libro se acercan también los dos círculos temporales en que se mueve Jacques
Revel, hasta que coinciden finalmente en la última anotación. No
siempre, pues, es fácil adivinar cuándo sucede cada cosa y cómo hay
que encuadrarla en el "plan temporal" de *L'Emploi du temps*.

Butor no es pues en absoluto un epígono en *L'Emploi du temps*.
Va por un camino propio, pero aquí más que en otros lugares está en
deuda con otros escritores en cuanto a la dirección y a la estructura,
de manera que lo propio no se destaca tan claramente como en *La*

---

[34] Confr. lo dicho en las págs. 186-87 del presente estudio.

[35] A esto se añaden puntos de contacto llamativamente concretos: Revel
compra a una guapa vendedora en una papelería un plano de Bleston (*L'Emploi du temps*, Ed. de Minuit, París, 1954, pág. 40); confr. también el resumen
de una novela en la novela en la página 148.

Modification. Así recuerdan la forma del diario y la temática de la sorprendentemente inhospitalaria ciudad a *La Nausée* de Sartre, a *Malte Laurids Brigge* de Rilke y a *L'Envers et l'endroit* de Camus, mientras que queda relegado a un segundo plano el corte específico de Butor del problema de la ciudad como un laberinto cultural que en vano exige una aclaración sintética. Así, por ejemplo, el monótono pero no totalmente mantenido pretérito perfecto recuerda en algunos pasajes a *L'Etranger* [36] de Camus, mientras que la sintaxis retorcida característica de Butor sólo surge de vez en cuando en su forma pura, y todavía no tiene una importancia ontológica, como en *La Modification.* Está aquí en una correlación, condicionada por el contenido, con el laberinto de la ciudad, del mismo modo que éste está a su vez en un ámbito metafísico en correlación formal con el "hilo de Ariadna" y con la temática del Minotauro. Pero en último término estas relaciones no convencen. Por eso justamente se siente esta novela como sólo una de las cosas que quería quizás decir Butor entre otras, como una novela existencialista de ciudad, como la historia sagazmente velada de un empleado que acepta un trabajo por un año en Bleston y allí se enfrenta con el monstruo de una ciudad extraña, al que, pese al plano de la ciudad y al horario, no puede acometer, y ante el que tiene que capitular.

Si incluimos *L'Emploi du temps* en el capítulo del "Nouveau Roman" "clásico" es, pues, sólo en cuanto que aquí el "Nouveau Roman" está aún en diálogo con estructuras novelísticas tradicionales. En cambio, la expresión "Nouveau Roman clásico" tiene validez para *La Modification* también en el sentido de las cualidades ideales, incluso hasta el punto de que se podría estar dispuesto a considerar ya la novela un poco como "Nouveau Roman" "puro", es decir, entre aquellas novelas en las que las estructuras novelísticas tradicionales parecen estar superadas casi sin excepción. Otros factores, sin embargo, hablan en contra de esto, no sólo la claridad y la simetría interna de la fórmula novelística, sino también la comprensión, hasta

---

[36] Confr. p. e. págs. 11 sigs. (de la edición citada).

cierto punto "redentora", que acude al protagonista al final, y que incluye la obra en la tradición de las grandes novelas de camino. Sólo que en este caso no es un camino sencillo sino triple el que recorre el protagonista.

En primer lugar está el "héroe", un empleado llamado Léon Delmont, concretamente de camino de París a Roma, para participar a su amante, Cécile, la heroica decisión de separarse de su familia (tiene mujer y cuatro hijos), para en el futuro vivir con ella. Con este fin ya le ha buscado un empleo en París. Esta decisión empieza a vacilar durante el viaje en el tren y por último se desmorona totalmente, de modo que Léon Delmont decide volver junto a su mujer y dejarlo todo como estaba.

Éste es el camino material de *La Modification*, el plano de sentido material de la novela. Por encima de éste se eleva el plano de sentido existencial o también ontológico. Léon Delmont está además de camino hacia Roma por un motivo más hondo, por un motivo existencial. Se ha hecho consciente (y aquí se trasluce claramente una temática sartriana) de que la familia y la rutina de la vida diaria le van oprimiendo cada vez más y le despojan de la libertad. Roma y Cécile le han de hacer posible de nuevo la libertad. Pero el camino hacia esta supuesta libertad le ha de desengañar. Las cosas que le rodean en el departamento del tren —la calefacción, el departamento abarrotado y la noche aportan lo suyo también— le condicionan de tal manera que está irremisiblemente en sus manos, y sin compasión socavan su decisión y la hacen derrumbarse. Este indefenso estar a merced de las cosas hace también que le vengan recuerdos a la memoria, que pronto le hacen darse cuenta de que nunca será posible que Cécile vaya con él a París y que mantenga el encanto y el significado que él ama en ella. Con otras palabras, desde distintos puntos de vista se hace consciente del condicionamiento del hombre, de su estar supeditado a las cosas que le rodean, a los hombres y a los lugares geográficos y no en último lugar, al tiempo. Hasta la comida, por ejemplo, que su mujer sabe preparar totalmente a su gusto, le ata de modo ineludible. La libertad que le queda, en vista de este

múltiple condicionamiento por las circunstancias, es la del reconocimiento de su carencia de libertad (y ésta es al mismo tiempo la respuesta de *La Modification* en el plano existencial).

Por último queda por analizar el plano de sentido mítico, no
menos significativo para Butor. El viaje de París a Roma de Léon
Delmont y su "valiente" plan [37] son justamente, aunque él no sea
totalmente consciente de ello quizás por deseo del autor, el intento
de alcanzar aquella síntesis cultural, cuya imagen también surgía en
algunos lugares en *Passage de Milan* y *L'Emploi du temps,* sin que
llegara a ser claramente comprensible. Léon Delmont quisiera en
cierto modo trasladar Roma a París, la Roma de la antigüedad clásica
sobre todo, pero también la de la libertad que él sintió allí en su amor
"libre". Quisiera superar el para él apenas consciente abismo geográ-
fico, histórico y mitológico, por encima del cual une el tren estos dos
lugares. Léon Delmont va, pues, a una gran misión, a una misión que
él no conoce conscientemente, como Parsifal en la novela del Grial,
y que por tanto ha de desarrollarse en una especie de tercera dimensión del acontecer que, como en *Passage de Milan,* representa el
sueño. Los sueños del protagonista se inflaman con un libro que no
abre en todo el viaje y que se le ha escurrido del regazo, está en el
suelo encima de la rejilla de la calefacción y le revela su deformado
contenido a través del calor que sale del radiador. (Como en otro
pasaje de *La Modification* aparece el libro de *La Eneida* como la
lectura favorita del protagonista, podría aquí también tratarse de *La
Eneida,* sin embargo, yo prefiero interpretar que esta lectura del viaje
quiere simbolizar la "nueva Eneida" de Butor, justamente la ya próxima idea de *La Modification,* que al final de la novela madura en
decisión. Efectivamente, el protagonista decide tras su llegada a Roma
expresar sus experiencias en forma de novela). Léon Delmont sueña
pues en varias imágenes con el héroe de este libro que ha quedado

---

[37] Pongo la palabra entre comillas porque el plan y las circunstancias
de su realización están tan determinadas en sí que no queda sitio para la
valentía y el heroísmo. Confr. también mi interpretación de *La Modification*
en *Der moderne französische Roman,* publ. por Walter Pabst, Berlín, 1968.

sin abrir. Le ve primero, cómo está ante la Sibila y ésta le objeta: "T'imagines-tu que je ne sais pas que toi aussi tu vas à la recherche de ton père afin qu'il t'enseigne l'avenir de ta race?" [38]. La relación con el Libro VI de La Eneida no puede ser más palmaria, sobre todo cuando inmediatamente después el héroe pregunta: "N'y a-t-il pas aussi un rameau d'or pour me guider et m'ouvrir les grilles?" [39]. Pero a diferencia del héroe de La Eneida no encuentra este "Eneas" ningún ramo dorado con el que pudiera abrir la verja separadora. Después, en una segunda imagen, reconoce al mismo héroe en una barca sin vela, en la que va remando un viejo, una especie de Caronte. En una tercera imagen ve cómo, tras haber llegado a la orilla, se le posan unas cornejas en los hombros y en el pelo y otras dos le arrebatan de las manos un par de pastelillos circulares (en lo que posiblemente se contenga una alusión a un simbolismo eucarístico análogo al de la historia del Grial, pero aquí establecido de modo absoluto). Después oye el "tu ne pourras plus jamais revenir", cuyo eco recibió a Dante, el caminante del más allá, cuando entraba en el infierno [40], y oye una especie de ladrido (con lo que quizá recoja, estableciéndolo de modo absoluto, el motivo del Cancerbero). A continuación se esfuma la imagen del sueño, para poco después dar paso a una última visión del más allá. Léon Delmont ve en ella a su héroe frente a una especie de loba (en la Divina Comedia es ésta el símbolo de la falta de castidad, pero aquí podría ser también una, nuevamente absoluta, alusión simbólica al mito de la fundación de Roma, más exactamente, a Rómulo y Remo, que fueron amamantados por una loba). Entonces ve a unos hombres vestidos de blanco, oye una especie de relincho, sube en sueños por un empinado pasillo —como Dante tras la visita al infierno—, corre lo más rápidamente posible y llega a la luz del día, al "campo", donde vuelve a encontrar a una loba, esta vez con

---

[38] Michel Butor, La Modification, Ed. de Minuit, París, 1957, pág. 179.
[39] Ibíd., pág. 180. Confr. Aeneis VI, 136 sigs.
[40] Me refiero al "lasciate ogni speranza, voi ch'entrate" (Div. Comm., Inferno III, 9).

un caballero que lleva cornejas posadas en la mano, cornejas a las que se podría creer halcones, como se dice en el texto.

Ciertamente sería inadecuado querer interpretar simbólicamente cada una de estas extrañas imágenes del sueño y quererlas encadenar en el nexo causal de una manifestación articulada, pues intencionadamente se han mantenido laberínticamente confusas, como suele suceder en los sueños. Pero por otro lado continúan hilando el hilo mítico que ya había llevado al Abbé Jean en sus sueños a las puertas del mundo subterráneo y al término de una misteriosa ciudad. Pero a pesar de todo no se da una respuesta clara, lo que por otro lado sería imposible, porque este "Eneas", en el que Léon Delmont se vive a sí mismo en un plano mítico, no recibe ningún ramo dorado con el que hubiera podido abrir la puerta hacia una misión política. (Como es sabido, Eneas recibió en el más allá por medio de su padre Anquises el lema político para la fundación y construcción de Roma). Léon Delmont sueña precisamente con el fracaso de aquella síntesis cultural, que se repartía en sus sueños entre mundo caballeresco, mística del Grial, mito de Roma y representaciones paganas del más allá. Y no por casualidad está al final de estas visiones del sueño una imagen en la que los tres mundos se yuxtaponen y entrelazan de un modo desesperadamente desligado: la loba (Roma), sobre el lomo de ésta el caballero (París), que tiene en las manos cornejas en lugar de los halcones que dan sentido a un caballero (posiblemente como símbolo de la muerte, de la inaccesibilidad del ideal).

Por tanto, tras este fracaso en tres planos, "sólo" le queda a Léon Delmont una "modification" [41] posible, que sin embargo es decisiva: reconocer como dado en la "passion de l'existence et de la vérité" lo tolerado hasta ahora, unas veces consciente y otras inconscientemente, y de lo que esperaba evadirse al proponerse a sí mismo metas más

---

[41] El término aparece en la pág. 200 de la edición citada. Leo Spitzer (*Quelques aspects de la technique des romans de Michel Butor*, en *Archivum linguisticum*, 14, 1962, págs. 49-64) considera el título como irónico, pero esto no es necesario, pues la diferencia es realmente tan insignificante como esencial.

lejanas, y no le queda más que confesarse que aquella "fissure historique" que él creía poder superar es incurable, más aún, que bajo
ella se abre el abismo de una "immense fissure historique" [42], y que
sería ilusorio pretender llenarlo.

FORMA DEL CONTENIDO Y CONTENIDO DE LA FORMA

La Modification es pues, como claramente se desprende de lo
dicho, una novela aún fuertemente determinada por lo temático y
por el contenido (comparable en sus fines utópico-culturales por ejemplo a *Los pasos perdidos* de Carpentier). Por otro lado la forma se va
abriendo paso hacia el primer plano como lenguaje por lo menos de
igual rango, cuando no a veces incluso superior. Esto en tanto que
La Modification representa también como estructura externa un triple
paso (tiene tres partes), y cada una de éstas se descompone a su vez
en tres subdivisiones, que se numeran en total del uno al nueve, es
decir, constituyen una sucesión de etapas. Esto corresponde al triple
viaje de Léon Delmont, pero también corresponde concretamente al
viaje a Roma. Por lo demás, Butor destaca formaltemáticamente este
carácter de etapa de las partes y sus subdivisiones de un modo muy
bello, al hacer que al final de cada una de las partes, el tren llegue
a una de las grandes estaciones en que tiene parada, y articula hábilmente las subdivisiones haciendo que Léon Delmont casi siempre
salga al pasillo al final de ellas, ya sea para estirar las piernas, para
dirigirse al vagón-restaurante o para mirar el andén. Incluso a veces
puede uno llegar a dudar de si semejantes elementos temáticos están
pensados en primera línea de un modo formal o temático. La expresión "temático-formal" ha de poner de manifiesto el entrelazamiento
inseparable de ambos aspectos. En el fondo, los rieles y el departamento son ya unas tales realidades temáticoformales de la novela. No
son sólo lo que son temáticamente —medios concretos de un viaje

[42] *La Modification*, pág. 229.

a Roma—, sino que son también lenguaje formal, son la relación de un departamento, que se siente como un edificio que descansa en sí mismo, con la realidad de las vías, ligada inevitablemente al principio del movimiento progresivo lineal. Existe por tanto una clara analogía formal con *Passage de Milan*, donde un edificio parece descansar por completo en sí mismo, pero está sacudido en intervalos regulares por conmociones (el tren que pasa por debajo: linearidad). *La Modification* va un paso más allá en tanto que aquí la dimensión temporal aparece proyectada en el espacio: el cronómetro del metro se convierte en el tren, sujeto a las vías, en un topocronómetro.

Si tenemos en cuenta que una diferencia semejante entre fórmula fundamental sencilla y combinada conducía también de *Les Gommes* a *Le Voyeur*, e igualmente de *Portrait d'un inconnu* a *Martereau*, adivinamos hasta qué punto este lenguaje de la forma caracteriza al "Nouveau Roman", y cómo el análisis de los hechos formales nos introduce más en lo específico del escritor que el análisis del contenido. Pero a este respecto no habremos de olvidar que en las novelas de Butor el contenido continúa determinando la estructura de modo decisivo, que Butor tiende a subordinar el lenguaje de la forma al contenido como su medio propio. También tiende a situar este lenguaje de la forma al lado del contenido casi con el mismo rango que éste, pero en el fondo subordinado a él. Estas tendencias son contrarias a lo observado en Robbe-Grillet, en el que lo temático se doblegaba a la fórmula fundamental. En efecto, hay una gran cantidad de momentos temáticos que no se pueden integrar en el lenguaje de la forma, mientras que al contrario, el lenguaje de la forma se puede considerar de principio y siempre como vehículo del sentido. ¿Cómo se podría si no por ejemplo entender la llegada a Roma, la decisión de escribir un libro y también la trascendencia vertical del conocimiento de sí mismo?

FORMA DEL LENGUAJE Y LENGUAJE DE LA FORMA

Algo semejante se puede decir del lenguaje de *La Modification.* Éste se nos presenta como algo "arbitrario", mucho más que en *Le Voyeur* y también más que en las novelas anteriores de Butor [43]. Mientras que en *Le Voyeur* el lenguaje continuaba siendo inteligible y claramente articulado a pesar de su enigmático contenido, resulta imposible mantener presente el todo de la frase en la articulación de los detalles en las monstruosas frases de *La Modification,* que ocupan un párrafo, a menudo varios e incluso páginas enteras. Además de esto evita Butor de modo totalmente consciente la clara articulación de la sucesión de la acción en el interior de la frase. Para ello elude los goznes de sentido sintácticos que dan a conocer en su relación dos cosas distintas, como por ejemplo las conjunciones subordinantes, formas verbales finitas (sobre todo el *passé simple*), metáforas y adjetivos antropomórficos. Un párrafo como el siguiente, sacado al azar de *Le Voyeur,* sería impensable en *La Modification*:

> Dans le triangle de lumière, le creux de la chaussée était à sec. A la limite inférieure de la rampe, le flot, en s'élevant, renversait les algues vers le haut. Quatre ou cinq mètres plus à gauche, Mathias aperçut le signe gravé en forme de huit [44].

Aquí se relatan en tres frases dos contenidos objetivos claramente articulados y una acción igualmente articulada con claridad (significativamente un ver: *Le Voyeur*) [45], yaciendo sin embargo cada una de estas frases en sí misma como unidad, y apareciendo la última enlazada de acuerdo con el sentido sólo por una relación meramente técnico-local. (Incluso se podría hablar aquí de una vaga analogía con

---

[43]   G. Zeltner-Neukomm, *Die eigenmächtige Sprache,* Olten-Freiburg, 1965.

[44]   *Le Voyeur,* pág. 17.

[45]   A este respecto obsérvese, por ejemplo, la acumulación de palabras de este campo conceptual en las primeras páginas de la novela.

la fórmula fundamental de *Le Voyeur*, ya que se alinean círculos sintácticos).

En Butor se da también una infraestructura sintáctica totalmente diferente, en correspondencia con su mensaje, configurado de modo muy distinto y no puramente formal. El viaje, la conmoción incesante por el movimiento uniforme del tren, encuentra aquí su correspondencia en frases monstruosas, cuya sintaxis no construye relaciones de sentido claramente articuladas, inteligibles. Por el contrario, este movimiento casi infinito, que sólo llega de párrafo en párrafo al descanso provisional de un punto o sólo de unos puntos suspensivos, verdaderamente sacude y deja al lector en suspenso, en cualquier caso no permitiéndole nunca llegar al reposo de un final ordenado. (También en relación con esto está el muy discutido "vous" de *La Modification*, que obliga al lector, al mismo tiempo por la forma y por el contenido, a identificarse con el acontecer, a llevarlo a cabo él mismo como si se tratara de una experiencia propia [46]. Esto a su vez está en relación con el objetivo pedagógico de Butor, pues así se obliga al lector a tomar parte al final del conocimiento de sí mismo de Léon Delmont.) El mencionado "sacudimiento" sintáctico lo proporcionan por el contrario sobre todo las numerosas oposiciones, los complementos circunstanciales y las alineaciones de elementos sintácticos iguales, el presente uniforme, la insistencia tenaz del "vous", las numerosas construcciones participiales no articuladas y por último, las muchas repeticiones de palabras y de motivos.

Pero la sintaxis de *La Modification* no tiene sólo esta función de apoyo del contenido, sino que ella en sí misma es lenguaje, es —y con seguridad se trataba sobre todo de esto en este caso— sintaxis ontológica, lenguaje del estar determinado por las cosas, de la omnipotencia de las circunstancias que Butor quiere destacar también en el plano existencial de la novela. Gracias a su orden sintáctico predominan en *La Modification* las cosas y las circunstancias, no sólo como presencia objetiva, sino también formal, y desmoronan e impiden el pensamiento causal que pretende dominarlas.

---

[46] Sobre esto confr. mi artículo citado en la nota 37 de este capítulo.

LO FORMAL EN SAMUEL BECKETT

De forma totalmente distinta, aunque fundamentalmente análoga, se muestra la importancia de lo formal como lenguaje del "Nouveau Roman" en la trilogía de Samuel Beckett, *Molloy* (1951) — *Malone meurt* (1951) — *L'Innommable* (1953). No se trata aquí de una, o, en correspondencia con el número de novelas, de tres fórmulas fundamentales que caractericen la cara formal de la o de las novelas, sino de los escalones de un movimiento que desciende de la situación del morir (*Malone meurt*) a lo indecible (*L'Innommable*), movimiento al que corresponde una apertura progresiva de la novela.

Así, es *Molloy* aún relativamente tradicional. Como muchos antecedentes temáticos de la "Nueva Novela" tiene dos partes, que sin embargo dejan ya adivinar la perspectiva específica de una nueva novela, en tanto que estas dos partes, cada una con su protagonista correspondiente (Molloy y Moran), muestran una distinta estructura tipográfica, es decir, formalmente consciente. La primera parte, con su protagonista Molloy, es un solo capítulo continuo que abarca de la página 7 a la 141. La segunda, dedicada a Moran, está por el contrario dividida en una multitud de capítulos con título, como estamos acostumbrados a ver en una novela o en un tratado. Se podría oponer que el que la segunda parte esté más tradicionalmente conformada que la primera está en contradicción con el principio de la apertura progresiva, pero se trata justamente de lo contrario. La novela tradicional sigue generalmente en su curso el principio de construcción y apertura, es decir, intenta por medio de una apertura temático-espacial (en aventura, amor, viaje, experiencias, etc.) alcanzar la totalidad de una visión del mundo gracias a su constructividad. Por tanto, Beckett actúa de modo totalmente consecuente de acuerdo con sus propósitos, al llevar a cabo un cierre formal en lugar de una apertura en la segunda parte de esta primera novela de la trilogía, novela que muestra aún fuertes reminiscencias del esquema estructural del "roman d'aventure" (quizás incluso del caso especial de la novela de Parsifal; véase más abajo). En caso contrario, se hubiera podido malentender la novela y haber visto en ella el esquema fundamental de una ascensión. Por ello fue también consecuente el que Beckett estableciera entre las dos partes una relación temporal contraria a la progresión: las aventuras de Moran, aunque narradas después, tienen lugar antes de las de Molloy, y representan un estadio anterior del desarrollo.

Algo más ha de tenerse en cuenta: el que la diferencia entre la estructura formal de las dos partes de *Molloy* es única y radical, y que se trata de dos estadios formales que en sí son estáticos y que no delatan ningún desarrollo respecto a su forma. De modo análogo tiene esto también validez para la diferencia entre la forma de *Molloy* como un todo por un lado, y de las otras dos novelas de la trilogía por otro. En estas novelas se trata respectivamente de un nuevo tenor fundamental de la obra, que indica una mayor apertura formal, pero no de un desarrollo puesto en movimiento incluso dentro de la novela. Mientras que *Molloy* representa aún una doble sucesión de aventuras y experiencias narradas continuamente, consta en cambio *Malone meurt* de un punto de partida, el del narrador (= Malone), que yace en su lecho de muerte, y de imágenes y fragmentos episódicos, en los cuales este Malone se esfuerza inútilmente por acabar de contar una historia. *L'Innommable* por su parte avanza un paso más: tras una corta vacilación formal (págs. 7-34), se prescinde de la división en párrafos y unidades narrativas que aún existía en *Malone meurt*, y las 230 páginas restantes se nos presentan como un ininterrumpido flujo lingüístico, como una especie de punto muerto lingüístico. En comparación con el monólogo final de Lady Bloom en *Ulysses,* en el que se podría pensar aquí, se revela este punto muerto sin embargo como relativamente bien estructurado. Beckett mantiene un gran número de estructuralismos decididamente tradicionales: puntuación, clara limitación de las unidades oracionales, y en general una articulación sintáctica comprensible de la frase principal. Lo sorprendente y desconcertante está más en la falta de una construcción de un sentido que en la falta de estructuración formal. La primera impresión engaña, pues, un poco [47], y así sucede también con el aparentemente tan claro predominio de la forma en Beckett. Se podría pensar que este comienzo formal generalmente diferente en Molloy I y II, en *Malone meurt* y en *L'Innommable* es lo mismo que la fórmula fundamental de Robbe-Grillet, el patrón psíquico de Sarraute o el lenguaje de la forma de Butor. En realidad no sucede así, o al menos sólo de una manera muy imperfecta. La forma no es realmente en Beckett un lenguaje de la obra que apoye o constituya el contenido, un lenguaje que se comunique al todo y que penetre en múltiples variaciones todas las estructuras de la afirmación poética, sino que continúa siendo una segunda realidad desligable, que sólo comprende la temática misma de vez en cuando en algunos motivos, y con la que el mundo material de sus novelas, lo narrado, no establece una relación correlativa. (Material no se toma aquí en el sentido de tema, sino de dinámica y estructura justamente de este tema).

Con otras palabras, aquí aparece el antiguo dualismo de forma y contenido, y veremos que este dualismo no es el único en Beckett, pues las proporciones formales de una obra literaria suelen tener motivos más profundos: en este sentido ya había que tomar en serio la división en dos partes de *Molloy*.

LA REALIDAD MATERIAL

Molloy, muy lejos de ser una novela estáticamente fenomenológica, es en el fondo una especie de novela de iniciación, que no por casualidad está en muchos aspectos vinculada con el prototipo de la epopeya novelesca referida a un ideal, con el *Perceval* de Chrétien de Troyes.

---

47   Lo mismo podría decirse del monólogo mental que Lucky es obligado a pronunciar en *En attendant Godot*. Al principio se pensaría que éste es totalmente irracional y fuera de quicio, que es una parodia. En realidad, después de un análisis sintáctico detenido, se descubre la parodia en gran parte como la consecuencia, interrumpida una y otra vez, de un pensamiento superarticulado. Acerca del teatro de Beckett vid. K. Schoell, *Das Theater Samuel Becketts*, Munich, 1967.

(Ya en relación con *La Modification* de Butor hubo ocasión de nombrar este *Perceval*. Hay que señalar, sin embargo, que esta relación sólo era posible en Butor en el tercer plano de sentido, en el sueño. En los otros dos planos de sentido dominaban las cosas.)

Molloy está vinculado con el *Perceval* de Chrétien no sólo, de un modo muy general, por la temática de la búsqueda, sino también por un gran número de motivos concretos, que sin embargo están diferentemente tratados por Samuel Beckett, de acuerdo con su visión del mundo. Por una parte tenemos la temática de la partida en busca de una especie de país ideal, que de un modo muy general une a la obra con la novela cortesana (pero también por ejemplo con *Pilgrim's Progress* [48] de Bunyan). Después, en relación inmediata con el Perceval está el hecho de que Molloy busque a su madre, su sentimiento impreciso de tener que volver a ella, y el camino que para ello emprende a través del bosque. También puede recordar al *Perceval* su reflexión de si su madre estaba ya muerta a su vuelta o murió después (la cuestión para Parsifal era si su madre había muerto ya al partir él). También es análogo al *Perceval* el modo como Beckett de un acontecimiento eucarístico hace un asunto casi privado, profano (Moran pierde una Misa, pero va a ver privadamente al sacerdote para recibir de él el viático. Sin embargo lo hace con remordimientos de conciencia porque ha bebido cerveza. También se deja sin concretar si la hostia estaba consagrada o no). Por último está también en relación con el *Perceval* el que Moran tenga la impresión de que su tarea es una niñería (una despreocupación semejante había mostrado Parsifal), y también, que Molloy, como Parsifal, no sepa al principio su nombre y medio lo descubra medio lo invente (en *Perceval* no obtiene el héroe una explicación acerca de su nombre hasta que se la da su prima, después de la visita al castillo del Grial).

---

[48] A esto se enlaza la temática de una especie de peregrinación que tiene por fin, desde luego no explícitamente, una purificación y la superación de peligros que incitan a una interpretación alegórica. Acerca de otros paralelos concretos confr. J. Fletcher, *The Novels of Samuel Beckett*, Londres, 1964, págs. 132 sigs. Sus conclusiones van, a mi modo de ver, demasiado lejos.

A estas coincidencias temáticas se añade que quién esté familiarizado con la problemática científica de la novela del Grial de Chrétien incluso podría pensar que en Beckett se encuentra una respuesta a la problemática estructural tal como aparece en el Parsifal, tanto en el de Chrétien como en el de Wolfram. (Se trata, en pocas palabras, de que en ambas obras se presentan dos unidades de acción casi absolutamente separadas, cuyos protagonistas son Parsifal y Gauwain. En el caso de la novela de Chrétien sin embargo, es muy discutida la autenticidad de una de estas dos partes, de la de Gauwain, pues se le considera en cierto modo una novela independiente de Chrétien o la obra de un continuador. Wolfram von Eschenbach por su parte siguió simplemente lo dado en el texto de Chrétien, tal como había sido trasmitido, de modo que para él no se planteó la cuestión de la autenticidad) [49]. Como en *Perceval,* introduce también Beckett dos héroes, Molloy y Moran. Pero restablece la unidad de la novela al hacer que el protagonista de la segunda parte, Moran, vaya en busca del de la primera parte, en busca de Molloy. Es ésta pues también una unidad de la tensión y de la búsqueda, en consecuencia, una unidad que presupone dualismo, tensión entre dos momentos y polaridad. Un vistazo a la acción y a la construcción de la acción va a confirmarlo.

LA CONSTRUCCIÓN DE LA ACCIÓN DE "MOLLOY"

El punto de partida de *Molloy* es el momento en el que el "héroe", que al principio no es nada más que un yo anónimo, que ha vuelto a la habitación de su madre con grandes esfuerzos y evidentemente no por sus propias fuerzas, escribe un manuscrito, cuyas hojas son recogidas regularmente todos los domingos, como después leemos. El "héroe" es, por tanto, idéntico al yo creador, naturalmente sobre una base fictiva. Tras un camino de aventuras toma la pluma y escribe la historia de su caminar, evidentemente por encargo de una persona

---

49 Confr. también mi estudio *Chrétien de Troyes und der Conte del Graal,* Tubinga, 1965.

misteriosa que representa una "instancia superior". Esta "instancia superior" se limita a devolver las hojas del domingo anterior con correcciones. El yo toma nota de estas correcciones, pero no sabe interpretarlas. Se refieren a "pasajes oscuros" de su relato, pasajes que están en relación con una culpa. (Es interesante señalar, que en estas consideraciones el yo se transforma en un "on" impersonal. Se trata claramente en esta culpa de estratos muy profundos, que se sustraen a una aclaración por parte del yo: "C'est avec peine qu'on formule cette pensée, car c'en est une, dans un sens. Alors on veut faire attention, considérer avec attention toutes les choses obscures, en se disant, péniblement, que la faute en est à soi. La faute? C'est le mot qu'on a employé. Mais quelle faute?") [50].

El informe del yo es por tanto una especie de examen de conciencia, al menos es considerado como tal por una cierta instancia, que puede recordar a Kafka. Sin embargo, antes de comenzar el yo con este informe, describe una visión que es muy importante, considerada desde la estructura de la obra, pues proporciona el paréntesis estructural de las dos partes de *Molloy*. El yo contempla dos figuras, que llama A y B. Las ve en una carretera sorprendentemente desnuda acercarse una a otra lentamente y sin ser en absoluto conscientes de ello. Después ve cómo, a la pálida luz del cielo vespertino, se detienen una delante de otra, sin que se pueda percibir si se han reconocido mutuamente. Ve como se vuelven hacia el mar, cruzan un par de palabras y después toma cada una su camino: A o B, el de la ciudad, B o A, con pasos inseguros, el que conduce a regiones que a él le parecen desconocidas, por caminos para los que él "tendría que buscar puntos de referencia en su espíritu". El uno lleva la cabeza descubierta, zapatos de lona, fuma un puro y le sigue un perrito, mientras emprende el camino de vuelta a la ciudad. Ofrece pues la imagen del hombre que no está de camino, la imagen del burgués local, al que no por casualidad añade Beckett un símbolo de sensualidad domesticada, un perrito. El otro, por el contrario, tiene un sombrero,

---

[50] *Molloy*, Ed. de Minuit, París, 1951, pág. 9. De modo semejante se presenta la cuestión de la culpa en el *Parsifal* de Chrétien.

tan importante en Beckett, que representa la condición previa de un estar de camino. Además está armado de un gran palo, una especie de maza, con el que, entre otras cosas, podría defenderse contra los perros. Podemos interpretar con seguridad que se ha decidido por la aventura, y el yo observador siente gran simpatía por él, le gustaría seguirle y se dice tristemente, que este "él", cuando un día vuelva a pasar por allí, creyendo haber olvidado algo, no verá en absoluto esta masa de carne tras de la roca (el yo observador), lo mismo que ahora tampoco la ha visto [51].

El yo experimenta aquí de este modo en una visión la diferenciación de sí mismo en dos "él" posibles (es decir, en dos yos objetivados): el uno, un ser más espiritual, emprende una peregrinación, pasa por campos y colinas, tradicionalmente lugares predilectos para la contemplación. El otro elige una existencia burguesa. No es difícil reconocer que esta diferenciación del yo-narrador indica al mismo tiempo la división estructural en dos partes que nos encontramos en *Molloy* y se refiere a los dos héroes, a Molloy, el yo espiritual, y a Moran, el tipo más bien burgués, que sin embargo emprende la busca de Molloy, su doble espiritual.

De modo consecuente, ambos relatan en primera persona, como posibilidades de un mismo yo, y su carácter de variación frente a una constante fundamental común (el yo) encuentra su correspondencia fonética en la letra inicial de sus nombres, la "M", que vincula a tantos protagonistas de Beckett. La estricta disposición dualista aparece así hasta cierto punto superada, pero por otro lado el agudo contraste de ambas figuras muestra sin embargo huellas claras del viejo dualismo carne-espíritu. Y cuando se considera que también en el neoplatonismo concuerdan el dualismo y el anhelo de unidad, algo induce a suponer que Beckett está en deuda con esta literatura tradicional, que ya cooperó decisivamente al nacimiento de la novela francesa en el S. XII [52], y que su novela debe importantes sustancias

---

[51] *Molloy,* pág. 13.
[52] Confr. Pollmann, *Epos,* cap. 3.

nutritivas a esta raíz de la literatura tradicional occidental, a pesar de toda su independencia y de toda su cercanía al "Nouveau Roman".

Esto tiene validez con absoluta seguridad para *Molloy* (por lo demás también para *Murphy*), pero en el fondo igualmente para toda la trilogía, pues sus "héroes" están claramente en una misma línea ascendente, en el sentido de la absolutización y de la liberación de las estructuras materiales. En esto no influye nada el hecho de que se trate fundamentalmente de una parodia, y de que además ninguno de estos "héroes" alcance la meta de su etapa. Efectivamente esta parodia continúa estando en deuda con el esquema estructural de la fuente parodiada (desde luego de un modo continuo sólo en *Molloy*). Y un camino que no conduce a la meta, sigue siendo un camino.

La historia del burgués Moran representa la primera etapa en esta ascensión sin final. Si bien se separa de su casa y de su finca, continúa estando aún decisivamente comprometido con las estructuras abandonadas, hasta el punto de llevar consigo a su hijo en el viaje que le ha sido impuesto por encargo superior. Pronto se muestra lo poco que comprende su propia misión: no entiende la voz de lo absoluto. Ya al tomar la decisión había sentido un fuerte dolor en la rodilla, como señal de que estaba a punto de renunciar a la constructividad burguesa, ahora también en sí mismo, al perder la movilidad de una rodilla. Este proceso había encontrado una consecuencia natural tras su partida, la pierna se le había quedado completamente rígida. (Tengamos en cuenta que aquí también interviene el humor de Beckett). Pero Moran no aprecia en lo justo el significado positivo de este fenómeno, en todo caso reacciona inadecuadamente ante esto, como se puede imaginar, y vuelve a caer en la antigua constructividad burguesa: manda a su hijo a comprar una bicicleta [53] para que éste le lleve sentado en el portaequipajes y con el indispensable paraguas

---

[53] Mientras que el hijo está ausente aparecen dos figuras curiosas que quizá se puedan interpretar como otras posibilidades del yo: quizá le prevengan porque está a punto de cometer un error. También nos parece simbólico en este sentido que Moran da muerte a golpes a la segunda de las figuras y después se da cuenta de que a él le falta una llave en el llavero.

sujeto al cuello. La contestación a esto no se hace esperar largo tiempo: su camino va cuesta abajo (!) y llegan a Ballyba ("bas"), donde su hijo le abandona y Moran recibe le noticia de que su misión ha concluido y debe emprender la vuelta, lo que entonces hace atormentado por problemas insolubles. (Uno de estos problemas insolubles es el de cómo ha de comportarse cuando llueve: si utiliza el paraguas como bastón, se moja, pero si abre el paraguas no puede andar).

Molloy comienza su búsqueda en un estadio más adelantado de "espiritualización". Ya desde el principio tiene una pierna rígida, de manera que sólo le quedan las posiciones absolutas de la horizontal y la vertical, de estar de pie y estar tumbado [54]. Su bicicleta es también esencialmente más absoluta que la de Moran, pues le falta la cadena (lo que corresponde a la falta de articulación de la pierna), de manera que sólo puede utilizar la bicicleta cuesta abajo. Ciertamente tiene que resistir tentaciones en el jardín de Lousse, donde se le obliga incluso a sentarse, lo que le proporciona dificultades considerables, porque aquí se trata de una postura constructiva, que a él con su pierna rígida realmente ya no le es posible. La posición de sentado es justamente burguesa. Ésta es la primera tentación que se le presenta a Molloy. Pero como en el fondo le son indiferentes los manjares delicados, los trajes nuevos y no digamos los muebles que le rodean, y como además, gracias a decepcionantes experiencias anteriores, tampoco le atrae demasiado el amor en perspectiva de Lousse [55], resiste a lo demás y abandona pronto este paraíso de la burguesía elevada, para comenzar un nuevo segmento de etapa una vez que ha superado el peligro. Como por intuición, recoge junto al mar, como alimento absoluto, desprovisto de la función de alimentar, dieciséis piedrecitas para chupar, que sin embargo le proporcionan algunos quebraderos de cabeza, ya que no sabe cómo ha de repartirlas en sus bolsillos para que se desgasten por igual.

---

[54]   Confr. *Molloy*, págs. 31 sigs.

[55]   Con razón se ha llamado la atención de que en la estancia junto a Lousse hay analogías de motivos respecto de la estancia de Ulises junto a Circe y Calipso (confr. J. Fletcher, *Samuel Beckett*).

Entonces comienza la segunda etapa de su camino con un suceso importante: su otra pierna se pone también rígida. Sólo puede avanzar arrastrándose de espaldas, pero su meta, la ciudad en que vive su madre, parece estar ya a un paso. Como el camino atraviesa un bosque, sus bastones le prestan valiosos servicios: por detrás de su cabeza busca con ellos ramas y troncos de árbol, se agarra a ellos y así, palmo a palmo, haciendo pausas cada vez más largas, se arrastra de vuelta hacia su madre, hacia su origen, hacia la anulación de sí mismo. Esto es así en varios aspectos: primero, porque su movimiento se acerca cada vez más al reposo, cada vez tiene que estar más tiempo inmóvil hasta que vuelve a tener la fuerza necesaria para seguir avanzando; segundo, porque tumbado de espaldas no avanza hacia delante, sino hacia atrás; tercero, porque ha perdido posibilidades decisivas de su modo de existencia, y por último, temática y expresamente, porque le apremia volver junto a su madre. Cuánto humor parodístico, a veces un poco negro, se da junto a todo esto, pero también en qué medida precisamente esta parodia confirma el esquema estructural de la búsqueda, se muestra al conservar Molloy guardado bajo la camisa un resto de bicicleta, la bocina (es decir, un antiquísimo "timbre de bicicleta"). No nos enteramos de si Molloy alcanza la casa de su madre. Sólo ve las luces de la ciudad.

"MALONE MEURT" Y "L'INNOMMABLE"

Molloy va pues bastante más allá que Moran, realmente había partido de presupuestos mucho mejores. Malone a su vez (*Malone meurt*) parte de un punto más alto dentro del desarrollo general. (Es una cuestión de perspectiva el que se diga "más alto" o "más profundo"; con "más alto" quiero decir más cercano a lo absoluto). A Malone no le es posible más que una postura, la "más esencial" sin duda, la horizontal. Es decir, yace en la cama y sólo puede moverse lo suficiente para acercarse cosas con el bastón. Es pues literalmente reposo en sí mismo. Pero sólo lo parece, pues su espíritu trabaja y con él su lápiz; este lápiz es como un bastón espiritual con el que incansablemente intenta aproximarse las cosas, esbozar nuevas posibilidades del yo, esbozar antes de su muerte la historia de un posible yo que llega, cuyo camino conduce a la meta. Sin embargo no lo consigue: las unidades episódicas se le quiebran bajo la pluma, se convierten en imágenes que sólo difícilmente se disponen hacia un fin en la dirección deseada.

Se podría pensar, por tanto, que aquí se da la estructura de un auténtico "nouveau roman", pero hay que tener en cuenta que, al contrario que en la novela de N. Sarraute, con la que mejor cabría la comparación [56], aquí todos los esfuerzos, si bien fallidos, se dirigen siempre a la consecución de una unidad episódica, y tampoco hay que olvidar que el objetivo sigue siendo constructivo, aunque sea tan ilusorio y aunque se quiebre tan a menudo. Además, incluso estas imágenes sin ilación son aún camino en el sentido del esquema de la ascensión, por un lado formalmente, en cuanto que acaban en una "frase" totalmente desarticulada, acercándose así a un máximo de absolutez lingüística; pero además también temáticamente y por el contenido, en tanto que las últimas imágenes y fragmentos episódicos ofrecen una especie de crescendo escatológico, que en puntos aislados recuerda el final de *Murphy*. Comienza con que Macmann, una posibilidad del yo-narrador proyectada desde sí mismo, se arrastra por el suelo como Molloy al final de su búsqueda. Después está Macmann en un asilo de ancianos, donde entra en macabras relaciones amorosas

---

[56] No en último extremo porque Beckett, de modo semejante a N. Sarraute en *Portrait d'un inconnu*, coloca en medio de estas imágenes la parodia de una "trascendencia vertical" que tiene un sello "platónico" (lo que es específico de Beckett). El yo del narrador encuentra allí una especie de experiencia sensual extática, desencadenada por un proceso de succión: mientras chupa la almohada tiene Malone la impresión de como si entre "dolores azulados" le crecieran alas y tuviera una cabeza de pájaro. Se dice a sí mismo que es muy feliz por haberse encontrado a sí mismo y su lugar en el universo (*Molloy*, pág. 44). Se trata aquí de una unión entre el mito de Beckett de la vuelta a la madre (el chupar) y el platónico de las alas que crecen al alma. Los "dolores azulados" se pueden interpretar con seguridad como los "dolores de parto de la idealidad" (azul es el color de la idealidad).

con su enfermera Moll. Sigue la muerte de Moll y el nombramiento
de un nuevo enfermero bastante brusco, Lemuel. A los últimos paseos
de Macmann en el jardín del asilo sigue inmediatamente, como última
y relativamente cerrada unidad episódica (casi sólo una imagen), la
excursión de un grupo de asilados bajo la dirección de Lemuel, una excursión que visiblemente toma las formas de una deportación, que
se asemeja a un viaje al más allá y que ha de conducirles a una isla.
Durante el viaje suben a una barca en la que se acurrucan, y Lemuel
blande un hacha, que sin embargo ni alcanza ni alcanzará a nadie, del
mismo modo que el yo-escritor no conseguirá llegar al final de su
historia:

> ni avec son crayon ni avec son bâton ni
> ni lumières lumières je veux dire
> jamais voilà il ne touchera jamais
> il ne touchera jamais
> voilà jamais
> voilà voilà
> plus rien.

Y con estas palabras "acaba" *Malone meurt,* el intento de Malone
de escribir una historia hasta el final se hunde sin límites (sin puntos)
en una noche que es la noche mortal para Malone, el narrador, y para
Macmann, el "héroe". Se nos dice inequívocamente que este final ha
de ser aún más absoluto que el de Molloy: ni con el bastón (por
medio de la peregrinación) ni con el lápiz (por medio del bosquejo
de historias) se podía alcanzar la meta, y ahora ya no hay ni siquiera
luces, sólo queda la negación desnuda, la nada.

Habría que pensar que como el camino a lo absoluto ha llegado
al final, ya no es posible una continuación. Pero esto sería tanto como
olvidar las experiencias de la tan polifacética literatura escatológica,
sobre todo a Dante, significa olvidarse de que realmente aún se puede
poner al yo en una especie de más allá, naturalmente sobre una base
paródica.

Esto sucede en *L'Innommable,* una novela que ya en el título da
a entender que se quiere dedicar a lo indecible, a lo absoluto; cierta-

mente una tarea paradójica para la literatura. El protagonista ahora es un yo que, totalmente liberado de su corporeidad, "vive" en un mundo astral del más allá. Es como si este yo, desligado como conciencia pura, se hubiera sumergido en mundos aespaciales y atemporales, por tanto en mundos en los que el lenguaje fracasa también y sólo es utilizable de modo impropio [57]. Este protagonista se encuentra en un lugar del que se dice que está en una analogía, si bien lejana, con lo que se denomina infierno [58], en un lugar en el que sólo hay hombres que "han enronquecido de tanto gritar", que como mucho pueden emitir aún gritos ("cris") muy débiles, apenas perceptibles. El yo ocupa, como ya sucedía al principio de *Molloy,* un lugar ligeramente elevado sobre una superficie, que difícilmente se puede decir si se trata de tierra firme, de agua o de cualquier otro líquido (esto también da una impresión de "más allá", incluso se podría ver también una analogía con penas infernales en Dante). El yo ya no quiere terminar de narrar algo, como sucedía aún en *Molloy* y *Malone meurt,* sino que quiere ser voz pura, quiere hablar "pour ne rien dire", lo que por otra parte no es ni mucho menos tan sencillo. El yo pronto vuelve a verse rodeado por las figuras y mitos evocados por la palabra, por ejemplo por Malone, que da vueltas alrededor del yo en círculos sin fin y es sólo visible del pecho para arriba, lo que le presta algo fantasmal, le convierte en una especie de movido cuerpo inerte.

El yo ya no se deja engañar con historias, ya no cree en un posible final, pero al hablar crea, sin quererlo, nuevos mitos, historias últimas que se muestran como casos límite de historia. Como en *Molloy* se trata de dos: primero la de una curiosa figura anónima que continúa la línea Moran-Molloy-Malone. Es un hombre que no puede mover brazos ni piernas (otra vez una ascensión hacia lo absoluto), al que sólo le queda aún en los hombros la fuerza suficiente para poder mantener los bastones e indicarse la dirección. Pero por lo demás esta figura traza sin cesar sus círculos, con la rigidez de un astro, en

[57] Confr. *L'Innommable,* Ed. de Minuit, París, 1953, pág. 10: "Il n'y a pas de jours ici, mais je me sers de la formule".
[58] *Ibíd.,* págs. 16 sigs.

torno a una angosta cabina de forma cúbica, en la que están sentados los suyos y esperan, turnándose en la guardia de noche para observar sus movimientos y así calcular las posibilidades de una vuelta del padre. Pero esta espera es en vano: todos han muerto mucho antes de que él retorne. También el retorno cobra un trágico fin, pues la figura no puede tampoco en la cabina patria librarse del movimiento circular que le ha sido impuesto. Continúa su movimiento de rotación y se ve obligada, dada la estrechez de la cabina, a machacar a sus familiares con los bastones e incluso finalmente taladra con ellos el cuerpo de la madre.

La segunda historia nos presenta una figura no menos curiosa e impresionante, que se ha introducido en un último esfuerzo en una especie de tonel, del que sólo sobresale el cráneo cubierto de eczemas. Es, pues, un posiblemente involuntario Diógenes moderno, más aún, el "héroe" específico de las novelas de Beckett. Un hombre que está a punto de pasar a la inmovilidad, pero que al contrario que Molloy, se acerca considerablemente al ideal, en tanto que, en posición vertical en el tonel y desprovisto de articulaciones, tiene verdadera oportunidad de convertirse en una perfecta forma platónica, en una esfera, y esto significa en espíritu puro. (Murphy dice, en el importante Capítulo IV [*Amor intellectualis quo Murphy se ipsum amat*] de la novela del mismo nombre, que se imagina a su espíritu como una gran esfera vacía). El "Diógenes" emprende pues, con óptimos presupuestos, su conversión en espíritu. Avanza hacia la perfección formal, por otro lado bien desilusionante, mientras sus miembros se atrofian y una vieja, que le utiliza como reclamo para su café, va echando serrín en el tonel, para que al menos siga siendo visible su cráneo, iluminado por un farolillo de papel [59]. Sin embargo, nosotros no vemos esta perfección. El fragmento episódico se interrumpe antes y lo que sigue es, literalmente, sólo punto muerto lingüístico, del que no se puede desprender más que, ya hacia el final de la novela, la imagen de una puerta que tenía que ser encontrada, y el pensamiento de una culpa

---

[59] Este farolillo podría ser otro motivo de Diógenes, pues se dice de él que iba con gusto a mediodía al mercado para buscar hombres con el farol.

singular e indecible, en analogía con el principio de *Molloy*. Tras esta culpa, de modo semejante a aquella de que habla Sartre en *La Nausée* [60], bien podemos ver el "pecado del ser contingente", el "pecado de la existencia". Y con esto se cierra el círculo de nuestras consideraciones respecto a la trilogía novelesca de Beckett: lo que le da estructura y unidad, lo que la convierte en un camino, es, a pesar de todas las intenciones parodísticas, la concepción de una trascendencia del espíritu, alcanzable gradualmente mediante un abandono de la contingencia, concepción que en el fondo remite a tradiciones neoplatónicas.

Por tanto, no es Beckett un representante típico del "Nouveau Roman", algo que realmente ya siempre se había sospechado, pero que no se podía concebir del todo. No pretende captar el ser de las cosas, ni el fenómeno psíquico ni la condición humana. No tiene en absoluto una perspectiva fenomenológica, sino ideal, si bien en último extremo frustrada, que sólo coincide en parte en la práctica con la del "Nouveau Roman", en tanto que el continuo quebrantamiento de la voluntad ideal (en *Malone meurt* y *L'Innommable* sobre todo) conduce a coincidencias esenciales con el "Nouveau Roman" desde el punto de vista de la técnica novelesca: no se da la unidad de un personaje, falta también unidad episódica y la forma se convierte en lenguaje del fracaso.

---

[60] Confr. *La Nausée*, París, 1938, págs. 217 sigs.

V

LA ANTÍTESIS RESTAURADORA

LOS AÑOS 1956-1959 EN IBEROAMÉRICA

El paso de la "Nueva Novela" francesa a la iberoamericana exige en cualquier caso la superación de una gran distancia espiritual, pues se trata del paso de un mundo a otro distinto. Pero para ninguno de los lapsos temporales de que se va a hablar en este libro tiene esto tanta validez como para los años 1956-1959. Si bien la novela abierta iberoamericana de los años 1949-1955 había culminado en obras que se pueden ver en clara analogía con el "Nouveau Roman", en obras que revelaban a Joyce como común antecesor y que mostraban una preparación existencialista análoga, en cambio ahora podría dar la impresión de que las analogías se pierden y que por ello se muestran retrospectivamente como algo superficial. Pero mientras en Francia en estos años continúa la serie experimental de nuevas novelas y cada vez se está más cerca de la meta del "Nouveau Roman", se permite la novela de élite sudamericana el capricho anacrónico de una especie de restauración, y esto inmediatamente después de dar Alejo Carpentier con *El acoso* un esperanzador experimento de nueva novela, un experimento que sin embargo no encontró aplauso unánime en Iberoamérica y que aún hoy se rechaza allí a menudo como extraño a la especie. Se podría llegar a pensar perfectamente en vista de este "capricho anacrónico", que aquí se confirma justamente que aún no es posible un análisis de la "cresta" de la novela sudamericana, ya que ni con la mejor voluntad se puede seguir un desarrollo como el que estamos acostumbrados a ver en la literatura europea de élite.

Por el contrario, hay que considerar que la serie de experimentos del "Nouveau Roman" representa un desarrollo en cierto modo antinatural, un desarrollo experimentalmente lineal, que de ninguna manera se debe aplicar como el módulo por antonomasia de un desarrollo literario. También hay que tener en cuenta que lo que a primera vista parece una restauración, podría revelarse como antítesis, que por su parte se puede ver como escalón de un triple paso dialéctico. Finalmente debemos estar preparados a tener que hacer constar, al hacer un análisis más concienzudo, que durante esta restauración tiene lugar soterradamente una fermentación formal que conduce a la síntesis del principio de los años sesenta.

EL AÑO 1956: "EL ACOSO" - "GRANDE SERTÃO"

El año 1956 nos ofrece justamente un paradigma de este doble aspecto restaurador y progresivo. En este año se publicaron dos novelas de élite contrarias, una de las cuales, *El acoso* de Alejo Carpentier, podría representar el aspecto progresivo y la otra, *Grande Sertão: Veredas* de João Guimarães Rosa, el aspecto restaurador y al mismo tiempo regional. Pero además de esto, ambas novelas, opuestas en muchos puntos, contienen respectivamente el aspecto complementario, de modo que cada una de ellas vista por sí sola proporciona el reflejo de estas orientaciones contradictorias. *El acoso* no es en modo alguno sólo atrevido experimento formal, sino que es al mismo tiempo el intento de un cierre formal de la novela abierta. *Grande Sertão* por su parte no es sólo una gran novela regional, ni la epopeya del "Grande Sertão" (es decir, de las tierras altas del interior del Brasil), sino también justamente el intento de una apertura formal de este tipo de novela regional (lo que sin embargo sólo se puede apreciar en toda su medida en el original, ya que se trata fundamentalmente de una apertura a través del lenguaje). Y desde este punto de vista, estas dos novelas tan distintas en su estructuración y en su extensión son, sin embargo, comparables.

El acoso es una novela corta, como también *El reino de este mundo* del mismo autor. Es una novela que se debe leer aproximadamente en el tiempo que se necesita para oír la *Eroica* de Beethoven, es decir, como dice el "billetero" de una sala de conciertos en *El acoso* mismo, unos cuarenta y seis minutos. *El acoso* está por tanto, como en Francia *Les Gommes* y *Le Voyeur*, y como *Passage de Milan*, *L'Emploi du temps* y *La Modification*, en estrecha relación con el fenómeno tiempo [1], tratándose como en las citadas novelas de un marco temporal claramente jalonado, en el que se desarrolla la acción. Pero en *El acoso* —y aquí se anuncia una diferencia significativa— este fenómeno tiempo no impone a la novela una relación isométrica de espacio y tiempo, que se refleje también en las proporciones. Con otras palabras, cada una de las tres partes de *El acoso* no abarca, como por ejemplo las cinco de *L'Emploi du temps*, una misma medida temporal (en este caso unos quince minutos), y mucho menos coinciden, como en *La Modification*, con una medida espacial, la de las etapas del viaje (lo que, como se recordará, también se daba en *Los pasos perdidos* de Carpentier). En *El acoso* no parte Carpentier del tiempo como de un determinante objetivo, sino que parte de una mezcla de tiempo interno y "musical", y en correspondencia, la estructura de la obra es interna y musical. El tiempo musical, que determina la estructura exterior, libera de este modo el tiempo interno, lo hace posible en su marco.

En la práctica se presenta esto del siguiente modo: la estructura exterior de la novela corresponde a la construcción de una sonata. Abarca, como el mismo Carpentier ha explicado [2], una exposición con

---

[1] Francis Donahue ha investigado la significación del tiempo en las novelas de Carpentier (*Alejo Carpentier: La preocupación del tiempo*, en *Cuadernos hispanoamericanos* 202, octubre 1966, págs. 133-151). Sobre *El acoso* se limita, sin embargo, a dar una relación del contenido.

[2] Confr. L. Harss, *Los nuestros*, pág. 61. Desgraciadamente no se cita la fuente.

tres temas, una ejecución con diecisiete variaciones y una conclusión
o coda. La primera parte tiene de hecho tres grandes fragmentos,
cada uno de los cuales perfila un tema diferentemente localizado. El
primer tema es el del billetero sentado en su taquilla, que observa
"tras de rejas" el gran mundo inaccesible para él y que se asombra
cuando tras la última llamada del timbre un hombre pide una entrada
a toda prisa, le tira un billete y sin esperar la vuelta, desaparece en
la sala; que se asombra aún más cuando poco después aparecen otros
dos hombres que, sin preocuparse en absoluto de la taquilla, entran
sencillamente corriendo en la sala. Como segundo tema está el yo del
perseguido, sentado en la sala y poseído por un miedo mortal, y como
tercer tema el de la prostituta, a quien el billetero en vano intenta
impresionar con su billete grande, pues ella dice que es falso.

La segunda parte tiene, en la edición que yo he utilizado, quince
fragmentos, lo que sin embargo no corresponde exactamente al número indicado (quizás haya que subdividir dos fragmentos grandes),
y la tercera parte, corta, representa la coda, que a su vez, en correspondencia con la exposición, consta de tres fragmentos. Además de
esto, como ya se ha insinuado, la historia está modelada también
según la duración de la *Eroica,* y esto en una relación muy concreta
con la acción, que abarca desde la última llamada antes del comienzo
hasta la salida del público una vez acabado el concierto. Sin embargo
se trata solamente de un marco dentro del que se rompe el tiempo
interno: ya en el segundo fragmento de la primera parte ha llegado
el concierto al final del segundo tiempo de la *Eroica,* de la *marcia
funebre,* y en el tercer fragmento de la primera parte se dice el billetero a sí mismo que debe darse prisa para estar otra vez en su taquilla
a tiempo para el final. Toda la segunda parte, la mayor con gran
diferencia, se convierte así en tiempo interno, en una especie de
décalage temporal, en el que se eleva el pasado.

Pero el tiempo interno musical de *El acoso* no se limita a esta estructura externa, sino que penetra y da su sello también al lenguaje
y al estilo. Todo está aquí más o menos eximido de la integración en
la sucesión continua de un acontecer claramente articulado, todo está

convertido en un puro motivo, que se capta, se desarrolla durante
un corto tiempo y se pierde, para después volver a aparecer en nuevas
variaciones. Estos motivos fundamentales se pueden resumir en complejos temáticos o de motivos: por ejemplo el tema de la muerte con
los motivos entierro, duelo, luto, *marcia funebre,* ambulancia, cicatriz,
sangre, color rojo, hormigas rojas, velatorio, viuda y cementerio. Al
complejo de motivos de la sensualidad pertenecen carne, pieles, prostitutas, perros, ladridos y el latido de la sangre. Al complejo de lo
social, dinero, billetes, entradas, carrera, ropa lujosa, ascenso social,
pobreza, comida, hambre, concierto, palacio, arquitectura, música,
gótico, color azul, revolución, manifestación, tortura, traición, sapo,
ladrido de perros [3] y tribunal; y por último, pertenecen al complejo
de lo sagrado Credo, Eucaristía, confesión, música "divina" y ambiente de recogimiento en la sala. Estos temas, cuyos campos concep-
tuales aún podrían ampliarse considerablemente, confluyen unos en
otros en continuo cambio, de tal modo que son percibidos más como
motivos formales que de contenido. Esto es tanto más así, cuanto que
varios motivos no se subordinan sólo a un tema. (Así está el dinero
entre los complejos de motivos de la sensualidad y de lo social —prostitutas—, y motivos como tortura y tribunal se podrían incluir también en el tema de la muerte, aparte de que la tortura en este caso
concreto también juega un papel en la sensualidad: el torturado no
cede hasta que se le amenaza con castrarle). Un complejo de motivos
claramente formal es el del estar encerrado. Incluso se podría designar
como una especie de fórmula fundamental que aparece en distintas
variaciones en el trascurso de la novela, análogamente a algunos ejemplos ya comentados del "Nouveau Roman". Así están encerrados de
modo semejante los dos principales protagonistas, el "él" del billetero
y el "yo" del perseguido: el perseguido en su fila y en su asiento,
donde las miradas condenatorias de los espectadores le llaman al orden

---

[3] El motivo de los perros, que se encuentra con extraordinaria frecuencia en las novelas iberoamericanas, en absoluto tiene sólo una importancia
local (en Iberoamérica hay una cantidad increíble de perros), la mayor parte
de las veces es simbólico y representa sensualidad o cobardía.

cuando hace ruido al moverse; el billetero a su vez, en su cabina, detrás de su reja. Este motivo de la reja vuelve a aparecer en múltiples variaciones, ya sea que los árboles forman una especie de reja a lo largo de la calle, ya sea que aparecen rejas en iglesias y palacios. Este motivo formal se refleja incluso, y no en último lugar, en los muchos paréntesis de la obra, que a veces abarcan fragmentos enteros, tal como si se quisiera sustraerlos al tiempo y protegerlos, del mismo modo que el encierro que él mismo ha elegido protege al perseguido durante un rato de las balas vengativas, y anteriormente le protegió la habitación herméticamente aislada del mundo exterior de una vieja viuda que vivía enfrente de la sala de conciertos (después se murió la viuda y él tuvo que abandonar su escondite). ¿No son también los muchos monólogos internos, no es también la parte central, la dominante desde el punto de vista de su extensión, un tal huir y esconderse de lo sin embargo inevitable?

En esta parte tenemos noticia de la prehistoria del perseguido, de su esperanza de libertad cuando abandonó la casa paterna y fue a la universidad para comenzar la carrera de arquitectura; nos enteramos de su participación en manifestaciones y de su primer atentado realizado por encargo de la revolución, que hizo vacilar considerablemente su fe en la causa justa. Tenemos también noticia de su fracaso en las torturas con que los policías le obligan a hablar, de su traición y de la muerte de muchos camaradas que él había denunciado, y por último nos enteramos de su huida de los vengadores y de la pequeña prórroga que consigue al mezclarse entre el protector público de la *Eroica.* Y de todo esto tenemos noticia en un momento en el que en la sala de conciertos ya se toca el tercer tiempo de la sinfonía, el breve *scherzo.*

Casi se podría hablar de una disposición dramática e incluso acordarse de *Les Mains sales* de Sartre, tanto más cuanto que algunos motivos importantes y quizá también técnicos podrían remitir a Sartre [4] (Alejo Carpentier cita por lo demás a Sartre como autoridad en

_____

[4] El no aguantar al ser azotado (confr. *Morts sans sépulture*), la idea de la muerte "anterior a la muerte" (cf. *ibíd.*), del cadáver como puro ob-

sus escritos teóricos)[5]. Con Sartre está relacionado también el compromiso políticosocial de *El acoso*. Esta novela es ya documento social a causa de sus "figuras", en las que se refleja el contraste de los componentes del pueblo cubano: la vieja negra que da alojamiento al "perseguido" durante sus años de estudiante y junto a la que después se refugia de la policía, una prostituta (la única persona en la novela a la que se da un nombre, Estrella), el pobre billetero, amante de la verdad y entendido en música, que aprendió a tocar el piano con la vieja negra, y por último, el perseguido mismo, estudiante de arquitectura y revolucionario sensible, una naturaleza como el Hugo de *Les Mains sales*, un Raskolnikoff, al que la culpa del atentado oprime y le hace desear la expiación. A diferencia del abstracto Sartre, que incluso donde quisiera volverse "social" en sus obras solamente crea modelos de su pensamiento filosófico[6], introduce Carpentier sin reservas la acción en las estructuras sociales y la deja seguir su curso, sin la coacción de un pensamiento dirigido. Carpentier no quiere ejemplificar ninguna aporía de la acción, sino presentar seres humanos, que cada uno a su modo están tan diferentemente condicionados socialmente, que no se les puede comprimir en un esquema conceptual, ni a ellos ni a su actuar. Con esto volvemos a la distinción establecida ya en el segundo capítulo entre el existencialismo sartriano y el iberoamericano, en el fondo, la distinción entre formas de pensamiento francesas e iberoamericanas.

No es tampoco que en lugar del apriori de unas categorías filosóficas aparezca la ideología socialista. En sus novelas por lo menos permanece Carpentier libre para la antítesis, incluso frente al tentador

---

jeto; la mención de Electra; la significación de *lo otro* (que se imprime en cursiva); el ingenioso giro del final: el billetero da al policía un billete al parecer falso que ha recibido del perseguido, que entretanto ha sido muerto a tiros; el policía se lo guarda satisfecho, comentando que también esto pasará a las actas; se ha dado cuenta de que el billete es auténtico y quiere guardárselo para sí (confr. los giros finales de *La Putain respectueuse, Morts sans sépulture* y *Les Mains sales*).

[5] Confr. A. Carpentier, *Tientos y diferencias*, Méjico, 1964, págs. 19 siguientes.

[6] Confr. Pollmann, *Sartre und Camus*, págs. 67 sigs.

estar referido a un ideal del pensamiento marxista (a cuyo servicio pone Marx la dialéctica. También Marx pertenece al S. xix). El perseguido es tan escéptico frente a la tesis marxista de los sacrificios iniciales necesarios en interés de la meta, como frente a la de una materia como "posibilidad de fuego", como dinámica económica, que no fuera dependiente de ninguna "voluntad inicial", de ninguna fuerza metafísica [7]. También relativiza Carpentier la actividad revolucionaria del perseguido (que por lo demás fracasa), por medio de una desilusión formal. Llama la atención que en la parte central de *El acoso* surja junto al tema revolucionario una serie completa de motivos "verticales" que se corresponden, que desenmascaran formalmente el acontecer revolucionario y lo muestran como constructividad idealista emparentada —de lo que quizá Carpentier sólo haya sido consciente en parte—. Tales motivos "verticales" son p. ej. misa, confesión, escalera de caracol, "Alto Personaje" (es decir, el jefe de los revolucionarios), estatua del rey español, imagen de la Virgen, el color azul (de los revolucionarios), arquitectura gótica, el nombre Estrella, el telón de acero (en palacio, iglesia y edificio del "Alto Personaje"), cúpulas de torres, orquídeas, catolicismo, colina de la universidad, columnas, alegorías. La correlación formal de motivos esquiva aquí el enunciado lineal del acontecer, así como en *La Modification* las cosas toman las riendas y minan la decisión de los hombres. Los motivos se han liberado de la integración en el camino de una acción narrada y se han convertido en motivos de sentido musical, en correspondencia con el tiempo predominantemente interno, musical de *El acoso*.

El acoso es por tanto una novela que no sólo se ajusta a importantes objetivos del "Nouveau Roman", sino que además, de un modo totalmente peculiar, avanza hacia una nueva dimensión, en un orden interno, deslinearizado. *El acoso* no sólo no tiene ningún protagonista en el sentido de un "personnage" perfectamente delimitado (el perseguido ni siquiera tiene nombre), ni está escrito discontinua-

---

[7] Confr. *El acoso*, segunda parte, fragmento 5: "La portentosa novedad..."

mente en cuanto a lugar, tiempo y acción, sino que representa gracias
a su dimensión interna un mensaje formal independiente del enunciado lineal. Lo que de un modo decisivo separa a esta novela del
"Nouveau Roman" es la falta de una orientación ontológica y fenomenológica. Para Carpentier es la cuestión social demasiado candente
para que le pueda satisfacer el querer representar lo que las cosas
son aparte de su significado. (Teniendo en cuenta la situación social
de Iberoamérica, sería semejante lujo de teoría del conocimiento
realmente perverso, mientras que en Europa es un fenómeno "natural",
concomitante del bienestar económico). Lo que a Carpentier le interesa primordialmente, y en esto está más cerca de Camus que del
Sartre literato [8], son los planteamientos temáticos, las respuestas a
problemas, y lo formal se subordina a este interés como un medio
posible de la expresión.

Esto también vale en el fondo para Guimarães Rosa, al que por lo
demás separa un largo camino de Carpentier. En él está lo formal de
tal manera subordinado a la problemática temática, es lo formal de
tal modo sólo una cuestión de la realización, que aquí debemos hablar
de tendencias restauradoras. (Sin embargo esto sólo lo podemos hacer
a partir del complejo total de la novela de "cresta" iberoamericana,
pues al nivel de la literatura brasileña representa *Grande Sertão* de
Guimarães Rosa un intento valeroso, único en su especie, de un rela-
jamiento formal, pues su valentía reside preferentemente en el lenguaje y la sintaxis y por ello mismo apenas encuentra continuadores
en la literatura iberoamericana en lengua española ya que el español
solo difícilmente podría reproducir esta sintaxis caótica, más posible en
portugués). Sin embargo, las estructuras superiores son considerablemente restauradoras. No sólo encontramos aquí el esquema fundamental maniqueísta, conocido a través de muchas literaturas, de demonio y Dios, luz y oscuridad, amor y odio; no sólo hay una orientación regionalista estrechamente relacionada con esto ("Grande Ser-

---

[8] Hay que distinguir muy bien a este literato Sartre del de las obras
teóricas. Éste (que en los últimos tiempos desplaza cada vez más al primero)
está comprometido socialmente en gran medida.

tão", cuyo nombre en brasileño suena casi como "Satán" —"satã"
junto a "satanás"—, adopta a veces el papel del mal); vemos además
el camino de un protagonista, que tiene mucho de un "personnage",
al que incluso rodea una gran cantidad de auténticas personalidades,
todas dotadas de un nombre y también delimitadas caracterológica y
espiritualmente de un modo bastante claro: Diadorim, Riobaldo, Zé
Bebolo, Hermógenes, Joca Ramiro, Medeiro Vaz. Por si no fuera
bastante, tenemos incluso un yo narrador que evoluciona, que nos
cuenta un importante y decisivo período de su vida.

Verdad es que de todo esto se muestra poco cuando se empieza
a leer el libro. Se nos introduce en medio de un presente desconcertante, en una corriente de la que no sabemos de donde viene ni a
donde fluye, en una situación muy ramificada que presupone el conocimiento de cientos de circunstancias y acontecimientos, situación en
la que se citan nombres que para Riobaldo significan algo, pero que
el lector identificará y ponderará sólo paulatinamente cuando Riobaldo,
el narrador, pase del estilo narrativo actual y discontinuo a la prehistoria, narrando de un modo continuo. En la edición que yo he
utilizado (cuarta edición, Río de Janeiro, 1965), que tiene 460 páginas, no sucede esto hasta la página 79. También después siguen
repitiéndose las irrupciones de la reflexión y las frases gnómicas tan
típicas de Guimarães Rosa, que interrumpen el flujo narrativo de
modo tan efectivo como los numerosos apóstrofes al lector. Cuando
la "prehistoria", que abarca nada menos que ciento cincuenta páginas, vuelve a alcanzar el punto inicial de la novela (pág. 234) y se
dice expresamente que aquí podría acabarse la novela, que se podría
poner un punto, entonces el autor deja fluir su estilo reflexivo entre-
mezclado con aforismos durante varias páginas, y crea así una especie
de frontera formal con el "final", con "lo que aún falta", como él
lo llama. En realidad esta "tercera parte" requiere tantas páginas
como la "exposición" y la "parte central" juntas, y esto no es ninguna
desproporción, pues esta preponderancia corresponde también al significado del "Finale". Aún cuando se nos presente a menudo el narrador como narrador malo o ignorante, sin embargo no debe esto en-

gañarnos y hacernos pensar que esta novela, que fluye como una gran corriente indivisible, carezca de una clara estructura y pueda pensarse sin lo que yo he llamado tercera parte. Mientras que la "primera parte" (como ya hemos dicho, las páginas 9-79 de la edición portuguesa) era puramente actualista, y mientras que la "segunda parte" (págs. 79-234) describía la prehistoria de este momento, está la "tercera parte" (págs. 234-260) dirigida al futuro, es un camino en el sentido de la "aventure", un camino con etapas claramente delimitadas y con un final que apenas se puede imaginar más "clásico", "romántico" y "realista" al mismo tiempo. En cualquier caso es un auténtico final (incluso un "happy end") que ratifica la novela como un camino que conduce hasta él y además como un camino constructivo que lleva a la madurez (lo que naturalmente no excluye de ninguna manera el camino extraviado; en este momento no me refiero más que a lo formal).

Veamos por tanto más detenidamente esta tercera parte. Mientras en la primera parte la vida de los jagunços (miembros de cuadrillas nómadas de bandidos que se hacen la guerra recíprocamente) se orienta sin meta visible en todas las direcciones (de acuerdo con la forma puramente actualista de esta parte); mientras los jagunços con sus capitanes viven para el momento, y sobre todo para el momento aprovechable bélicamente; mientras en la segunda parte se narra por un estrecho sendero temporal-local cómo un individuo, el narrador, ha encontrado su camino hasta aquí, tiene lugar ahora una especie de síntesis formal y de contenido: forma de novela abierta (incluyendo excursos y extensas descripciones) y forma de novela continua y referida a un fin confluyen en una corriente narrativa. La transición de una narración al principio centrífuga ("primera parte"), después centrípeta (que retorna al "ahora", "segunda parte"), a este descenso ordenado de tensión, empieza no obstante ya hacia el final de la "segunda parte", justamente en el momento en que se separan el vengativo capitán de la banda Hermógenes y el valiente, pero también sabio y prudente capitán Joca Ramiro. Esto sucede en una escena ampliamente trazada, una reunión del consejo, que en su grandeza épica es comparable a grandes antecedentes, como por ejemplo la reunión del consejo de Carlomagno en *La canción de Roldán,* el juicio de Vercingetórix en *Bellum Gallicum* de César o la "escena del tronco del árbol" de *La Araucana* de Ercilla y Zúñiga. (Aquí se muestra una vez más que esta épica originaria, ya hace mucho tiempo perdida en Europa, existe aún en Iberoamérica. También se podría mostrar esto en Pablo Neruda, y no sólo porque una de sus poesías se titule *Canción de gesta).* Joca Ramiro quiere, con un gesto generoso y al mismo tiempo hábil, perdonar la vida al prisionero capitán de las tropas del gobierno, Zé Bebolo, y a cambio arrancarle la promesa de salir del país. Hermógenes, por el contrario, exige inmediata y cruel venganza: pasar a caballo por encima de Zé Bebolo y arrasarlo literalmente. A continuación da Joca Ramiro a otros jaguços la posibilidad de dar libremente su parecer, con lo que se pone de manifiesto que las opiniones en esta cuestión se dividen en dos bandos. Joca Ramiro puede aún imponerse con facilidad, pero ha dejado demasiado margen a la opinión contraria, le ha dado ocasión de formarse conscientemente como algo propio y opuesto, y esta tolerancia se ha de vengar a continuación. Hermógenes le mata poco después y así desencadena inmediatamente las luchas organizadas que han de vengar en Hermógenes la muerte de Joca Ramiro. Estas luchas y su minuciosa preparación son el objeto de la tercera parte.

Es interesante señalar respecto a nuestro objeto, que esta orientación de la novela hacia una meta tiene lugar por medio de una diferenciación en dos principios (por un lado afán ciego de venganza, por el otro sagacidad y sentido de justicia). Así se muestra nuevamente en el ejemplo concreto lo ligados que están el dualismo y el carácter de camino de la novela. Camino presupone justamente una tensión entre dos principios (ya se trate de punto de partida-meta, realidad-ideal, abajo-arriba, oscuro-claro, mal-bien, o traición y fidelidad, por citar sólo algunas de las posibles antítesis). *Grande Sertão* no se reduce a una de estas antítesis, sino que se convierte en un formidable enfrentamiento, que alcanza dimensión épica, de principios e individuos opuestos en los distintos planos que atraviesa el camino de

Riobaldo. En primer lugar tenemos el enfrentamiento entre Zé Bebolo y Riobaldo, que acaba con la victoria del último. (Zé Bebolo se ha convertido tras la muerte de Joca Ramiro en capitán de la banda y dirige la lucha contra Hermógenes. Pero Riobaldo concibe sospechas al pedir Zé Bebolo en una carta socorro a las tropas del gobierno, después de que Hermógenes ha rodeado a su banda y él no es capaz por sus propias fuerzas de liberarse. Cierto que sus sospechas se disuelven, pero Riobaldo se alza poderosamente junto a Zé Bebolo: el narrador se transforma en un auténtico protagonista. Con esto se cumple una condición más de la novela tradicional y se saca una primera consecuencia del dualismo). Pero también en el mismo Riobaldo se da una escisión, también él mismo se diferencia ahora en dos principios antagónicos, en bondad, clemencia, incluso blandura, por un lado, y maldad, sadismo y satanismo por el otro. En efecto, Riobaldo ha vendido en las *Veredas Mortas,* en los ríos muertos, su alma a uno que no existe, y este pacto le ha convertido en un Fausto en cuanto a ambición, pero también en cuanto a desgarramiento interno.

Un conflicto que fundamentalmente arde en lo inexpresado tiene también lugar entre el compañero de armas y "amado" Diadorim y Riobaldo. Diadorim se convierte cada vez más, en virtud de la diferenciación que todo lo abarca entre bien y mal, en el representante del bien, y cuando se piensa que Riobaldo está ligado a esta encarnación del bien con un (supuesto) amor homosexual, entonces se podría casi reconocer aquí una temática platónica (de esta manera un dualismo arrastra a otro tras sí).

Por último tiene lugar una diferenciación entre arriba y abajo, entre infinito y limitado, pues llama la atención que Riobaldo justamente ahora elige la ascensión a las montañas (y esta ascensión se hace presente en la novela de un modo palpable), como también lo es que Riobaldo al vencer a Hermógenes está en una casa alta, que casi parece una torre, lo mismo que Mathieu en su "victoria" en *La Mort dans l'âme* de Sartre y lo mismo que las damas de la novela cortesana, cuando presenciaban la victoria de sus caballeros. Con seguridad no se trata tampoco de una casualidad el que se logre atravesar el desierto *Raso* en la tercera parte (lo que hasta entonces se había intentado en vano), en cierto modo, la victoria sobre el vacío, sobre la quintaesencia de lo que "Sertão" significa.

Pero sobre todo el final de la acción muestra la ahora típica novela: no es sólo que el compañero de armas Diadorim, que encuentra la muerte en la lucha decisiva, se revele como amazona que quería vengar en Hermógenes a su padre y que de hecho le mata (con lo cual el supuesto amor "homosexual", que Riobaldo siempre se había resistido con éxito a reconocer, se legitima retrospectivamente), sino que además una muchacha fiel espera al héroe. Al matrimonio sólo se opone, y no por largo tiempo, el luto por Diadorim, y como leemos en las palabras finales del narrador, en el momento de redactar el libro, éste lleva ya mucho tiempo casado con Otacília, y no lejos de él se ha establecido Zé Bebolo, ahora como ciudadano no menos amante de la paz.

Esto no es, como quizá podría suponerse, parodia, sino que por el contrario es aquí donde se da la respuesta de *Grande Sertão*, aun cuando estéticamente considerada sea poco convincente. *Grande Sertão* se incluye por último en la tradición de *El Quijote*: el camino de Riobaldo es un camino extraviado, es pacto con el demonio. La verdad radica en otra parte, radica en lo que queda cuando las cuadrillas de bandidos se han aniquilado, radica en la muerte de Diadorim y de tantos otros, y la renuncia de Riobaldo a su vida como jagunço es la consecuencia natural de este conocimiento de la verdad.

Grande Sertão cabe por tanto sólo con reservas en el marco de este estudio, por su primera parte, por algunas técnicas narrativas ampliamente utilizadas, como apóstrofes, excursos, reflexiones independizadas, sentencias, alineaciones épicas [9], y por último, también por la inversión temporal de la primera y la segunda parte y sobre todo por su lenguaje.

Nos llevaría muy lejos comentar ahora todos o sólo los grandes ejemplos de esta época de "antítesis restauradora" con la misma ex-

---

[9] Confr. p. e. *Grande Sertão: Veredas,* págs. 254, 242 sigs.

tensión, ya que todos nos vuelven a conducir a soluciones antiguas desde algún importante punto de vista estructural, de manera que parece más indicado un comentario sumario.

FERNANDO ALEGRÍA Y JOSÉ DONOSO

Donde más claramente se manifiesta esta tendencia restauradora es en dos buenas novelas chilenas de esta época, en *Caballo de copas*, de Fernando Alegría, y en *Coronación*, de José Donoso, ambas aparecidas en 1957. Las dos son novelas realistas, claramente articuladas, de las cuales sólo la primera revela un indicio de apertura formal, en tanto que en ella aparecen entrelazados tres hilos narrativos. El yo narrador, un joven chileno, lee en el periódico la noticia de la muerte de su caballo González, y empieza a narrar retrospectivamente sus experiencias con el caballo (primer hilo narrativo) y con Mercedes, una muchacha a la que ama (segundo hilo narrativo). A lo largo del desarrollo aparece además un tercer complejo de acción subordinado, la huelga de los trabajadores portuarios, que, desde el punto de vista técnico, sólo sirve para deshacer el nudo en que se han entrelazado el amor al caballo y el amor a Mercedes. Marcel se opone al amor del "yo" a Mercedes, apoyándose en su funesta pasión por los caballos. Pero la huelga une a los enemigos y una gran carrera de González proporciona también el dinero necesario para eliminar los últimos reparos y posibilitar el amor entre Mercedes y el yo narrador. La novela permanece por tanto en el nivel de las soluciones puramente temáticas.

Lo mismo sucede en *Coronación*, donde la alta y la baja clase social viven paralelamente sin rozarse, pero la historia de este vivir paralelo da lugar a una novela claramente construida, cuya jerárquica estructura formal contradice la miseria social, que en parte se resuelve en ella, y a la que no se deja ninguna oportunidad de ser considerada como merece, ni siquiera formalmente. Quizá se pueda llegar a decir incluso que sólo la tendencia base restauradora de la época de 1956 a 1959 permitió a estas dos novelas llegar a la "cresta" de la novela iberoamericana.

AUGUSTO ROA BASTOS

Algo semejante tiene con seguridad validez para *Hijo de hombre* (1959) de Augusto Roa Bastos. Aunque conformada de modo totalmente distinto a las mencionadas novelas chilenas, la lograda obra de este paraguayo, que, como tantos otros escritores iberoamericanos, vive ahora fuera de su patria, debe también sobre todo a la "antítesis restauradora" el haber sido incluida entre las grandes fórmulas novelísticas de los años cincuenta y también el haber encontrado el lenguaje del instante. Sin embargo aquí se da, hasta cierto punto, una apertura formal.

Ya el título suena francamente temático y tradicional, y esta primera impresión no engaña. El título se refiere a *Ezequiel,* XII, donde, junto a una repetida apóstrofe al "hijo de hombre", se traza una alegoría de la conducción de Israel al exilio. Además hay que entender el título como antitético del concepto "hijo de Dios". El caso es el siguiente: el guitarrista Gaspar, dotado de fuerzas mágicas, se retira a las montañas después de haber sido atacado por la lepra. Al encontrarlo un día muerto, se halla en su cabaña un "Cristo en la cruz" de tamaño natural, tallado en madera y totalmente humano, que Gaspar evidentemente ha tallado para tener un compañero "humano" en su soledad. Después de haberse negado el párroco a poner este Cristo humano en la iglesia, se le eleva en una colina y desde entonces tiene lugar todos los años en Itapé, éste es el nombre del lugar, una procesión curiosísima, "revolucionaria". Los habitantes bajan el cuerpo de la cruz y van en peregrinación a la iglesia, como sangre alborotada, pero delante de la iglesia dan la vuelta y llevan el cuerpo de nuevo a donde estaba [10]. La cruz se ha convertido para Itapé en

---

[10] Esto recuerda la novela corta de Camus *La Pierre qui pousse,* que apareció un año antes. Desde luego es seguro que no se da una influencia.

el símbolo de la herencia de Gaspar, de la inmortalidad del dolor humano y también en cierto modo en símbolo de la revolución.

A partir de este episodio narrado en la primera parte y a partir de la referencia a *Ezequiel* hay que entender toda la estructura de esta importante novela. Sus ocho partes son ejemplos de esta temática del dolor "inmortal" en el hombre, y se agrupan todas en la temática del "exilio" como partida, guerra o vuelta a la patria. Estas ocho partes a su vez están divididas en una multitud de pequeños capítulos y generalmente representan unidades episódicas bastante independientes, que en parte hacen el efecto casi de auténticas novelas cortas.

Hijo de hombre es por tanto, considerado en su totalidad, cualquier cosa menos una nueva novela, pero por otro lado Roa Bastos utiliza conscientemente técnicas narrativas que tienden a la apertura. Así, no se narra continuamente el primer episodio, que sirve de exposición, sino que se le va sacando literalmente trozo a trozo a un viejo que al principio sólo aborda el tema por alusiones. También troca y encubre el viejo nombres, fechas y lugares, lo que se dice expresamente en el texto, y no es difícil darse cuenta de que estos asertos referidos a una figura de la novela, al mismo tiempo se refieren a la técnica narrativa de Roa Bastos. Por último, por lo que se refiere a María Rosa, una prostituta, que en el episodio adopta el papel de María Magdalena, se dice de ella que sólo habla en "frases incoherentes".

Técnicas igualmente desconcertantes se encuentran por ello también en otros episodios de la novela. Imágenes retrospectivas y repentinos saltos temporales (nada menos que de veinte años) en situaciones que permanecen iguales e incluso a veces con los mismos nombres (se trata justamente del hijo) son los ejemplos más perfilados. Pero en el fondo son sólo accesorios de moda en una novela de tesis existencialista y documental, en la que se trata del abandono y dolor del hombre (el libro acaba con un suicidio, del que tenemos noticia a través de un apunte de diario de una doctora), pero también se trata de la argumentación de que en el Chaco en 1932 se hizo una guerra contra Bolivia que no fue la guerra del pueblo. Esto a su vez es sólo concreta ocasión documental para la tesis de largo alcance, de que hay demócratas aparentes, que gobiernan sin contar para nada con el pueblo y que en el fondo sólo representan una dictadura. Es evidente a qué caso se refiere el paraguayo Roa Bastos al decir esto, por lo que no necesitamos seguir ocupándonos de ello aquí.

CARLOS FUENTES

La síntesis de la realidad de Méjico, que creó Fuentes en su famosísima y gigantesca novela *La región más transparente* es igualmente de tendencia documental, aunque en un nivel distinto y más exigente. (El título es irónico y se refiere a una frase que se supone que dijo Wilhelm von Humboldt al contemplar el valle de Méjico, frase con la que también acaba el libro: "la región más transparente del aire"). El año 1951 es el foco temporal de la acción y partiendo de él o volviendo a él se desarrolla ésta en varias épocas y fragmentos temporales que generalmente se indican ya en los títulos de los distintos capítulos: 1913; 1910-1951; 1907-1951; 1920-1940; 1914-1932; 1923-1951; 1911-1935; 1912-1951; 1918-1951, etc. Este caos temporal está gobernado por un cierto orden que, como en el caso de *El acoso*, se podría llamar musical. Como allí (implícitamente también en *Grande Sertão*) hay tres partes o movimientos: una exposición con una porción de temas más o menos separados, que siempre tienen una figura central; una amplia ejecución (la segunda parte con una multitud de variaciones), y una especie de mezcla de retornela y coda, una parte final muy breve que abarca sólo pocas páginas y que nos lleva más allá del punto de partida, es decir, al año 1954. Esta "coda" no nos trae nada nuevo, como corresponde al sentido de un retornelo, sino sólo una repetición sintéticamente comprimida de motivos ya desarrollados, en cuyo fondo se encuentran, como temas dominantes, la brutal falta de sentido de la existencia y las múltiples expresiones de ambición y egoísmo que en ella viven irremisiblemente sin contacto mutuo. Son documentos últimos que fijan para el futuro el mismo estado de cosas como algo dado y que lo subrayan en un crescendo de desarticulación formal, con los "golpes de timbal" de un absurdo formal que es el resultado de este extraordinario reportaje cultural. (La tercera parte tiene efectivamente tres subdivisiones, la última de las cuales acaba en una creciente desarticulación formal del lenguaje y que con una inequívoca intención irónica se titula *La región más transparente del aire.*)

Nos encontramos pues evidentemente dentro de la "Nueva Novela", en una variante de ésta que, con seguridad aún más que *El acoso,* le debe mucho al cine. Esto no debe asombrarnos, pues Carlos Fuentes trabajó en el cine, lo mismo que Alain Robbe-Grillet en Francia. En esta función adoptó para la pantalla, entre otras cosas, *El acoso* de Carpentier, junto con Buñuel. Incluso casi se podría pensar que estamos ahora tan definitivamente dentro de la "Nueva Novela" que habría que preguntarse en qué consiste pues lo restaurador. Pero no olvidemos que mientras hemos llegado a la "Nueva Novela" de 1957 y que no se puede considerar "nuevo" para ésta el que con su final nos haga retroceder al *Ulysses* de James Joyce, que queda ya a treinta años de distancia. (En lo que sin embargo no se debe perder de vista que entre el monólogo final de la Sra. Bloom y el final de *La región más transparente* hay aún diferencias importantes, incluso en cuanto que se trata de un crescendo de la desarticulación, lo que por otra parte también se podría considerar restaurador aún en relación a James Joyce, pues un crescendo significa de modo necesario continuidad, y desde el punto de vista formal, no afecta en absoluto a la cuestión que el crescendo no construya sino que destruya).

Pero no es esto todo. Si se observan las "instantáneas" de esta obra, pueden efectivamente encontrarse jirones de conversaciones telefónicas incoherentes, de textos propagandísticos, fragmentos de periódico y textos de canciones ligeras. Se tropieza también con titulares diseminados, pasajes que, como si se tratara de un drama, acompañan a las palabras de los distintos hablantes de anotaciones para el director. Se encuentra gran cantidad de monólogos internos, se mueve uno en un cambio de tipos cursivos y redondos, la mirada pasa con la cámara del autor de un ambiente a otro, pero nada de esto es nuevo cón respecto a James Joyce, Faulkner y Dos Passos, y está aquí al servicio de un informe documental naturalista casi brutal sobre el estado espiritual de la realidad social de Méjico. Lo formal está aquí temáticamente ligado, referido al contenido, y no es auténtico lenguaje como en *El acoso* y en la nueva novela "clásica". Es técnica novelística moderna al servicio de un tradicional sentido crítico cultural.

Como se puede pensar, esta mezcla no hace la lectura especialmente agradable. Por el contrario, resulta verdaderamente chocante cuando leemos por ejemplo la conversación desprovista de toda conexión ordenadora y por tanto domesticadora, absurdamente vacía, y reproducida con claridad naturalista, de una pareja carente de fantasía que va camino de una reunión de sociedad y que "pasa revista" a los participantes, una conversación que es tan brutalmente estúpida como suele estar establecido en estas "conversaciones". Igualmente desilusionadora resulta la desnuda conversación telefónica de negocios de que somos testigos. En comparación resulta reconfortante leer la historia del taxista que se permite una comida con su familia en un restaurante superfino, con lo que tenemos oportunidad de experimentar simpatías como en una novela corta de Maupassant. (Una cicatriz roja en la frente del taxista remite sin embargo tales simpatías en otras direcciones, más o menos alejadas de Maupassant).

La región más transparente no es pues un espacio en el que uno pueda sentirse agusto; en muchos aspectos es una nueva novela, pero una nueva novela algo anacrónica, que adquiere gran significado en el marco de la "antítesis restauradora" y a la que en Sudamérica se considera con justicia como una síntesis fiel, aunque un poco unilateralmente negativa, del Méjico real.

Por lo demás, Carlos Fuentes se ha dado muy bien cuenta del carácter restaurador de su novela. Es consciente de que justamente lo que aquí podría tener un efecto progresista, por ser una apertura formal, adopta con treinta o cuarenta años de retraso técnicas literarias que los países de lengua inglesa habían desarrollado en los años 20 y 30 como lenguaje formal del tiempo. Él mismo menciona a Dos Passos, Faulkner y D. H. Lawrence como sus grandes ideales y explica que busca una síntesis entre los tres, entre Dos Passos, para el que todo es pasado, Faulkner, para el que todo es presente, y D. H. Lawrence, para el que todo es porvenir. Fuentes constata después que la influencia de estos autores en la "Nueva Novela" de Iberoamérica guarda relación con el hecho de que la literatura iberoamericana tiene un retraso de cuarenta o cincuenta años por lo menos frente a la norteamericana. Esta explicación "aclaratoria" no es totalmente injustificada, pero absolutiza uno de los varios aspectos de la literatura iberoamericana, un aspecto que en Fuentes está especialmente señalado, en cualquier caso más que en Asturias, Sábato, Carpentier, García Márquez y Vargas Llosa. La novela iberoamericana (y al decir esto me refiero sólo a la novela literariamente exigente) no es aún un fenómeno cerrado que disponga de un nivel de rendimiento asegurado, análogo a la novela actual francesa, norteamericana o incluso italiana, a partir del cual los grandes talentos individuales puedan avanzar hasta la "cresta" internacional. Aquí aparecen mezclados los más distintos estadios evolutivos, novelas con veinte, cincuenta, cien y aún más años de retraso, pero también otras en las que se habla el lenguaje del instante de tal manera que en comparación con ellas la novela española, italiana y en gran parte también la alemana tienen décadas de retraso. También hay que tener en cuenta que la novela sudamericana de élite no discurre "consecuentemente", en parte justamente por esta necesidad de alcanzar, y que por tanto, en una fase restauradora como la del período de 1956 a 1959, una novela puede muy bien a un nivel "nacional" (es decir, continental) pertenecer a la "cresta", sin que ocurra lo mismo a nivel internacional, pero que por otra parte tenga un significado muy positivo para la época posterior, en la que la novela iberoamericana logra de nuevo abrirse paso hacia la mejor novela internacional. Aplicando esto a *La región más transparente* resulta: naturalmente tiene esta obra un retraso de décadas en decisivos aspectos formales y de contenido, pero en otros aspectos, como por ejemplo el "musical" de la estructura, continúa tras *El acoso* una línea específicamente iberoamericana.

Las buenas conciencias (1959) por su parte, una novela tradicional de Carlos Fuentes, que no tiene absolutamente nada en común con la "Nueva Novela", no es característica. Estaba destinada a ser el primer tomo de una tetralogía en espera de continuación, y como tal a representar una base estilística y estructural como la que corresponde por ejemplo a una novela del siglo XIX. Partiendo de esta base, debían los otros tomos (quizá lo hagan aún) acercarse paulatinamente a una novela del momento. Esto era, visto en sí, una empresa interesante, pero sin embargo hay que decir que el principio no es muy esperanzador: una novela del siglo XIX, cuando se escribe en 1959 es necesariamente mala, pues buena literatura es sólo buena por el lenguaje del instante, aun cuando presente relaciones históricas. También es decepcionante *Para una tumba sin nombre,* de J. C. Onetti, una obrita que, también publicada en 1959, no tiene más de setenta y cinco páginas de formato pequeño en la edición que he utilizado, es decir, que apenas representa algo más de un boceto de novela. De hecho se continúa aquí experimentando en la dirección de *La vida breve* y *Los adioses,* pero con menos habilidad. Aun cuando la técnica narrativa sea tan abierta y nos conduzca a un juego del escondite, en el que el fictivo cronista, el ya conocido Díaz Grey de *La vida breve,* intenta reconstruir trozo a trozo la historia de un joven a partir de sus confesiones, el objeto de la historia no corresponde en absoluto a este esfuerzo técnico. Lo que se compone trabajosamente es la "éducation sentimentale" de un joven, que en edad temprana ha sido testigo, a través del ojo de la cerradura, de escenas sexuales y que siendo estudiante vive con una prostituta en una habitación, para experimentar hasta lo último la pronto despierta y después reprimida pasión. Una "historia" pues que no está convincentemente ligada con el lenguaje formal. En cualquier caso, no se alcanza la potencia de *La vida breve* y *Los adioses.*

Así se cierra pues el cuadro de los años 1956-1959 como el de una época en la que, junto a algunas grandes nuevas novelas restauradoras, pide el experimento la palabra: logrado en *El acoso,* difícil de salvar y conscientemente anacrónico en *Las buenas conciencias* y progresivamente abierto en cuanto a la forma, aunque temáticamente tradicional y por tanto apenas convincente en *Para una tumba sin nombre.*

VI

EL NOUVEAU ROMAN "PURO"

1957-1959

Volvamos de nuevo la vista a Francia. Los años en que aparece en Sudamérica una tendencia restauradora antitética de la novela abierta, son en Francia escenario de una serie experimental que avanza inquebrantablemente hacia su meta, hacia el "Nouveau Roman" puro. A esta serie se suman ahora dos novelistas importantes, Robert Pinget y Claude Simon. A cambio "guarda silencio" en este período Samuel Beckett, o, mejor dicho, se pasa al teatro transitoriamente, publicando *Fin de partie* y *Acte sans paroles* (1957) así como *Krapp's Last Tape* y *Embers* (1959). Hasta 1961 no vuelve a tomar la palabra con una novela, con *Comment c'est*. No es casual que en estos años del "Nouveau Roman" "puro" falte también la voz de Michel Butor, que dialoga imperturbablemente con estructuras "clásicas" y temáticas, y que reaparecerá en 1962 con *Degrés*.

Esto no significa desde luego que los años 1957-1959 sean absolutamente y sin excepción los años del "Nouveau Roman" "puro". A esto se opone el hecho de que Pinget y Simon, de modo semejante a Beckett, aunque no tan pronunciadamente, aportan dualismos procedentes de sus novelas anteriores más o menos tradicionales. Pero además está la circunstancia de que, incluso este lapso de tiempo que sólo abarca tres años, se descompone, si analizamos detenidamente, en dos años preparatorios por una parte y en el año del "Rendement" óptimo, 1959, por otra. El "Nouveau Roman" es efectivamente una realidad evolutiva (¿acaso no lo es también en el fondo la "Nueva Novela" iberoamericana?) que ofrece una imagen distinta de año en año, que no reposa jamás. (No es de extrañar que los *poetae minores* pierdan el paso con gran facilidad y que no haya sitio para los epígonos: sin auténtico talento, por medio del mero esfuerzo es imposible descubrir el secreto del lenguaje del instante. Pero también el talento auténtico está condenado aquí a perder tarde o temprano la conexión. De esto se ha de hablar más adelante).

LOS AÑOS 1957/58

Tres grandes ejemplos del "Nouveau Roman", así como una obra que penetra vacilante en su ámbito, *Baga* (1958) de Robert Pinget, aparecieron en los años del ya casi "puro" "Nouveau Roman": *La Jalousie* (1957) de Robbe-Grillet y *Le Vent* (1957) y *L'Herbe* (1958) de Claude Simon. Pese a lo interesantes, ilustrativas e importantes que son estas novelas dentro del complejo total del "Nouveau Roman", tienen algo de carácter experimental (lo que en absoluto se dice en un sentido peyorativo): los elementos y las estructuras no logran en ellas ni el equilibrio "clásico" que permitió la velada armonía con substancias tradicionales de forma y de contenido, tal como se daba en el "Nouveau Roman" "clásico", ni tampoco logran la armonía interna de un "Nouveau Roman" "puro" que ofrezca la estructura absoluta. Estas novelas son los antecedentes inmediatos de este caso experimental ideal.

De este modo intenta Robbe-Grillet en *La Jalousie* (en su mayor parte con éxito) evitar las infracciones contra su propio ideal de la novela, existentes aún de modo latente en *Les Gommes* y en *Le Voyeur*, y dar al mismo tiempo a su novela una dimensión interna y nueva. (Las manifestaciones teóricas de Robbe-Grillet en este tiempo, *Sur quelques notions périmées* (1957) y *Nature, humanisme, tragédie*

(1958) [1], dejan ver poco de esto todavía. Están dirigidas contra técnicas y requisitos novelísticos anticuados ya rechazados en *Une voie pour le roman futur,* tales como "personnage", "histoire", "engagement" (como caso especial de la "signification"), "dualismo *forme-contenu*". En todo caso podría decirse que en ellas se expresa la necesidad de avanzar más, de crear una novela "nueva" respecto de lo ya conseguido para hablar verdaderamente el lenguaje del instante, la necesidad de ajustarse al hecho de que no existe ya una "image d'un univers stable, cohérent, continu, univoque, entièrement déchiffrable", por lo que técnicas novelescas tales como "emploi systématique du passé simple, adoption sans condition du déroulement chronologique, intrigues linéaires, courbe régulière des passions, tensión de chaque épisode vers une fin" [2] se han convertido en requisitos formales desmentidos por el instante. Sin embargo lo que quiere decir el positivamente formulado propósito de Robbe-Grillet, el resolver desde dentro los "problèmes actuels de son propre langage" [3], no lo muestra al principio más que la práctica a la que, como de costumbre, sigue aquí la teoría como "ancilla" fiel y a veces un tanto triste, es decir, mientras puede hacerlo...)

Robbe-Grillet evita esta vez la dimensión mítica del acontecer que se da en *Les Gommes* y en *Le Voyeur,* de modo que la obra no está enlazada a orígenes lejanos, sino que vive de sí misma. Evita además (lo que constituye un paso no menos importante) la correlación espacio-temporal (la raíz de toda continuidad). Para este fin liga la acción a la "cámara" de un ojo presente en la novela que desde el interior de la casa observa lo que sucede en la terraza a través de la persiana (de aquí el título), cuyas hojas a veces se juntan, a veces se separan. Este ojo puede corregir su ángulo de incidencia visual, ya que dispone de varias ventanas, pero jamás abandona el interior estático de la casa, limitándose a satisfacer contemplativamente a sus celos (segunda significación del título). El fenómeno de la visión,

---

[1] Ambos trabajos en A. Robbe-Grillet, *Pour un nouveau roman.*
[2] *Ibíd.,* pág. 37.
[3] *Ibíd.,* pág. 46.

familiar ya por *Le Voyeur* (y que también adquiere gran importancia en *El acoso* de Carpentier), ha sido desligado así de su unión tridimensional con el espacio y con el tiempo lineal, unión sólo anulada en el éxtasis. (Aparte del éxtasis de la "exposition" era el mirar de Mathias simultáneamente un moverse dentro del complejo de una acción que se hallaba en una relación articulada con el espacio (la isla) y con el tiempo (las horas disponibles para la jira).

La acción contemplada no puede tampoco jamás llegar a ser continua en un sentido tridimensional, constructivo, debido al limitado ángulo de incidencia que pone claras barreras a la mirada (el protagonista se ha convertido en mera mirada). Tan pronto como el fenómeno del espacio se une con el tiempo, por ejemplo cuando los contemplados abandonan la terraza o simplemente trae algo un criado, se vuelve el ojo impotente, tiene que pedir ayuda a la bastante insegura fantasía, mirando a su propio interior, para compensar la contemplación frustrada. Al ojo no le es siquiera posible "captar" formas nimias de continuidad, tales como el intercambio de sonrisas entre los dos que están sentados en la terraza, pues, según su ángulo de incidencia respectivo, se encuentra a espaldas de su vecino Franck o de su mujer A [4].

La Jalousie, emparentada en muchos puntos con una novela cinematográfica, significa pues un paso considerable hacia una novela puramente fenomenológica. Pero a causa de este progreso se granjea la obra un algo de imperfección. El paso es demasiado enérgico para que la recomposición pueda alcanzar el mismo grado de perfección a partir de la forma. No es que esta novela carezca de forma, al contrario, tiene una estructura clara, si bien apenas reconocible a primera vista y en la primera lectura: consta de tres "mouvements" que juntos ofrecen una unidad casi dramática, pero que remite de modo no progresivo al punto de partida (en el teatro del absurdo encontramos prácticas similares. Basta pensar en *La Cantatrice chauve* de Ionesco,

---

[4] Robbe-Grillet no ha ocultado nunca que considera a Kafka como uno de los pioneros del "Nouveau Roman". La abreviatura A es con seguridad una técnica kafkiana (cfr. también *Pour un nouveau roman,* págs. 30, 32).

en *En attendant Godot* y *Fin de partie* de Beckett o en *Huis clos* de Sartre). Por una parte tenemos los gestos e imaginadas conversaciones de los dos que están sentados en la terraza, contemplados por el yo no manifiesto, que permanece conciencia pura (págs. 9-99); por otra parte tenemos el viaje común de ambos a la ciudad que es interpretado por el yo como un pretexto y que da lugar a la conciencia a caóticos deseos y temores (págs. 99-182); en tercer lugar tenemos el estar sentados de nuevo en la terraza de los dos que, después de una ligera agitación, se continúa invariadamente. La mirada del celoso sigue intentando arrancar a los dos el secreto de su pasión y ahora también de su culpa (págs. 182-218). Mediando entre el primer "mouvement" y el segundo está la aparición del chófer que ofrece el "pretexto" para ir a la ciudad.

La recomposición formal a partir de principios internos se da enteramente dentro del ámbito de la construcción externa y, además, está establecida inconfundiblemente de modo consciente, como lo muestra un vistazo al índice de *La Jalousie*. De los principios de las frases singulares que funcionan como títulos de los capítulos resulta un paso triple articulado claramente en la palabra clave "maintenant"[5]:

Se podría hablar aquí de analogía con estructuras musicales, como ya insinúa el término "mouvement", toda vez que los "capítulos" singulares son introducidos respectivamente por un motivo formal y

---

[5] Que yo destaco por medio de una mayor distancia entre los tres "mouvements".

de contenido y no tienen ni título ni caracterización numérica. Pero también se podría ver una analogía con la forma literaria del soneto, cuyos tercetos desempeñan una función sintética semejante a la que desempeña el retornelo en la sonata.

En cualquier caso llama la atención la clara forma compositiva en tres "mouvements" que se oculta detrás de un aparente caos, y que el tercero de ellos tiene un carácter sintético y concluyente al tiempo, con su inversión de la sucesión temática (en los dos primeros estaba a la cabeza el motivo del "maintenant"). Pero esta estructura externa no encuentra resonancia formal-temática suficiente en la infraestructura. Falta en esta novela una fórmula fundamental fascinante que le dé solidez desde dentro, como sucede en *Les Gommes* y *Le Voyeur* y también, en gran parte, en *El acoso* de Carpentier, falta la consecuencia de un lenguaje de la forma. Es verdad que hay temas correspondientes como celos-calor-trópicos-insectos-erotismo [6]-rojo-sangre-manchas-goma de borrar, pero esta construcción de un lenguaje interno no abarca las formas en sentido propio, no tiene nada que ver, por ejemplo, con la división en tres partes, ni con las numerosas líneas horizontales y verticales, ni con la técnica del "enregistrement" ni tampoco con un libro que *A* tiene en las manos [7]. Aquí se encuentran pues los límites del interesante, más aún, extraordinario experimento que es *La Jalousie*.

De otra especie es la problemática formal en que se encuentra Claude Simon con *Le Vent* y *L'Herbe*. Al penetrar en el "Nouveau Roman" tiene ya este autor un pasado literario considerable, con obras como *Le Tricheur* (1945), *La Corde raide* (1947), *Gulliver* (1952) y *Le Sacre du Printemps* (1954). El cambiar de repente en *Le Vent* su técnica en una nueva, característica del "Nouveau Roman", no quiere decir aún que tire por la borda su pasado literario. Claude

---

6 El insecto que es aplastado en una pared de la terraza es interpretado corrientemente como un símbolo de la sexualidad (cfr. Br. Morrissette, *Robbe-Grillet*, págs. 118 sigs.).

7 Br. Morrissette (*ibíd.*) puede hacer creer que se debe tratar de *The Heart of the Matter* de Graham Greene.

Simon va a seguir siendo un poco el de sus primeras novelas, va a llevar consigo a sus "nuevas novelas" temas como guerra, muerte, fatalidad, absurdo de la vida, amor como fenómeno puramente biológico-instintivo.

Ya esto sólo le separa un poco del "Nouveau Roman", tal como lo hemos visto hasta ahora: el que se pueda hablar siquiera de temas determinados por el contenido. Concepto y realidad de un tema presuponen un dualismo de realidad y significado, con lo que delatan una perspectiva contraria a la del "Nouveau Roman" (la de la relación inmediatamente fenomenológica con la realidad), delatan un querer decir determinable por el contenido. Pero en las "nuevas novelas" de Simon estos temas no son tales en el sentido propio de la palabra.

Viceversa las novelas tempranas no carecen de analogía con lo que representa un "Nouveau Roman" y muestran a un escritor predispuesto para él. Claude Simon delata desde su primera novela la ambición de construir una imagen del mundo que represente una visión válida, que lo abarque todo, que deje o devuelva a las cosas su ser verdadero. En este empeño se ocupa primordialmente de los "tramposos" (*Les Tricheurs*), de aquellos pensadores e ideólogos que quieren hacer creer a los demás y a sí mismos que es posible elevarse a un orden con sentido desde la monotonía absurda del movimiento que se llama historia. Ésta es también, desde el punto de vista de una cúspide crítica de sentido, la perspectiva de Sartre y la del "Nouveau Roman". Pero la cúspide de sentido positiva, la "monotonía absurda del movimiento", muestra un objetivo que hasta ahora no hemos encontrado en el "Nouveau Roman" (antes bien en la "Nueva Novela" iberoamericana), objetivo que necesita, como hemos de ver, una larga adaptación formal que va desde *Le Vent* (1957) hasta *Le Palace* (1962), hasta poder conducir a un "Nouveau Roman" "ideal". N. Sarraute, Robbe-Grillet y, con reservas, también Butor aportaron mejores presupuestos de éxito, en cuanto que intentaban de principio captar los fenómenos estáticamente, en su ser sí mismos y evitar la continuidad siempre que fuera posible, pues querían descubrir la cosa en sí, lo psíquico en sí y la condicionalidad del hombre. Frente a ellos arranca

Simon de un punto de partida mucho más difícil: él quiere captar el movimiento mismo en su naturaleza óntica, porque en primer término le interesa el fenómeno historia, el cambio. ¿Cómo puede llevarse esto a cabo dentro del "Nouveau Roman", que quiere, *per definitionem*, mostrar el fenómeno por medio de la discontinuidad?

Le Vent es el primer escalón hacia esa meta, un escalón que, en comparación con el "Nouveau Roman" "clásico", se acerca ya bastante a ella. Sería por ejemplo absurdo querer descubrir una estructura "clásica" en este fluir eterno de un lenguaje en gran parte desarticulado, que preferentemente avanza sin progresar por medio de infinitivos y participios, que consta en su mayor parte de paréntesis. En todo caso podría descubrirse una estructura barroca, y Simon incita justamente a ello al dar a su obra el subtítulo *Tentative de restitution d'un retable baroque*. Pero también este subtítulo irónico llevaría a pistas falsas: esta "historia" de un semiidiota engendrado en un momento fugaz, con el que abandonó la madre al padre antes de que naciera y que después de la muerte del padre vuelve a su pueblo para hacerse cargo de la herencia de una finca abandonada, esta "historia", escuchada por el narrador de un notario que apoya jurídicamente al idiota, no tiene tampoco una estructura barroca. Fuera de algunas escenas y relaciones fundamentales que se comprenden al final nos encontramos con una maraña de inicios episódicos ante los que fracasa (por lo menos de momento) cualquier arte de búsqueda de estructura. (Junto a esto el "artificio" técnico de la narración de segunda, incluso de tercera mano puede recordar novelas como *Los adioses* y *Para una tumba sin nombre*, y el hecho de que el cliente es un semiidiota, hace pensar en *The Sound and the Fury* de Faulkner. Al decir esto quiero subrayar que en ninguno de los dos casos me refiero a una influencia en uno u otro sentido. Se trata simplemente de señalar que el clima es "americano", si se quiere decir así).

Pero también sería equivocado suponer que el subtítulo está pensado sólo de un modo irónico y que carece de significación positiva para la estructura de la obra. Al contrario, puede decirse que está pensado mitad por mitad de modo irónico y directo, con lo que se anticipa al ya aludido aspecto doble de la obra. En *Le Vent* se unen efectivamente una perspectiva de "Nouveau Roman" (dicho concretamente, el esfuerzo por llegar a una exposición fenomenológica por medio del aislamiento de lo singular y de su reducción a una imagen), y una tendencia constructiva, tal como se esboza programáticamente en el subtítulo, y que fundamentalmente tiende a construir a costa de lo que sea una imagen total, a descubrir pese a lo que pese una sucesión lógica, un nexo causal. Dicho con las palabras del narrador de *Le Vent* (subrayo los términos de teoría de la novela y reduzco la extensión de las frases por medio de cortes):

> Et tandis que le notaire me parlait, se relançait encore —peut-être pour la dixième fois— sur cette *histoire* (ou du moins *ce qu'il en savait*, lui, ou du moins *ce qu'il en imaginait*, n'ayant eu des événements qui s'étaient déroulés dépuis sept mois (...) que cette *connaissance fragmentaire, incomplète*, faite d'une *addition de brèves images*, elles-mêmes incomplètement appréhendées par la vision (...) et alors essayer de *la trouver*, de *la découvrir*, de *la débusquer* (...); et maintenant, maintenant que tout est fini, tenter de *rapporter*, de *reconstituer* ce qui s'est passé, c'est un peu comme si on essayait de recoller les *débris dispersés, incomplets* d'un miroir, s'efforçant maladroitement de les *réadjuster*, n'obtenant qu'un résultat *incohérent*, dérisoire, idiot (...) et en dépit de toute évidence de *trouver à tout prix une suite logique de causes et d'effets* là où tout ce que la raison parvient à voir, c'est cette errance, nous-mêmes ballotés de droite et de gauche, comme un bouchon à la dérive, *sans direction*, sans vue, essayant seulement de surnager et souffrant, et mourant pour finir, et c'est tout... [8]

Ambos aspectos se destacan aquí con claridad conceptual: el esfuerzo por la continuidad y la quiebra de este esfuerzo, mostrándose en ello también el objetivo conscientemente deseado de la novela, la discontinuidad. (De nuevo se nos presenta ante los ojos el caso de *El Quijote* y su aspecto doble: las aventuras del héroe y la realidad propia del mundo que se va acumulando como "quiebra" bajo la curva de estas aventuras).

---

[8] Claude Simon, *Le Vent*, Ed. de Minuit, París, 1957, págs. 9 sigs.

A través de esta cita se puede ya entrever un poco cómo Simon quiere ajustarse por este camino a su antiguo objetivo de exponer el absurdo movimiento de la historia como lo propio, sobre todo si aceptamos el título, *Le Vent,* como otra indicación programática. Efectivamente, "errance", "ballotés de droite et de gauche", "bouchon à la dérive" y "surnager" son imágenes que proyectan el torrente no ordenado del tiempo y que además están en correspondencia formal con lo que el viento hace con las cosas. Simon quiere imágenes aisladas y realidad fragmentaria, pero al mismo tiempo quiere concertar con éstas, como "torrente" o como "soplar del viento", una imagen total de lo que, según él, son la historia y el tiempo y el hombre en la historia.

También para esto podemos aducir un pasaje de *Le Vent,* donde se expresa en una imagen de modo inequívoco:

> Toute la journée, la place semblait vivre d'une existence pour ansi dire végétative, indolente, avec, le matin, ses groupes de femmes jacassantes se rencontrant à la fontaine dans le bruit des brocs entrechoqués, traînant leurs pieds dans des savates sans lacets, encore dépeignées, ou, un peu plus tard, avec d'énormes pains sous le bras, et toujours, le long du mur de la caserne, deux ou trois gitans assis au soleil dans la poussière (les jeunes) ou (les vieux) sur des chaises qu'ils traînaient là, et vers midi il y avait un moment où elle s'animait, traversée par des ribambelles d'enfants revenant de l'école, réveillée par les moteurs de quelques camions que leurs chauffeurs venaient garer pendant le temps du déjeuner, et à la terrasse du café le groupe des jeunes gens vautrés devant les guéridons nus (ils ne commandaient rien, se contentaient de rester là, renversés en arrière sur leurs chaises, hâbleurs, impécunieux et bruyants), et ensuite le vide se faisant de nouveau, la place retombant dans sa somnolence, abandonnée au vent, aux éternels nuages de poussières transportées d'un coin à l'autre du terre-plein par les sporadiques bourrasques [9].

El viento es aquí un poder que aparece por la tarde, que en el fondo no reposa jamás, que arrastra sobre la plaza sus "eternas" nubes

---

[9] *Ibíd.,* págs. 53 sigs.

de arena en impulsos esporádicos (es decir, discontinuos), soplando a veces en una, a veces en otra dirección. Y si durante el día parece reposar es sólo porque al principio no se percibe que sucede lo mismo con los hombres, que determinan el aspecto del día: también ellos son llevados a través de la plaza en impulsos irregulares, a veces como mujeres parlanchinas que van a la fuente por agua, a veces como perezosos que se sientan en la terraza de un café hasta que los vuelve a arrastrar el viento del tiempo y, por último, como bandadas de niños que vuelven de la escuela y que barren la plaza como un fuerte golpe de viento.

No en balde utiliza Cl. Simon dos veces la palabra "traîner" y tres conceptos que se van intensificando, y que expresan regularidad y validez: "toute la journée", "toujours" y "éternels". Simon traza justamente una imagen de lo que para él son tiempo e historia, de lo que también ha de ser *Le Vent*: un soplar del tiempo que cambia de dirección, que arrastra a los hombres y a las cosas una y otra vez, un movimiento absurdo y sin meta que, sin embargo, se renueva constantemente. De modo formalmente análogo se comportan también las frases. Éstas se arrastran interminablemente, obligadas una y otra vez a detenerse por medio de paréntesis, paralizándose en cierto modo para ser de pronto arrastradas un poco por el movimiento sintáctico, hasta que nuevos paréntesis vuelven a detener este nuevo movimiento que otra vez se detiene.

Le Vent es, pues, indudablemente una fórmula lograda para el "Nouveau Roman", una novela que no sólo delata una perspectiva fenomenológica, sino que además logra lo estéticamente decisivo, la construcción de un lenguaje formal. Pero algunas cosas siguen siendo insatisfactorias. Por una parte no se ve claramente lo que tiene que ver con este esporádico soplar del tiempo la historia del cliente como tal, aparte del desconcierto de su exposición, pues en último extremo lo que aparece fragmentariamente en ella representa una vida coherente, si bien no restituible. Además la fórmula fundamental del viento contradice formalmente el esfuerzo denodado del narrador —en el fondo naturalmente fingido, pero que existe formalmente— por construir una historia a partir del relato, pues este esfuerzo deja efectivamente huellas de una constructividad (pese a que ésta es atenuada a menudo por la colocación de paréntesis, a veces hasta en tercer grado, y por la desarticulación sintáctica). Por último se nota una y otra vez en esta novela que a todas las cosas y hombres que aparecen en ella les precede una imagen total como objetivo en el fondo ya presente (lo que inevitablemente provoca dualismos). Así es también fenomenológicamente inconsecuente el que en la novela misma se mencione expresamente el objetivo teórico (comp. con la cita de la pág. 238). También son infracciones contra la perspectiva fenomenológica los muchos antropomorfismos que se pueden encontrar en *Le Vent*. (Como podemos recordar N. Sarraute y Robbe-Grillet habían declarado decididamente la guerra a éstos, y, desde su punto de vista, con razón). Sólo en el pasaje citado más arriba se puede señalar una buena cantidad de antropomorfismos tales: "la place semblait vivre", "existence indolente", "elle s'animait", "réveillée", "guéridons nus", "somnolence", "abandonnée", "éternels nuages" y "poussières transportées".

El caso de *L'Herbe* es en el fondo semejante al de *Le Vent,* quizá con la diferencia de que como fórmula tiene un efecto menos sorprendente, si bien también menos convincente. Ya en el título comienzan las "faltas", pues éste es, como *Le Vent,* un concepto simbólico que, por lo tanto, contiene un dualismo, pues quiere decir "hierba", pero también lo que para Simon es historia o, mejor dicho, historicidad. Una frase de Pasternak antepuesta a la novela expresa esto de modo inequívoco: "Nadie hace la historia; no se ve la historia, del mismo modo que no se ve crecer la hierba". Y aunque el título prometa un progreso fenomenológico frente a *Le Vent,* en tanto que excluye el auténtico movimiento en el espacio que abarca todo el fenómeno, de modo semejante al concepto de "tropismos" en N. Sarraute, ya que la hierba no puede más que crecer en un sentido pero no moverse de su sitio, sin embargo esta "reducción fenomenológica" es más propósito que realidad estética efectiva. Sin embargo *L'Herbe* es interesante en tanto que en ella aparece ya claramente ante la vista el objetivo logrado en *Le Palace*. Así sucede en el pasaje siguiente, que parece intentar materializar el salto de un gato:

> (...) le chat: il ne détalait pas, restant là, sur la crête du mur écroulé, à la fixer, ramassé sur lui-même, parfaitement immobile (seulement une tache, une forme rayée, tigrée, parmi l'éblouissante bigarrure des ombres hachurées du jardin, là où l'instant d'avant il y avait eu ce bond roux, la fulgurante matérialisation non d'un corps, d'un animal, mais de l'idée même de mouvement, dans la déchirure de soleil, puis plus rien), comme s'il pouvait passer sans transition du mouvement à l'immobilité ou plutôt comme si l'immobilité était en quelque sorte le prolongement du mouvement ou, mieux encore, le mouvement lui-même éternisé (...) [10].

Si prescindimos de la "sospechosa" formulación "idée même de mouvement", se deduce muy clara y penetrantemente lo que pretende Simon, cómo quiere resolver la antinomia de movimiento y reposo, de historia y perspectiva fenomenológica. Este salto del gato no se hace visible como movimiento (a un gato no se le ve saltar, a no ser con la cámara lenta), sino como una mancha roja y confusa en el sol, como algo que materializa inmóvilmente el movimiento. Y a esta difusa mancha ante el sol se enlaza el estar de nuevo ahí del gato, como siguiente momento, igualmente inmóvil, del salto. Cuando Simon subraya en el párrafo que sigue que cada punto del movimiento podría adoptar esta inmovilidad, que podría convertirse en el movimiento absoluto, nos acordamos de las ontologías del movimiento de la filosofía griega temprana:

> (...) capable sans doute de cela (*transformer la vitesse même en sa représentation immobile*) n'importe quand: au milieu d'un saut, d'une chute, en l'air, ne reposant sur rien d'autre que sur *le temps pour ainsi dire solidifié*, (...) se tenant dans cette posture *semblable à une foudroyante condensation de la vitesse* (...) [11].

El autor pasa así de la fórmula de *Le Vent*, que está en relación con el *panta rhei* de Heráclito, a la no menos heraclítica ontología del

---

[10]   Claude Simon, *L'Herbe*, Ed. de Minuit, París, 1958, pág. 17.
[11]   *Ibíd.*, pág. 18. Los subrayados son míos.

movimiento: "transformándose reposa todo" (μεταβάλλων ἀναπαύε-
ται) [12]. Simon quiere dar forma al movimiento absoluto, sólo pensable
como punto yacente en sí mismo, al *limes* del movimiento. Quiere
así, a través de la movilidad inmóvil, de la historicidad ahistórica,
crear un "Nouveau Roman" que, por otra parte, si se pudiera considerar como logrado (lo que está reservado para *Le Palace*), sería
una fórmula magnífica.

Pero la realidad de *L'Herbe* no alcanza este objetivo ideal, se
queda en el principio. Como punto de partida, como movimiento en
cierto modo ya eternizado, elige Simon a una anciana próxima a la
muerte, Louise, a la que priva del relieve de la temporalidad incluso
en tanto que dice de ella que no ha realizado el camino del ser humano (niñez, juventud, matrimonio y vejez), que ha venido al mundo
como anciana potencial, de modo que la historia de esta mujer se
reduce a un punto. Pero por una parte es ésta una disposición temática bastante arbitraria, y por otra esta mujer que se va apagando es
a pesar de todo una evolución incontenible:

> (...) le visage parcheminé se desséchant peu à peu, prenant
> jour après jour cet aspect majestueux et hors du temps de chose
> s'affinant, s'épurant, se momifiant, perdant progressivement son
> caractère vulnérable de chair fragile et molle pour devenir semblable
> à du carton (...) [13].

Pese al objetivo reísta ("carton") prevalece aquí la dimensión temporal y con ella el movimiento. Más aún, definitivamente se delata
el escritor del "viento" en los elementos que envuelven este ir murien-
do, pues este morir que se va preparando poco a poco, este paulatino
convertirse en cosa, está rodeado de realidades que ejecutan una formalista danza de la muerte de movimiento incesantemente giratorio.
Más aún, es como si los elementos quisieran dar a entender que en
seguida van a acoger a Louise (de modo análogo a lo que sucedía con

---

[12] Heráclito, *Fragmentos*, 84.
[13] *L'Herbe*, pág. 23.

la vida al anochecer en la plaza) [14], en su corro "elemental", del que ella parecía haberse sustraído a lo largo de su vida. Así tenemos el tren que, con la regularidad de un "sol", pasa por las mañanas en una dirección y por las tardes en la contraria, o el movimiento mucho más perfecto de los insectos que trazan incesantemente sus círculos en el aire; por último tenemos el movimiento de las manos que, reposando sobre la colcha, han adoptado ya un ritmo casi "cósmico", que se han desligado de la anciana y han entrado en el movimiento ininterrumpido de un temblor [15] :

> (...) les insectes, les points lumineux dorés poursuivant leur ronde (...) continueront comme ça (...) se fichant pas mal de quoi que ce soit d'autre que tournoyer en nuage de plus en plus indistinct comme si quelque tourment les forçait ainsi à errer sur place, mais ce n'est pas vrai, pensa-t-elle, pas plus qu'aucune pensée ne fait se mouvoir cette main allant et venant sans trêve sur le drap, comme si les membres reprenaient ou plutôt prenaient leur revanche, leur indépendance, maintenant qu'ils savent qu'elle n'en a plus pour longtemps à exister (...) [16].

El vocabulario ("tournoyer en nuage", "errer sur place"), habla aquí un lenguaje claro, muestra que, en último extremo, el Claude Simon de *L'Herbe* sigue siendo el mismo de *Le Vent,* el novelista del "viento", emparentado con Heráclito, y su imagen de la historia sigue siendo una curiosa mezcla de continuidad y discontinuidad, para la que apela al ejemplo del cine:

> (...) l'Histoire n'est pas, comme voudraient le faire croire les manuels scolaires, une série discontinue de dates (...) mais au contraire sans limite, et non seulement dans le temps (ne s'arrêtant, ne ralentissant, ne s'interrompant jamais, permanente, à la façon des séances de cinéma) (...) [17].

---

[14] Cfr. lo dicho en las págs. 239-40.

[15] La analogía vegetal de este temblar son los álamos temblones del jardín (des trembles).

[16] *L'Herbe,* págs. 22 sigs.

[17] *L'Herbe,* pág. 35.

Es posible que algunas cosas estén aquí logradas, es posible que sea convincente en el sentido del "Nouveau Roman" el que se explayen los recuerdos, que se extienden sin progresar, de esta mujer que se está convirtiendo en cosa y de su hermana que vive con ella, recuerdos cuyo núcleo resulta ser los planes de huida nunca llevados a cabo de dos muchachos. A pesar de todo esto no se puede decir que se dé aquí una concepción total unitaria y convincente. ¿Era aún muy pronto para ello?

EL AÑO 1959

Hemos tenido ocasión de ver que el "Nouveau Roman" como un todo se mueve con la consecuencia de un experimento colectivo hacia la meta de una novela puramente fenomenológica, por lo que no ha de sorprender que esta serie de experimentos alcance un momento claramente fechable en el que las condiciones y, en correspondencia, los resultados son óptimos, un momento al que no podía anticiparse el mayor de los talentos. Este momento es el año 1959 (las únicas excepciones auténticas son las cimas "retrasadas" de *Le Palace* de Simon y *Clope au dossier* de Pinget, aparecidas respectivamente en 1962 y 1961). En 1959 se publicaron nada menos que tres novelas que pueden valer como ejemplos óptimos del "Nouveau Roman", como el *non plus ultra* de lo que puede rendir el "Nouveau Roman" respecto a su objetivo, sin descender por debajo del nivel de lo aceptable o de lo que todavía se puede designar como novela. Estas obras son *Le Planétarium* de Nathalie Sarraute, *Dans le labyrinthe* de Alain Robbe-Grillet y *Le Fiston* de Robert Pinget.

"LE PLANÉTARIUM"

Le Planétarium es inconfundiblemente una novela de N. Sarraute, una novela que a primera vista hace el efecto de no ser casi más que una variación de las anteriores, escritas en intervalos regulares (1948-

1953-1959; la siguiente aparece en 1964) y también de *Tropismes*. El título puede traer sobre todo el recuerdo de la última novela, pero la imagen del planetario (un mecanismo para la representación del movimiento de los planetas y de las estrellas fijas) parece aún más perfecto, más adecuado a lo que se pretende.

Efectivamente nos enfrentamos en *Le Planétarium,* más aún que en *Martereau,* a una red de constelaciones humanas laxamente ligadas en las que, de acuerdo con la naturaleza del planetario, no hay ya transformaciones esenciales, sino sólo movimientos y desplazamientos de los astros y constelaciones singulares dentro de una misma imagen total. (Como imagen y realidad simultánea, es decir, no separable dualistamente de ella, se acerca esto tanto al objetivo de una novela fenomenológica que, respecto a *Le Planétarium,* casi estoy tentado de tachar las comillas en la expresión "Nouveau Roman" "puro"). En el centro del "planetario" de esta novela se mueve imperceptiblemente un joven matrimonio, aislado del mundo, expuesto a diferentes fuerzas de atracción, que, como todos los matrimonios de N. Sarraute es determinado nominalmente [18]: Alain Guimiez y su mujer Gisèle. Alain continúa la línea del hombre joven, enfermizo, sensible, no demasiado amante del trabajo, receptivo para los atractivos de lo bello, mientras que Gisèle ejemplifica de modo bastante evidente un tema predilecto de Sartre y al mismo tiempo de Sarraute. Es la mujer que por naturaleza se somete, que quiere ser cosa, que sin embargo se encuentra todavía muy dentro de la esfera de poder de su madre para poder realizar esto sin problemas ni réplicas. Esta madre forma por su parte una constelación propia junto con su marido que, después de una experiencia matrimonial de treinta y cinco años, apenas si puede siquiera desempeñar el papel de una "quantité négligeable".

En la parte de Alain actúan otras corrientes magnéticas: por una parte está su padre, muy temido en otro tiempo, que todavía lo condena sin remisión, que lo convierte en una cosa marcándolo con una

---

[18] Esto tiene un motivo: los esposos se han dado a sí mismos un estatuto fijo, se han definido. Como se recordará, en *Portrait d'un inconnu* sólo recibe un nombre Dumontet, que es el que desposa al "ella"

etiqueta y, por otra parte, están los propios deseos de Alain respecto al apartamento de su tía Berthe y respecto a su reconocimiento por parte de la encumbrada novelista Germaine Lemaire. Estos dos objetivos están conectados, ya que él quiere el apartamento entre otras cosas para imponer a la mundana Germaine Lemaire, porque quisiera vivir a su estilo. Alain es un escritor que empieza, ambicioso pero, como se ha dicho, desgraciadamente no demasiado trabajador, sobre el que el ídolo de esta escritora mundana que se baña en su fama ejerce una fuerza de atracción semejante a la que ejerce el "portrait d'un inconnu" sobre el "moi" de la primera novela, o como el que ejerce el mundo de Martereau, al principio tan sano y tan cerrado, sobre el "moi" de la segunda. El "il" que es Alain continúa esta tradición del "moi".

Pero estos principios de "argumento" no se ensamblan ya en *Le Planétarium* en una construcción lineal, no se pueden ya subordinar como camino, error, etapa o evolución a un estado definitivo que de hecho se alcanza al final de la novela. También como tema son estos principios de argumento bastante más débiles e insignificantes que en las anteriores novelas. Mientras que en *Portrait d'un inconnu* y en *Martereau* se trataba todavía por lo menos de cosas móviles y de un cambio de situaciones, de una enfermedad que había que superar o del escapar de la zona de influencia del padre, de la discutida compra de una casa o de la posibilidad de una estafa desmentida sólo al final, se inflama aquí la lucha interna por el poder que pone en movimiento a unas constelaciones contra otras a causa de la compra de un sillón (lo que recuerda un poco la tradición de las parodias de epopeya): mientras que la madre de Gisèle ha pensado en algo práctico, para sus "hijos", en algo en cierto modo sano y natural, en unos sillones tapizados de cuero que puede ella comprar relativamente baratos y que sabe que valen la pena, está Alain enamorado de una butaca de estilo Luis XV. De estos dos tipos de muebles penden ahora mundos enteros, pende también una gran cantidad de intrigas y de duelos espirituales. El mundo del "bon sens" y de las opiniones prefabricadas de la madre intenta que se doblegue a su idea del sillón la hija, que todavía está dentro de su esfera, y enviarla a la esfera enemiga, la del joven matrimonio, con instrucciones adecuadas. Alain procede de modo opuesto.

Pero estas luchas por el poder no apuntan a una solución que pudiera prestarles la continuidad de una evolución, y sería inútil querer encontrar aquí cinco fases como en el caso del "clásico" *Martereau*. Estas luchas por el poder están establecidas de un modo absoluto y muestran además, como una gran cantidad de motivos concretos, claros indicios de un humor parodístico (que en *Les Fruits d'or* ha de aumentar todavía). Al menos este efecto causa el que la habitación de la madre de Gisèle tenga, como sabemos al principio, cortinas de terciopelo "verde" y esté revestida con papeles pintados de color dorado como la paja, el que esta decoración refleje el sueño de la casa de campo, cercana a la naturaleza, que ha penetrado en el piso de la ciudad (la temática de las *Nourritures Terrestres*). Con seguridad hay también algo de parodia cuando a la madre de Gisèle, ante una catedral cuyas vidrieras odia, no le gusta más que el óvalo tan útilmente "cerrado" de una pesada puerta de roble, por lo que encarga a un obrero que ponga una puerta así en su piso. O cuando se siente perdida, después de irse el obrero, porque no se sigue trabajando y busca remedio a esta soledad en su pasión por la limpieza.

Estas múltiples correspondencias formal-temáticas que también abarcan el sillón de cuero defendido por la madre y los giros idiomáticos prefabricados que corresponden a esa realidad (compárese con las monedas verbales de *Martereau*), procuran, en el enfrentamiento con el mundo de los "otros" la composición deslinealizada de la novela a partir de principios internos, una composición formal que no tiene ya nada de constructivo, que carece de principio, de fin o de punto culminante, con lo que se acerca mucho al ideal del "Nouveau Roman". (No existen, por ejemplo, escenas culminantes comparables a la del encuentro del "portrait d'un inconnu", ni siquiera de modo paródico, ni tampoco un final a la manera del de *Martereau*. También desaparece el simbolismo temático contenido en el nombre del protagonista, "Martereau").

"DANS LE LABYRINTHE"

La aportación de Robbe-Grillet al año del "Nouveau Roman" óptimo tiene un aspecto totalmente distinto, distinto y, sin embargo, emparentado. En esta aportación no sólo da Robbe-Grillet un paso más hacia el ideal, respecto de *La Jalousie*, no sólo sigue sacando consecuencias, sino que cumple con la condición de una buena novela, ejemplo de una fórmula convincente, lo que no se daba totalmente en *La Jalousie*. Robbe-Grillet va a cerrar ahora en cierto modo incluso las persianas a través de las que el innominado yo narrador de *La Jalousie* "recibía" la realidad. Va a limitar la escena de la novela a una habitación ante cuya única y sólo adivinable ventana hay echada una gruesa cortina roja de terciopelo. El yo narrador encerrado en esta habitación, herméticamente aislado del exterior tiene que conformarse con los ojos, con la imaginación y con los objetos que le rodean para crear una novela.

Y a pesar de todo, esta novela va a ofrecer un torbellino monótono y verdaderamente vertiginoso de imágenes aparentemente uniformes que, sin embargo, se están transformando constantemente: calles, plazas, un cuartel, un hospital militar, una moto con sidecar, un soldado, un segundo soldado, una caja misteriosa que hay que entregar, faroles callejeros, un niño, una joven que hospeda al soldado, que lo cuida porque ha sido herido gravemente, un médico que aparece muy raramente y que hacia el final se identifica con el narrador y, junto a todo eso, la nieve que cae incesantemente a la luz de los faroles callejeros. A excepción de diferencias mínimas van a ser siempre las mismas imágenes, pero quien pueda seguir el hilo de Adriadna verá que imperceptiblemente construyen un camino, el camino de un soldado que en los delirios de su fiebre nos conduce fragmentariamente por el laberinto de su destino, para morir después, sin nombre, sin haber alcanzado su meta. Un camarada moribundo le había confiado una cajita y le había rogado que se la llevara a su novia. Después estaba en la ciudad a la que tenía que ir, pero se le había olvidado el nombre de la calle en que vivían los familiares de su compañero. Un niño le condujo, pero desapareció al llegar a una alta casa de alquiler. Unas mujeres huyeron gritando al entrar él en la casa para preguntar por un vecino cuyo nombre no sabía él mismo claramente (un motivo kafkiano que Robbe-Grillet utiliza de buen grado). Por fin llegó a la casa de una joven que le dio de comer y cuyo hijo era, misteriosamente, el chico que le había conducido. En casa de esta joven vive un segundo soldado, un desertor, que pretende tener una herida en la pierna y que no es el padre del chico. El soldado repatriado dice que busca un cuartel; el segundo soldado manda al chico que le acompañe, a pesar de que está claro que se refiere a un cuartel equivocado. El soldado encuentra el cuartel que es un hospital militar; en la sala hay muchos heridos. El soldado se acuesta a dormir; tiene fiebre. A pesar de ello quiere levantarse al día siguiente, porque quiere entregar la caja que se le ha confiado, aunque sin saber adonde tiene que llevarla. Fuera del hospital encuentra al chico otra vez. Aparece una moto con sidecar. Se esconden en el portal de una casa, pero por segunda vez es el chico demasiado desprevenido; le llega la hora al soldado: es herido por una ráfaga de fusil ametrallador. Está gravemente herido. El chico, su madre y el médico lo llevan a la habitación de ella. Allí se le cura y allí muere; su caja está sobre la cómoda; contiene cartas escritas por su novia a un cierto Henri Martin, una bayoneta, un reloj y un anillo.

A primera vista parece ser esto casi la acción de una novela tradicional en la que alguna cosa no encaja, pero la relación que yo he dado engaña: las cosas no son ni mucho menos tan sencillas. No por casualidad se llama la novela *Dans le labyrinthe*. El herido no recorre realmente todos estos caminos y, dado que se trata de delirios de la fiebre, como se ve claramente al final, hay que decirse que el punto final de esta "narración", el estar moribundo en la cama, estaba ya dado antes del punto de partida. Y la situación se hace totalmente desesperada cuando se tiene en cuenta que toda esta historia no consiste más que en la deformación y vivificación de objetos que hay en la habitación del narrador. En ella hay un cuadro que tiene por objeto "La derrota de Reichenfels"; en ella hay también algo sobre la mesa que tiene aspecto de cruz, cuya forma se refleja en la pared revestida con papeles pintados; también hay una ventana cubierta por cortinas rojas, una caja sobre la cómoda y una cama. Con estos elementos construye su novela el narrador, tras del que se oculta inconfundiblemente Robbe-Grillet.

Momento desencadenante y punto de convergencia del todo es el mencionado cuadro, en el que se ven grupos de hombres discutiendo vivamente en un café, una joven que atiende a los clientes, un chico agachado y soldados que están sentados en una mesa, uno de los cuales parece estar muerto de cansancio y mira fijamente al suelo. La tarea del narrador va a ser hacer salir al cuadro de sí mismo, hacer de él una historia en último extremo inmanente al cuadro, con lo que, es decir, de acuerdo con esta inmanencia del cuadro, se ha de eludir la ley de la evolución episódica. Efectivamente, esta historia, que la novela narra en muchos laberintos autónomos, va a volver al cuadro, va a ser conjurada de nuevo a los límites del marco, y el escritor, una vez acabado su trabajo va de nuevo a abandonar el laberinto de su arte, el taller alquimista de su crear novelesco [19]. Vale la pena seguir un poco este proceso (lo que significa al mismo tiempo la estructura de la novela), si bien no siempre será posible decir con seguridad en cada caso singular cómo son las relaciones de naturaleza episódica y genética.

El punto de partida es, como se ha dicho, un yo que se encuentra en una habitación con las cortinas echadas en la que no penetra el sol ni ruido alguno. Este yo sondea la habitación con la mirada, conserva al principio todavía el recuerdo de un exterior en el que llueve, en el que hace frío o en el que brilla el sol (una primera relativización), se reconstruye en seguida un exterior en cierto modo inmanente, un exterior que es sólo una correspondencia objetiva del rojo de las cortinas: siempre que la mirada tropieza con esas gruesas cortinas rojas, se dice "dehors il neige". Y esto no es así porque detrás de

---

[19] Literalmente en la última página sabemos que la habitación tiene una puerta.

esas cortinas quizá haya una ventana que haga aún perceptible algo
de la realidad del exterior, sino porque, como repetidamente hemos
tenido ocasión de ver en Robbe-Grillet, el rojo es el color de la "violence", y ésta, como correspondencia objetiva, da lugar a la imagen
de la nieve, como símbolo de la muerte [20]. (Así sucede también en
Les Gommes, donde asesinato y muerte dominan frente a lo erótico,
y la nieve se menciona, de modo correspondiente, con la insistencia de
un leitmotiv, mientras que en *Le Voyeur* la temática de la muerte es
bastante secundaria). La nieve es con ello ya la primera exteriorización
de un estado objetivo de cosas que se da dentro de la habitación, es
el preludio atmosférico de la "violence" que el rojo va a introducir en
la transposición episódica del cuadro.

Otro punto objetivo de cristalización dentro del cuarto es una caja
que hay encima de la cómoda (un motivo que ya aparecía en *Le Voyeur*). Esta caja es puesta por el yo con la mirada dentro del cuadro,
en una primera transformación de la realidad objetiva del complejo
del cuadro es puesta en las manos del soldado que mira al suelo, con
lo que es convertida en punto de cristalización del interés episódico.

También el objeto en forma de cruz que hay sobre la mesa va a
cooperar a la conformación episódica. Por una parte es complementario, por su forma de cruz, al valor de contenido del rojo, en tanto que
también para él son muerte y "violence" correspondencias de contenido. Por otra parte no se excluye la posibilidad, quizá sea inmediata, de que esta forma de cruz que se refleja en los dibujos del papel
de la pared, sea el impulso para que el protagonista recorra una especie
de viacrucis que, como el tradicional viacrucis de la devoción cristiana,
pasa por catorce estaciones (*Dans le labyrinthe* está dividido en catorce
cuadros sucesivos, que Br. Morrissette llama "sections") [21], aunque
aquí la muerte del protagonista tiene lugar en la decimotercera esta-

---

[20] Cfr. págs. 11 y 15, donde se dice cada vez, después de mencionar las
cortinas: "Dehors il neige". Que no se trata aquí de una observación objetiva del exterior se muestra hacia el final del libro, donde Robbe-Grillet, que
prepara la mirada para el exterior verdadero, conduce de nuevo a la situación
de la lluvia.

[21] *Robbe-Grillet,* págs. 149 sigs.

ción, en lugar de en la duodécima, como sucede en el viacrucis [22]. La lámpara, el movimiento de una mosca, el juego de un reflejo luminoso en la pared y las líneas claramente geométricas de la pared y el techo van a acabar de determinar la imagen de la ciudad a la que nos va a llevar la "acción", sus calles, sus monótonas hileras de casas, sus muchos faroles y sus esquinas.

Son así las cosas las que en cierto modo escriben el libro, las que no sólo preparan en el crisol de la conciencia del yo los colores que hay que elegir, sino que hasta cierto punto determinan las formas.

En esto hay que distinguir dos fases. Primero hay una centrífuga, en la que los objetos proyectados en el complejo del cuadro como realidad concreta o puramente formal ayudan a llevar a este cuadro al laberinto de la evolución episódica. Después tenemos una fase centrípeta que comienza con la búsqueda del cuartel. Mientras ésta dura se va anulando de nuevo paulatinamente el espacio episódico, se va llevando la acción de nuevo al cuadro y éste es diferenciado otra vez de los restantes objetos de la habitación, de modo que, por ejemplo, la caja vuelve a ser puramente una cosa que se registra, juntamente con el contenido, y que se mete en un cajón.

Después de concluir estas dos fases no falta más que cerrar la acción lateral: del mismo modo que al principio se ha encerrado el narrador en la habitación y se ha ido apagando el recuerdo de que fuera estaba lloviendo ante el mundo interno de la novela, así abandona ahora el "autor" la habitación. Su paraguas le espera en el vestíbulo.

Se podría pensar que una obra tan construida, en parte escrita conscientemente contra la corriente de la evolución temporal no puede llegar a subyugar. Sin embargo, de modo sorprendente no es esto así en absoluto (naturalmente en tanto que se entrega uno seriamente

---

[22] Se podrían apuntar otras coincidencias con motivos bíblicos. Así, el encuentro con la joven se podría interpretar también en el sentido del camino del Calvario, y también los gritos anteriores de las mujeres. También es curioso el hecho de que la joven ofrece al soldado pan y vino. Sin embargo estas analogías no se agrupan en un cuadro fijo, son analogías puestas de un modo absoluto.

a la novela). El lector casi nunca se da cuenta de que, lo más tarde en la segunda fase del libro, vive una evolución temporal en sentido opuesto, es decir, una disolución paulatina de lo temporal-episódico. Lee la novela como una sucesión de imágenes, cada una de las cuales parece empezar desde el principio, pero que cada vez le hace captar un trozo más de "historia". Además es fascinado por la cansada figura del soldado, en la que vive toda la derrota de Reichenfels, y quizá también un fracaso puramente personal, y apenas se da cuenta de que esta vida en gran parte es sólo una revocación de él mismo. También interesa al lector lo que encierra la caja, que en su misterio tiene el efecto de un santo Grial y que después aparece como un simple objeto de uso. Se agolpan preguntas como las de si quizá la joven a cuya casa va el soldado se puede identificar con la buscada novia de su compañero, de si quizá el niño es hijo del soldado. Posiblemente se pregunta uno incluso si el soldado herido mortalmente en el campo de batalla y el protagonista que yerra por la desconocida ciudad no son la misma persona, y qué relación guarda entonces el segundo soldado con él.

Robbe-Grillet no hace nada para contestar a estas preguntas, pero las despierta, suscitando así el interés episódico sin el que no puede salir adelante una novela. Sólo en un caso hace una excepción: hacia el final de la novela da a conocer el contenido de la caja, lo que tuvo que hacer para librar a su novela de mistificaciones, de la conexión con mitos lejanos. Hasta qué punto era necesaria esta medida, es más, que ni siquiera fue suficiente, lo muestran las curiosas interpretaciones de las que habla Br. Morrissette en su instructivo libro sobre Robbe-Grillet (una pretende que la caja es un cofre en el que se guarda el alma del soldado) [23].

¿Podrá decirse para terminar que *Dans le labyrinthe* corresponde totalmente al ideal del "Nouveau Roman"? Apenas, pero ¿qué ideal es totalmente alcanzable? También hay ideales que, como un fuego sagrado, consumidor, llevan a la autodestrucción a quien se acerca

---

[23]　Br. Morrissette, *Robbe-Grillet*, pág. 177.

demasiado a ellos, y el del "Nouveau Roman" es un fuego tal, como vamos a ver en seguida. También en *Dans le labyrinthe* quedan todavía "defectos", lo que está bien así. Queda hasta cierto punto el carácter de camino de lo episódico (pues también los caminos hacia atrás, los laberínticos e incluso los imaginarios son caminos). Queda una buena pincelada de simbolismo que remite a lo general, por encima de la obra, a la temática de la muerte y del dolor. Y, por lo que respecta a la elección de los objetos que "casualmente" se encuentran en la habitación, ésta remite muy probablemente a un programa "ideal" que les precede (esto lo hace sospechar sobre todo la reunión de rojo, forma de cruz y "Derrota de Reichenfels"), al programa "ideal" del cansancio, del tener que llevar, del caer y del morir.

Pero no olvidemos, a causa de estos "defectos" que el lector agradece, que *Dans le labyrinthe* es un fascinante y gran "Nouveau Roman", sobre cuya técnica y estilo podrían decirse aún muchas cosas [24].

"LE FISTON"

El tercer gran "Nouveau Roman" del año 1959 procede de la pluma de Robert Pinget, un autor al que separan muchas cosas tanto de Robbe-Grillet como de Simon y Sarraute y que, en correspondencia, tiene mucho en común con Beckett, cuyas obras en inglés ha traducido en parte al francés. Estos puntos en común son una clara tendencia al humor, si bien con un sello distinto; un cierto parentesco con el esquema novelesco medieval de la "queste" (búsqueda), especialmente con la novela del Grial; un inconfundible dualismo de

---

[24] Este estudio se haría demasiado extenso si quisiera considerar este aspecto siquiera someramente. Aquí espera a la investigación un amplio campo de trabajo respecto al "Nouveau Roman" como totalidad. Sólo quiero mencionar, como fenómenos especialmente típicos de la falta de unión entre las escenas, el "fondu", que proviene de la técnica cinematográfica (una escena se paraliza, convirtiéndose en una imagen inmóvil que se sumerge después en sí misma para hacer aparecer otra) y el literal "noir" del apagarse las luces. En correspondencia, en la sintaxis son raras las uniones hipotácticas.

la perspectiva (lo que, por otra parte, delata también Simon); la identidad cambiante del protagonista (sobre todo en *Baga*); la circunstancia, que también se da en Simon, de que Pinget escribió al principio novelas que no parecían tener mucho que ver con el "Nouveau Roman", pero que conducían en línea recta a las obras tardías escritas en el "nuevo" estilo; por último que ambos han ensayado también, con diferente éxito, el Nouveau Théâtre.

Por otra parte *Le Fiston* y *Clope au dossier* se pueden considerar más decididamente como aportaciones al "Nouveau Roman" que las obras correspondientes de Beckett que, como se ha mostrado, delatan en último extremo una dinámica fundamental extraña al "Nouveau Roman".

Y sin embargo Pinget no llegó al "Nouveau Roman" con presupuestos demasiado ventajosos. Su *Graal Flibuste,* por ejemplo, publicada en 1956, se mueve, como ya indica el título, dentro del clima de las novelas del Grial, si bien como cuento exótico y superconceptuoso. Su acción no sólo hace referencia repetida y explícitamente a la temática del Grial, con sus "Persifleurs", "Parsifleurs" o "Parsipleurs" (lo que podría ser una contaminación de "Parzifal" y "Blanchefleur"), sino que en ella la "aventure" sigue un curso alegre hacia palacios, reinos y misterios. ¿Y qué importa que los de esta fantasía exuberante se deshagan tal como han surgido, y que del "mystère Dunu" no quede al final más que una "guardiana del Grial" bastante normal y casera que está comiendo sopa, y que el único secreto por guardar sea el de la realidad? [25] La novela es efectivamente una negativa risueña y de factura fantástica a cualquier trascendencia, pero el esquema de la acción está establecido en aras de la consecución de un sentido trascendente tal y, por tanto, adhesión formal a una fe negada desde el punto de vista del contenido. Y en esto no influye tampoco el curiosamente absurdo "prólogo" de *Graal Flibuste,* pues una adhesión formal es algo muy profundo para poder derogarla por medio de una "revocatio" tal, colocada al principio.

---

[25]　Cfr. Robert Pinget, *Graal Flibuste,* París, 1957, pág. 209.

Baga (1958), por el contrario, se acerca ya más al "Nouveau Roman". Aquí se introduce en la novela el mundo separado de lo propio, de lo "réel", que no es sólo un producto de condensación resultante de los sueños, de tal modo que nos encontramos ante el cambio continuo del mundo de batallas, victorias y ermitas a la realidad de un rey cansado de gobernar, realidad a la que sólo pertenece su práctico ministro Baga (ya el título da preferencia a este mundo último). También la técnica narrativa de *Baga* muestra ya claros contactos con la del "Nouveau Roman", pero el enfoque decisivo hacia una meta exclusivamente fenomenológica falta todavía.

Sólo en *Le Fiston* tiene lugar esta consecuencia, y de un modo tan perfecto que con esta obra surge un "Nouveau Roman" "puro", en comparación con el cual la novela posterior, *Clope au dossier,* muestra incluso ligeras relajaciones a causa de elementos estructurales "clásicos". Pinget parte de una situación desarrollada ya en líneas generales en el "prólogo" de *Graal Flibuste*: a un padre al que ha abandonado su hijo, su "fiston", como le llama con un dejo de cariño, y cuya mujer yace desde hace tiempo en el cementerio, no le queda como último "sostén" más que la bebida, los intentos de ponerse en contacto con su hijo por medio de cartas y los regulares paseos vespertinos por el cementerio en que su mujer ha encontrado el último reposo. Una importancia central tienen las cartas. Es curioso que el padre, M. Levert, no intenta jamás echarlas, sino que las guarda en su archivador. Lo hace así en parte porque desconfía de correos, en parte porque teme no ser entendido por el destinatario. Se trata pues de cartas absolutas, de cartas que expresan también formalmente lo que contienen: aislamiento desesperado y frustración. Esto nos puede servir de primera confirmación del hecho de que estamos ante un "Nouveau Roman".

Sin embargo *Le Fiston* como novela no puede equipararse con estas cartas, antes bien es contado este escribir cartas, como todo lo que hace el padre, por un narrador fictivo. Para este yo narrador el padre es un "él", pero este "él" habla también en primera persona cuando escribe las cartas o cuando habla consigo mismo, y dado que estos pasajes no se diferencian en nada de los otros, de los descriptivos, y que no son anunciados por comillas u otros medios auxiliares, a menudo no se puede distinguir claramente la identidad del narrador de la del padre. Así por ejemplo en el pasaje siguiente es claro al principio que es el padre el que se dice que si hubiera habido una palabra capaz de retener a su hijo, habría dado veinte años de su vida por ella. Con bastante seguridad puede decirse también que en ese pasaje, en una especie de degradación de colores en la que se difuminan los contornos, se sobrepone el yo narrador y objetiviza al padre y al hijo convirtiéndolos en "ils". (Esto recuerda la identidad oscilante del rey en *Baga,* pues éste se vivía a sí mismo en sus sueños como a una tercera persona, mientras que era un "yo" en la realidad del tener que gobernar. Este duro dualismo de sueño y realidad se supera pues en *Le Fiston*).

> (...) si j'avais su qu'un seul mot de ma part ait pu te retenir j'aurais sacrifié vingt ans de ma vie. Ce qu'on dit. Le mot de passe. L'engendrer à chaque fois. Ou l'écrire pour le perdre [26], recommencer la lettre, se rassoir devant le mur et compter les trous. Il m'aurait été facile à un moment donné de dévoiler l'imposture et de dire simplement ce que je savais de ce père et de ce fils qui ne s'entendaient pas pour des raisons très-naturelles de filiation, de consanguinité mais voilà on ne peut pas tout dire [27].

Sobre todo del principio del segundo capítulo de *Le Fiston* se desprende hasta qué punto se identifica el yo del narrador con el padre, y hasta qué punto se reconoce dentro de la misma problemática formal (comp. también nota 26). (*Le Fiston* tiene dos capítulos o partes aproximadamente igual de largas. ¿Es esto un resto estructural del dualismo, que por otra parte va a volver a aparecer más pujante en *Clope au dossier,* y al que también se deben el estar en camino, "aventure" y ermita en *Graal Flibuste* y *Baga*? También

---

[26]   Considérese el severo paralelismo entre "l'engendrer" (donde domina la idea de la relación padre-hijo) y "l'écrire" (donde pasa a un primer plano la de la formulación poética).

[27]   Robert Pinget, *Le Fiston,* Ed. de Minuit, París, 1959, págs. 38 sigs.

Beckett utiliza con predilección formas estructurales dobles dispuestas como el original y su imagen reflejada en un espejo, por ejemplo en *Molloy* y, sobre todo, en *En attendant Godot*). Al principio del segundo capítulo se dice el narrador (tras del que se esconde el autor), que tiene que empezar otra vez desde el principio, lo que sucede también desde el punto de vista del total de la obra. En la tercera frase se petrifica el movimiento en una especie de degradación cromática sintáctica, se paraliza. De repente se introduce el vocativo "fiston" (la falta de artículo indica que debe tratarse de un vocativo), y el resto de la frase la dice el padre en primera persona:

> Je recommence. J'ai dû me tromper au départ. J'ai interrogé
> Sophie Narre hier ou avant-hier et d'autres personnes d'autres
> jours et en plus j'ai réfléchi, fiston, je me dis qu'il vaut mieux
> tout recommencer que compromettre ton retour par une erreur,
> on ne sait jamais, peut-être une demi-heure d'erreur [28].

Cuando se comparan ambas citas es interesante también observar que en la primera el narrador da a entender claramente que le es fácil decir simplemente lo que sabe de este padre y de su hijo (en lugar de burlarse del lector haciendo que éste no se entere con seguridad de lo que ocurre en la novela), y que en la segunda cita dice que está llevando a cabo una investigación minuciosa en la que hay que aducir pruebas con precisión.

Le Fiston discurre pues intencionadamente como una especie de inventario de un caso que en el fondo está claro para el narrador, como un inventario que en cierto modo no roza la cuestión, que solo esporádicamente parece tener que ver con el caso mismo. Si miramos despacio el inventario de algunas capas sociales de una pequeña ciudad, que en parte considerable es *Le Fiston,* y reflexionamos sobre su posible sentido, sólo cabe la explicación de que tiene que ser así en una novela fenomenológica que tiene por objeto la ausencia.

El fenómeno que hay que captar no es, efectivamente, ni una cosa ni un estado psíquico, sino la ausencia misma del hijo, y, desde

---

[28] *Le Fiston,* pág. 93.

el punto de vista fenoménico, no es posible representar la ausencia positivamente como algo, sino sólo negativamente, como la carencia de algo. Pinget mete en su novela la ausencia del hijo en tanto que más que referir las cartas, deja resbalar en monótona sucesión la mirada del padre o del narrador por las células sociales de la ciudad, hace captar esta monotonía con objetividad fotográfica y excluye cualquier relación con el hijo. Una tal relación y, más aún, la expresión del dolor, habría significado una relativización de la ausencia, habría significado eludir el puro "fenómeno" de la ausencia [29]. Son éstas algunas facetas que, desde el punto de vista del contenido, no tienen nada que ver con el "tema" (fuera del hecho de que tienen lugar en el pueblo en que vive el padre y ha vivido el hijo), facetas que representan una especie de punto muerto lingüístico-visual, pero que justamente como tales "dan forma" adecuadamente a la ausencia del hijo.

Como ejemplo especialmente impresionante de esto puede valer la visita nocturna de M. Levert al cementerio. Ni dolor, ni nostalgia, ni sentimientos de ninguna especie empañan la mirada clara de unos ojos que perciben serenamente las cosas, desde el paseo del cementerio y la vista que desde allí se disfruta, hasta las numerosas lápidas que, una detrás de otra, son consignadas con los nombres de los muertos, las fechas y las eventuales inscripciones. A lo largo de nada menos que ocho páginas (págs. 76-84) se extiende esta alineación perspectiva captada como con cámara fotográfica hasta que, por fin, al llegar a la tumba de Mme. Levert, se detiene un momento (M. Levert quita una maceta con flores marchitas y la tira al basurero), para seguir después a M. Levert, que abandona el cementerio y vuelve a casa todo lo silenciosamente que puede. La ausencia del hijo se hace presente en esta escena del cementerio como lo que es verdaderamente, como la no existencia, como el vacío.

Por otra parte, por sí misma no podría convencer formalmente una novela que fuera una simple percepción visual de objetos y si-

---

[29] La expresión "fenómeno de la ausencia" parece una contradicción, pues fenómeno es algo que aparece. Frente a esta aparente contradicción hay que señalar la ya mencionada posibilidad de la aparición en lo negativo.

tuaciones, por lo que no falta tampoco en *Le Fiston* la estructuración
desde dentro que tan a menudo hemos podido observar en el "Nouveau Roman" (y también en *El acoso* de Carpentier).

A este respecto es importante por una parte la disposición especular de la novela que, a falta de una continuidad episódica, convierte los temas que aparecen en ella en motivos temático-formales,
de modo análogo a la estructura de una pieza musical. Una ojeada a
la sucesión de los fragmentos de ambos capítulos muestra hasta qué
punto está estudiada esta disposición especular incluso en la aparición,
en la reaparición y en la mezcla de motivos singulares y de complejos
de motivos. De modo semejante a como sucede en *La Jalousie* de
Robbe-Grillet, el motivo unificante, personal u objetivo, del párrafo
se encuentra ya generalmente en la primera frase del fragmento respectivo.

CAPÍTULO I:

1 *La fille du cordonnier* est morte
2 Dans la voiture qui retournait au Rouget
      madame Roger...
3 *La tante Pacot* est une soeur de madame Chinze
4 *Le curé* après l'enterrement
5 *Les deux frères Moule*
6 *Monsieur Levert* habite la villa des Roches
7 *Monsieur Levert* après la visite a continué
      sa lettre
8 Mon cher *fiston*. Je recommence
9 *Minet* est sorti de chez lui, il est allé rejoindre *Louis.*
10 *La femme qui ramassait du bois mort*
11 *La maison des Levert à Sirancy*
12 *Cette lettre* n'arrivera pas à partir
13 *Le cimetière* est attenant à l'église
14 *J'essaie de me rappeler*

CAPÍTULO II:

1 Je recommence (...) Moule (...) Pacot (...)
      Roger   (= 1,2)
2 *La tante Pacot*   (= 1,3)

3 Chaque matin après sa messe *le curé*   (= 1,4)
4 *Les frères Moule*   (= 1,5)
5 *Monsieur Levert* s'était remis au travail   (= 1,6)
6 A moins que ce soit ce jeudi (se trata de reconstrucciones de M.
    Levert, por lo que, dicho groso modo, corresponde este frag-
    mento a   1,7-9)
7 *La femme qui ramassait du bois mort* (...) *à Sirancy* (= 1,10-11)
8 Trop vite dit, le but s'éloigne, *cette lettre* ne partira jamais plus (...)
    enterrement (...) *ici repose* (...) *Marie Chinze* [30] (= 1,12-13 y 1,1)
9 Il reste la poste
10 Il reste le jardin public
11 Il reste la ville

En este cuadro se destacan por igual el carácter especular y la
concentración en dirección a un final claramente establecido formalmente. El fragmento octavo de la segunda parte cumple al tiempo la
función de concluir la disposición especular, en tanto que recoge el
motivo introductorio de la novela, con lo que lleva al total punto
muerto temático del final, que agota la novela con los tres últimos
fragmentos, destacados en su desesperada monotonía por medio de la
repetición [31].

Por otra parte es importante para la estructuración desde dentro
el compromiso formal de una relación residual con el tema represen-
tada por el escribir al hijo perdido, una relación residual que es hábilmente atenuada en tanto que se integra junto con otros motivos en el
ritmo formal de la obra.

En tercer lugar son importantes las analogías formaltemáticas con
el "tema", que aparecen a manera de leitmotiv, entre las cuales está
a la cabeza estructuralmente el entierro de Marie Chinze, la joven
hija del zapatero [32]. Esta analogía inicia el libro y cierra también el

---

[30] Es éste el nombre de la hija del zapatero, de cuyo entierro parte la
novela. Los subrayados son míos.

[31] Respecto al final sería comparable, si bien más sobre una base temática, la dispersión de las cenizas del protagonista en *Murphy* de Beckett, que
realmente concluye ya en el capítulo anterior.

[32] Llevaría muy lejos si quisiera llevar a cabo las observaciones acerca
de la construcción de una estructura desde dentro, mostrar, por ejemplo, la

círculo de las repeticiones de motivos. *Le Fiston* es, pues, como podremos afirmar finalmente, una digna tercera obra en el haz de grandes
ejemplos del "Nouveau Roman" en su año de mayor rendimiento.
Este año ha de ser al mismo tiempo, como pronto veremos, el año
del gran giro.

significación de los motivos de transición o, siquiera, la de las iniciales de los
nombres (esto último podría quizá incitar de nuevo a una comparación con
fenómenos similares en Beckett).

VII

LA GRAN SÍNTESIS

Los años 1960-63 significan para la "Nueva Novela" en Iberoamérica lo mismo que el año 1959 (o sea, la época del Nouveau Roman "puro") para el "Nouveau Roman". Nada menos que con seis obras maestras, que se reparten dos argentinos (Julio Cortázar y Ernesto Sábato), un mejicano (Carlos Fuentes), un peruano (Mario Vargas Llosa) y un cubano (Alejo Carpentier), no sólo irrumpe de nuevo la "Nueva Novela" iberoamericana en estos años en la "cresta" de la novela internacional, sino que la determina en gran parte y se pone por delante del "Nouveau Roman", a excepción de *Le Palace* de Claude Simon y *Clope au dossier* de Robert Pinget, que tienen una magnitud aproximadamente igual. Ya desde el punto de vista de la extensión se presentan estas novelas como síntesis potentes. Ninguna de ellas tiene menos de trescientas páginas, algunas llegan a las quinientas y hasta a las seiscientas. Si además tenemos en cuenta que junto a ellas se dan aún considerables experimentos formales como la novela corta *Eloy* (1962), del chileno Carlos Droguett y *Mulata de tal* (1963), del guatemalteco Miguel Ángel Asturias, novelas en que se presentan un talento aún no totalmente desarrollado (Droguett) y un patriarca manierísticamente juguetón (Asturias), podremos decir que esta "gran síntesis" da la impresión de un vigor sano, ya desde el punto de vista de la cantidad y de la repartición entre los distintos países de Iberoamérica. Se comprende que, en estas circunstancias, tenía que crecer también la confianza en sí mismos de los autores iberoamericanos, despertándose en ellos la justificada conciencia de un vigor "nacional", y se comprende que no se vuelva a hablar de atraso, sino que se eleve un clamor pidiendo la manifestación de este vigor. También se encuentra pronto un objetivo para la agresión (tras del que se oculta al mismo tiempo la conciencia de afinidad y de rivalidad): probar al "Nouveau Roman" su esterilidad por medio de una plenitud verdaderamente exótica. Gabriel García Márquez, Mario Vargas Llosa y Carlos Fuentes son los portavoces de este ambicioso objetivo, pero también Ernesto Sábato se muestra en *El escritor y sus fantasmas* abierto hacia él [1]. (Quizá sorprenda que uno de estos "portavoces", Gabriel García Márquez, no se encuentre entre los grandes de los años 1960-63, nombrados más arriba, sobre todo si se tiene en cuenta que este colombiano podría haber sido nombrado nada menos que con tres títulos: *El coronel no tiene quien le escriba,* 1961, *Los funerales de la mamá grande,* 1962 y *La mala hora,* 1962. Estas novelas cortas y narraciones (*Los funerales*), originariamente proyectadas como un sólo libro bajo el título *La mala hora,* surgieron fundamentalmente hacia 1955-56, y García Márquez luchó largo tiempo con la materia hasta que se decidió a publicar una parte del proyecto (*El coronel*), que evidentemente no había resultado en la forma prevista, y después siguieron las otras dos partes. La inclusión entre las grandes novelas de la época 1960-63 no hubiera sido con seguridad justificable. Al comentar *Cien años de soledad,* 1967, habrá ocasión de reparar en cierto modo este silencio).

Por otra parte, polémica significa siempre un poco diálogo, compromiso con los rivales y con su pensamiento, y hemos de ver que a la "Nueva Novela" de Iberoamérica le ha quedado la huella de esta escuela del antagonismo, que su camino no se encuentra ya exclusivamente dentro de la continuación de los modelos norteamericanos y

---

[1] Cfr. lo que se dice en la pág. 403.

del desarrollo de fórmulas abiertas propias; hemos de ver que, como ya sucede en El acoso, pero de otro modo, se añade ahora un tercer momento que la relaciona con el "Nouveau Roman": el lenguaje autónomo de la forma. Sin embargo la novela iberoamericana va a seguir siendo fiel a su naturaleza propia, sintética (a la que parecía haberse renunciado un poco en El acoso), no va a dar preferencia a un tal lenguaje de la forma, subordinando a él todo lo demás. Tampoco va a buscar una novela marcadamente ontológica, sino que se va a esforzar en ser tanto lo uno como lo otro, siguiendo también en esto el camino de la síntesis. Aparte de su extensión y del diálogo formal continuo que se da en ellas, tienen estas novelas finalmente una naturaleza sintética en un tercer sentido: desde un punto de vista histórico-evolutivo. Representan el tercer escalón, el sintético, dentro de un amplio triple paso, que va de la novela existencialista a la síntesis de los años 1960-63, pasando por la novela abierta. Además constituyen estas novelas también el tercer paso dentro del complejo de la infraestructura dialéctica que conduce hasta ellas a través de la novela abierta de los años 1949-55 y de la "antítesis restauradora" de 1956-59. Efectivamente, estas novelas no sólo recogen y transforman en gran medida los temas existencialistas de los años treinta y cuarenta (registrándose ahora una perceptible influencia de Sartre, Vargas Llosa, por ejemplo, antepone una cita de Sartre a su novela La ciudad y los perros), sino que buscan también una apertura formal, lo que sin embargo no impide a sus autores desarrollar estructuras "clásicas" de efecto restaurador por una parte, y "lenguaje formal" por otra.

Es como si estas novelas quisieran dar también en un plano colectivo la impresión de una síntesis, pues la rueda que forman no sólo empieza con una novela de Cortázar, sino que encuentra su digno final en otra novela del mismo autor. Además, a diferencia de la serie experimental del "Nouveau Roman" "puro", la cima numérica de la producción no se encuentra al final (en 1960 no apareció ya ningún "Nouveau Roman" digno de mención), sino bien equilibrada entre dos obras que quizá se puedan considerar como las mejores entre estas

grandes novelas: *Sobre héroes y tumbas* y *Rayuela*. Sinópticamente
es esto como sigue:

Julio Cortázar, *Los premios*	1960
Ernesto Sábato, *Sobre héroes y tumbas*	1961
Mario Vargas Llosa, *La ciudad y los perros*	1962
Carlos Fuentes, *La muerte de Artemio Cruz*	1962
Alejo Carpentier, *El siglo de las luces*	1962
Julio Cortázar, *Rayuela*	1963

Esta estructura colectiva de la "gran síntesis", surgida quizá algo
casualmente, no engaña, pues las novelas singulares presentan también
un equilibrio semejante.

"LOS PREMIOS"

Los premios es un ejemplo elocuente de esto: consta de un prólogo, tres "días" y un epílogo. Además se ha ocupado el autor de
llamar la atención en una nota de que tras esta estructura sorprendentemente clara se esconde un parentesco con el arte de la fuga. Efectivamente es esta indicación la explicación del hecho de que el prólogo
preceda a los tres "días" como parte de igual extensión que ellos: el
prólogo representa lo mismo que la exposición en la fuga, es el primer
desarrollo al que siguen otros tres, también esto en consonancia con
lo normal en la fuga. Sólo así se explican también los fragmentos
curiosamente aislados, diferenciados de los demás por su talante lingüístico y por la tipografía (están impresos en cursiva), y que abarcan
de *A* a *I*: en el primero, segundo y tercer días, donde interrumpen el
curso de la narración hacia el final respectivamente (*EF* en el *Primer
Día*, *GH* en el *Segundo Día*, *I* en el *Tercer Día*) desempeñan estos
fragmentos bastante inequívocamente la función de los movimientos
intermedios que a menudo hay entre los desarrollos de la fuga, en
los que, como también sucede aquí, se prolongan los motivos del tema.
En la exposición, por el contrario, los fragmentos correspondientes,
cuyo protagonista es Persio, constituyen una especie de "dominante".

(De modo muy semejante está construida por lo demás *L'Automne à Pékin* de Boris Vian, que apareció mucho antes, en 1956, en las Éditions de Minuit. Esta novela tiene una exposición dividida en *A B C* y *D* y tres desarrollos. Entre los desarrollos y al final del último hay lo que Vian llama un "passage", destacado también de lo demás por la tipografía y por el talante estilístico, como en el caso de Cortázar).

Efectivamente representa Persio una dominante dentro de la novela. Es un joven que lee con gusto libros de ocultismo, cuyas conversaciones están salpicadas de vocabulario mágico y filosófico y que toma parte propiamente sólo como "polizón" en el crucero que constituye la acción de *Los premios*. Entre sus declaraciones, intencionadamente oscuras y herméticamente doctas, se mezcla tanta reflexión sobre poesía y realidad que podemos ver en él un poco al autor, que se introduce así en la novela. En cualquier caso es Persio el que nos da la clave de *Los premios*, clave a su vez velada, es el que habla de una *saga* que quizá se narre en vano (*A*) y de una constelación y una *figura* en la que se alcanza un sentido que está por encima de los astros singulares (cap. X). Cuando se le pregunta que dónde está esa *figura* no vacila en designar como tal la situación fundamental en que están ellos, es decir, la de la acción de *Los premios*, una *figura* en cuya ordenación no hay nada pragmático ni funcional, y en la que las personas no representan el rosetón de una catedral gótica sino el de un calidoscopio. Cuando se le pregunta después de qué calidoscopio habla, da Persio como respuesta absoluta la frase sin relación: "Se oyó a alguien que cantaba un tango" [2]. Otra vez compara Persio su crucero con una guitarra que va por encima de un cuadro de Picasso.

Todo esto es sugestivo y oscuro al mismo tiempo. Pero veamos la acción de *Los premios* antes de plantearnos la cuestión de su sentido.

---

[2] Julio Cortázar, *Los premios*, Buenos Aires, 1960, pág. 44.

Los ganadores de una lotería y hasta tres familiares que cada uno de los ganadores puede llevar consigo se encuentran en el Café London, donde están citados para emprender un crucero de varios meses por cuenta del Estado. (Prólogo).

Son conducidos a bordo del *Malcolm*, se les asignan camarotes con todas las comodidades, pero pronto observan que las puertas de popa están cerradas, que no tienen posibilidad de entrada a la parte del barco donde se determina el rumbo. No pasa mucho tiempo hasta que el grupo revoltoso entre los viajeros (los metafísicos y los revolucionarios: López, Raúl, Medrano, de Pelusa, Jorge) empieza a idear planes para irrumpir en popa. Los demás, por el contrario, defienden la postura del *laissez faire*. Los primeros intentos de aclarar la situación fracasan. Como versión oficial se dice a los viajeros que en popa se ha declarado una enfermedad contagiosa que ha atacado al capitán y a otro miembro de la tripulación. (Primer Día).

La vida a bordo continúa, el barco avanza bajo un "horizonte perfectamente idiota", que subraya perfectamente esta situación absurda. Aumenta la tensión entre los viajeros. Los "conservadores" y los que se ocupan de sí mismos están descontentos con los "revolucionarios", pues éstos ponen en peligro su agradable vida a bordo. (Segundo Día).

Los "progresivos" se deciden por fin a actuar y violentan una puerta. Uno de ellos es derribado a golpes, pero se logra llevar a un oficial y a tres marineros a proa, amenazándolos con una pistola. Raúl y Medrano entran por fin en popa y comprueban que está vacía. Pero evidentemente esto no es del todo así, pues de repente aparecen unos marineros, hay un tiroteo en el que Medrano es herido de muerte y, mientras se discuten acaloradamente estos sucesos, reciben los viajeros la orden de preparar su equipaje. (Tercer Día).

Un avión anfibio los recoge a bordo y los lleva otra vez a Buenos Aires. (Epílogo).

Es inmediato interpretar esta acción como una velada alegoría, lo que efectivamente sucede en los estudios más corrientes sobre la obra. Pero hay que ser consciente de que esta interpretación alegórica no atina con el sentido propio de la obra, ni puede atinar con él, porque en ella no hay un tal sentido central. *Los premios* es como un calidoscopio de significados que, según se le "agite" de un modo o de otro, da una u otra combinación de sentido, pero jamás un sentido único.

De este modo es bastante claro que en un plano de sentido alegórico se puede interpretar *Los premios* como un símbolo de la vida, como un viaje absurdo cuya dirección y meta se desconocen, cuyos "guías" se exteriorizan sólo en forma de preceptos y prohibiciones, así como de declaraciones falsas, un viaje en el que puede ser peligroso querer investigar a cualquier precio el secreto de su rumbo o quererse hacer dueño del timón, pero en el que se puede vivir bastante bien si no se desarrollan ambiciones semejantes. A veces parece como si los "guías", como si el capitán del barco y sus oficiales no fueran tanto una concreción simbólica de poderes superiores como la proyección alegórica de la propia voluntad de algunos de los participantes en el viaje. Así, cuando los oficiales informan de que el capitán Smith y otro miembro de la tripulación padecen una enfermedad contagiosa, se da cuenta López de que lleva el mismo nombre que el capitán. Además se dice una vez de este López que *capitanea* las operaciones [3]. Junto a él es Raúl el que, con gran diferencia de los demás, está atacado por la fiebre metafísica de la curiosidad (por lo que, en correspondencia, se dice que su dominio del inglés hizo que le correspondiera el mando (*capitanía*) en otra etapa. Por todo esto podría llegarse a la idea de que los dos enfermos son López y Raúl mismos. De este modo la alegoría política y la metafísica repercute también en lo existencial. Este aspecto, reforzado también por una cierta afinidad con *La Peste* de Camus, tiene un fuerte eco en la palabra absurdo, repetida como un leitmotiv, y tiende después más hacia el existencialismo sartriano, cuando los exploradores, en la meta de su curiosidad metafísica, encuentran ante sí la popa vacía, la nada como secreto de lo metafísico. Entonces se habla expresamente del "estar ahí", lo que podría equivaler al "être-là" de la experiencia

---

[3] *Ibíd.*, pág. 143.

existencialista (por cierto, la mujer de Cortázar, Aurora, ha traducido a Sartre), y también se habla de un nuevo "punto de partida" que se ha encontrado con ello [4].

Pero tampoco es ésta *la* clave de *Los premios*, pues después resulta que la popa no estaba vacía. Las circunstancias no se centran aquí en un sentido, sino que son expresión de una constelación de sentido cambiante, laxa. Si volvemos a agitar el calidoscopio de las significaciones, vemos las figuras y constelaciones de que habla Persio, vemos la red de relaciones y circunstancias sociales (que Cortázar ironiza satíricamente), vemos las "figuras" personales (no sólo las de los "vanguardistas" y la de los "conservadores", sino también las de los "prometidos" Lucio y Nora, las de la familia Tejo, por ejemplo). Ya las condiciones para la realización de este viaje son significativas a este respecto: la casualidad que hizo que participara cada uno y el hecho de que cada ganador pudiera ser acompañado por un máximo de tres familiares, de modo que se creaba una pequeña constelación y el ganador podía aparecer como miembro de ella. Más importantes que estas agrupaciones personales, en parte buscadas conscientemente, son sin embargo las constelaciones mágicas del instante, que producen en este libro la gran rosa del calidoscopio. Todo el acontecer de *Los premios* es en el fondo una tal "instantánea y efímera petrificación de la rosa del calidoscopio", que de modo consciente se hace que surja casualmente, alejada de cualquier sentido pragmático o funcional. Pero este acontecer oculta dentro de sí instantes que, vistos en sí mismos, producen el dibujo cambiante de una constelación. Un ejemplo especialmente llamativo y típico de esto se encuentra hacia el final del *Primer Día*. En este pasaje tenemos ante la vista lo que Cortázar entiende por "figura" en un caso ideal, por constelación mágica suprapersonal: la concordancia acausal de acontecimientos que están separados espacialmente, pero que son temporalmente paralelos. Por una parte está el intento de Lucio de "despertar" el cuerpo de Nora, de superar su miedo y de vencer sus

---

[4] *Ibíd.*, págs. 382 sigs.

dudas (como se ha dicho, no están casados), intento que al final fracasa, de modo que no se alcanza el instante "puro" de la entrega sin trabas. (Repetidamente he tenido ocasión de hacer referencia al significado de la carne como trascendencia posible en la "Nueva Novela" iberoamericana [5]. El intento de Lucio tiene que ser considerado en relación con esto). Por otra parte están Jorge y Persio, que quieren acabar una partida de ajedrez, dando Jorge mate a Persio, a quien hasta cierto punto hay que identificar con el todo. También está Felipe, excluido de la acción por motivos de clase, que intenta llegar a popa por cuenta propia y de hecho avanza una puerta más que los otros, pero es advertido por un marinero de que si sigue le tendrá que abrir la cabeza. Por último tenemos a Medrano, que lee *Hombres de maíz* en su camarote, y que, al contrario de su amante, abandonada ignominiosamente, sabe apreciar el tono decisivamente mágico de Asturias.

La acción y la persona singular se encuentran aquí dentro del dibujo de un sentido mágico que se sobrepone a ellas, sentido que, por lo demás, empieza ya con los colores, pues Felipe lleva *blue*-jeans cuando consigue apoderarse de una puerta y ponerse en contacto con un marinero que lleva un uniforme azul, y ya en el prólogo tenemos noticia de lo que significa este color azul, encontrado ya en Robbe-Grillet. En dicho lugar se dice que Raúl usa pijamas azules, que acaricia sueños irrealizables y esperanzas aún más problemáticas [6].

Pero apresurémonos a añadir que tampoco en esto estriba *el* sentido de *Los premios*, pues una vez que Persio habla de constelaciones mágicas y Medrano deduce de ello que el mundo es mágico, responde Persio que incluso la magia está llena de prejuicios occidentales [7]. Con otras palabras, Persio (y con él Cortázar) se opone a la tendencia europea a la monocausalidad y a la explicación única: *Los premios*

---

[5] Cfr. lo dicho en las págs. 105-106. Una primera muestra de que se vuelve a recoger esta tradición se da ya en la exposición: la expresión "cuerpo eterno", al contemplarse Paula desnuda en el espejo de su camarote.

[6] *Los premios*, pág. 69.

[7] *Ibíd.*, pág. 94.

no ha de tener un sólo sentido al que se subordine lo demás como parte, complemento o consecuencia, no ha de ofrecer una interpretación del mundo de validez total, sino que ha de ser un calidoscopio de la vida misma, un calidoscopio que puede ser visto de diferentes maneras, en cuya constelación tampoco se debería por ello ver sólo una estructura, una estructura "musical" (ni la de una fuga ni la difícilmente verificable de un tango, a la que parecía referirse la respuesta absoluta citada más arriba), sino que igualmente podría verse por ejemplo la analogía con una pintura. Otro párrafo de *Los premios* muestra hasta qué punto es también esto ya enfrentamiento con el "Nouveau Roman":

"La ingenuidad de Persio no es tan grande para ignorar que la descomposición de lo fenoménico debería preceder a toda tentativa arquitectónica, pero a la vez ama el calidoscopio incalculable de la vida" [8].

Cortázar se decide conscientemente por un camino distinto al del "Nouveau Roman", se decide por el "no sólo, sino también", por la evitación de cualquier sentido pragmático o funcional, pero también por la rosa de un sentido mágico. Se decide por una parcelación de lo episódico, pero también por la continuidad de un viaje; por una orquestación formal-temática, pero al servicio de una problemática metafísica; por un "nihilismo" de cuño sartriano, pero al mismo tiempo por la voluntad inquebrantable de sentido metafísico; por constelaciones (lo que podría recordar *Le Planétarium* de Sarraute), pero por constelaciones tras de las que se oculta la "figura" de un sentido supraindividual.

Desde luego si se intenta avanzar un paso más y determinar qué sentido y qué metafísica son éstos, sólo cabe responder que este sentido es de naturaleza mágica y que está en yuxtaposición con el efectivo absurdo de la vida, que no puede revocar a este absurdo. La solución de Camus, en la que cabría pensar, no es, en el fondo, comparable. Camus penetra definitivamente en el sentido, reconociendo

---

[8] *Ibíd.*, pág. 100.

el absurdo mismo le arrebata un sentido y lo somete a un principio único, el principio del altivo conocimiento de sí mismo, tal como lo realiza Sísifo. Justamente esto es lo que no se lleva a cabo aquí, como tampoco se llevó a cabo en *Hombres de maíz*.

"SOBRE HÉROES Y TUMBAS"

La fórmula novelesca quizá más bella de esta absurda búsqueda de sentido es *Sobre héroes y tumbas* de Ernesto Sábato, casi una epopeya novelesca que, como *Pedro Páramo* de Juan Rulfo y *Hombres de maíz* de Asturias, o *Passage de Milan* y *La Modification* de Butor en Francia, está un poco dentro de la tradición de la *Divina Comedia*. Es ésta una obra cuya ideología parece a veces pertenecer al más puro existencialismo sartriano, pero que también deja sitio a la esperanza, a la "esperanza negra", como la llama Sábato, pero también a otra, concreta aunque velada, con la que acaba el libro.

Esta novela es, como *Los premios*, una obra extraordinariamente clara y conscientemente trazada, dividida en cuatro partes que, en este caso, no se pueden comparar con la exposición y los desarrollos de una fuga o, como en el caso de *El acoso*, con una sonata, sino más bien con los tiempos de una sinfonía. La primera parte, *El Dragón y la Princesa*, es como un *allegro con fuoco*, románticamente juguetón y vigoroso a un tiempo, con valkirias, tempestad y sueños de amor puro y de castidad. La segunda es un *andante*, contenido, pero que conduce incesantemente y con decisión a grandes acontecimientos. La tercera, *Informe sobre ciegos*, punto culminante de la novela, es comparable en su sombría movilidad a un *andante con moto*, pero también a una *marcia funebre*. La parte cuarta, *Un Dios desconocido*, está en analogía con un *finale spirituoso*. Quizá estas relaciones no "resulten", pero, en cualquier caso, es significativo el hecho de que sean posibles y que incluso se ofrezcan en cierto modo. Así como la "Nueva Novela" iberoamericana está en relación irrecusable con lo metafísico y no es siquiera imaginable sin esta problemática, así se define también hasta cierto punto por un diálogo, que a veces aparece claramente, a veces sólo existe de modo latente, con las dimensiones de la música. Es éste un diálogo que en Francia se mantuvo durante largo tiempo sólo al margen del "Nouveau Roman" (por ejemplo en la ya mencionada novela de Boris Vian *L'Automne à Pékin*, aparecida al mismo tiempo que *El acoso*), que se continúa, quizá sólo inconscientemente, en la estructura de *La Jalousie* y *Le Fiston*, y que aparece de nuevo abiertamente en *Portrait de l'artiste en jeune singe*, un *capriccio* de Butor aparecido en 1967, que no es ya una novela [9].

Pero la estructura "musical" de *Sobre héroes y tumbas*, al contrario de la de *El acoso* y *Los premios*, por ejemplo, lo es tal sólo por la disposición externa. No tendría sentido buscar aquí, por ejemplo, motivos formal-temáticos. Los que determinan la infraestructura de *Sobre héroes y tumbas* son más bien principios de técnica narrativa que, aunque se cristalicen en hechos formales, no apuntan, como tales, hacia un lenguaje autónomo. En todo caso son, en un sentido muy general, complementarios de la expresión, igual que la segmentación y la parcelación de lo narrado (interpolaciones de pasajes líricos de talante lingüístico diferente a lo demás, cuadros autónomos impresos en cursiva, etc.) están en analogía con el quebrantamiento de un mundo y con el absurdo. Por lo tanto en la construcción de la novela no se da un lenguaje formal sino una técnica narrativa artificiosamente retorcida.

La primera y segunda partes consisten en informes que Martín, un enamorado de Alejandra, figura central del interés episódico, da a Bruno, su amigo y compañero de desdichas. Estos informes, ordenados cronológicamente en la época de las relaciones con Alejandra (I) y en los intentos posteriores de Martín por arrancar a la felicidad perdida por lo menos el secreto de su origen (II), los redacta casi ex-

---

[9] Simultáneamente apareció otro experimento de esta clase, *Le Savon* de Francis Ponge, que, sin embargo, tampoco se puede calificar de novela. En 1965 se publicó en Alemania *Die Ermittlung*, un "oratorio en 11 cantos", de Peter Weiss.

clusivamente el autor, en tercera persona, en representación de Martín, de modo que hacen el efecto de una imagen retrospectiva en la que vemos vivir ante nosotros a Martín como un "él". El informe es interrumpido a menudo por pensamientos y observaciones de Bruno, en la primera parte se ensambla también con él, como unidad relativamente autónoma, la narración de Alejandra del amor de Marcos hacia ella, a causa de lo cual dentro de la imagen retrospectiva tiene lugar otra en segundo grado, con la correspondiente traslación de la perspectiva temporal. Por si esto fuera poco, en la tercera parte Fernando, padre y enamorado de Alejandra, nos da otro informe, que de nuevo nos conduce más atrás. Este informe, cuyo núcleo es el *descensus ad inferos*, se da en primera persona, como informe auténtico. Producto de una realidad de técnica narrativa que acaba artificiosamente la novela, y no lenguaje formal, es el hecho de que la parte cuarta vuelva de nuevo a Martín, que, después del suicidio de Alejandra y Fernando, busque éste la compañía del también afectado Bruno, que éste pueda relatar por su parte a Martín los instantes en que pudo estar con Alejandra (polo opuesto de la primera parte), y que el libro acabe con una dolorosa toma de conciencia de Martín, con problemas político-metafísicos y con acontecimientos concretos tras de los que quizá se pueda buscar una respuesta, si bien con precaución.

Prescindiendo de esta artificiosa construcción, el centro de gravedad de *Sobre héroes y tumbas* estriba en una riqueza episódica y de pensamiento que hace de la obra una especie de compendio en el que no faltan por ejemplo opiniones sobre la situación de la literatura iberoamericana actual, sobre todo de la argentina, en el que se defiende a Borges como "argentino a pesar de todo", en el que se defiende del reproche de ser europeos disfrazados a Hernández —el autor de la famosa epopeya gaucha *Martín Fierro*—, a Roberto Arlt y a Güiraldes, con su no menos famoso *Don Segundo Sombra,* si bien Arlt es censurado porque sus gauchos no son tan auténticos como los de Lynch [10]. Es imposible describir adecuadamente aquí la variedad de

---

[10] Ernesto Sábato, *Sobre héroes y tumbas*, Ed. Sudam., Buenos Aires, 5.ª ed., 1966, pág. 192.

esta riqueza, pero por lo menos hay que mostrar el esquema fundamental de la acción con vistas a la interpretación subsiguiente.

Martín, cuya madre había intentado por todos los medios matarlo
antes de que naciera, que tampoco podía tener respeto por su padre,
un pintor fracasado, habla a Bruno de Alejandra, a la que ambos han
amado y cuya personalidad y motivos son un misterio para ellos. La
primera vez que la había visto había aparecido como un hada por
detrás de Martín. Él estaba sentado en un banco esperando a Bucich,
un viajero que había de llevarle al país añorado en el que todo era
pureza, frío, nieve y soledad, reflejo de lo absoluto inexistente, a
Patagonia [11]. Desde entonces la había visto con frecuencia. Ella le
había contado cosas de su niñez, cómo su madre había muerto pronto
y ella había abandonado su casa con once años al encontrar a su padre
con otra mujer. Le había hablado de Marcos Molinari, un joven de
Acción Católica que había encontrado en ella a una valkiria que había
consentido en casarse pero que no quería dejarse tocar por él. Alejandra había pronunciado también las palabras Fernando y "ciegos",
pero no había seguido hablando. Después de una noche que había
pasado Martín con ella en casto concubinato, desapareció Alejandra,
por lo que aquel, después de una búsqueda inútil, se volvió a poner
en contacto con Bucich y se citó con él a una hora en la que, de modo
mágico, volvió a encontrar a Alejandra. Fue entonces con ella a casa
y, movida por sus ruegos, le permitió Alejandra entrar en el "círculo
mágico" de la entrega carnal, le concedió la experiencia de la inmortalidad de su cuerpo.

Alejandra se aparta cada vez más de él (segunda parte). En vano
busca Martín la unión en la entrega. Al final ella está dispuesta sólo
a verlo durante breve tiempo, y esto después de repetidos ruegos.
Dado que Martín ha perdido además su puesto de trabajo, intenta
ponerse en contacto con Molinari, que entretanto se ha convertido en
un influyente burgués típico, pero es decepcionado. Su último apoyo
se derrumba cuando ve que Alejandra se encuentra con un hombre

---

[11] Cfr. *Sobre héroes y tumbas*, pág. 34.

que se parece a ella. Martín logra ver por última vez a Alejandra y se entera de que este hombre es su padre, Fernando.

Fernando ha realizado una investigación acerca de los ciegos y ha descrito sus experiencias en un informe testamentario en el que consiste la tercera parte. Todo había empezado con el encuentro con una anciana ciega que apareció de pronto ante él y que, con su piel aterida de frío le había hecho vivir un instante de éxtasis, de la conciencia de una posible entrada a lo eterno. Desde entonces Fernando había ido detrás de todos los ciegos, para cuyo fin incluso se había comprado un bastón de ciego, y había llegado así hasta los canales y grutas en las que radica, bajo el suelo de Buenos Aires, el mágico reino de la "Secta", el reino de una "Potencia Luminosa", cuyo poder es ejercido por la secta sagrada de los ciegos. La entrada en este reino tenía como condición por una parte la repugnancia [12], pero por otra también lo que la ceguera significa como fenómeno: el abandono de todos los vínculos con el mundo exterior, la soledad absoluta, la vacilación de las sombras que arroja una tapia que no nos es dado ver [13], una vacilación que conmueve incluso la concepción de sí mismo como de un "algo" [14]. Fernando penetra pues bajo estas condiciones, que en parte están dadas, en parte van apareciendo, en este mundo subterráneo, a través de grutas y pasillos, pasando por encima de serpientes, a través de aguas pestilentes, se convierte en cíclope al que se le arranca el ojo con un palo, se arrastra a través de ciénagas, ve cuarenta y una torres gigantescas y un gran ojo fosforescente al que sube por una escalera de piedra, penetra en él, se convierte en un pez con alas y escamas, pierde su conciencia de pez y llega por fin a la Gran Gruta. Después se encuentra de nuevo en la habitación de la ciega, hasta la que había llegado en el curso de sus investigaciones y que ahora está desnuda ante él, una mezcla de "náusea" y "sensualidad", y que se quiere acostar con él en la cama. Después sufre nuevas transformaciones, se convierte sucesivamente en serpiente, pez espada y vampiro,

[12]   *Ibíd.*, pág. 282.
[13]   *Ibíd.*, pág. 269.
[14]   *Ibíd.*, pág. 271.

entre otras cosas. Luego el relato vuelve a enfocar la vida diaria que vuelve a comenzar.

La parte tercera empieza despertando Martín de un agitado sueño y siendo testigo de cómo sacan los cadáveres de Alejandra y Fernando de una casa incendiada: ambos se han suicidado entregándose a las llamas. Sigue el relato de Bruno, en el que éste cuenta los momentos en que conoció a Alejandra y a sus familiares. Después vemos a Martín en la habitación de un hotel. Se ha decidido al suicidio, no tanto a causa de Alejandra, sino porque no hay Dios, o, por lo menos, porque ese Dios no se dio a conocer cuando su madre saltaba a la cuerda para librarse de él antes de que naciera, ni tampoco al no poderse librar Alejandra de las relaciones con su padre. Si Dios existe debe enviarle una señal, y entonces él seguirá viviendo. Efectivamente tiene lugar esa señal. Como respuesta se encuentra de pie ante su cama una muchacha que, como *Madreselva en flor*, significa al mismo tiempo una respuesta a la *Madrecloaca*, como él acostumbraba a llamar a su madre. Esta muchacha se llama Hortensia Paz (!) y lo cuida hasta curarlo. Ahora puede Martín emprender de nuevo el proyecto de ir a Patagonia con Bucich, interrumpido repetidamente por la aparición de Alejandra. El libro termina con el viaje de ambos hacia el sur, y en este relato se inserta segmentadamente una sucesión de escenas en las que Lavalle (un general argentino que derrocó a Dorrego en 1827 y que a su vez fue destituido en 1829 por el indiófobo dictador Rosas) se dirige con sus tropas hacia el norte, intentando alcanzar la frontera boliviana. Sin embargo muere en paz, desde luego, antes de conseguirlo y sus gentes entregan una parte de sus restos a la tierra y la otra la arrojan al río. Al final de todo hay una desligada imagen de áspera concordia: Martín y Bucich orinan juntos en la oscura noche estrellada.

Es difícil desligar el esqueleto de una interpretación de este compacto conjunto que se encuentra ante nosotros tan cerrado y autosuficiente, dado que en él no se da *una* respuesta sino varias. En principio está claro que el marco de todas estas respuestas resulta del anhelo de Martín por salir de la miseria de su existencia y alcanzar el ideal lejano de lo absoluto, que él espera encontrar en Patagonia, la parte meridional de Argentina que llega hasta la Antártida (una significación semejante tiene ya Patagonia en *Vol de nuit* de Saint-Exupéry), que, sin embargo, siempre que quiere realizar este plan se interponen otras posibilidades de lo absoluto a través de Alejandra y, después, de Fernando, el amor y la magia, y que la última parte del libro conduce de nuevo al plan primitivo, pero que coloca paralelamente y como contraste a este camino hacia el ideal el lenguaje del compromiso político, de la derrota y del movimiento hacia el norte [15].

Sería equivocado, sin embargo, deducir de estos hechos estructurales que en *Sobre héroes y tumbas* el amor y la magia son superados en último extremo como posibles formas de lo absoluto, que son sustituidos por una unión entre el compromiso político y la búsqueda de lo absoluto. Esto equivaldría a aplicar el pensamiento europeo monocausal a una obra iberoamericana a pesar de todo, obra que precisamente es específicamente iberoamericana en el buen sentido de la palabra en tanto que no evita convulsivamente las formas de pensamiento y los modelos europeos (Platón, Homero, Virgilio, Dante, Sartre, Camus y Saint-Exupéry). Ernesto Sábato dice una vez por medio de Bruno que no tiene sentido querer ser iberoamericano evitando todo lo europeo, y se burla de aquellos que lo hacen en nombre de doctrinas que sin duda son de origen europeo, pues al fin y al cabo también fueron europeos Marx, Engels y Heráclito [16].

Clarísimos son, en efecto, los acentos metafísicos en sentido positivo que se perciben en la primera entrega de Alejandra y Martín, y Sábato ha puesto este instante también estructuralmente como "solución", como "trascendencia vertical", en tanto que lo señala como punto culminante por medio de la mención del concierto de violín de Brahms, por medio de la reflexión de Bruno de que el escritor y el

---

[15] De modo semejante pone E. Vittorini en *Le donne di Messina* el movimiento hacia el norte y hacia el sur de una manera paralela.

[16] *Sobre héroes y tumbas*, págs. 190 sigs.

músico pueden curar la desgracia [17], por medio del intento de Martín de encontrarse con Bucich para realizar el viaje y finalmente por la idea de que Alejandra es tanto carne como espíritu [18]. Lo hace también en tanto que dice expresamente durante esta escena que el cuerpo de Alejandra es inmortal en este momento, aunque un día se corrompa, y que Martín llega aquí a una altura inalcanzada, y, por último, en tanto que pone esta escena al final de la primera parte, destacándola por tanto estructuralmente como algo provisionalmente definitivo. Pero también hay que tomar en serio la mágica "trascendencia negra" de la tercera parte, a la que precede como condición previa en la segunda parte la experiencia existencialista de la soledad absoluta [19]. Hay que tomarla no menos en serio que el viaje al más allá en *Hombres de maíz* de Asturias. No en vano se citan expresamente en el texto, para apoyar el mito, a Homero, a Teresias y a Edipo, tres grandes ciegos de la antigüedad, y además se puede hacer referencia a este respecto al hecho de que la ceguera es uno de los motivos más extendidos y, con seguridad, más sagrados de la literatura iberoamericana, que, por cierto, tiene ya gran importancia en *El túnel* de Sábato [20]. ¿Qué significa, pues, este mito que apunta aquí a una expresa trascendencia? Retengamos de momento el hecho de que, a través de la imagen de la vieja ciega y a través de la nada que se oculta tras de los cristales de las gafas de los ciegos [21], se debe, aproximadamente a partes iguales, al culto a la fertilidad, que conocemos ya por Asturias, y a un existencialismo de cuño sartriano, a un existencialismo que, como ya sucede en *Les Jeux sont faits* y *Les Mots*

---

[17] Es inmediato pensar en *La Nausée* de Sartre. Ya la protagonista de *El túnel* leía una novela de Sartre que no podía ser más que ésta.

[18] *Ibíd.*, pág. 124.

[19] Cfr., sobre todo, pág. 244. La cercanía a Sartre es aquí muy grande, tampoco falta la significación del asco.

[20] Sábato lleva la acción de *El túnel* a *Sobre héroes y tumbas* e intenta una interpretación adicional de la obra en el sentido de la última novela (vid. págs. 350 sigs.).

[21] Cfr. págs. 308 sigs. A esto se añade la significación del asco; cfr. sobre todo pág. 282.

de Sartre [22] se sitúa bastante inequívocamente en contraposición con ideas platónicas, pero que en parte también pone éstas como base, en lo que radica la libertad "iberoamericana" de Sábato, en comparación con Sartre.

Los ojos son, en efecto, para Sábato algo así como las manos para Sartre (y también en esta diferencia se muestra el hispanoamericano), son aquello con lo que se "domina" el mundo (es decir, se ve, se nombra y, con ello, casi se crea), son el órgano con que el hombre puede ordenar las cosas y descubrir en ellas un sentido (desde luego sin apoderarse de ellas como hacen las manos que "manejan" las cosas). Por ello son también el órgano a través del cual puede el hombre reconocer, lo que quiere decir ordenar, la realidad de sombras que nos rodea como sombra de otra realidad, la de un muro (sombra y muro dan a conocer la relación con la imagen platónica de la gruta). Cuando el hombre se queda ciego pierde esta posibilidad, se convierte en un "existencialista", en alguien que ya no puede ordenar, que no puede deducir a partir de lo propio ni descubrir ningún sentido. (También se puede seguir el camino opuesto, como Fernando, llegar a ser existencialista a través del asco y quedarse ciego como tal existencialista. Sin embargo Sábato subraya que los ciegos auténticos lo son de nacimiento. ¿Se muestra aquí que Sábato considera la ceguera dentro de la línea de Teresias, como la liberación de un don profético?). Gracias a estar remitidos a otra realidad, a una interna, tienen los ciegos la posibilidad de saltar por encima de la sombra platónica (casi se está tentado de decir que aquí confluyen Sartre y San Agustín) y de penetrar inmediatamente en la gruta de lo propio. Y hemos visto que Fernando, al entrar en la Gran Gruta, es trasladado a la habitación de la anciana ciega y allí, en el acto sexual, experimenta como lo propio, como la trascendencia mágica, una mezcla de asco y sensualidad, una unión de nihilismo y mito de la fertilidad.

---

[22] Sobre esto vid. Pollmann, *Sartre und Camus*, págs. 85 sigs., 103 siguientes.

Se puede adoptar la postura que se quiera ante esta unión no demasiado sorprendente [23] (por lo demás, dejemos a un lado la cuestión de si el viaje al más allá de Dante es más verosímil que éste, toda vez que Sábato deja abierta la posibilidad de una interpretación de él como de un sueño febril, si bien es seguro que tampoco le gustaría que esta interpretación fuera la básica). Esta unión está tomada hasta cierto punto en serio y es estéticamente verosímil, pues simboliza con un mito poético la síntesis de existencialismo y trascendencia mágica que constituye uno de los temas capitales de la "gran síntesis". Junto a esto también hay que tener en cuenta que esta trascendencia mágica se continúa todavía al principio de la cuarta parte, en la muerte entre las llamas de Fernando y Alejandra, que puede ser interpretada como una catarsis.

Pero, por otra parte, no podemos olvidar que esta trascendencia mágica es una posibilidad entre varias, que junto a ella se da la trascendencia de la carne y del amor (final de la primera parte), y la trascendencia insinuada hacia el final de la cuarta parte, de discutida interpretación, tras de la que sin embargo se puede ver una mezcla de nostalgia ideal de lo absoluto (Patagonia; quizá también el oficio del literato) y de compromiso político en el sentido de una política democrática que abarque lo "americano" por igual en todas sus estructuras sociales y raciales (lo que sería la figura del general Lavalle).

LAS SÍNTESIS DEL AÑO 1962

De muy diferente especie son las tres síntesis novelescas que nos depara el año 1962. Las tres son típicas de sus autores, son como compendios de su carácter peculiar. De este modo *El siglo de las luces*, que recuerda en muchas cosas a *El reino de este mundo* y que

---

[23] Sobre todo en el Sartre temprano de la "imagination" tiene la magia alguna importancia. En *La Nausée* buscaba Anny una especie de trascendencia mágica a través de los "moments parfaits". Sábato recoge el término en *Sobre héroes y tumbas*, pág. 233.

está vinculada por el tema de la revolución a *El acoso*, es una novela
que desarrolla estos temas en una base mucho más amplia, mundial,
en una verdadera odisea de aventuras entre París y el Caribe. *La
muerte de Artemio Cruz*, por su parte, es una novela en la que se
muestra Carlos Fuentes en su faceta mejor, ofreciéndonos un experimento que nada tiene que envidiar a *La región más transparente*, y
que recuerda a esta obra muy concretamente porque se señala la
fecha precisa de los respectivos momentos de la acción, pero que al
tiempo alcanza el rango de un orden claramente pensado y que domina
formalmente al tema. *La ciudad y los perros*, por último, obra del
peruano Mario Vargas Llosa, muestra ya todo el arte novelístico y
también la tendencia formal de este joven novelista nacido en 1936,
tendencias que en *La casa verde* llegarán a su florecimiento, si bien
éste es algo precario.

Cada uno de estos autores sigue pues su propio camino, creando
sorprendentemente Carpentier, que ya en *El acoso* había dado un
gran paso en el terreno de lo experimental, una novela original por
su forma, pero al mismo tiempo tradicional, vinculada a la "Nueva
Novela" sólo por la cronología y por el nombre de su autor. De todos
modos, después de *Las buenas conciencias* de Fuentes estamos ya un
poco acostumbrados a tales sorpresas, que forman parte del cuadro
evolutivo que presenta la "Nueva Novela" iberoamericana: los ata-
vismos formales son en ella síntomas concomitantes naturales del progreso. Carpentier nos lleva en esta novela, aparecida primero en francés bajo el título *Le Siècle des Lumières*, al siglo de la Ilustración, si
bien no tanto al tiempo con el que se asocia en Europa el concepto
Ilustración (es decir, la época anterior a la Revolución), como a los
años que van desde el final de la Revolución hasta la Restauración
(hay que tener en cuenta que respecto a Iberoamérica el concepto
Ilustración hay que localizarlo, más aún que en Italia p. e., en un
momento posterior al de Francia, la cuna de la Ilustración. Allí coincide en gran parte con la época del Neoclasicismo. El período comparable de la lucha por la autonomía iría aproximadamente de 1760 a

1830) [24]. Igual que en *La región más transparente* de Fuentes tiene aquí el título, prometedor de "luz", una tendencia irónica. Con sus "personnages" auténticos, en el sentido de la novela tradicional, y su acción, una especie de odisea ondeante por los mares, nos lleva el libro a un apartado escenario de la proclamación de los derechos humanos y de la Revolución Francesa, al Caribe, donde Victor Hugues (una figura histórica que naturalmente no tiene nada que ver con Victor Hugo) satisface como gobernador de Cayena a su comunismo masón, pragmáticamente revolucionario y rico en contradicciones, y hace hablar a la guillotina con mano férrea. Frente a él se encuentran los sensibles e intelectuales Sofía y Esteban, que no pueden hacer frente a las vertiginosas transformaciones de este "homme d'action".

El siglo de las luces es una novela magnífica, de una riqueza casi atemorizante, una novela naturalista, romántica, barroca y enciclopédica al tiempo, pero no pertenece a nuestro objeto más que mediatamente, a lo sumo sólo en tanto que la claramente articulada acción, con sus altibajos del destino, nos ofrece, de modo semejante a como sucede en *El reino de este mundo,* la imagen arquetípica de una revolución en sentido físico, de un *panta rhei* de curvas evolutivas incontenibles, con lo que la substancia temática recibe un impacto formal-temático, siendo el lenguaje formal de un movimiento que oscila fatalmente entre la revolución y la esclavitud, un movimiento de cuya regularidad no pueden librar ni los filósofos de la Ilustración, tan estimados por Esteban y Sofía.

Si se tiene en cuenta que aún hoy en día viven muchos países iberoamericanos en una situación análoga, se siente que lo que parece ser un anacronismo, un descendimiento histórico al pasado lejano, es lenguaje de la actualidad, gracias a su significación arquetípica.

En comparación con esta abundancia desarrollada orgánicamente, *La muerte de Artemio Cruz,* de Carlos Fuentes, es realidad experimental. Como *Malone meurt* de Beckett, parte esta obra de un narrador que yace en el lecho de muerte, Artemio Cruz, cuyo nombre

---

[24] Así sitúa R. Grossmann, *Geschichte und Probleme,* págs. 43, 148 siguientes, la época literaria del "clasicismo" en Iberoamérica.

quizá esté en correspondencia formal-temática con el sufrimiento (de modo semejante al dibujo de una cruz en *Dans le labyrinthe* de Robbe-Grillet). Pero con esto se agotan las analogías concretas con el "Nouveau Roman" (si no se quiere añadir a ello un "tú" apostrófico que alterna periódicamente con el "yo" y el "él", que recuerda al famoso "vous" de *La Modification,* de Butor, pero que aquí tiene una función totalmente distinta). Este yo moribundo sondea su pasado en círculos de recuerdos que discurren por las estaciones formales del distanciamiento de sí mismo, en la tercera persona del singular, de la identificación consigo mismo, en la primera, y de la proyección de sí mismo, en la segunda. De este modo consigue un conocimiento de sí mismo aumentado, aunque inseguro, que participa algo de la sabia sentencia "sólo sé que no sé nada". Efectivamente, de lo que Artemio Cruz se da cuenta es de su disgregación en una realidad triple, siendo incapaz de decir cuál de estas tres realidades es él o si es la reunión de las tres.

Una realidad es la de su ser cosa, la de su pasado "histórico", petrificado hasta lo definible, una realidad que, consecuentemente, constituye la substancia narrativa continuamente constructiva de *La muerte de Artemio Cruz* y que, de modo igualmente consecuente, está caracterizada por la tercera persona del singular, propia de la objetivización, y por el pretérito indefinido en alternancia con el imperfecto, tiempos que dan un relieve objetivo.

La segunda realidad es la de su estar dividido, la de su literal estar al descubierto frente al instante: frente a las posiblemente sobre-estimadas intrigas de "las dos mujeres" (su mujer Catalina y su hija Teresa), que lo quieren llevar al arrepentimiento por medio de un sacerdote y de incienso; frente a las agujas de las inyecciones; frente a las manos que se acercan una y otra vez a él. Por todas partes se encuentra la misma apertura, estancada, atormentante, que de modo totalmente consecuente se expresa en presente y que en ningún momento permite la construcción de un complejo episódico. Para apoyar formalmente esta apertura se introduce además un espacio extraño, un mundo expuesto de modo inconexo que el gerente Padilla hace fluir por deseo de Artemio Cruz de una cinta magnetofónica. (Este mundo es inconexo sólo respecto a lo que está sucediendo en la novela, pero, por lo demás, está en estrecha relación con su temática, pues en esta cinta se reproducen conversaciones de la época de la Revolución mejicana). Esta segunda realidad, actual, es aquella a la que se entrega totalmente el "Nouveau Roman", pero aquí aparece, significativamente, en relación con una amplia problemática metafísico-existencial. La tercera realidad es, por su parte, futural, consiste en el problema de la existencia del yo y del después, del convertirse en problema para sí mismo, como lo expresa el "tú" del diálogo consigo mismo, utilizado continuamente. Estos pasajes están consecuentemente en futuro.

Si se tiene en cuenta que estos tres modos de ver y estas tres realidades se suceden unos a otros en cada "capítulo" con regularidad técnica (realmente no se trata de capítulos, sino de unidades encabezados por una fecha, a manera de apuntes de diario), se tiene, al principio, y con razón, la impresión de algo artificioso (de hecho los pasajes de autodiálogo en futuro —*tú sentirás*—, apenas si convencen). Pero por otra parte se ve que Fuentes ha conseguido llenar con la vida de un todo orgánico este complicado y rígido edificio formal que recuerda un poco el arte formal de algunos trovadores. Efectivamente, el doble cambio del medio que tiene lugar en cada uno de estos doce "capítulos" [25] (del él al yo, del yo al tú) se convierte, a través de los motivos copulativos, en expresión de una única escisión, en cuyos distintos medios se modula el tema recordado respectivamente (desde luego no como tema, sino como realidad formal-temática). Así se explica que los recuerdos pasados por el filtro del yo puramente actual, en los pasajes de autodiálogo, delaten una evolución análoga a la de los sucesos recordados, evolución que unifica la obra.

Los temas fundamentales, en correspondencia numérica con las tres realidades, son: la Revolución de Méjico, el oportunismo bur-

---

[25] A estos "capítulos" los antecede una especie de prólogo formal que, en contraposición con los "capítulos" propiamente dichos, se limita al yo y al tú.

gués y el amor, como última, dialéctica magnitud. El lenguaje formal, constante en el todo, es el estar escindido. Esto se refleja no sólo en la mencionada segmentación de los "capítulos" singulares en tres "medios" respectivamente, no sólo en la temática triple, sino también en muchos aspectos estructurales y temáticos, de los que se han de escoger aquí algunos como ejemplo: intrincamiento espacial (Artemio se ve como una tercera persona conduciendo su coche, contempla, también como una tercera persona, a dos mujeres entrando en una tienda, de ellas pasa la mirada a la trastienda donde la dueña, con la boca llena de alfileres, va señalando con éstos las medidas de un vestido. Artemio yace en el espacio casi bidimensional de su cama, está rodeado por el espacio extraño de las mujeres, el médico y el sacerdote. Por medio de la cinta magnetofónica hace que le muestren un tercer espacio), duplicaciones (de personas que están en parejas o que consiguen una pareja por medio de un espejo; de escenas que al principio parecen iguales, que parecen ser una sola escena prolongada hasta que se distingue una segunda con personas distintas y en distinto lugar), aspectos contradictorios del mismo objeto (las manos de Catalina son "blandas" y "duras"; su padre separa el negocio de la religión; Catalina cambia su traje negro por uno claro, cambia dolor por amor, un "amor" que a su vez se divide en amor y odio, pues por la noche ama a Artemio Cruz y durante el día le odia; Catalina es religiosa y, sin embargo, se resiste al amor; Artemio Cruz es un revolucionario y al mismo tiempo un liberal que arruina sin escrúpulos a los pequeños propietarios en provecho propio; Artemio se olvida de sí mismo, entra en un estado de escisión de la conciencia y consigue así la victoria; comete una supuesta deserción y es celebrado después como un héroe; es el vencedor y se encuentra frente a frente con el cadáver de su amante ahorcada, de Regina). Muchas cosas podrían mencionarse aún, desde el doble fondo de la psique de casi todos los participantes (Gamaliel, Catalina, Teresa, Artemio, sacerdote), hasta las duplicaciones sintácticas, y no en último término el hecho de que Artemio Cruz dice repetidamente de sí mismo que se siente como un hombre doble. En efecto, en el fondo toda la "historia" de Artemio Cruz se construye sobre duplicaciones estructurales.

Cuando se sabe leer bien se ve que esta "historia", debajo de su caos cronológico y de sus medios cambiantes, oculta el orden de un desarrollo ciertamente "clásico", que avanza por medio de duplicaciones, con una exposición, cinco fases y un epílogo, por paradójica que parezca esta afirmación a primera vista. (Una estructura "clásica" semejante se ocultaba bajo el caos de *Martereau* de Sarraute). Cada una de estas fases abarca dos "capítulos", y, dado que el "prólogo" y el primer "capítulo" (6 de julio de 1941) ofrecen juntos una especie de exposición, se da también aquí una duplicación estructural. Pero veamos ahora el desarrollo.

La primera fase ("capítulos" primero y segundo) es la de la ascensión de Artemio Cruz, ascensión que se da en dos planos, que a su vez abarcan dos aspectos respectivamente. Como un Julien Sorel moderno logra la humillación de una familia aristocrática que lo tiene que aceptar como yerno para escapar de la vergüenza económica, con lo que al tiempo se hace de una buena base social y pecuniaria que le ha de ayudar en su ascensión posterior (20 de mayo de 1919). Como revolucionario y enamorado consigue otras victorias (que, desde el punto de vista cronológico, son anteriores): la "infinidad amorosa" la experimenta con su amante Regina, la gloria militar por medio de la victoria de sus soldados frente a las tropas gubernamentales (4 de diciembre de 1913). Sin embargo al final de esta fase victoriosa corren las primeras lágrimas desde su niñez, cuando se ve frente al cadáver de su amante.

La segunda fase muestra a Artemio Cruz en el estadio del anquilosamiento constitucional de lo alcanzado, tanto en el ámbito del amor (3 de junio de 1924: Catalina y Artemio viven separados bajo el mismo techo y sólo por la noche consigue Artemio ganar a su mujer para sí) como en el de la actividad política (23 de noviembre de 1927).

La tercera fase ("capítulos" sexto y séptimo) es la del principio de la decadencia, de la disgregación, también, como antes, en los dos ámbitos. Ya algo achacoso pasa Artemio las vacaciones con una muchacha en la habitación de un hotel cercano al mar, pero presencia cómo se le escapa la muchacha, que prefiere la compañía de un hombre joven (11 de septiembre de 1917). En el ámbito militar corresponde a esto su captura por las tropas enemigas (22 de octubre de 1915).

La cuarta fase ("capítulos" octavo y noveno) es la de la liquidación de sus últimas esperanzas, que ahora no se basan ya tanto en él mismo como en los demás, en Laura, una mujer mundana y madura, por medio de cuyo amor podría dar Artemio quizá un sentido a su vida, pero con la que no puede entenderse (12 de agosto de 1934). También se basan en su hijo Lorenzo, la prolongación de su propia carne, que, junto con su compañero Miguel, mantiene una lucha sin esperanza contra el fascismo y que, después de la derrota, tiene que buscar el camino de la frontera (3 de febrero de 1939).

La quinta fase ("capítulos" décimo y undécimo) continúa consecuentemente el movimiento decadente y se acerca al punto en el que se encuentran los círculos del recuerdo y de la experiencia actual, del lecho de muerte. El "capítulo" décimo (31 de diciembre de 1955) muestra a Artemio, más o menos atado a su silla de ruedas, que vuelve a pasar sus vacaciones junto al mar con la muchacha contratada al efecto, Lilia. Una serie de parlamentos elípticos que abarca tres páginas, captada por Artemio desde su sillón, constituye un polo formal opuesto al crescendo de la pérdida de sentido que comienza ahora. También el yo se expresa ahora sólo por medio de jirones de lenguaje. Sólo la parte del "tú", proyectada hacia el futuro, conserva aún una forma, es representación de lo que ha de ser después. El "capítulo" once evoca, en el plano del *flash-back,* una escena de la niñez de Artemio Cruz en la que, por medio de la madre, se hace presente el tema de la pervivencia en la carne. Después se enfoca de nuevo la habitación del yo moribundo cuyas funciones corporales se mantienen artificialmente, siguiendo una curiosa proyección del "tú", en la que el yo vive una especie de apoteosis cósmica por medio de la autoproyección, en cuya apoteosis reconoce, desde lo alto de una montaña, la "trascendencia vertical" de un sentido: "Tiene una razón

tu vida... Eres, serás, fuiste el universo encantado" [26]. El contenido
de sentido de esta trascendencia, que parece ser una redención al
final de *La muerte de Artemio Cruz,* es claro: es el de un sentido
cósmico, de una participación en el universo, es un sentido que está
dentro del esquema de convicciones del panteísmo y también un
poco del neoplatonismo ("encarnación"), pero que evidentemente excluye (como en el caso de Camus) a Dios y a los dioses, y parte del
concepto de la pura existencia ("Tú estarás allí", comienza este párrafo, lo que podría ser terminología sartriana).

Pero tengamos también en cuenta que esta trascendencia cósmica,
si bien se encuentra en un pasaje capital de la novela, interpretable
como solución o redención, está seguida, sin embargo, por lo que yo
llamaría epílogo, el "9 de abril de 1889". Este "epílogo" es una sucesión sintéticamente corta de tres párrafos en el acostumbrado ritmo
de expresión él, yo y tú, eligiéndose el plano de la tercera persona
para el instante del nacimiento, de la aparición de Artemio Cruz. En
el plano de la primera persona se encuentra la meditación del yo de
si el él ha sido un yo y el tú un él y su confesión de ignorancia. Sin
embargo inmediatamente se dice claramente que el yo va a englobar
al él en sí mismo y va a morir sólo con él. Sólo queda como posible
la redención por medio del tú que ahora se libera. Pero el último
párrafo tampoco permite ninguna ilusión a este respecto. Es verdad
que hacia la mitad se dice "yo que fui él, seré tú", pero esta frase
queda desligada, igual que se había extraviado un "Dios" aislado en
las meditaciones del yo. Al final se encuentra la muerte irrevocable,
también del tú: "...los tres... moriremos... tú... mueres... has muerto... moriré."

Sin embargo no existe aquí contradicción en el último "capítulo"
propiamente dicho, con la "redención" de *La muerte de Artemio
Cruz*: la trascendencia cósmica es justamente una trascendencia anónima en la que el yo, el él y el tú vuelven a extinguirse, a convertirse
en cosmos indiferenciado.

---

[26] Carlos Fuentes, *La muerte de Artemio Cruz,* Col. Popular, 34, Méjico, 1962, pág. 313.

"LA CIUDAD Y LOS PERROS"

En *La muerte de Artemio Cruz* era grande la participación de lo formal experimental, como ya hemos visto. La forma y lo formal en sentido técnico eran allí el lenguaje propiamente dicho, el lenguaje de una escisión interna y de una apertura desesperada a la que el autor, después de una ligera vacilación, permanece fiel hasta el final. *La ciudad y los perros* es, desde luego, también una realidad experimental, pero en ella falta lo técnico formal que quizá estorba un poco en *La muerte de Artemio Cruz.* Por otra parte hay que conceder a Carlos Fuentes que en su obra ha llevado la aventura de la "Nueva Novela" mucho más lejos de lo que sucede en *La ciudad y los perros.* Mario Vargas Llosa no se expone en su obra más que a riesgos mínimos. Las parcelaciones, los *flash-back,* y los numerosos monólogos internos de *La ciudad y los perros,* que, por lo demás, al contrario de lo normal en Fuentes, no están nunca fijados temporalmente (a Vargas Llosa no le interesa el fenómeno tiempo), no son lenguaje autónomo de la forma, sino que tienen la misión de dar más relieve al lenguaje del contenido (del tema, en el sentido más amplio de la palabra), el relieve de una abrumadora materialidad del acontecer.

Imaginémonos que Vargas Llosa hubiera escrito su novela de un modo continuo constructivo, que hubiera narrado cómo Alberto (y quizá, paralelamente, "el Jaguar") fue educado —o, mejor, no educado— por sus padres, que hubiera montado, al hilo de esta narración, la experiencia del primer amor y del primer desengaño, la discordia entre los padres, el ingreso en la academia militar de Lima, la vida en esta incubadora del crimen y de la postura asocial, el amor por la tan primitiva como infiel Teresa, que hubiera empalmado este hilo con el amor del "Jaguar" por la misma muchacha, con el amor a distancia a Teresa de su amigo el "esclavo", como le llamaban, y hubiera continuado la historia con el asesinato, encubierto como accidente, del esclavo por "el Jaguar" y con la tétrica venganza de Alberto, para terminarla con la resignación del "status quo": Alberto se casa

con una engreída muchacha de su clase que ha tenido ya sus primeras
aventuras amorosas y acerca de cuya fidelidad, como de la suya propia,
no puede hacerse Alberto muchas ilusiones; "el Jaguar" se casa con
Teresa que, desde el punto de vista de la clase social, le va mejor a
él, y es fácil comprender que empiece el juego de nuevo, que la cadena
de errores se siga trabando por una generación más. Si nos imaginá-
semos esto tendríamos efectivamente ante la vista la historia de *La
ciudad y los perros*, pero no aquello que interesaba a Vargas Llosa.
La narración linealmente constructiva no habría podido considerar
debidamente el carácter colectivo del acontecer y su dependencia del
medio ambiente (a Vargas Llosa no le interesan Alberto y "el Jaguar",
sino su dependencia y la de otros de la promoción de cadetes —llama-
dos "perros", de donde viene el título—, del estar encuadrados en
un sistema de convenciones crueles de internado, de las que sólo por
un momento parece liberar la venganza contra la promoción superior,
cuando en realidad lo único que sucede es que el sistema se arraiga
más aún por los dormitorios, por la disciplina de la academia y por
la casa, que está en un segundo plano). Además, en una narración
lineal no habría llegado al lector toda la violencia temática del acontecer inevitablemente singular (por ejemplo la del bautismo, en el que
los perros, los cadetes del tercer año, son sometidos a una ceremonia
de crueldades inhumanas, o las perversidades que alcanzan aberracio-
nes fantásticas entre los muchachos, que están abandonados a sí mismos). El lector habría ordenado lo singular, como sucede corrientemente, se habría abierto paso por el estrecho camino de lo episódico
sin ver bien lo que había al lado de dicho camino. Vargas Llosa hace
esto imposible gracias a su técnica novelística abierta. Hasta el final
permanecen hasta cierto punto confusas las relaciones temporales, personales y causales; continuamente cambia el lugar, la escena y el tiempo, y quien se tome cada vez el trabajo de reconstruir la relación
narrativa puede seguir avanzando hacia una visión total, pero perderá
la experiencia propia de *La ciudad y los perros*, una realidad escan-
dalosa y fascinante al tiempo, no ordenable, inquietante.

En atención a este primer objetivo renuncia Vargas Llosa también a un estilo "moderno", ya que el suyo es claramente articulado, naturalísticamente inmediato en la reproducción del acontecer que aparece como un complejo sin reducción fenomenológica. Vargas Llosa no tiene ambiciones ontológicas. Apertura del diseño y estilo naturalista son para él medios para la consecución de un fin, el de la reproducción y, más aún, evocación de una realidad que no interesa por su ser, sino por su contenido y su efecto sobre los hombres. En comparación con otros autores, como por ejemplo Sábato, Fuentes, Carpentier, Onetti, Rulfo, Cortázar y García Márquez, está Vargas un poco al margen de lo que llamo "Nueva Novela", al menos en *La ciudad y los perros,* pues ya tenemos experiencia suficiente para decir, por lo menos, que en esta "Nueva Novela" iberoamericana se busca (como, en forma distinta, en el "Nouveau Roman") la realidad en su ser, aunque los caminos seguidos para conseguirlo y las ideas que se tienen de ese ser sean diferentes. Y justamente de esto no se trata aquí. Aquí se trata de un caso concreto que no sugiere ni contiene una conclusión sobre circunstancias ónticas, sino que tiene validez para sí y para análogos casos "históricos" concretos. Así al menos se presenta *La ciudad y los perros* como realidad estética.

"RAYUELA" Y EL AÑO 1963

Rayuela de Cortázar, una de las novelas más discutidas de los últimos tiempos, experimento formal e "historia" en una obra, una verdadera "rayuela" del arte novelesco, nos lleva, frente a *La ciudad y los perros, La muerte de Artemio Cruz* y *El siglo de las luces,* un año más adelante, al año 1963, en el que la "Nueva Novela" de Iberoamérica se encuentra en un giro de la evolución, pudiéndose confirmar de nuevo como punto culminante dentro de la "gran síntesis", que dura tres años, pero en el que empiezan ya a dibujarse las sombras del peligro. Por un lado está el peligro de quedar por debajo de lo aún posible como novela, peligro que parece conjurado pero presente, por otro el de la conciencia teórica. Son éstos peligros que, por otra parte, se pueden valorar también como el anuncio de una nueva "tesis", de un primer paso dentro del complejo de una nueva fase evolutiva dialéctica. De esto se hablará más detalladamente en el capítulo noveno.

El año 1963 es justamente no sólo el de *Rayuela,* sino el de *Mulata de tal,* la ya mencionada novela, un tanto juguetona formalmente, pero, a su modo, magnífica, de Miguel Ángel Asturias, la última que ha escrito hasta la fecha. También es éste el año —lo que también es significativo— en el que aparece la primera toma de posesión coherente sobre el problema de la "Nueva Novela" en Iberoamérica, *El escritor y sus fantasmas,* de Ernesto Sábato. (Ya en 1964 sigue otra, una colección de ensayos de Alejo Carpentier, *Tientos y diferencias,* publicada en Méjico).

La creciente tensión mental alrededor de la propia creación novelística se hace ya perceptible en *Rayuela,* sobre todo en la tercera parte (*De otros lados*), donde se pueden encontrar muchas afirmaciones de teoría de la novela, pero, en el fondo, en todo el diseño de esta obra, que promete una sana mezcla de mirada sensorial y de cálculo intelectual. *Rayuela* se mueve, efectivamente, justamente en el punto medio entre una "historia" bien legible —como muestran los capítulos 1 al 56 (partes primera y segunda) al lector familiarizado con la literatura moderna— y un caos de escenas y pensamientos desligados, que domina durante otros sesenta y seis capítulos, desde el 57, formando, por así decirlo, una segunda parte tachable. Cortázar mismo apunta esto expresamente al titular los capítulos 57 al 123 "capítulos prescindibles". Por tanto, quien sólo quiera leer una "historia", una novela bella, entretenida y emocionante, puede conformarse con la primera mitad y con un curioso vistazo a la parte tercera, pero perderá aspectos fundamentales de la obra total.

No sólo perderá la experiencia de lo que *Rayuela* representa como novela, sino el conocimiento cercano de una figura que desempeña en *Rayuela* una función clave semejante a la que desempeña Persio en *Los premios:* Morelli. Además se le escapará una serie de juicios de teoría literaria que tienen una gran importancia para la comprensión de la novela. (Claramente se ve que la segunda mitad de *Rayuela* desempeña un papel semejante al que desempeñan en *Los premios* los pasajes impresos en cursiva, destacados claramente de la narración por el talante lingüístico y por el desarrollo de los pensamientos, pasajes que tienen a Persio como portavoz o protagonista).

Quien quiera leer *Rayuela* de acuerdo con las intenciones de Cortázar no debe leer los capítulos 1 al 56 por su orden, sino que debe mezclar con ellos capítulos de la tercera parte, según el orden puesto por el mismo Cortázar al principio del libro. Como una segunda ayuda para el lector, al final de cada capítulo hay una cifra entre paréntesis que indica el capítulo que hay que leer seguidamente. Por curiosidad, pero también por las consecuencias que permite sacar, se reproduce a continuación este orden, tal como lo prescribe Cortázar al lector "ideal". Este orden hace ver hasta qué punto, sobre todo al final, se establece la historia de un modo discontinuo, hasta qué punto alcanzan la supremacía los capítulos desligados, sumergiéndose incluso aparentemente ante ellos el capítulo 55 [27] y acabando el libro "ideal" *Rayuela* con ocho capítulos incoherentes:

73 - 1 - 2 - 116 - 3 - 84 - 4 - 71 - 5 - 81 - 74 - 6 - 7 - 8 - 93 - 68 - 9 - 104 - 10 - 65 - 11 - 136 - 12 - 106 - 13 - 115 - 14 - 114 - 117 - 15 - 120 - 16 - 137 - 17 - 97 - 18 - 153 - 19 - 90 - 20 - 126 - 21 - 79 - 22 - 62 - 23 - 124 - 128 - 24 - 134 - 25 - 141 - 60 - 26 - 109 - 27 - 28 - 130 - 151 - 152 - 143 - 100 - 76 - 101 - 144 - 92 - 103 - 108 - 64 - 55 - 123 - 145 - 122 - 112 - 154 - 85 - 150 - 95 - 146 - 29 - 107 - 113 - 30 - 57 - 70 - 147 - 31 - 32 - 132 - 61 - 33 - 67 - 83 - 142 - 34 - 87 - 105 - 96 - 94 - 91 - 82 - 99 - 35 - 121 - 36 - 37 - 98 - 38 - 39 - 86 - 78 - 40 - 59 - 41 - 148 - 42 - 75 - 43 - 125 - 44 - 102 - 45 - 80 - 46 - 47 - 110 - 48 - 111 - 49 - 118 - 50 - 119 - 51 - 69 - 52 - 89 - 53 - 66 - 149 - 54 - 129 - 139 - 133 - 140 - 138 - 127 - 56 - 135 - 63 - 88 - 72 - 77 - 131 - 58 - 131.

---

[27] Como señala Ana María Barrenechea en su artículo acerca de la estructura de *Rayuela* (en: *Litterae Hispanae et Lusitanae,* publ. por Hans Flasche, Munich, 1968, págs. 59 sigs.; *ibíd.,* pág. 76), el capítulo 55 está contenido en realidad en los fragmentos 129 y 133, de tal modo que está en su sitio, si bien apenas si se puede encontrar (cfr. el cuadro de los capítulos).

Este cuadro esquemático nos ayudará también, como un hilo de Ariadna, a descubrir el intrincamiento interno del lineal y absoluto libro *Rayuela* y, con ello, la estructura de la ideal y deslinealizada novela *Rayuela*. (También el título del libro, que se refiere a un hecho concreto y central y a su significación figurada, sugiere ya posiblemente este movimiento a saltos necesario para leer la novela, este saltar al capítulo correspondiente, análogo hasta cierto punto a la "subida al cielo" del juego de la rayuela. Es éste un juego de habilidad al que se es muy aficionado en Sudamérica y al que también juegan, en forma distinta, los niños europeos en aceras y patios. Se trata en él de tirar una piedra desde un cuadro pintado con tiza, que se llama "tierra", al siguiente, y así sucesivamente hasta llegar al último, el más difícil de alcanzar, que se llama "cielo". Se puede imaginar que hace falta mucha habilidad para llegar a esta meta. El que pasa un cuadro por alto o comete otra falta cualquiera, es eliminado automáticamente).

El primer cuadro que hemos de tomar, según la tabla anterior, es, pues, el número 73 y, efectivamente, este capítulo es una especie de "prólogo", el primer escalón del "edificio" ideal de *Rayuela*. Este capítulo informa sobre las intenciones que movieron al autor a idear una estructura tan curiosa para su obra. Comienza de un modo oscuro, con una intranquilidad mágico-metafísica que sugiere a Heráclito ("el oscuro Heráclito" se menciona a menudo expresamente a lo largo de la obra, sobre todo en el importante capítulo 37): "Sí, pero quién nos curará del fuego sordo, del fuego sin color que corre al anochecer por la rue de la Huchette". Después de este motivo absoluto (que también recuerda a Cocteau, a quien Cortázar aprecia mucho, y con el que parecen estar emparentadas otras cosas de *Rayuela*), se va acercando lentamente el "prólogo" a un sentido captable. El narrador anónimo, que representa al autor, habla de la necesidad de escaparse de la costumbre, pero se interrumpe y opone a este pensamiento que sólo la orientación hacia una posible alternativa (por ejemplo la elección entre libertad y costumbre) echa a perder la realidad, lo elegible en su carácter peculiar. Por lo tanto no debería ele-

girse entre Lescaux y Mathieu (los protagonistas de *Manon Lescaux*
y de *Les chemins de la liberté* de Sartre), entre Yin y Yang, rebelión
y conformismo, sino intentar decir al mismo tiempo sí y no, ser verdaderamente dialéctico (en el sentido del *Sic et Non* de Abelardo,
no en el del selectivo triple paso de la tesis-antítesis-síntesis). Morelli
(una autoproyección del escritor correspondiente al Persio de *Los
premios*) ha buscado esa dialéctica ideal, aprendida en Heráclito, en
la imagen del tornillo, una imagen emparentada con las del caracol y
de la escalera de caracol [28]. Lo que esta imagen indica, es evidente:
el tornillo es un objeto en que parecen estar unidos progreso y paralización, horizontal y vertical, pero en el que, en último término, domina la vertical metafísica, como en la imagen de la escalera de caracol,
utilizada también con predilección. Morelli cree que este tornillo es
un dios o algo semejante, pero el narrador anónimo rechaza esta
solución como algo demasiado simple. En el fondo ya es un conformismo, obediencia a la "Gran Costumbre", el ver un tornillo sólo
como tornillo, éste tiene que ser al mismo tiempo ojo, estrella y auto
de juguete, pues sólo así —interpreto las imágenes oscuras que siguen— puede uno salvarse de este fuego que corre por las calles de
París y que convierte a toda la ciudad en un tornillo a cuyas espiras
se asciende cada mañana, en busca de nuevos "-ismos" y "-turas",
hasta que la realidad, irremisiblemente empobrecida y vencida, es
sacrificada al gran dios del tornillo.

La estructura de *Rayuela* está, pues, dentro del conflicto con el
pensamiento europeo, con la tentación de monocausalidad o, por lo
menos, de verticalidad moderada del tornillo. Para no caer en una monocausalidad en sentido opuesto, al ambicionar una apertura absoluta,
como el "Nouveau Roman", creó Cortázar esta obra del *Sic et Non*
estructural, del tan específicamente iberoamericano "no sólo... sino
también".

Desde este punto de vista se comprende claramente por qué dis-
puso Cortázar la obra en dos mitades tan distintamente estructuradas,

---

[28] A esto se añade la espiral.

como yuxtaposición de "tornillo" y apertura, y por qué dividió en dos unidades con títulos opuestos la parte relativamente constructiva, en *Del lado de allá* y *Del lado de acá*, la primera de las cuales tiene París como escenario, mientras que la segunda se desarrolla en Buenos Aires. Y el que piense que con esta división ha caído Cortázar en la "trampa" de un europeísmo concreto, del de Proust, olvida que en *Rayuela* hay mucha ironía y humor en juego [29] y que, además, la tercera parte de la obra, el caos de los capítulos absolutos, lleva el título *De otros lados*. En ella se desarrolla la dialéctica deslinealizada, prolongable casi hasta el infinito, gracias a la cual se descubre, junto al sí y al no, una gran cantidad de soluciones intermedias, justamente los caprichos de la vida. Así se dice ya en el "prólogo": "Entre el Yin y el Yang, ¿cuántos eones? Del sí al no, ¿cuántos quizá?".

Pero también la realidad episódica de *Rayuela* refleja un conflicto correspondiente y vale la pena observar la combinación de conflicto formal y de contenido que resulta de ello. Aún prescindiendo de los capítulos absolutos que hay que interpolar, que debilitan el "tornillo" del desarrollo episódico, no faltan sorpresas, como monólogos internos, imágenes retrospectivas, capítulos que se paralizan, cambios de la narración de la primera a la tercera persona (en el mismo protagonista), hasta llegar al *unicum* formal representado por el capítulo 34: al principio, el lector cree encontrarse en un caos de renglones cambiados, hasta que se da cuenta (si llega a dársela) de que ha de leer de dos en dos líneas para obtener la continuación de la novela, mientras que las líneas saltadas, leídas de un modo continuo, dan como resultado una novela realista de estilo tradicional en contrapunto con lo anterior, cuya acción, en correspondencia, se desarrolla en los años ochenta del siglo xix.

Estos refinamientos técnicos no son, sin embargo, fin en sí mismos, son lenguaje formal que a veces domina sobre el desarrollo episódico,

---

[29] L. Harss subraya esto con razón en su interpretación (*Los nuestros*, págs. 279 sigs.); se dicen aquí también cosas interesantes acerca de la simpatía de Cortázar por el budismo y el zen.

retrayéndose después. Una visión sintética de la obra total corroborará esto.

Horacio Oliveira, un argentino residente en París, distribuye sus intereses en tres campos. El primero lo personifica la Maga, una mujer dotada de poderes mágicos, como su nombre indica, semejante a la Rosario de *Los pasos perdidos,* pero más intelectual y demónica al tiempo, que guarda el secreto de la unidad no refleja. Oliveira ama en ella "la eternidad de su cuerpo" y el ideal, inalcanzable para él del "creer sin ver", del "vivir sin preguntar".

El segundo campo por el que se siente atraído es el de lo artístico y lo intelectual, que se concreta en una especie de club de surrealistas y, sobre todo, en sus discusiones con Étienne. Pero en el fondo también su vida en común con la Maga tiene algo de este espíritu, pues el desorden "genial" de la habitación en que viven, ofrece más de un paralelo con los *Enfants terribles* de Cocteau.

Su tercera pasión, que participa de las dos anteriores, es su búsqueda de lo absoluto, una inquietud a la que ni siquiera el cuerpo de la Maga puede dar respuesta. ("Buscar era mi signo", dice una vez Oliveira de sí mismo, e, inmediatamente, de acuerdo con la mezcla de humor y de sentido mágico propia de *Rayuela,* busca entre las piernas de la gente, intrigada por el objeto de la búsqueda, un terroncito de azúcar que se le deshace después entre los dedos).

Sus relaciones con la Maga se empañan al entregarse ésta a otro hombre (también en *Los pasos perdidos* era típico de la mujer que vive una vida no refleja el no conocer un vínculo duradero), y se rompen totalmente un día en que Oliveira no hace caso del saludo de la Maga, que se incorpora de la cama, y abandona de nuevo la habitación. Esta ruptura de las relaciones no se menciona lingüísticamente ni por el contenido, sino que se transfiere al lenguaje de lo formal. Efectivamente, se rompen literalmente los diques de la canalización episódica del acontecer, irrumpiendo un torrente de veintidós capítulos absolutos tomados de la segunda mitad de la novela, lo que se convierte en expresión formal adecuada de una apertura indecible en el plano del contenido, apertura que coincide esencialmente con el fenómeno, no captable por el contenido, de la ausencia.

Sólo al extinguirse este lenguaje formal de la pérdida tenemos noticia de que la Maga se ha ido, que ha dejado su habitación a Oliveira y ha vuelto posiblemente a Montevideo, siendo también posible que se haya suicidado. Sólo con atascos se va mezclando otra vez este lenguaje articulado con el absoluto, hasta que en el capítulo 34 se alcanza el punto culminante de la esquizofrenia formal, la yuxtaposición de dos novelas. Se trata del lenguaje formal de un estar escindido que va a llevar a Oliveira a abandonar París y que, al final, lo va a volver loco. En cualquier caso es significativo que también este cambio decisivo de Oliveira esté representado de un modo puramente formal y no por el contenido, y que siga de nuevo una gran cantidad de capítulos absolutos, como lenguaje de la apertura. La primera parte, *Del lado de allá,* acaba seguidamente con un capítulo que delata una tensión máxima y en el que Oliveira llega a la conclusión de que "el alma de Occidente", el espíritu, no es adecuada para hacerle llegar a la meta que busca, al "Kibbutz", a la "totalidad inseparable, ese encuentro incesante con las carencias" [30], a la que no conduce más que "el deseo".

Huelga preguntarse qué es este "Kibbutz". Se trata de una palabra infantil que designa lo incomprensible, semejante a la creada por Monique Wittig en "Opoponax", en relación, tanto en un caso como en otro, con el estar escindido y con la búsqueda mágica del ideal. Por lo demás se trata también aquí de la mezcla de humor y de sentido mágico que constantemente puede encontrarse en *Rayuela* y que Cortázar parece admirar también en la doctrina budista secreta del Zen [31]. Esta mezcla puede observarse a menudo incluso en el estilo, por ejemplo hacia el principio, en una frase que empieza con una tensión retórica elevadísima, terminando con una comparación burlesca que capta lo típico de la situación con gran agudeza realista: "Oh Maga, en cada mujer parecida a vos se agolpaba como un silencio

---

[30]   Julio Cortázar, *Rayuela,* Buenos Aires 1963, pág. 240.
[31]   Sobre esto vid. L. Harss, *Los nuestros,* págs. 279 sigs.

ensordecedor, una pausa filosa y cristalina que acababa por derrumbarse tristemente, como un paraguas mojado que se cierra" [32].

La segunda parte [33], *Del lado de acá*, nos lleva a Buenos Aires, al lado de Traveler, un amigo de juventud de Oliveira, para el que, irónicamente, su mujer Talita significaba el más largo viaje a lo desconocido. Este Traveler, que no hace demasiado honor a su nombre (ahora aparece una especie de humor al estilo de Beckett), espera con su mujer a Oliveira, que ha anunciado su visita. Las cosas toman un rumbo fantástico, entre burlesco y trágico, que en algunos puntos recuerda concretamente a *Murphy* de Beckett. Oliveira, que evidentemente pierde cada vez más el control de su mente, va identificando poco a poco a Talita, mujer de posibilidades bastantes limitadas, con la Maga, y es internado finalmente en una clínica cuyos pacientes juegan con predilección a la rayuela en el patio. La paciente número ocho se muestra especialmente hábil en el juego y consigue llegar una y otra vez al "cielo" (¿es esto quizá un juego con la cifra ocho que, horizontal, es símbolo de infinito?) [34], mientras que Oliveira no lo consigue nunca. Al aumentar su locura, da Oliveira en una manía persecutoria, por último construye en su cuarto un complicado sistema defensivo, con hilos y latas, de modo que nadie puede llegar hasta él, y mientras que Traveler y Talita, cada uno de ellos sobre un cuadro del juego, intentan tranquilizarlo desde el patio y convencerle para que sea razonable, se tira por la ventana, cayendo posiblemente en el "cielo" del juego, pues poco antes había dicho que si se dejara caer, caería en el cielo. Después de esta curiosa y absurda forma del "Kibbutz", de esta mágica concordancia de un "encuentro", tal como se dice expresamente (confr. cita de la pág. 301), en la que

---

[32] *Rayuela*, págs. 15 sigs.

[33] Con seguridad no lleva razón A. M. Barrenechea (art. cit., pág. 76) al decir que la "novela de tablero" (lo que yo he llamado la novela "ideal" *Rayuela*) no está dividida en dos partes, ya que después del capítulo 36 hay que leer el 37, lo que significa la transición, que también el lector tiene que realizar conscientemente, a *Del lado de acá*, es decir, a la segunda parte.

[34] También Robbe-Grillet jugaba ya en *Le Voyeur* con las posibilidades metafísicas del número ocho.

Talita —a la que Oliveira tiene (y no tiene) por la Maga— está en el cuadro número tres y Traveler —al que Oliveira llama ahora Manú—[35] con un pie en el seis, acaba la novela con una serie de capítulos absolutos, repitiéndose el 131, una conversación carente de significado entre Oliveira y Traveler.

Después de esta visión general de la novela cabe preguntarse dónde está el sentido de ella. La respuesta no es difícil: está en todas partes y en ninguna, como suele suceder en las síntesis auténticas. Dicho más concretamente: el sentido no se puede buscar exclusivamente ni en París ni en Buenos Aires (con todo lo que encierran estos conceptos); no está ni sólo en la infinitud del cuerpo de la Maga, ni en el oscuro Heráclito, ni en el "Kibbutz"; ni sólo en las conversaciones con Étienne ni en la limitación burguesa en que viven Talita y Traveler. Está, formulándolo positivamente, tanto en el "tornillo" de la abstracción como en la apertura; tanto en la Maga como en Talita, no menos en Traveler que en Étienne, en la muerte tanto como en la vida, en el "cielo" de la rayuela igual que en el cuadro tres, tanto en la primera mitad de *Rayuela* como en la segunda, y justamente esto es lo que expresa también la forma de *Rayuela,* su "no sólo... sino también", pero también el esfumarse formal de las huellas al final de las partes primera y segunda, por medio de lo cual se hace imposible una interpretación en sentido de una validez última, literalmente, y la novela se abre a una pluralidad de sentidos.

---

[35] Como en Beckett se impone la inicial M (Murphy, Molloy, Moran, Malone, Macmann).

VIII

CARA Y CRUZ DEL "NOUVEAU ROMAN"

1960-1963

La ironía del destino quiere que justamente la época de la "gran síntesis" de la "Nueva Novela" iberoamericana coincida con una crisis evidente del "Nouveau Roman", una crisis que, en el fondo, apenas sorprenderá. La constancia evolutiva con que se acercaron los experimentos del "Nouveau Roman" al ideal de la discontinuidad tenía que llevar inapelablemente a experimentos incompatibles con la novela. Así es significativo que Robbe-Grillet, el portavoz del "Nouveau Roman", no escriba en estos años ninguna novela en el sentido propio de la palabra, sino dos novelas cinematográficas, *L'Année dernière à Marienbad* (1961) y *L'Immortelle* (1963), es decir, guiones que al tiempo han de ser legibles como novelas (lo que incluso es así, hasta cierto punto, en *L'Année dernière à Marienbad*). En el fondo esto no es más que una consecuencia dentro de la serie experimental fenomenológica que representan sus novelas. Ya en *La Jalousie* y en *Dans le labyrinthe* aparecen técnicas cinematográficas en primer plano, y el objetivo fenomenológico tenía que llevar a aislar cada vez más lo singular, convirtiéndolo en una imagen yacente en sí misma, y a transformar la novela en una cadena de imágenes, tal como lo representa literalmente *L'Immortelle* con los trescientos cincuenta y cinco "planos" en que está dividida.

No es que en estas dos novelas cinematográficas guarde silencio el novelista Robbe-Grillet, antes bien son éstas inconfundibles productos literarios del autor de *Les Gommes* y de *Le Voyeur,* pues no sólo parte *L'Année dernière à Marienbad* de la temática y de la estructura del doble círculo, común a las obras anteriores, sino que ambas películas tienen un fondo mítico, por velado que éste pueda estar.

En *L'Année dernière à Marienbad* intenta X convencer a una mujer, A, para que abandone a su marido, M, y le siga. X lo consigue sugiriendo a A un pasado en el que ella ya le ha amado (en Marienbad) y le ha prometido seguirle. En una evolución fascinante va X acercando cada vez más el círculo temporal de este pasado al del presente en que tiene lugar el diálogo. Al final coinciden ambos círculos, el pasado sugerido se convierte en presente y A sigue a X.

En *L'Immortelle* encontramos también una relación triangular formada por N, L (que sólo puede ver a N en secreto) y M, que evidentemente ejerce su dominio sobre L, lo que hace patente por medio de dos peligrosos perros, y que debe ser su marido ("*Mari*") o, más probablemente, su chulo ("*Maquereau*"). Un día en que L no aparece a la cita que tenía con N en el cementerio, pierde éste la paciencia, pide explicaciones a L en presencia de M, le hace subir a su coche blanco y la obliga a poner el coche en marcha (imagen n.º 219). De pronto, en la carretera, aparece uno de los perros de M ante los faros; L intenta desviar el coche, pierde el control sobre él y choca contra un árbol. L muere y N resulta levemente herido en una mano. Empieza entonces en N una especie de delirio de celos y de una imaginada investigación de las causas de todo lo sucedido. Por fin toma el coche blanco de L, va en él a lo largo del Bósforo, mientras que suena en sus oídos la voz de L que le incita a ir más deprisa y le promete revelarle el secreto. De pronto, cuando va a una velocidad vertiginosa, aparece ante el coche el segundo perro de M. N lleva el coche derechamente contra el perro, tiene un accidente y muere. En las últimas "imágenes" de la novela cinematográfica vemos a L en silencio y sonriendo misteriosamente como "inmortal" (de aquí el título).

Ambos "ciné-romans", como los llama Robbe-Grillet, incitan —como sucede en *Les Gommes* y *Le Voyeur*— a una interpretación mítica, toda vez que los diálogos entre X y A tienen lugar en parte al pie de un grupo escultórico que, según se declara en el texto, podría representar a Helena y a Agamenón o a Andrómaca y a Pirro, y que también en *L'Immortelle* hay en juego una estatua, comprada por L a un anticuario (imagen 310). Se podría pensar, por ejemplo, que por medio de esta figura lleva *L'Immortelle* de modo incontrolable al mito de Afrodita, que L es en cierto modo la "inmortal" moderna que lleva a N a través del amor a la única inmortalidad todavía posible, a la muerte. (Los perros podrían interpretarse a este respecto tanto como símbolos de la sensualidad como, en analogía con el Cancerbero, como servidores de la muerte).

Sea como sea, estas obras no son ya novelas. En 1960 crea Butor con *Degrés* algo que todavía es una novela, pero cuyas cualidades son, con razón, muy discutidas, una obra que delata un cálculo cerebral y que representa una fórmula desencarnada, apenas aceptable ya. Después, en *Mobile* (1962) y *Description de San Marco* (1963), saca las consecuencias y se aparta del medio de la novela, aportando obras que, por más que respondan a las teorías del "Nouveau Roman", no son ya novelas. A la vista de todo esto hay motivos para pensar que los casos de Robbe-Grillet y de Butor son sintomáticos de la crisis del "Nouveau Roman" en este período.

N. Sarraute, por su parte, se envuelve en el silencio durante estos años, o, mejor dicho, trabaja en *Les Fruits d'or*, que, sin embargo, y de modo significativo, no aparece hasta 1964, en un momento en que la crisis parece estar ya un poco superada.

"COMMENT C'EST"

Tampoco *Comment c'est* de Beckett se puede valorar fácilmente como excepción convincente de la regla que se va haciendo visible,

pues apenas es legible como novela, pese a que en la sobrecubierta
de las Éditions de Minuit es alabada inequívocamente como tal. Por
lo demás esto no es, como en el caso de las obras citadas de Robbe-
Grillet y de Butor, un juicio sobre la calidad, pero el hecho es que la
curva del "Nouveau Roman" ha descendido en estos años por debajo
del nivel de lo posible como novela, no quedándole más salida que
esta obra épico-lírica que, con todo, abarca 176 páginas en formato
pequeño, obra totalmente desarticulada sintácticamente, ordenada en
versículos, que fluye sin puntuación ni cualquier otra indicación para
los límites de la frase, y que a veces recuerda al lenguaje de los Sal-
mos. El resto de "historia" que se ha salvado hasta este punto, muestra que *Comment c'est* continúa la línea de las novelas *Molloy, Malone
meurt* y *L'Innommable*.

Si *L'Innommable* nos había llevado ya al más allá, es ahora como
si ese más allá fuese totalmente deslocalizado, como si el yo se con-
virtiera definitivamente en espíritu colectivo que, yaciendo en un
cieno deslocalizado, no llevara consigo más que un resto mezquino de
objetividad y de localidad, el "regalo divino" de un saco en el que
se guardan latas de sardinas en aceite y un abrelatas. Como resulta
claramente de un pasaje del libro, estas sardinas en aceite, de las que
se alimenta el espíritu puro, están tomadas simbólicamente: son el
resto de episodicidad que necesita el espíritu —con otras palabras, el
narrador— para poder escribir un libro: "plus qu'à manger dix
douze épisodes ouvrir la boîte ranger l'outil" [1].

Sin embargo, de acuerdo con el esquema estructural de Beckett
del retorno al origen, este espíritu puro no es sólo un producto final,
sino al mismo tiempo "el comienzo". El yo está ahora en el estado
"comment c'était je cite avant Pim avec Pim après Pim comment
c'est trois parties" [2]. Es evidente que Beckett se inspira aquí en ideas
de la doctrina cristiana de la Trinidad —como hemos de ver, más

---

[1] Samuel Beckett, *Comment c'est*, Ed. de Minuit, París, 1961, pág. 43.
Sobre este motivo cfr. también R. Pinget, *Baga*, donde el rey Gnar saca
ideas de un saco.

[2] Este es el comienzo de *Comment c'est*.

aún en doctrinas neoplatónicas— para describir el estado divino del espíritu yacente en sí mismo "antes y después de la hipóstasis". Correspondiendo a la Trinidad, y también a las tres hipóstasis de la doctrina neoplatónica, se divide *Comment c'est* en tres partes. En la primera el yo del narrador está a solas consigo mismo, teniendo a Pim presente sólo como posible hipóstasis de sí mismo; en la segunda parte aparece Bom como segunda hipóstasis, y en la tercera parte se introduce, por medio de la tercera "persona divina", una "procession" formal del yo (aparece el término neoplatónico) [3], un despliegue del yo en incontables posibilidades de sí mismo.

Como sucede siempre en Beckett, no se puede valorar esta "última historia" como la confesión de un credo, sino que hay que considerarla como la liquidación de un último mito todavía posible, como una liquidación que, sin embargo, utiliza la forma y el lenguaje del mito que se quiere rebatir, igual que sucede en ocasiones anteriores. En este caso es como si quisiera Beckett utilizar para esta "historia", dirigida hacia el arquetipo divino del yo, nombres que se comportan de un modo arquetípico respecto a los nombres dados hasta el momento a sus personajes, nombres que se descubren ahora como reflectantes solamente. Efectivamente, mientras que aquellos personajes llevaban la M "divina" al principio de sus nombres (Murphy, Moran, Molloy, Malone, Mahood y Macmann) [4], aparece ahora esta M al final, donde se encuentra el fondo originario al que refluye la diferenciación de la palabra: Pim, Bem, Pem, Bom.

Sin embargo *Comment c'est* difícilmente puede ser calificada como novela, por muy lograda que, a su manera, pueda parecer la obra en algunos pasajes. *Comment c'est* no es ya un camino hacia la totalidad, como debe ser una novela y como sucede en *Molloy, Malone meurt* y, en todo caso, en *L'Innommable*, sino parodia de una totalidad divina que se simula como previamente dada, lo que sería asunto de la

---

[3]　*Ibíd.,* págs. 167 sigs.
[4]　A esto se añade a veces la W como reversión de la M, en Worms, por ejemplo.

epopeya o, más concretamente, de la parodia de la epopeya o de la lírica.

Es cierto que, frente a este balance negativo, podrían aducirse nuevos nombres, a Jean Ricardou con *L'Observatoire de Cannes* (1961) y a Claude Ollier (que ya en 1958 había pedido la palabra en la comunidad del "Nouveau Roman" con *La Mise en scène*), con *Le Maintien de l'ordre* y *L'Été indien* (1963), y quizá también a Didier Coste con *La Lune avec les dents* (1963). Sin embargo, por lo que se refiere a la obra de Jean Ricardou, que representa un experimento interesante, hay que decir que apenas es una alternativa que haga progresar al "Nouveau Roman". Se trata de un experimento formal al que sólo falta, dicho un poco duramente, lo esencial para ser propiamente "Nouveau Roman": la referencia fenomenológica al ser. Ricardou intenta liberar la recomposición formal de la novela (de que repetidamente hemos hablado), del vínculo dialéctico con lo temático, del vínculo que he intentado captar por medio de los términos "formal-temático" o "formal-de contenido". Lo que resulta de este intento es, otra vez, la ruptura dualista entre una altas ambiciones formales y una base temática banal (banal no como determinación de contenido, pues el contenido más banal puede convertirse en algo verdaderamente sublime, si forma parte de un complejo formaltemático).

El objetivo fotográfico del estilo de Ricardou capta desde la plataforma de un observatorio imágenes en cámara lenta del ferrocarril aéreo, de la playa y de la plataforma misma. Ante una bañista que se va desnudando lentamente se detiene con preferencia, pero este punto central no está verdaderamente en una convincente analogía formaltemática con el "lenguaje formal" de la obra, incluso es posible que aquí se muestre que, en el fondo, no se busca un lenguaje tal. Como se puede deducir de este ejemplo, la recomposición formal tiene que alternar con hechos formaltemáticos verosímiles para dar lugar, por medio del lenguaje de la forma, a una obra auténtica, a una gran novela. Tampoco puede derivar en un juego, como sucede en la segunda novela de Jean Ricardou, *La Prise de Constantinople*, en cuya contraportada se pone ingeniosamente *La Prose de Constantinople* [5].

También a las novelas citadas de Claude Olliers les falta la relevancia ontológica para ser grandes. Se nota en ellas (sobre todo en *L'Été indien*) un claro acercamiento a técnicas del "Nouveau Roman" —tendencia al anacoluto, a evitar la articulación verbal, empeño de discontinuidad— [6], pero esas técnicas están en el aire, eso sin contar con que a menudo son desmentidas por un lenguaje metafórico que florece ocultamente bajo el signo de lo "reístico" ("Un ciel blanc, une lumière éparse, tamisée, des lianes torses reliant les rives, les nids des perroquets en équilibre au creux des branches") [7]. Falta la consecuencia de un auténtico lenguaje de la forma. Didier Coste toma las cosas un poco a la ligera si cree realizar por medio de una acción sólo imaginada (las ilusiones eróticas de un joven) el ideal al que Beckett había sacrificado la inaudita autodisciplina estilística de *Comment c'est* sin conseguirlo, es decir, el ideal de no decir nada.

"LE PALACE"

Sin embargo, el período 1960-63 tiene también en Francia sus lados favorables: *Clope au dossier* (1961) de Pinget y *Le Palace* (1962) de Simon. Desde luego éstas son las únicas excepciones, y la ironía del destino (quizá sea algo más que eso) quiere que aun entre estas dos excepciones se encuentre una obra que tiene por escenario

---

5   Se podría citar una serie de juegos tales, que no se avienen con la seriedad de un objetivo ontológico. Sin embargo esta seriedad se aviene, por otra parte, bastante bien con un humor auténtico e incluso con la parodia. La crítica que hago de Jean Ricardou la deploro tanto más cuanto que estimo mucho su obra de teoría novelística *Problèmes du nouveau roman*, París, 1967. Quizá sea el caso de Ricardou típico del predominio de la teoría frente a las fuerzas creadoras.

6   Criterios externos tales, que aún no representan el "Nouveau Roman", llevaron a que en diferentes lugares se cuente como pertenecientes al "Nouveau Roman" a autores como Claude Mauriac (sobre todo a su novela *Diner en ville*), Daniel Boulanger y Le Clézio.

7   Claude Ollier, *L'Été indien*, Ed. de Minuit, París, 1963, pág. 7.

España [8], cuyo autor pasa las vacaciones con predilección en su casa cercana a la frontera española y que luchó en la guerra civil española, una obra pues, *Le Palace*, vinculada por diferentes relaciones con el mundo hispanohablante. Este libro es al tiempo un buen ejemplo de lo que puede dar de sí un "Nouveau Roman", incluso en 1962, cuando la técnica consigue ser en él lenguaje al servicio de un objetivo fenomenológico.

Aquí logra Claude Simon lo que aún no sucedía suficientemente en *La Route des Flandres*, una fórmula convincente de lo que desde el principio se imaginaba como objetivo. Aquí alcanza la necesidad interna que se exige de un gran "Nouveau Roman", una auténtica y múltiple correspondencia entre forma y contenido, gracias a la cual incluso la forma y la estructura se convierten en significado. Simon va a realizar ahora lo que ya desarrolló en *L'Herbe*, en el ejemplo del salto del gato.

El objeto fenoménico es, como en el ejemplo citado y como siempre en Simon, un movimiento, precisamente el de revolución. Simon va a interesarse por este fenómeno lejos de cualquier vínculo mítico o ideológico, como si se tratase de un fenómeno de la física. Para fijar desde el principio este objetivo antepone al libro la definición, según el Larousse, de "revolución" en el sentido físico de la palabra:

Révolution: Mouvement d'un mobile qui parcourant une courbe fermée, repasse successivement par les mêmes points. (Dictionnaire Larousse).

De esta revolución (en sentido físico) va a extraer una fase singular, que al mismo tiempo representa una revolución en sentido político, y de ésta va a hacer, de acuerdo con el principio desarrollado en *L'Herbe* (confr. págs. 241 y sigs.), un movimiento absoluto, yacente en sí mismo, en secciones de fase a manera de puntos.

Simon toma cinco de estas secciones no evolucionantes (las cinco partes de *Le Palace*): *Inventaire, Récit de l'homme-fusil, Les Funérailles de Patrocle, Dans la nuit* y *Le Bureau des objets perdus*. Ya la

---

[8] En *Le Palace* hay diseminadas incluso frases en español, como títulos y lemas.

correspondencia de la primera y última de las secciones (ambas están en un plano de pura coseidad) hace sospechar que no se trata de secciones escogidas al azar. Cada una de estas secciones entresaca de la evolución un instante brevísimo, lo dilata como con cámara lenta, de modo que, como fenómeno, es más reposo que movimiento, y lo establece de un modo absoluto. El estilo, la sintaxis y la estructura narrativa ayudan a llevar a cabo esta reducción a lo singular, también dentro de las secciones, en correspondencia formaltemática. Estas frases largas, que se pierden de vista, en las que dominan los paréntesis, los participios, no progresivos por naturaleza, los infinitivos desarticulados, las aposiciones aditivas, las series de toda especie, las enumeraciones mecánicas en primero, segundo, tercero, etc., todas estas formas de la no constructividad impiden al lector leer los sucesos como relación y movimiento, y le obligan a captarlos como aquello que debe ser: como la aparición de lo singular.

También los hechos temáticos se adaptan esta vez perfectamente a este lenguaje de la forma. De este modo comienza la primera parte de Le Palace —que ya desde el punto de vista del título (Inventaire) promete una perspectiva alineante, no constructiva—, con la imagen absoluta de una paloma que se ha posado en el balcón imperceptiblemente, que al tiempo está inmóvil como si fuera de porcelana, y que, al cabo de unos instantes, vuelve a irse volando tan inesperadamente como ha venido.

Pero Simon demuestra consecuencia formaltemática incluso donde existe movimiento. En el curso del "inventario", que capta un instante del desalojo de un edificio público, se dice que en la escalera se encuentran dos filas de "conquérants-déménageurs", los conquistadores que suben cargados con su armamento, al tiempo que bajan los otros, cargados de modo análogo con mesas de tocador adornadas con guirnaldas [9]: sin embargo, ambas cosas son el camino único de la revolución. El movimiento se convierte así en imagen de una ontología del movimiento, que corresponde en gran parte a la frase de Heráclito "Un camino hacia arriba es un camino hacia abajo, una y la misma

---

[9]   Claude Simon, Le Palace, Ed. de Minuit, París, 1962, págs. 12 sigs.

cosa", y que representa una variante de la ya citada, no menos famosa fórmula: "Transformándose reposa todo".

Por último, Simon evita también en *Le Palace* la "trampa" de la continuidad de una "historia", incluso de una oculta. Veamos lo que se puede captar de acción, mejor dicho, de secciones de acción, para reforzar este aserto.

La primera parte (*Inventaire*) trata, como se ha dicho, de la evacuación de un edificio, encontrándose en los paréntesis algunas de las figuras claves de la novela: un americano, cuyo pensamiento parece girar preferentemente alrededor de asuntos sexuales, un maestro de escuela de rígidas costumbres y un estudiante, ante cuya vista aparecen imágenes lejanas, imágenes de esa "religión implacable que se llama historia", al plantearse el problema de qué sea propiamente el entierro (no se dice de quién). La vista pasa después a un jirón de acción recordada: el estudiante está sentado en un café. Desde aquí Simon, a través de un objeto que procura el contacto local, de unos periódicos que hay por el café, enfoca de nuevo la casa, donde el americano se está levantando de una mesa y, al hacerlo, tira algunos periódicos al suelo. En ellos pueden leerse titulares como: *Quién ha muerto a Comman, El Comandante Santiago gigante de la lucha, La Quinta Columna a la obra, Santiago asesinado.* Por lo que se ve se ha cometido un atentado que se atribuye a la quinta columna: El comandante Santiago ha sido asesinado. ¿Tienen algo que ver con él los hombres que están en esa habitación, el americano, el maestro de escuela, el estudiante y el "hombre-fusil", del que ahora tenemos noticia?

No se nos informa de ello, pues Simon no nos da más que una sección desligada, establecida de un modo absoluto, que no permite las deducciones. Igual de inconexa es la segunda parte (*Récit de l'homme-fusil*), este relato de un hombre con fusil, de un italiano que ha hecho las maletas junto con él (¿el estudiante?), que ha ido a la estación y que le ha contado, mientras están sentados uno enfrente del otro en el tren, con el fusil entre las piernas, un hecho que no puede tener nada que ver con el asesinato del comandante (por lo menos en el sentido de una "historia"), pues se trata de algo que ha sucedido hace varios años en París [10].

Este relato tiene lugar en cámara lenta. Se trata de un relato en el que cada punto de la acción descrita y, sobre todo, las circunstancias de la acción están detenidos, yaciendo en sí mismos. En él se dan paréntesis hasta en noveno grado, y el paréntesis general, que abarca a los demás, se extiende a lo largo de más de dos páginas. Es, pues, absolutamente imposible, experimentar aquí una continuidad de acción. Aparte de esto, el objeto de este relato se limita también a una sección de acción de extensión mínima: se trata de los segundos, quizá sólo fracciones de segundo, que necesitó el hombre del fusil para encontrar en un café un buen ángulo de tiro para su crimen, con seguridad un atentado. En una frase múltiplemente compleja tenemos noticia de que a Simon le interesa expresa y conscientemente la discontinuidad, la sobredilatación de la acción, que conduce a un reposo de imágenes:

> (...) de sorte donc qu'il lui semblait voir, se reconstituer l'action (la brève, foudroyante *succession* ou plutôt concentration, *superposition* de mouvements, de tapage, de cris, de détonations et de galopades) sous forme d'une *série d'images fixes, figées, immobiles* (comme les diverses flèches lumineuses qui composaient la réclame s'allumant et s'éteignant à tour de rôle), chacune trop différente de la précédente pour qu'il fût possible d'établir entre elles un élément de *continuité* (...) [11].

También es sintomática la significación formaltemática que adquiere en este relato —en el que, por lo demás, se deja en blanco su objeto propio, el asesinato mismo— una puerta giratoria por la que tiene que huir el autor del atentado, puerta que obliga al que pasa por ella a romper la continuidad del movimiento, si no se quiere pasar atravesando los cristales.

Fantasmalmente absoluta es, en verdad, la tercera parte, "el entierro de Patroclo", el cortejo fúnebre que pasa por la calle, bajo las ventanas de lo que en otro tiempo ha sido palacio, con sus numerosas

---

[10] *Ibíd.*, pág. 45.
[11] *Ibíd.*, pág. 66.

banderas y con el féretro. No se trata tanto de un entierro que se realiza concretamente, como de la materialización del fenómeno de la muerte y del duelo, una realidad que suscita en el estudiante la pregunta acerca del más allá, acerca de algo así como una metafísica que permitiría a uno derivarse a sí mismo de algo, encontrar un sentido para sí mismo [12]. "Il devait bien y avoir un truc", se dice a sí mismo al final, pero esto no basta para encontrar un sentido, y la quintaesencia que obtiene Simon del entierro de Patroclo es que su mundo, al contrario que el de Homero, es un mundo de la muerte, en el que el hombre no puede sentirse ya como devenir de la historia, como un hombre sostenido por un cosmos en el que ocupara un lugar determinado, como un hombre cuya vida y cuya muerte fueran decisivas.

Así, la cuarta parte se llama, en consecuencia, *Dans la nuit*, y al decir "en consecuencia" lo hago en el sentido de revolución, tal como se entiende en la física, de la revolución que ha de ser *Le Palace*, pues la quinta parte, *Le Bureau des objets perdus*, nos va a llevar de nuevo al punto de partida de simple materialidad carente de tensión. Si ponemos las secciones así resultantes en un sistema de coordenadas y trazamos la curva correspondiente, obtendremos efectivamente una tal "revolución":

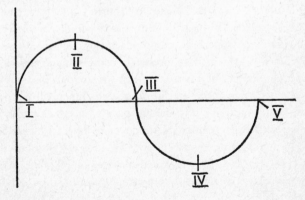

---

12 *Ibíd.*, págs. 134 sigs.

Sin embargo, si queremos conseguir la imagen propia de *Le Palace*, si queremos calibrar cómo opera fenomenológicamente esta novela, hasta qué punto consigue en ella Simon captar ontológicamente el movimiento como el reposo de algunos instantes aislados, tenemos que eliminar de nuevo la curva. La representación gráfica sería entonces la siguiente:

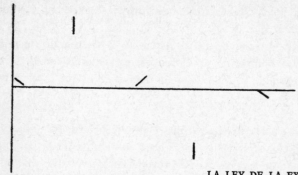

LA LEY DE LA EXCEPCIÓN

Claude Simon quebranta, pues, con *Le Palace*, la ley de la serie, añade a sus novelas una obra maestra en los años de crisis del "Nouveau Roman", una obra que con seguridad se apoya un poco en sus experiencias durante la guerra civil española, pero que conjura con éxito el "peligro" para el "Nouveau Roman" que esto entraña, al evitar que surja una "historia" continua y al poner, en correspondencia, lo biográfico a manera de puntos dispersos, siendo con seguridad el estudiante —o más bien su presencia como pensamiento— el que más tiene de Simon. El retraso de este punto culminante está con seguridad en relación con el hecho de que en Simon se daban dualismos, por lo que necesitó más tiempo para alcanzar el punto óptimo de la evolución. Algo análogo es válido para Pinget: es verdad que, de acuerdo con la ley de la serie, alcanza en 1959 el "Nouveau Roman" "puro", pero sólo su fuerte reserva dualística, equilibrante, que imperiosamente vuelve a pedir la palabra en *Clope au dossier*, debe haberle ayudado a dilatar el "punto ideal" y convertirlo en "línea", a crear todavía en 1961 un gran "Nouveau Roman". En el fondo, si se añade a estas obras *Comment c'est,* que, por otra parte, está ya fuera de lo posible como novela, se podrían reunir estas excepciones en una especie de regla, pues Beckett, Pinget y Simon forman dentro del "Nouveau Roman" una propia "escuela", si se le quiere llamar así, frente al grupo de Sarraute, Robbe-Grillet y Butor, una "escuela" que se caracteriza por la conservación de dualismos (temática de la búsqueda, tensión entre carne y espíritu, etc.), por la escasa participación del acervo ideológico sartriano y por el parentesco con sistemas filosóficos de la Antigüedad (Heráclito, cínicos, neoplatonismo). Si tenemos en cuenta que este parentesco es al tiempo un vínculo con la "Nueva Novela" iberoamericana, que *Los pasos perdidos* de Carpentier representa una búsqueda de la eliminación de sí mismo semejante a la de las novelas de Beckett, que Pinget, con el fenómeno de la ausencia y el de las cartas, muestra analogías con J. C. Onetti (sobre todo con *Los adioses*), que en Simon la "experiencia del cuerpo", la sexualidad, pero también la guerra, la revolución y la marcha de la historia están, como temas o fenómenos, en el centro del interés, si se tiene todo esto en cuenta, se da aquí más de un punto de contacto, sin contar con las relaciones personales de Simon con el mundo hispánico. Y cuando se sabe esto se sospecha la importancia que tienen las posiciones espirituales fundamentales en la "Nueva Novela".

Sin embargo no se debería acentuar demasiado esta conclusión a la manera monocausal, tan archiconocida, pues, en el fondo, en Beckett, Pinget y Simon estos elementos tienen un efecto sólo retardante para el curso de una curva que va a describir los mismos puntos que la de las novelas de Robbe-Grillet y Butor (El caso de N. Sarraute es algo distinto, ya que ésta no ha publicado nada en el período de crisis). Efectivamente, en Simon y Pinget va también a descender la curva por debajo de lo posible como novela, sólo que esto va a suceder algo más tarde.

"CLOPE AU DOSSIER" Y "L'INQUISITOIRE"

Pinget nos ofrece todavía en *Clope au dossier* la lograda novela de una "absence" que se acumula en lo negativo, en el acta de Clope, que queda vacía (de ahí el título, "Clope el del acta"). El fenómeno del acta corresponde bastante exactamente al de las cartas en *Le Fiston*: se trata de anotaciones en un acta que no han llegado a efectuarse, que habrían de exculpar a Clope de un crimen del que sólo tenemos noticia indirectamente, por medio de analogías formaltemáticas: disparo, desplumado de un ganso silvestre [13], descuartizamiento del mismo (el perro recibe las patas y tripas, reservándose Clope el hermoso corazón), barrido (eliminación de huellas), garganta abierta (sólo como motivo disperso al que Pinget llama "tympan détraqué", es decir, un motivo extraviado que delata demasiado) [14], juez, acta, investigación, música de organillo, pintor que pinta la nada. De modo semejante a como sucede en *Le Fiston*, la "balanza" del sentido no manifiesto oscila entre el fenómeno que hay que captar y el acto de escribir. Esta última posibilidad de sentido domina naturalmente con ventaja en el caso del organillero y en el de la composición sobre la nada, pues ambas cosas son, como casi lo es *Clope au dossier*, formas del punto muerto y, con ello, "absence" [15]. Hacia el final de la novela rompe Pinget con este principio del vacío, por lo menos desde el punto de vista formal, pues en la sexta y última parte de esta obrita —dispuesta también de modo especular en dos impulsos de tres partes cada uno— comienza Pinget con una "trascendencia vertical". Se multiplican ahora los motivos escatológicos y los interpretables como tales, en virtud de su contenido místico, como "jardín", "uvas" (comp. el *Canticum canticorum*), "granero" (comp. parábola evangélica del señor de la cosecha), "fuente", "manzanas caídas del árbol" (comp. *Cant. cant.*), "lagar" (comp. Is. 63, 2 y Jer. 25, 30, entre otros) y "redes de viña" (comp. *Cant. cant.* y parábola del pescador). Después se encarama Clope a la viga de un pajar (verticalidad) y entra en un éxtasis conformado estilísticamente de modo equivalente:

---

[13] Esta imagen está tan llamativamente en un primer término, igual que el disparo al ganso salvaje, que involuntariamente se recuerda la "escena de las gotas de sangre" en Chrétien de Troyes o en Wolfram von Eschenbach.

[14] *Clope au dossier*, pág. 133.

[15] Sobre el significado de la "absence" en Pinget cfr. el capítulo dedicado a este autor en *Die eigenmächtige Sprache* de G. Zeltner-Neukomm.

> (...) rester blotti sous le toit, blotti écoutant tomber les pommes,
> les bruits de la route, le vent dans les tuiles, blotti, dans l'ombre,
> ne plus sortir, ne plus bouger, écouter, respirer, écouter, ronger
> un os, respirer, tâter l'armoire, tâter la couverture, s'étendre, se
> recroqueviller, tourné vers le mur, écouter, respirer, pour dormir,
> fermer le portail, respirer, se recroqueviller, tâter la couverture,
> dormir, aspirer, expirer, fermer le portail, dormir, le portail, aspirer
> expirer aspirer expirer aspirer expirer aspirer expirer aspirer ex-
> pirer aspirer expirer je ne dors pas je feuillette ce dossier qu'ils
> vont lire il n'y a rien dedans (...) [16].

De modo análogo al ideal negativo que se busca en Beckett, se
trata en este éxtasis de un total retraimiento de las articulaciones del
yo ("blotti", "recroqueviller") y de las del lenguaje (los infinitivos
predominan sin reservas). Pero, como en el caso de Beckett, el "éxtasis negativo" no va a tener aquí tampoco un carácter redentor, pues
Clope se encuentra después la misma perspectiva que al principio,
y al preguntarse a sí mismo si va a tener derecho a "esas uvas", por lo
menos después de la muerte —lo que quiere decir, si después de la
muerte le va a corresponder un sentido incontingente—, Clope, que
está dispuesto al suicidio, no recibe respuesta alguna.

También *L'Inquisitoire* (1962) hubiera tenido que llegar a ser
una tal novela de la "absence" —pues como novela es anunciada esta
obra de Pinget, que cuenta nada menos que quinientas páginas—, y
su objeto fenoménico es una forma de la "absence". En un interrogatorio se pregunta a un viejo criado por el paradero de un secretario,
aunque, en correspondencia con *Le Fiston,* no se pregunta tanto por
este secretario como por los insignificantes objetos que había en su
habitación.

Sin embargo, esta serie inacabable de preguntas y respuestas apenas
puede calificarse de novela lograda, en el mejor de los casos es un
experimento instructivo. Mientras que en *Le Fiston* y *Clope au
dossier* la "absence" permanecía ligada a un personaje que la sentía
o la efectuaba (Clope con su acta), un personaje dentro del cual podía

---

[16]   *Clope au dossier,* pág. 133.

trasladarse el lector, se rompe aquí este puente con el acontecer, de
por sí bastante estrecho y tambaleante (en comparación, por ejemplo,
con las novelas de "frontera" y de "diferencia" de Uwe Johnson) [17],
con lo que se menoscaba decisivamente la capacidad de la obra de
ser legible como novela. Pinget sigue sacando aquí consecuencias en
sentido del objetivo del "Nouveau Roman", pero estas consecuencias
le llevan a la autorrenuncia de la novela, como a Beckett en *Comment
c'est*, como a Butor en *Degrés*, *Mobile* y *Description de San Marco*,
como a Robbe-Grillet en *L'Année dernière à Marienbad* y en *L'Immortelle*.

Un interrogatorio con un cambio de preguntas y respuestas, unas
veces escuetas, otras dilatadamente episódicas, un interrogatorio en
el que, a lo largo de páginas enteras, se nos orienta sobre el color y
el dibujo de muebles y papeles pintados, es, desde luego, "ideal" en
tanto que evita la construcción de un nexo causal, pero le falta el
dirigirse a la totalidad de una unidad narrada [18] para ser novela, y
para ser un gran "Nouveau Roman" le falta la recomposición desde
dentro.

---

[17] Pienso en *Mutmassungen über Jakob*, Frankfurt a. M. 1959 (el año
de *Le Fiston*) y en *Das dritte Buch über Achim*, Frankfurt a. M. 1961 (el
año de *Clope au dossier*).

[18] "Narrar" sólo en el sentido técnico de una mediación, no en el de
una episodicidad.

IX

PELIGROS Y ESPERANZAS

LOS AÑOS 1963/64-1967 EN FRANCIA Y EN IBEROAMÉRICA

En los seis capítulos anteriores, que forman el núcleo de este estudio, hemos observado la "Nueva Novela" del período que va desde 1948-49 a 1963, y al hacerlo hemos podido confirmar que estos quince años se pueden dividir en ambos países —como, naturalmente, se anticipa en la distribución de los capítulos— en tres etapas con características evolutivas específicas.

Si observamos la etapa de 1964 a 1967, es decir, el pasado más próximo, la primera impresión, en ambas partes, es la de una cierta inseguridad. Es como si, después de la embriaguez de la gran síntesis y de la vertiginosa consecuencia formal del "Nouveau Roman", se tuviera que ejercitar de nuevo la evolución a un ritmo fijo. Junto a esto hay que tener en cuenta naturalmente que se trata del pasado más cercano, que todavía no puede abarcarse con la debida distancia y que, además, pueden existir nuevas tendencias que, como en el caso de *El señor presidente,* permanezcan más de un decenio en un cajón o sobre un escritorio, ya sea porque los editores respectivos y sus lectores aún no están maduros para ellas, o que la situación política, lo que podría suceder en algunos países de Sudamérica, impide su publicación.

Si prescindimos de estas y otras posibles sorpresas, se pueden decir algunas cosas aclaratorias a base del material positivamente existente. Si observamos, según el "método probado", el ritmo cronológico objetivamente dado de las publicaciones más destacadas dentro del campo de la "Nueva Novela", podremos establecer por lo pronto un paralelismo evolutivo casi perfecto entre Francia e Iberoamérica. Esta evolución muestra, efectivamente, en ambos casos, tres puntos de cristalización claramente destacados: el año 1963-64, como período de transición, el año 1965 como primer punto culminante y el 1967 como segundo punto culminante (punto culminante, por el momento, sólo respecto a la densidad de publicación).

EL AÑO 1963-64

El año 1963-64 cuenta, en efecto, con una serie de publicaciones destacadas dentro del campo de la "Nueva Novela". Es el año de *Les Fruits d'or* de N. Sarraute, de *L'Opoponax* de Monique Wittig, de *Répertoire II* y de *Description de San Marco* de Butor, de *Pour un nouveau roman* y de *L'Immortelle* de Robbe-Grillet, por parte del "Nouveau Roman", y de *El escritor y sus fantasmas* (noviembre de 1963; *Rayuela* de Cortázar había aparecido ya en junio), de Sábato, de *Tientos y diferencias* de Carpentier, de *Juntacadáveres* de Onetti, de *Mulata de tal* de Asturias y de *Los albañiles* de Vicente Leñero (Méjico), por parte de la "Nueva Novela" de Iberoamérica. A primera vista, parece, pues, el año extraordinariamente rico en publicaciones y, en cierto sentido, lo es: es rico en manifiestos teóricos, de los que hay cuatro, y en experimentos formales, y esta riqueza se da por igual a ambos lados del Océano. Hemos de ver que este "comienzo" es sintomático de todo el período. En los años de 1963-64 a 1967 se hace notar una clara tendencia a la teoría y la acentuación del cálculo y del efecto formal inherentes a dicha tendencia. Sólo en algunas obras, gracias a un gran talento, se logra integrar estas tendencias en un todo formalmente verosímil. (En este punto de la investigación huelga ya explicar que una verosimilitud de la forma se da allí donde la forma se convierte en lenguaje —en el fondo no sólo allí—, y que esta verosimilitud es condición previa del éxito). Pero junto a estas grandes fórmulas no falta una porción de novelas esperanzadoras, si bien no convincentes siempre y en todo.

Les Fruits d'or de N. Sarraute, por permanecer en este año 1963-64, es uno de estos nuevos acentos esperanzadores del "Nouveau Roman". N. Sarraute hace salir por primera vez el mundo de su novela de la limitación del modelo ontológico, lo pone en relación dialéctica con las estructuras prácticas de la vida real y, además, hace uso de una parodia. *Les Fruits d'or* es una pícara parodia de sí misma, que a veces parece verdaderamente alegórica, una parodia del "événement" de *Les Fruits d'or* en la République des Lettres, con su público y sus jueces.

Como siempre sucede en Sarraute, se enfrentan aquí dos mundos, uno abierto y otro tradicional. Mientras que los representantes del último llevan siempre consigo tarjetas con reproducciones artísticas, de Courbet sobre todo [1], y se adhieren entusiasmados a este ideal de pretendida grandeza, sacando una y otra vez "el Courbet" del bolsillo del chaleco y sumiéndose ante él en arrobada devoción [2], se eleva por la otra parte la voz del incomprendido que en vano pretende tender un puente sobre el abismo que le separa de la tierra firme de las normas. Y en esta situación (desarrollada como una especie de exposición) irrumpe la publicación de *Les Fruits d'or*. Al principio, "lo último" es pasado con admiración de mano en mano. Todos lo encuentran "admirable" y "étonnant". Es proclamado el mejor libro de los últimos quince años, y ¡ay del que se atreva a contradecir esto! Sin embargo pronto se vuelven las tornas, aparecen las primeras dudas, los inquisidores de la crítica entran en liza (en escenas de humor quijotesco), y en seguida domina una doctrina ante la que enmudecen los últimos defensores de la obra, diciendo "en confianza"

---

[1] Courbet pintó preferentemente artesanos y tipos de la pequeña burguesía, similares a Dumontet y a Martereau. En esto estriba una parte de la intención parodística.

[2] Cfr. *Les Fruits d'or*, París, 1964, pág. 8.

sus antiguos admiradores que, desde luego, ya bajo el régimen de *Les Fruits d'or* estaban contra ella. Los pocos fieles, que al principio reaccionaron con reserva, que tuvieron que crearse una opinión propia, son ahora tachados de atrasados o "perseguidos judicialmente".

Les Fruits d'or es, pues, una obra de crítica de la época y del público, pero pese a lo lograda, a lo exquisita que es, hay que decir que representa más bien una reflexión encarnada acerca de un estado de cosas dado que un camino viable para el "Nouveau Roman".

Por lo que se refiere a *L'Opoponax* (París, 1964) de Monique Wittig, es éste el experimento sorprendentemente fuerte, quizá orientador, de una escritora joven, si bien esta novela, vista en sí misma, es, como todo "Nouveau Roman", una solución única, apenas repetible. Vamos a ocuparnos brevemente de este experimento.

En esta novela, dividida en siete partes no subdivisibles en párrafos, intenta Monique Wittig imitar el lenguaje infantil, ofrecer, sobre todo en la sintaxis y en el léxico, el fluir de una narración no estructurada que discurre como la conversación monótonamente clara y jadeante de un niño. Desde este punto de vista es consecuente que la novela esté escrita enteramente en presente, en el tiempo de la inmanencia no refleja.

Pero además de esto, y aquí estriba lo decisivamente nuevo, aquí estriba la distensión, *L'Opoponax* es, si así se quiere, la historia de una evolución, y esto preferentemente sobre la base de una manifestación formal, pero también de contenido. En las tres partes primeras (páginas 7-105) nos damos poca cuenta de esto. En ellas se alinean, vistas desde la perspectiva de la niña y en una sucesión indiferenciada, las cosas y "sucesos" más o menos banales que tienen lugar en su mayor parte en un internado de monjas. En la parte cuarta comienza esto a transformarse. En ella se delata una ligera tensión no explícita, un preguntar a las cosas aún inconsciente, la esperanza de que haya una relación entre ellas, el principio de una metafísica, si así se quiere. Formalmente se muestra esto en que los acontecimientos se agrupan ahora en unas primeras unidades episódicas, en que, por ejemplo, una pesca prohibida de truchas (págs. 106 y sigs.) se articula en preparación, realización y vuelta, en que se hacen más frecuentes las uniones hipotácticas. Formaltemáticamente se muestra esto en que el entierro de un tío se hace consciente como dolor (págs. 150 y sigs.). En la parte quinta se llega tan lejos que se plantean preguntas conscientes a las cosas, que la monja no es ya simplemente "ma soeur", sino "ma mère de l'enfant Jésus", es decir, no un simple fenómeno sino un complejo constructivo de sentido con determinadas exigencias. Con este nuevo modo de ver se presenta una crisis, el sentimiento de que las cosas se desgajan, de que se abre una grieta entre su ser cosas y su significado, su "nombre". Las chicas llaman "Opoponax" a este no cuadrar de un mundo que pretende tener un sentido, y a veces se imaginan este Opoponax como una persona misteriosa, a veces como algo que puede aparecer en cualquier sitio y en cualquier momento. Así es Opoponax para ellas cuando, por ejemplo, no se consigue cerrar la tapa del pupitre. (Opoponax está, por tanto, emparentado con lo que Sartre llama "la nausée", con el "décalage" de Robbe-Grillet e, indirectamente, también con el "Kibbutz" de Cortázar). La tensión crece en la parte sexta (págs. 202-253), es apoyada formaltemáticamente como crisis "metafísica" por el relato del entierro de un obispo y, de modo inmediatamente temático, por el estudio de Corneille y de la ética de sus conceptos, previsto en el programa de enseñanza. Sin embargo al principio de la última parte (pág. 254) se quiebra esta tensión crítica a causa de su demasiado alta exigencia, lo que, por otro lado, se expresa fundamentalmente "sólo" de un modo formal, por medio de la quiebra del lenguaje, de su retroceso al plano de la alineación paratáctica no progresiva. (El tiempo sigue siendo desde luego el monótono presente, lo que quizá desde este punto de vista no sea totalmente consecuente. Aquí también habría que haber articulado de vez en cuando para caracterizar formalmente esta crisis constructiva en la evolución de las niñas). Lo que sigue ahora es tensión negativa, una cuerda rota. Un "on dit que", monótonamente repetido, muestra la ruptura, la imposibilidad de identificarse todavía con lo dicho, la escisión en lenguaje y pensamiento.

L'Opoponax es, pues, un ejemplo digno de consideración de que un "Nouveau Roman" puede perfectamente abrirse a ámbitos temáticos tradicionales, que puede llegar a ser una especie de novela de formación ★ sin renunciar por ello a objetivos esenciales. Estrictamente Le Palace, el Nouveau Roman "clásico" y una novela como Dans le labyrinthe deberían haber podido originar ya una apertura semejante, en el supuesto de que las "faltas" cometidas en ellas no se considerasen como faltas sino como presupuestos del éxito. Nadie puede exigir de un escritor que ha perdido la inocencia de la literatura tradicional y que se ha dado cuenta de que la forma y la estructura de su obra son lenguaje hasta en el detalle, que olvide esta experiencia o que no haga caso de ella. Por otra parte, la consecuencia de esta experiencia tampoco debe conducir a la autodestrucción del arte. Fuera de esto la literatura tiene que ser siempre, como ya se ha expuesto, un poco inconsecuente, no puede llegar a ser lo que no es por definición: realidad no mediata, verdad no mediata.

Para los autores iberoamericanos el problema es más sencillo. Esta inconsecuencia tan necesaria es propia de ellos por naturaleza y jamás se les ocurriría subordinarse consecuentemente a un ideal literario. Pero lo que la consecuencia y sus peligros son para el "Nouveau Roman" lo es para ellos el problema del equilibrio y de la síntesis. Y este equilibrio no se presenta tan tácitamente como podría pensarse. Tiene que ser recibido o conseguido de nuevo, y en los años de 1963-64 a 1967 muestra fluctuaciones considerables.

Ya en el año 1963-64 se refleja esta inseguridad, si bien el éxito está en general todavía asegurado en los casos singulares y surge Los albañiles (premio de la Biblioteca Breve 1963) de Vicente Leñero, una novela que no se puede dejar de admirar. Esta novela espectralmente impresionante, cuyos principios episódicos interpuestos y su-

---

★ "Bildungsroman", término fijado por la crítica alemana para designar un género de novelas, muy frecuente en la historia literaria alemana, en que se describe la formación del carácter del protagonista a través de las experiencias vitales (NT).

perpuestos, moribundos y surgientes de nuevo, se mueven sobre diferentes capas de la conciencia, dentro de lo visionario, de lo recordado, de lo vivido y de lo reconstruido, se engarza alrededor de la figura de un viejo peón de albañil, Jesús, del que se burlan continuamente los demás albañiles, pero cuyas historias escuchan con gusto (sobre todo Isidoro), al que se encuentra asesinado en la habitación 101, cuyo crimen hay que aclarar, que pasó su niñez en Salvatierra, que quiere a una mujer llamada Encarnación [3], que se monta con ella en el carrusel, que, en un continuo cambio, como si la acción misma fuese una especie de carrusel, a veces está trabajando ante las muecas de los albañiles, a veces ama, a veces saca el cuchillo, presa de salvajes celos, o es encontrado asesinado, para aparecer de nuevo ante nosotros con quince años o contar sus historias a Isidoro, que ahora tiene también quince años. Una ligera vacilación lingüística, una especie de "fondu" del sentido, forma casi siempre la delgada capa divisoria entre los diferentes ámbitos y, como apoyo formaltemático, quizá también como motivación temática de este cambio, puede valer el que se diga de Jesús que a veces padece de ataques de malaria.

Esto, que ya se podría considerar quizá como artificioso, está, pues, convincentemente apoyado en *Los albañiles,* siendo semejante el caso de *Mulata de tal* de Asturias, con la diferencia de que ésta es la obra de un escritor que ha creado en *El señor presidente* y en *Hombres de maíz* el módulo de su maestría, ante la que *Mulata de tal* palidece como algo artificioso. Este artificio se observa en las numerosas aliteraciones y demás asociaciones sonoras. La novela contiene un mundo de fantasía fascinante, un torbellino de transformaciones temáticas y materiales al que sólo en parte falta la correlación formal. En cualquier caso se trata de un mundo ante el que no parece

---

[3] Los nombres Jesús, Salvatierra y Encarnación se han elegido con seguridad conscientemente, pero se haría violencia a la obra si se quisiera partir de ellos para hacer una interpretación cerrada, por ejemplo en el sentido de la de *Hijo de hombre* (cfr. págs. 222 sigs. del presente estudio). También hay que tener en cuenta que tales nombres no son en absoluto llamativos para el lector sudamericano.

contar lo que suele llamarse realidad, y en cuyo centro, en el centro
de esta *Celestina* de la novela, se encuentra Celestino Yumi con su
"mulata de tal", que es una verdadera "mujer infernal" que él ha
cambiado por su infiel esposa Catalina, convertida ahora en una
enana.

Este arte novelístico es desde luego convincente, pero un poco
precario ya, lo que sucede en mayor medida en el caso de *Juntacadáveres* (1964) de Onetti, que el mismo autor considera como un poco
malograda [4], igual que su otra obra, tampoco interesante técnicamente,
Tan triste como ella (1963). Se nota, fuera de un cansancio que puede
existir en Onetti y Asturias, la peligrosa presencia de una conciencia
teórica demasiado fuertemente desarrollada, que pone a la novela
sudamericana en los mismos peligros que había experimentado el
"Nouveau Roman" desde un principio. Junto a esto hay que decir
que esta conciencia teórica delata todavía formas bastante vitales en
El escritor y sus fantasmas de Sábato, que sus manifestaciones de
panfleto acerca de N. Sarraute y Robbe-Grillet, por ejemplo, antes
hacen ver un sano orgullo nacional que delatan el peligro de la des-
encarnación y del intelectualismo.

EL AÑO 1965

Hasta qué punto se ocultan por igual nuevas posibilidades y grandes peligros en la tendencia observada a sobrevalorar lo formal, lo
muestra el año 1965, el primer año de la "cosecha" de lo que quizá
podamos considerar ya, naturalmente sobre una base hipotética, como
el primer período de una nueva fase. La inseguridad ha pasado ya.
El "Nouveau Roman" se pronuncia de nuevo por el experimento novelístico, así Robbe-Grillet en *La Maison de rendez-vous*, Pinget en
Quelqu'un y Ricardou en *La Prise de Constantinople*. La "Nueva
Novela" iberoamericana pide asimismo la palabra con tres perfilados

---

[4] Cfr. L. Harss, *Los nuestros*, pág. 246.

experimentos novelísticos, con *La casa verde* [5] de Vargas Llosa, que es la mejor obra de las tres, con *Patas de perro* de Carlos Droguett y *Estudio Q* de Vicente Leñero. Es curioso el estrecho parentesco en el título entre las dos novelas sin duda más importantes de este año, entre *La Maison de rendez-vous* de Robbe-Grillet y *La casa verde* de Vargas Llosa, toda vez que en ambos casos se trata de una especie de casa de placer. Esta proximidad podría ser considerada como símbolo del parentesco que de hecho existe, aunque sin dejar de ver las diferencias que persisten, no sólo que en un caso el color es azul y en el otro verde, no sólo que en Robbe-Grillet se trata de un establecimiento altamente aristocrático al que sólo tiene acceso la "haute volée", mientras que en Vargas Llosa es la concreción del escándalo de un destino colectivo. Además de estas diferencias tampoco deben engañar motivos comunes, como "carne" y "perro", ni estructuras comunes de las que hemos de hablar aún.

Lo primero que llamará la atención al lector familiarizado con Robbe-Grillet es el fenómeno de la pluralidad. A pesar de todos los refinamientos técnicos y de los círculos temporales dobles, las novelas anteriores de Robbe-Grillet se construían, en el fondo, de un modo lineal (o por lo menos así eran asimiladas por el lector), dado que en ellas la acción, si bien en círculos, con imágenes retrospectivas y "éxtasis", se mueve continuamente desde un punto inicial hacia un punto final (hacia la coincidencia de los dos círculos temporales en *Les Gommes*, *L'Année dernière à Marienbad* y, en el fondo también, en *L'Immortelle* [6], hacia el retroceso de la acción al cuadro en *Dans le labyrinthe*). Sólo *La Jalousie* parece ser una excepción, pero esta novela es lineal en tanto que en ella la acción permanece ligada a la conciencia del celoso, pudiéndose ver en sus tres fases (los dos en

---

[5] El título, prescindiendo del artículo, no es nuevo en Iberoamérica. Ya en 1934 publicaron Filinto y Julia de Almeida una novela llamada *Casa verde*.

[6] En *L'Immortelle* sería esto el círculo temporal del querer saber, que comienza después de la muerte de la "inmortal" y el del momento de la vida, círculos que se encuentran en el punto final.

la terraza, viaje a la ciudad, los dos de nuevo en la terraza) como una línea, como los tres puntos de un solo proceso.

Esto cambia decididamente en *La Maison de rendez-vous*. No es sólo que aquí domine la pluralidad, dado que en el jardín de la casa de Hong-Kong se encuentra una serie de estatuas (hasta ahora sólo era una en cada caso), estatuas que en parte se pueden identificar como petrificaciones temáticas de novelas y escenarios anteriores [7], sino que aquí se deslinealiza todo. Es muy significativo que Robbe-Grillet elija además un escenario no europeo, oriental, que avance a un primer plano la temática de los perros, conocida por las novelas iberoamericanas, que, como en esas novelas, exija la carne un sentido propio, que la prostitución se convierta en un tema fundamental (como ya sucede en *L'Immortelle*, 1963, pero más decididamente), que el conocido simbolismo de los colores se convierta en un juego cromático pluralista. Esto último se ve por ejemplo una vez que un chino vestido de azul va corriendo por la calle con una jinrikisha de ruedas rojas, cuyo toldo negro está cerrado; al ritmo de los pasos del chino aparecen las negras plantas de sus pies entre los radios rojos de las ruedas [8]. A esto se añade la vida palpitante de una acción que irrumpe simultáneamente con exótica dispersión en todas direcciones y en diferentes planos de la realidad, en el de la vida, el de la sociedad, el del sueño, el de la estatua y el del escenario, permaneciendo centrífuga hasta lo último y, en consecuencia, sin final, no dando al lector oportunidad de construir retrospectivamente una relación causal.

Es éste un juego magistral, brillante, tras del cual no hay que buscar ya un sentido monocausal, como, por ejemplo, el de una afirmación ontológica. Es éste un nuevo "Nouveau Roman", el comienzo de una nueva fase del "Nouveau Roman".

La casa verde es, en comparación, más seria, si bien tampoco falta en ella el momento del juego, sobre todo en la construcción formal.

---

[7]   Así Jean Alter en su estudio *La vision du monde d'Alain Robbe-Grillet. Structures et significations*, Ginebra, 1966, págs. 66 sigs.

[8]   Alain Robbe-Grillet, *La Maison de rendez-vous*, Ed. de Minuit, París, 1965, pág. 16.

Parece como si la "Nueva Novela" iberoamericana adquiriese ahora
algo de la severidad ontológica del "Nouveau Roman", adoptando
éste el carácter de "novela abierta" de aquélla. Lo común, el crisol
de las diferencias, es la pluralidad. Vargas Llosa no construye en
La casa verde una sola novela, sino cinco novelas entrelazadas, una
novela pluralista. Con la mayor consciencia determina la articulación
del todo hasta en los detalles singulares (la construcción de *La casa
verde* no es equiparable a la pluralidad "caótica" de *Los albañiles*
ni a la segmentación de *La ciudad y los perros*, pese a estar emparentada con ambas formas). Efectivamente, no sólo consta la obra de
cuatro partes y un epílogo, cada una de cuyas partes está compuesta
de una exposición y un cierto número de capítulos, sino que la "formulación" de su construcción va esencialmente más allá. Así, las partes
primera y tercera y el epílogo tienen cada una cuatro capítulos, las
partes segunda y cuarta, en ritmo alternante con las anteriores, tres
cada una. A esto se añade que cada capítulo está subdividido en segmentos, por medio de trozos claramente marcados (de modo semejante a como sucede en *La Jalousie*). Los capítulos de la primera y
segunda parte tienen cada uno cinco segmentos, los de la tercera y
cuarta parte cuatro segmentos cada uno, mientras que los capítulos
del epílogo son segmentos al mismo tiempo. La división en segmentos
(en número de setenta y dos) [9] se opone así al ritmo alternante.

Por lo demás, esta segmentación sirve, según una técnica conocida
por *La ciudad y los perros*, para desligar los trozos singulares de la
relación de la cronología y de la causalidad episódica y hacer que
tengan el efecto de lo que son en sí, no de lo que la relación causal
hace de ellos. Así, por citar sólo un ejemplo, en el primer capítulo
de la primera parte se alinea un segmento de cada una de las historias. El primero pertenece, como siempre sucede al principio de los
capítulos, a la historia de Bonifacia y Lituma. De hecho es ésta la
historia más importante y la que vincula a lo demás, pues sus per-

---

[9] La cifra se compone de los cinco prólogos y de los cuatro capítulos
del epílogo, con un segmento cada uno, y de los sesenta y tres segmentos de
los capítulos.

sonajes están relacionados con otras historias a partir de, o hasta un momento determinado. Lituma es un invencible (la historia de los invencibles es la quinta), y Bonifacia es una india que fue criada por el protagonista de la cuarta historia, por el indio Jum, que más tarde fue a educarse con las monjas de Santa María de la Nieva, donde conoció a Lituma, casándose y yéndose con él a vivir a Piura. Allí se hizo amante de Josefino al ser encerrado Lituma en la cárcel, después cayó en la prostitución en la casa verde, conociendo así al dueño de ella, Anselmo, el protagonista de la tercera historia.

El segundo segmento del capítulo es el de la historia de Fushía, una importante unidad episódica, bastante autónoma sin embargo, que sólo está en relación con el lugar en que durante un tiempo tiene lugar la historia de Bonifacia y Lituma, Santa María de la Nieva y la región del Amazonas. El tercer segmento surge de la historia de Anselmo, el cuarto de la del indio Jum y el quinto está sacado de la historia de los invencibles.

Si quiere uno hacerse una idea de la cronología de los segmentos entre sí basta con reconstruir una historia en su curso temporal y ordenar los segmentos según eso. Se consigue así una cadena de cifras que en nada va a la zaga de la de *Rayuela* (las siguientes cifras se refieren a los segmentos de la novela, numerados del 1 al 72): 26 - 31 - 36 - 68 - 22 - 1 - 2 - 7 - 12 - 17 - 23 - 28 - 33 - 39 - 43 - 47 - 51 - 56 - 60 - 64 - 59 - 42 - 46 - 50 - 54 - 63 - 67 - 6 - 11 - 16 - 21 - 27 - 32 - 37 - 70 - 72. Pero cuando se intenta leer la historia como lo exige la cronología se ve el efecto tan perjudicial que tiene el orden cronológico para la fuerza expresiva y la "presencia" de lo singular, lo cual es una confirmación de la necesidad interna de la técnica empleada por Vargas Llosa.

Sin embargo, en esta novela nos encontramos muy alejados de *La Maison de rendez-vous* y del "Nouveau Roman", lo que debe haber quedado suficientemente claro después de la ojeada que hemos echado a la construcción de esta obra tan compleja, sobre todo teniendo en cuenta que el estilo, como en *La ciudad y los perros,* sigue siendo realista y está perfectamente articulado. A Vargas Llosa le interesa algo totalmente distinto, le interesa la síntesis literaria de un mundo. Quiere captar las estructuras pluralistas y entralazadas entre sí que constituyen la vida, sobre todo la de nuestro tiempo, estructura que no puede representar la novela tradicional, por ser la historia de un solo camino, como tampoco una novela ilimitadamente abierta o un modelo estructural ontológico. Para él se trata, como tan a menudo sucede en la "Nueva Novela" de Iberoamérica, de una síntesis, de un "no sólo... sino también", de la mezcla de continuidad y discontinuidad que nos rodea día tras día. En Robbe-Grillet no se nota nada de un tal objetivo, de tal modo que —pese al acercamiento temático e incluso estructural (pluralidad y apertura)— se confirma aquí una diferencia esencial, a menudo señalada, entre el "Nouveau Roman" y la "Nueva Novela" de Iberoamérica.

Un abismo semejante separa también, pese a perfiladas analogías —esta vez de los sudamericanos respecto al "Nouveau Roman"—, a *Patas de perro* de Droguett de *Quelqu'un* de Pinget, y a *Estudio Q* de Leñero de *La Prise de Constantinople* de Ricardou.

Patas de perro muestra inconfundiblemente el esfuerzo por conseguir un nuevo estilo y una nueva forma. Está dividida en partes que, de modo semejante a *La Jalousie* y a *La casa verde*, se destacan por medio de la impresión en negritas de las primeras palabras. Sus largas construcciones oracionales con sus comienzos conscientemente bruscos hacen sospechar una mezcla de estilo dilatado y absurdo. Pero si examinamos las cosas detenidamente, nos damos cuenta de que el estilo es excepcionalmente claro en su articulación, de que el sentido "flota" a veces un poco sólo porque al lector le faltan todavía los presupuestos para su entendimiento, por lo que tiene que esperar a la continuación. Por lo que respecta a la disposición abierta de la novela, bajo ella se oculta una construcción ciertamente dramática, con prólogo, epílogo y cuatro capítulos. Para darse cuenta de esto basta echar un vistazo a la sucesión de los comienzos en las partes singulares [10]:

---

[10] Me refiero a la edición de la Editorial Zig-Zag, Santiago de Chile, 1965. Para aclarar dejo una línea en blanco entre las partes singulares.

El marco del prólogo y del epílogo lo forma la referencia al escribir del yo del narrador. El primer movimiento, como podríamos llamarlo, no hace sino describir, el segundo, con sus negaciones, desciende a la frustración, el tercero vuelve a afirmarse por medio de la cita de testigos y el cuarto vuelve la vista hacia atrás. Es éste el conocido orden emparentado con estructuras musicales que adopta con predilección la "Nueva Novela" iberoamericana y que con su ponderación verdaderamente clásica (que se da en una medida mucho mayor que en *La Jalousie* por ejemplo) recuerda un poco a Brahms, no casualmente tan apreciado en Iberoamérica, a su esfuerzo por mantener una medida incluso en lo desmesurado.

El absurdo tema de la novela es el siguiente: un niño viene al mundo con patas de perro, se ve rechazado en todas partes, se siente desamado por sus padres y hace una declaración de su penuria existencial al autor, en el que busca y encuentra comprensión, y éste escribe una novela para poder olvidar. En este tema se encuentra inequívocamente una cúspide de sentido positiva, social-existencial, dirigida contra el sufrimiento y contra aquellos que hacen y dejan sufrir en nombre de unas normas que discriminan, ya sea por consideraciones sociales, racistas, políticas o económicas. Con otras palabras, *Patas de perro* es, como *La casa verde*, aunque de un modo totalmente distinto, una novela sintética, lo es con una tendencia fundamental restauradora que se encuentra a menudo en la novela chilena junto con una tendencia al lirismo [11].

Quelqu'un de Pinget es justamente el polo opuesto. Sin pasar apenas de ser un experimento, se trata de una novela sobre la no realización de una novela, una novela sobre la hoja perdida de un original. Por causa de ésta se lleva a cabo una absurda búsqueda en la casa y en el jardín, en el curso de la cual las sospechas se dirigen sobre todo contra el ama de llaves. Esta búsqueda es a su vez motivo para escribir una novela con la historia de una mañana y la abundante comida que le sigue, con repetidos conatos de una aducción de pruebas que prometa éxito, una novela que sin duda es más legible y más digna de ser leída que *L'Inquisitoire,* pero que esencialmente no pasa del nivel del experimento interesante. Se trata de un juego nada más, pero tampoco nada menos, pues a veces es excepcionalmente importante mantener en la literatura el espíritu del juego. Como "intención seria" podemos suponer tras de este juego el antiguo objetivo de Pinget de una fenomenología de la "absence", esta vez extraída de la novela extraviada.

La novela adopta así un poco el carácter de la muestra de habilidad, del logro que produce vértigo, está, por expresarlo con una imagen, a caballo entre el arte y el malabarismo. También *Mulata de tal* de Asturias tiene un poco de esto, y no menos *La casa verde* de Vargas Llosa y *La Maison de rendez-vous* de Robbe-Grillet, por no hablar de *Estudio Q* de Leñero, que ofrece una novela como emisión de televisión, además de servir una serie de juegos tipográficos que con seguridad son hasta cierto punto una auto-ironía (¿o una fallida

---

[11] En *Eloy,* una novela de Droguett aparecida en 1962 y que, junto con *La ciudad y los perros,* tuvo buenas probabilidades para alcanzar el premio de la Biblioteca Breve, domina el otro peligro de la novela chilena, el del lirismo. Además no es convincente del todo esta novela porque en ella no se respeta con el debido rigor, ni temática ni formalmente, la realidad del protagonista, que es el jefe de una banda.

ironía del "Nouveau Roman"?), de los que, en cualquier caso, se
puede decir lo mismo que se dijo de *La Prise de Constantinople* de
Ricardou [12]. Si tenemos en cuenta todo esto, vemos que aquí empieza
ya a dibujarse claramente la imagen del primer período de una nueva
fase, pues en ambas partes se delatan ya tendencias a lo artificioso
por un lado y a la pluralidad por otro, no excluyéndose mezclas en
el crisol de la intelectualidad.

EL AÑO 1967

En la medida en que es esto perceptible ya, ha traído el año 1967
nuevos impulsos para la evolución de la "Nueva Novela", impulsos
de los que difícilmente se puede decir si introducen el segundo período
de la supuesta nueva fase o si aún continúan el primero. A favor de
la primera hipótesis está la novela más destacada del año, *Cien años
de soledad* de García Márquez y quizá también el capricho de Butor
Portrait de l'artiste en jeune singe. Por el contrario, *Histoire* de Claude
Simon y *El garabato* de Leñero están a su modo en la línea prolongada de las tendencias que se han mostrado en *La Maison de rendez-
vous*, dentro del "Nouveau Roman", y en *Estudio Q*, dentro de la
"Nueva Novela" de Iberoamérica, acomodándose *El garabato*, frente
a *Estudio Q*, tanto más a la imagen de los años 1963-1967 cuanto
que ahora se añade la pluralidad al experimento acrobático: Leñero
entrelaza ahora varias novelas de "distintos autores", cada una con
su anteportada y otras bromas tipográficas. *Histoire* es una novela
que se "dispersa" en diferentes direcciones, en la que se reflejan de
modo pluralista los temas de las novelas anteriores, de modo semejante a como sucede en *La Maison de rendez-vous* y en *L'Inquisitoire*.
Son éstos el tema de la muerte, el del eterno soplar del viento, el de
los árboles que se agolpan poderosos alrededor de la casa y quieren
incluirla en su existencia vegetal, y el de imágenes de la niñez (entre

---

[12] Cfr. lo dicho en págs. 309-310.

ellas, como motivo nuevo, la de un sacerdote celebrante, cuyos movimientos rituales junto con los ornamentos y sus brazos se convierten en una especie de obsesión). Junto a esto se da una versión pluralista del motivo epistolar de Pinget: llegan tarjetas postales de un hijo, pero también de una española, Angèle Lloveras, tarjetas que llegan de todas las partes del mundo, sin una indicación del respectivo remitente, no dejando al lector oportunidad de reconstruir una historia a base de estos precarios puntos de referencia. Por eso se llama la novela *Histoire*, con una intención irónica, porque el libro no contiene una historia [13]. Una cita de Rilke antepuesta al libro lo anuncia ya:

> Cela nous submerge. Nous l'organisons. Cela tombe en morceaux.
> Nous l'organisons de nouveau et tombons nous-mêmes en morceaux.

Pero el título tiene un segundo significado. Se llama "histoire" porque de nuevo se ocupa Simon de lo que es historia. Sin embargo *Le Palace* había formulado esto de un modo más convincente, pues un desmoronamiento sólo no es el fenómeno de la historia, pues también implica una continuidad.

También se acomoda completamente a la imagen de este primer período el que Ricardou ofrezca en *Problèmes du nouveau roman* una obra teórica sobre nuestro tema, ratificando así el dominio de lo intelectual. Esto es tanto más así cuanto que su obra es menos un manifiesto del "Nouveau Roman", como *L'Ère de soupçon* y *Pour un nouveau roman,* que una interpretación del fenómeno.

En cuanto a *Los cachorros* de Vargas Llosa, es ésta una bella "novela corta" y, sin duda, no es todavía la "novela total" en la que sueña su autor y que quizá madure con el tiempo (Vargas Llosa es todavía joven, nació en 1936 en Arequipa, Perú). Como mucho puede ser considerada como un capítulo de esa "novela total" y, según las intenciones del autor, tampoco tiene por qué ser más: un capítulo bonito, ilustrado con buenas fotografías (*Los cachorros* apareció en

---

[13] Así se llama ya *La Cantatrice chauve* ("La cantante calva") de Ionesco, porque ésta no aparece. En la obra sólo una vez se hace mención del título, ante lo que todos se miran perplejos.

la colección *Palabra e Imagen*), que apenas adelanta algo respecto de las novelas anteriores [14].

Más en serio hay que tomar la última obra de Fuentes, *Zona sagrada*. Fuentes intenta en ella, lo que, como tal, no es un objetivo nuevo en él, una síntesis del presente. Fuentes se dirige sin embargo a ese viejo objetivo de un modo nuevo, por medio de una estructura estilística pluralista. Además intenta irrumpir desde esa síntesis en un sentido verosímil, el de la "zona sagrada", el de la vuelta a la "gruta de lo propio", de la existencia inalcanzablemente aislada. Es ésta una solución, por banal que suene algo así (propiamente las soluciones son siempre banales, como apunta acertadamente René Girard) [15], que coincide un poco con lo que nosotros llamamos "mis cuatro paredes" y los ingleses "my home is my castle". Y con esto se ha indicado suficientemente la limitada fuerza de convicción de la solución. Por ello, por muy interesante y lograda que sea la pluralidad de los estilos (capítulos en estilo extático-poético, otros con tendencia a la parataxis y al anacoluto, otros en un estilo telefónico, otros con un matiz comercial o técnico o con tendencia a los períodos perfectamente construidos), por muy interesante y logrado que sea el avance de estas técnicas hacia el lenguaje de la forma, la novela se desmorona, entre otras cosas por la contradicción formal entre solución monista y estructura pluralista. La solución de la "zona sagrada", concebida como unificante, es demasiado débil para poder ligar esta pluralidad formal en el sentido de una unidad convincente.

Si tenemos además en cuenta que *Portrait de l'artiste en jeune singe* de Butor es un capricho, es decir, una obra *sui generis* que sólo muy mediatamente pertenece al complejo del "Nouveau Roman", no nos ofrece el año 1967, junto a interesantes experimentos en los que la impresión del peligro para la novela se sobrepone a la de la esperanza, más que una obra, que es algo más que un principio esperan-

---

[14] Acerca de esto no deben engañar tampoco algunas innovaciones sintácticas vanguardistas, como p. e. al principio: "Todavía lleva*ban* pantalón corto ese año, aún no fumá*bamos*".

[15] R. Girard, *Mensonge romantique*, pág. 306.

zador. Es ésta una novela cuya grandeza contrapesa mucho la impresión
del año 1967, que podría ser el símbolo de una nueva esperanza, *Cien
años de soledad* de García Márquez.

Después de los experimentos un poco desafortunados de principios
de los años sesenta crea García Márquez con asombrosa seguridad
una novela nueva que se enlaza con la mejor tradición novelística española y francesa sin caer por ello, ni en el estilo, la estructura o la
temática, en un naturalismo barato ni en ninguna otra forma de "tra-
dicionalismo". Es una novela que lleva su título con justicia, pues,
efectivamente, es algo más de un siglo el que, en proporciones panta-
gruélicas y en un delirio quijotesco, se derrama narrativamente en el
fluir incesante de una cadena de acontecimientos pluralistamente multicolor que, sin embargo, significa el *panta rhei* de una identidad última.

Aparecen en la novela las generaciones de José Arcadio Buendías
que, en un estilo propio de Rabelais, son seguidas hasta los tiempos
de Sir Francis Drake, y cuyos hijos, gracias a la tradición familiar de
la consanguinidad, tienen todos algo anormal, ya sea un rabo de cerdo
(analogía con *Patas de perro* de Droguett), una estatura gigantesca o
la inclinación a experimentos visionarios de alquimia que acaban con
el último oro de la madre, Úrsula, y con la fuerza para el trabajo
positivo de padre e hijo. Fuera de algunas expediciones de las que, en
general, se vuelve en seguida y de algunas campañas militares en las
que caen nada menos que dieciséis hijos de las seis generaciones que
abarca esta "crónica", es Macondo el lugar de la acción, lugar conocido
ya por otras novelas de García Márquez, que experimenta muchos
cambios, igual que Buendías (desde la fundación después del éxodo
hasta que la vida adquiere un carácter civil y político), pero que, en
el fondo, es siempre el mismo Macondo.

Junto a un humor que roza lo grotesco y a menudo incluso el
chiste, es todo esto una cuestión formaltemática muy seria que a veces
puede adoptar formas macabras, por ejemplo una vez que una muchacha calcula (lo que está en analogía formal con la multicolor pluralidad de la acción) que necesita "unos diez años de setenta hombres

por noche" [16] para poder reconstruir la casita en que vivía junto con su abuela, y que les habían incendiado dos años antes. O también cuando, en analogía formaltemática con ello, se tiene que quitar una infinidad de vestidos para quedar reducida a la criatura raquítica que es en realidad.

Pero *Cien años de soledad* es más que esto. Es una síntesis en la que se recogen muchos temas de los que nos han ocupado en el curso de este libro, temas que son desarrollados en una gran fórmula novelística abierta.

Así tenemos por un lado, como motivo central, el tema y la realidad de la fecundidad, encarnado sobre todo en la figura de la abuela Úrsula, que sobrevive a varias generaciones, símbolo que, sin embargo, se refleja incluso en la muerte del representante de la sexta generación, pues éste es devorado por las hormigas (símbolo de la fecundidad). Piénsese sin embargo que, junto a esta muerte causada por las hormigas, entran en juego otras referencias igualmente importantes —tampoco en este caso debe tenerse un criterio monocausal—, pues este último hijo no se llama casualmente Rodrigo, como el último godo... Como en *Sobre héroes y tumbas* de Sábato, aunque de manera distinta, se liga aquí el ámbito de motivos de la fecundidad con la temática de la ceguera: Úrsula, que al principio parece limitada en sus posibilidades y que queda en un segundo término respecto a José Arcadio, desarrolla a lo largo de la acción una sagacidad cada vez mayor, cuyo punto culminante, la sabiduría de la MADRE, alcanza cuando queda ciega.

Por otro lado tenemos la temática de la soledad existencial y de la incapacidad de amar. Toda la familia padece de esta enfermedad incurable, todos están solos, incluso en la entrega sexual.

También tenemos, junto a muchas cosas "maravillosas", a Melquiades, encarnación de las fuerzas mágicas y alquimistas. Melquiades es un jefe de gitanos al que ven después de la muerte muchos de los que estaban espiritualmente cerca de él, sobre todo el viejo José

---

[16]   *Cien años de soledad*, Buenos Aires 1967, pág. 53.

Arcadio, y cuyos escritos determinan y reflejan el acontecer hasta el final de la novela.

Tenemos además un verdadero planetario de personas que, como estrellas errantes, se mueven por el "sistema planetario" de Úrsula [17]. Tenemos el concepto cíclico del tiempo ("el tiempo daba vueltas en redondo") [18] y los círculos de la historia familiar, que se repiten "eternamente" [19]. Por último tenemos algo que en absoluto es un elemento nimio de la síntesis horizontal, un fluido bíblico que parece envolver por igual a figuras, lugares y sucesos, y que abarca el éxodo, la añoranza de la tierra prometida, Úrsula (que alcanza la edad de Sara), Rebeca (la pariente luminosa, digna de ser amada y capaz de amar que, como la Rebeca del *Génesis*, viene de fuera y ejerce una acción vivificante para los habitantes del país), los muchos José que hay y Melquiades, el mago y alquimista que no carece de analogía con el Melquisedec del Antiguo Testamento.

Mucho se podría decir aún acerca de esta novela de los últimos años, de la que sólo puedo hablar somerísimamente aquí. Aparte de esto queda mucho sin decir en este libro que, en gran parte, es la primera irrupción en un campo científico virgen, pues, como espero que se haya expresado suficientemente en este libro, tanto en el "Nouveau Roman" de Francia como en la "Nueva Novela" de Iberoamérica hay un rico campo de acción para la lingüística y la ciencia de la literatura (y no menos para el lector interesado), un campo en el que incluso los "hermanos enemigos" no pueden pasar uno sin el otro.

---

[17] *Ibíd.*, pág. 225.
[18] *Ibíd.*, pág. 185.
[19] Cfr. sobre todo *ibíd.*, pág. 334.

X

CONSIDERACIÓN LITERARIO-FENOMENOLÓGICA FINAL

LOS HECHOS

Pese a estar separados por el Océano Atlántico, por diferencias estructurales sociales y políticas y, no en último término, por el pasado, tienen el "Nouveau Roman" y la "Nueva Novela" una evolución que comienza casi al mismo tiempo en ambos casos, que abarca una fase claramente delimitable y divisible en tres períodos y que pasa al primer período de una nueva fase previsible, que está caracterizada también en ambos casos por los fenómenos de la pluralidad estructural y del peligro experimental, así como por el de la creciente intelectualización y por una conciencia teórica que cada vez se manifiesta con más fuerza. Hay que desechar la explicación inmediata de que hay una influencia en uno u otro sentido, por lo menos respecto al fenómeno en su totalidad. Otra cuestión es si no se puede explicar en parte el sorprendente paralelismo teniendo en cuenta que el contacto literario con el mundo cultural occidental (europeo y norteamericano) ha cooperado durante largo tiempo a determinar la estructura de la literatura iberoamericana, y que este contacto representa en la síntesis cultural iberoamericana el momento que hace posible la diferenciación de la literatura y la formación de caracteres de época y de historia evolutiva y que le presta la dinámica directriz.

Sin embargo, Francia tiene en estos importantes contactos una significación secundaria respecto a España, que no sólo dio a Iberoamérica la condición fundamental para una literatura común, el vínculo cultural del lenguaje, al que se une, en analogía con la Península Ibérica, el portugués en Brasil y el francés sólo en Haití, sino que con sus tradiciones literarias y sociales contribuyó de modo diverso y apenas controlable en cada caso particular a hacer madurar una cosecha que a ella misma no le estaba dado recoger. España no ofrece ninguna "Nueva Novela" y año tras año se ve obligada a entregar sus grandes premios literarios a autores sudamericanos.

En segundo término habría que pensar en Norteamérica, con la que se sienten ligados los autores iberoamericanos, pese a la aversión general que existe contra todo lo que tenga que ver con los Estados Unidos, y de cuyos autores se confiesan partidarios, lo que es significativo, por ejemplo de Faulkner y Dos Passos, al tiempo que se rechaza con enojo la sospecha de tener que ver lo más mínimo con el "Nouveau Roman".

Tras de esta repudiación natural y sana, a veces demasiado sana, se oculta el legítimo sentimiento de autonomía e independencia frente a este fenómeno literario del que hay que distanciarse tanto más cuanto que de hecho se tienen rasgos comunes con él en algunas cosas. En Chile cayó en mis manos un número de la revista *Ercilla* en el que se reproducía una entrevista o, mejor una "entrevista frustrada". En esta "entrevista imposible" se negaba Fuentes a hacerse cuestión de las preguntas de los periodistas porque éstos partían de categorías como "personaje", "forma y contenido" y otros dualismos, es decir, categorías a las que también ha declarado la guerra el "Nouveau Roman" [1]. Naturalmente se puede objetar que por el tiempo en que tuvo lugar la entrevista (*Ercilla* del 30 de agosto de 1967) se habían borrado las diferencias y se habían contaminado los objetivos a causa de la relación mutua (muchos representantes de la "Nueva Novela" iberoamericana viven o han vivido en París, *El siglo de las*

---

[1] Cfr. lo dicho en el cap. IV.

luces de Carpentier apareció primero en francés, como ya hemos visto). Esta objeción estaría justificada ya teniendo en cuenta que desde 1963 se da un intercambio regular de temas, como hemos visto en el capítulo anterior. Pero esta posible objeción no tocaría por otra parte el núcleo de la cuestión, pues analogías se habían dado desde siempre, es más, se remontan a mucho antes de 1948: la temática existencialista de *El pozo* mostraba ya analogías con *La Nausée* de Sartre, que apareció más o menos simultáneamente; en *Los siete locos* de Roberto Arlt aparecen temas centrales del existencialismo, diez años antes de que Sartre publicara su primera novela y quince antes de *L'Être et le Néant*; *El señor presidente* de Asturias podría haber aparecido ya en 1932, es decir, casi al mismo tiempo que *The Sound and the Fury*, si no lo hubieran impedido causas de fuerza mayor. La teoría de la decisiva influencia francesa es, pues, insostenible y, además, hay que decir que, incluso independientemente de Faulkner, supo la "Nueva Novela" de Iberoamérica alzar su voz bien pronto.

Los puntos comunes entre la "Nueva Novela" de Iberoamérica y el "Nouveau Roman" no se comprenden, pues, a excepción de algunos casos concretos, por medio de la palabra mágica "influencia", estos puntos comunes obedecen a causas más profundas. Sin embargo no debemos olvidar las perfiladas diferencias en el modo de evolucionar, en el objetivo, en el material y en la estructura, que se destacan sobre el fondo de estos puntos comunes. Desde el punto de vista de la impresión externa incluso dominan aquellas, del mismo modo que siempre salta a la vista lo que tiene relieve frente al fondo.

El "Nouveau Roman" construye en los años 1948-1963 una serie experimental cuya curva desciende pronunciadamente hacia el ideal negativo de los fenómenos puros, por lo que cae por debajo del nivel de la novela después de haber alcanzado (1959) el punto óptimo de lo posible como novela (las novelas de Simon, Pinget y, en cierto modo, Beckett, provistas de un "salvavidas" dualista, consiguen retrasar algo el momento del descenso). Por el contrario, la "Nueva Novela" de Iberoamérica representa un triple paso dialéctico de tesis, antítesis y síntesis, teniendo en ella el fenómeno de la compensación sintética la importancia que corresponde en el "Nouveau Roman" a la consecuencia experimental y al ideal de la misma.

A estas diferencias en el plano diacrónico se añaden otras análogas al contemplar sincrónicamente el corte transversal de una forma concreta. Del lado de la "Nueva Novela" de Iberoamérica lo decisivamente diferenciador se da en la forma de estilo, construcción y temática, que abarca contradicciones formales, en la preocupación metafísica explícita y, por último, en la orientación ontológica hacia las estructuras prácticas de la vida. Del lado del "Nouveau Roman" la sumisión de estilo, construcción y temática a un principio continuo, la orientación ontológica hacia los fenómenos puros y la elusión de una intranquilidad metafísica explícita, lo que no es más que una consecuencia de la limitación a los puros fenómenos.

Así por ejemplo no sería posible encontrar obras de la "Nueva Novela" iberoamericana que se pudiesen reducir al lenguaje de una sola fórmula fundamental [2], algo que sucede perfectamente en el "Nouveau Roman". Tampoco sería posible encontrar novelas que intentasen captar las cosas, o sólo una cosa, o lo psíquico, como fenómenos puros, como lo que algo *es* en su aparecer. Por otra parte, fórmulas compuestas como *Rayuela* de Cortázar o *La muerte de Artemio Cruz*, como, en el fondo, cualquier nueva novela iberoamericana, dan testimonio de que existe un conocimiento de la responsabilidad que asume el escritor a causa del lenguaje de la forma, como también de que se da el objetivo de una afirmación sobre el ser y sobre los presupuestos de la *conditio humana*. Por otra parte muestran la decisión de no ajustarse a este conocimiento y a este objetivo dentro del marco de una realidad ideal teórica, sino dentro del de un mensaje preferentemente práctico, que irrumpe en lo general, sobre una base formal y de contenido. Y la práctica no nos hace experimentar los

---

[2] Esto tiene también validez, si bien con ligeras limitaciones, para *El acoso*.

fenómenos puros, sino una mezcla casi indivisible de fenómenos y relaciones fenoménicas [3].

LOS MOTIVOS

Hasta aquí los hechos a los que ha conducido la investigación. Me alegra poder afirmar antes de nada que estos hechos, lo que no había entrado en mis cálculos, confirman la teoría de las generaciones de Ortega y Gasset, en tanto que se da aquí una fase de quince años, subdivisible en tres períodos. Por otra parte, es claro que estos períodos apenas se pueden concebir en su carácter propio por medio de criterios biológicos como niñez-juventud-madurez, ni siquiera teniendo en cuenta, como prevé Ortega, que otros períodos se dan conjuntamente [4].

Si nos preguntamos los motivos de estos hechos y, por lo pronto, de los rasgos comunes, hay que excluir una interpretación sociológica, dada la diversidad de sistemas sociales que alberga Iberoamérica y la diferencia al respecto con Francia. No se pueden explicar sociológicamente estas analogías cuando guatemaltecos y franceses, peruanos y argentinos, paraguayos y chilenos, cubanos y mejicanos muestran una imagen análoga de evolución en fases, que abarca el mismo lapso de tiempo y que es divisible en tres períodos respectivamente. Cabe sospechar que aquí aparece un ejemplo de los límites del estudio sociológico de la literatura. Por más que esto tenga un efecto decepcionante entre los adeptos que sospechan aquí la existencia de un nuevo credo,

---

[3] Por lo demás, ¿por qué no han de ser consideradas también las relaciones de un modo fenomenológico, si también ellas aparecen? Si negamos esta posibilidad, lo que hacemos en el fondo es rendir homenaje a un ideal de conocimiento desde luego digno de respeto, pero quizá un poco unilateral, frente al que H. Rombach llama la atención acerca de la posibilidad y la existencia de una "segunda" ontología, la del funcionalismo, en su meritoria obra *Substanz System Struktur*, Freiburg-Munich 1965-66.

[4] Acerca de la teoría de las generaciones cfr. sobre todo *El tema de nuestro tiempo* (*Obras completas de J. Ortega y Gasset*, t. III, Madrid, 5.ª ed., 1962, págs. 143 sigs.) y *En torno a Galileo* (*Obras completas*, t. V, 3.ª ed., 1955, págs. 11 sigs.).

la sociología de la literatura tiene que reconocer sus límites, lamentándolo mucho, al ver que se da una fase evolutiva análoga en la Francia de De Gaulle, en una civilización crepitante de intelectualidad, en un país extraordinariamente industrializado, en París, donde todo esto tiene una validez aún mayor, y en países donde se dan la mano lo ultramoderno y lo medieval, la democracia y la dictadura, el cambio de mercancías y la economía de mercados, el arado primitivo y la automatización, la riqueza extrema y la pobreza que clama al cielo, el lujo intelectual y el desconocimiento de las más primitivas reglas de la higiene.

Esta analogía sólo se puede explicar por la fuerza del espíritu a cuya dinámica y dialéctica parece ligada la literatura iberoamericana, cada vez más como miembro autónomo, del espíritu de la cultura occidental, tal como lo han forjado por igual la Antigüedad y el Cristianismo, dándole la dinámica de una tensión que se diferencia, se compensa y se carga de nuevo en una evolución de épocas. Es una dinámica que se condensa sobre todo en lo formal y en lo formal-temático —y esto no sólo en la época moderna—, en dos palabras, en el fenómeno, en lo que hace de la literatura una realidad estética (paradójicamente la historia de la literatura ha sido hasta ahora sobre todo una historia de algo que, en sí mismo, es irrelevante estéticamente porque es algo que no se puede ver: los contenidos). En Francia esta dinámica opera de un modo especialmente puro, claramente diferenciado respecto a las épocas, que tiende a la exclusividad de las respectivas características de época. En España, sin embargo, junto a Francia el país que más nos interesa aquí, por motivos obvios, se da este efecto no tanto en sentido de una diferenciación como en el de una compensación y en el del simple predominio de las características de época.

Para poner un ejemplo de esto vamos a llamar la atención sobre la diferencia entre la épica francesa y la española en la Edad Media y después. En Francia las epopeyas, las "chansons de geste", en un movimiento ininterrumpidamente progresivo de creciente verticalización de la substancia épica yacente en sí misma al principio, se acercan consecuentemente al momento en que el plano de la epopeya tiene que conducir a los escalones de la novela cortesana, verticalizándose en correspondencia los temas épicos, deformándose y perdiéndose al fin irrevocablemente, hasta que en el siglo XIX se intenta de nuevo volverlos a la vida[5]. En España, sin embargo, se da una evolución totalmente distinta. A pesar de que ésta es paralela en algunas fases a las correspondientes fases de la épica francesa, desde el punto de vista cronológico, delata unos caracteres evolutivos distintos que se reflejan incluso en hechos formales aparentemente de poca importancia. Así por ejemplo, el *Cantar de Mio Cid* no es, como las gestas coetáneas del ciclo de Guillermo, una realidad fundamentalmente horizontal (es decir, basada en el principio de la autonomía de lo singular), que fuese puesta en peligro en su substancia épica por elementos unitivos "verticales", sino que, como las epopeyas castellanas anteriores reconstruidas, es una mezcla de horizontalidad y verticalidad, de yacer en sí mismo de lo singular y de estar en relación, es situación de lucha, pero también de amor, es temática del honor del vasallo como conflicto pero también como prueba de fidelidad al rey.

La épica española es así, de principio, menos exclusivamente épica, es al mismo tiempo un poco drama, lo que se condensa, entre otras cosas, en la preferencia por el tres y el cinco como proporciones de composición, en tanto que la épica francesa prefiere las cifras pares[6]. Se trata aquí de una cuestión de compensación entre los diferentes elementos contenidos en la fórmula sintética. Por eso en España la pérdida de la epopeya en su forma primitiva no trajo consigo la pérdida de los temas épicos, sino que éstos pudieron pasar al drama y a los romances después de trasladarse los centros de gravedad[7]. Del mismo modo es sintomático a este respecto que haya en España géneros híbridos como los romances, desconocidos en Francia, como

---

[5] Sobre esto vid. Pollmann, *Epos* y E. Müller-Bochat, *Die Einheit des Wissens und das Epos*, en *RJ* 17, 1966, págs. 58 sigs.

[6] Más detalles en mi artículo *Romanische und gotische Kunst in den Chansons de Geste*, en *GRM*, N. F. 18, 1967.

[7] Acerca de la continuidad de lo épico en España vid. R. Menéndez Pidal, *La epopeya castellana a través de la literatura española*, Madrid, 1951.

también lo es que el drama del Siglo de Oro tenga sólo tres actos y esté abierto a la lírica, mientras que el drama clásico francés se decide por los cinco actos, forma más fuertemente estructurada, más "vertical". Por último es también significativa la existencia y el apogeo en España de otra forma híbrida, del auto sacramental, que está formal y temáticamente entre la epopeya y el drama.

Con seguridad se ha comprendido por qué he intercalado aquí este excurso sobre la literatura española y la francesa, pues las diferencias que se han mostrado en él son las mismas que existen entre la "Nueva Novela" de Iberoamérica y el "Nouveau Roman", con lo que se nos confirma que la conexión con el camino del espíritu occidental tuvo lugar por mediación de España, pues el modo de evolucionar de la "Nueva Novela" de Iberoamérica se comporta respecto al del "Nouveau Roman" como la de la épica española respecto a la francesa.

Sólo teniendo en cuenta estos hechos, es decir, teniendo en cuenta a España, se pueden comprender las estructuras de la evolución de la "Nueva Novela" iberoamericana. La circunstancia de que el modo de evolucionar muestre diferencias análogas con la poesía épica francesa (épica en sentido amplio) *, tanto en la Edad Media como en los años cincuenta y sesenta del siglo xx, permite también en este caso llegar a la conclusión segura de que no se pueden aducir motivos sociológicos, pues para una constante diacrónica no existe explicación sociológica alguna.

Pero, por otro lado, la referencia a España no basta para explicar suficientemente la estructura sintética de la "Nueva Novela" iberoamericana, del mismo modo que no se caracteriza satisfactoriamente al "Nouveau Roman" si no se hace más que designar su evolución como algo lineal. Vamos a ocuparnos ahora de las características específicas de ambos complejos literarios y de las posibles interpretaciones en especial. Aquí podría aplicarse, entre otras cosas, la socio-

---

* Es decir, que abarca también a la novela. (N. del T.)

logía de la literatura, lo que efectivamente se ha hecho en el caso del "Nouveau Roman".

EL FENÓMENO "NOUVEAU ROMAN"

Sobre el "Nouveau Roman", por empezar con él, hay varias interpretaciones, aparte de gran cantidad de artículos y monografías, especialmente sobre Robbe-Grillet, pero también sobre Beckett, Butor y Sarraute. Está el libro de Gerda Zeltner-Neukomm *Die eigenmächtige Sprache* (El lenguaje despótico), que ya en el título fija la idea directriz de la interpretación, pero que, sin embargo, es más bien una muy buena y útil introducción a las novelas de los seis representantes principales del "Nouveau Roman" que una interpretación propiamente dicha. Está además la interpretación formalista de Roland Barthes, emparentada con la posición de la anterior, la humanística de Bruce Morrissette y, por último, la tesis sociológica de Lucien Goldmann. Roland Barthes, un representante de la "Nouvelle Critique", desarrolla sus tesis basándose, sobre todo, en Robbe-Grillet, cuyas novelas, de las que se ocupa muy pronto, considera exclusivamente desde el plano de la forma. Para él, lo nuevo en Robbe-Grillet consiste en haber intentado "de maintenir la négation au niveau des techniques romanesques" [8], y al decir inmediatamente después que Robbe-Grillet se da cuenta de la responsabilidad que la forma encierra, muestra claramente que los conceptos forma, técnicas y negación equivalen en él a una exclusión del contenido. Naturalmente, dado este principio, un poco sorprendente, sobre todo por el vocablo "négation", en el representante de la tesis de que "toute forme est aussi valeur" y de que el escritor se compromete verdaderamente por la forma [9], no se puede captar lo que hay de común en el "Nouveau Roman". La consecuencia necesaria es que "il n'y a pas d'école Robbe-Grillet", y el intento de una visión general tiene que fracasar necesa-

---

[8] R. Barthes, *Essais critiques*, París, 1964, pág. 101.
[9] R. Barthes, *Le Degré zéro de l'écriture*, París, 1953, pág. 23.

riamente ya al tropezar con las diferencias entre Butor y Robbe-Grillet. También tienen que surgir problemas, según eso, como el de por qué no se considera también a Cayrol, por ejemplo, dentro del "Nouveau Roman", pues a veces su técnica es también atrevida [10]. (La respuesta es que Cayrol sólo coincide ocasionalmente en un aspecto puramente técnico con el "Nouveau Roman", pero, fuera de eso, no tiene nada en común con él. Algo semejante se puede decir de Marguerite Duras, cuya pertenencia al "Nouveau Roman" es aceptada por muchos como algo probado) [11].

Para Bruce Morrissette fue fácil rebatir las extremosamente formulada tesis de R. Barthes a base de ejemplares análisis del contenido y mostrar que aquí se puede encontrar un contenido e incluso, si se tiene un poco de paciencia, una "historia" claramente reconocible, que aquí se mediatizan, que conducen a "otras" a través de sí mismas [12].

Sin embargo esta interpretación "humanística" no excluye a la "cosística", como apunta R. Barthes en el prólogo del libro de Br. Morrissette. El que Barthes llame ahora "cosística" a su interpretación, significa ya un progreso considerable respecto a su tesis de la negación, citada más arriba. Con ello se abre en cierto modo el camino hacia la comprensión del fenómeno "Nouveau Roman", un camino que, por otra parte, no sigue Roland Barthes, pues la "chose", la *res* en sentido empírico fenomenológico la buscan tanto Robbe-Grillet como Butor, tanto Sarraute como Simon, sólo que en distintos ámbitos de lo óntico. Por lo que respecta al lado "humanístico" del "Nouveau Roman", es éste un resto de estructuras clásicas sin las que ya no habría sido posible crear novelas, son "defectos afortunados" cuya necesidad probablemente no querría reconocer Robbe-Grillet.

---

[10] *Essais critiques, ibíd.* Frente a esto tiene el estudio de G. Zeltner-Neukomm el mérito de haber reconocido con segura intuición la unidad y los límites del "Nouveau Roman".

[11] La comunidad con el "Nouveau Roman" estriba en ella en el aspecto del pensamiento existencial (la raíz común sartriana) y, a veces, sobre todo en *Moderato cantabile*, en la elusión de la articulación de sentido.

[12] Sobre esto vid. Br. Morrissette, *Robbe-Grillet*.

Lucien Goldmann no sólo intenta arrancar al "Nouveau Roman" el secreto de su estructura, sino también descubrir los motivos socio-históricos de dicha estructura. Con razón subraya que el aspecto formal del "Nouveau Roman" no es autónomo [13], sino que está más bien al servicio de la "réalité" que hay que representar, de la "autonomie des objets". Prescindamos del hecho de que tampoco Lucien Goldmann se entiende con una gran parte de la literatura del "Nouveau Roman", en el sentido de su interpretación, y de que tiene que excluir a N. Sarraute (precisamente a Sarraute) porque en ella "predomina todavía la misma relación entre individuo y objeto que en la novela clásica" (justamente a Sarraute no le interesan las cosas sino los fenómenos psíquicos). Apoyándose en Robbe-Grillet (y sólo en algunas de sus obras, otras —*Dans le labyrinthe* y *L'Année dernière à Marienbad*— no las puede utilizar, como él mismo confiesa), intenta Lucien Goldmann corroborar la tesis de que aquí se da forma a la "nécessité mécanique et inéluctable", lo que encuentra su correspondencia en el "caractère fatal et mécanique" de la acción [14]. (De la forma no habla prácticamente Goldmann, lo que sorprende, si se tiene en cuenta la importancia que en el "Nouveau Roman" tiene la forma, la forma como lenguaje y contenido).

Esta teoría del "curso inevitable de las cosas", que sólo tiene cierta validez respecto a *Les Gommes* y *Le Voyeur*, no puede, sin embargo, ser considerada como el mensaje formal, como "contenu" —según lo llama Goldmann— de las novelas de Robbe-Grillet, y mucho menos del "Nouveau Roman" como tal. Algo así sería un curioso anacronismo en un representante del "Nouveau Roman", pues la teoría del "proceso inevitable" fue desarrollada por Marx en un momento en que, significativamente, la novela representaba, desde el punto de vista formal, un decurso inevitable, no teniendo en ella las cosas oportunidad de llegar a sí mismas, de ser respetadas como lo que *son*. Por ello, desde un punto de vista fenomenológico-literario, la teoría marxista del fetichismo de la mercancía y de la ley del des-

---

[13] L. Goldmann, *Sociologie du roman*, pág. 304.
[14] *Ibíd.*, pág. 306.

arrollo económico es lenguaje, lenguaje genial del instante —de los años 1859-73—, igual que *Madame Bovary* y *L'Éducation sentimentale*, como lo fueron también, a su manera, los escritos de Hippolyte Taine, precursores en su época. Sin embargo Robbe-Grillet y los demás representantes del "Nouveau Roman" buscan el lenguaje de un momento histórico distinto, el de los años 1949-63, de un momento en el que se trata de encontrar de nuevo la libertad de las cosas y, con ello, también la del hombre o, dicho de un modo más general, de los fenómenos, al contrario del proceso casi inevitable que descubre Marx, al que dan forma Flaubert y otros y que Taine traspasa a su concepción de la condicionalidad de la literatura.

Si a Robbe-Grillet no le interesara más que la automatización ineludible, no habría colocado en el título de *Le Voyeur* un hiato, como lo descubrió Jean Ricardou (*Le Voyageur*, el título previsto al principio, se convirtió en *Le Voyeur*) [15], no habría puesto una y otra vez en la estructura de los capítulos y en la temática formal el fenómeno del "décalage", común a todas sus novelas y guiones cinematográficos [16]. (Lo mismo que Sartre, que tanto habla del ser cosa, no se ocupa en absoluto del ser cosa del hombre, por ejemplo, sino, muy al contrario, de su último y fundamental ser libre. Y exactamente igual sucede en el caso de Butor). A Robbe-Grillet en absoluto le interesa el hombre en primer término, sino las cosas. Para conseguir que las cosas se manifiesten (y esto de un modo estéticamente verosímil), necesita la lente del ojo humano, de la sensibilidad humana o de la imaginación humana (la de un "voyeur", la de un celoso o la de una mónada humana que piensa las cosas a partir de sí misma). Sin embargo, cuando el hombre aparece también en el ámbito de la visión, no está totalmente a merced de las cosas, sino que le queda la gran libertad de equivocarse (del "décalage" en sentido figurado) y

---

[15] J. Ricardou, *Problèmes*, pág. 41.
[16] Olga Bernal quiere reconocer incluso una "métaphysique de l'absence" en Robbe-Grillet (*Alain Robbe-Grillet. Le roman de l'absence*, París, 1964, págs. 247 y *passim*). De modo distinto considera este problema J. Alter (en *La vision du monde d'Alain Robbe-Grillet*, págs. 114 sigs.).

de la imaginación [17]. La cúspide de sentido propia de la novela de
Robbe-Grillet está, por formularlo una vez más de un modo concep-
tuoso, no en el hombre y en su estar afectado por la autonomía de
las cosas [18], sino en esa autonomía misma y en su posibilidad de ser
aprovechada para la representación fenoménica de lo que las cosas
son. A Robbe-Grillet no le interesa, como también demuestra la forma, el encadenamiento de un proceso inevitable, sino, antes al contrario, la liberación del fenómeno, desligar a éste de las cadenas de
una continuidad constructiva.

ALGUNAS TESIS

Quien quiera acercarse al "Nouveau Roman" quien quiera entender su lenguaje, no puede partir exclusivamente de la forma o de
los contenidos, no puede siquiera separar rigurosamente estas dos
realidades, tiene sencillamente que contemplar los fenómenos que se
le ofrecen, la estructura, el estilo, la sintaxis y las relaciones temáticas, todo aquello en lo que se conjugan varios elementos ofreciendo
un relieve estético; y, en cualquier caso, debería librarse de prejuicios,
debería contar con que la forma se va a revelar como contenido y el
contenido como forma, pues en el "Nouveau Roman" se convierte a
menudo la forma en lenguaje y el contenido en forma. Con otras
palabras, ha de acercarse a esta literatura de un modo fenomenológico.

Esto es lo que hemos intentado hacer en lo que antecede, y quizá
no esté de más resumir algunos de los resultados de esta empresa en
algunas definiciones a modo de tesis (aunque quisiera subrayar que
los principales resultados se encuentran en los análisis concretos).

---

[17]   Sobre esto vid. J. Alter, *ibíd.*
[18]   Más bien tiene esto validez para *La Modification* de Butor. Sin embargo no debemos olvidar que *La Modification* conduce a la purificación del
conocimiento de sí mismo y al manifiesto de libertad inherente a ella.

El "Nouveau Roman" está referido a la realidad de un modo nuevo, de un modo que pretende mostrar la realidad como tal, como realidad fenoménica.

Es una novela ontológica (que quiere llegar al ser) y fenomenológica (por lo menos en su objetivo), una novela en la que la forma se aprovecha conscientemente como medio ambiente de lo expuesto, e incluso a menudo se pone como base de ello.

Dentro del marco de este objetivo general, se refieren las novelas de N. Sarraute a los fenómenos de la psique, las de Robbe-Grillet a las cosas y, en segundo término, a la acción, a la imaginación y al tiempo. Butor intenta captar fenoménicamente cosas y circunstancias en su efecto sobre el hombre y su actuar, así como los fenómenos de tiempo, historicidad y mito. Simon está orientado sobre todo hacia los fenómenos de historia y movimiento, Pinget hacia el "fenómeno" de la "absence" [19], en tanto que Beckett, con su orientación hacia la existencia y el absurdo, se encuentra en el límite del "Nouveau Roman" y no delata una perspectiva puramente fenomenológica.

Esta orientación fenomenológica, que no es expresión de la capitulación, sino del querer reconocer y respetar lo que *es*, que prosigue por ello la mejor tradición de la novela, presupone la declaración de guerra a cualquier tipo de constructividad, ya que ésta impide el fenoménico "ser ellas mismas" de las cosas. (En esto se basa el carácter de antinovela del "Nouveau Roman"). La cúspide técnica de sentido del "Nouveau Roman" se dirige por ello concretamente contra algunas condiciones esenciales de la novela tradicional, contra episodicidad, continuidad de cualquier especie, "personnage" (construcción del complejo fijo de sentido de una figura), desarrollo, antropomorfismos y metáforas (porque éstas son mezclas de diferentes ámbitos del ser), clara articulación de la acción en espacio y tiempo (porque ésta es una forma de la constructividad) e hipotaxis (como forma sintáctica de la relación).

---

[19] Es claro que sólo me atengo a las novelas de Pinget que pertenecen verdaderamente al "Nouveau Roman" (cfr. también la nota 29 del cap. VI).

Una interpretación sociológica del "Nouveau Roman" es inmediata, pero es muy difícil de concretar. Es evidente que el "Nouveau Roman" expresa su época, su grandeza estriba justamente en haber encontrado el lenguaje del instante de un modo estéticamente convincente. La tesis de Goldmann del "fétichisme de la marchandise" y del "proceso inevitable" que se reflejan en el "Nouveau Roman" en analogía con las condiciones económicas de Occidente después de 1946, se refiere a un aspecto accidental, no siempre propio del "Nouveau Roman". Más importante para una interpretación sociológica me parece que es el fenómeno de la discontinuidad, propio siempre del "Nouveau Roman", que es un epifenómeno de la "horizontalidad", es decir, de la no constructividad. En esto existen unas analogías tan numerosas con transformaciones en las estructuras sociales y políticas actuales que me parece innecesario aducir ejemplos prolijos (éstos van desde las revueltas estudiantiles en Sudamérica hasta las tendencias liberalizantes en Checoslovaquia, desde el "17 de junio" hasta el fenómeno que no por casualidad ha elegido Uwe Johnson como modelo histórico para sus novelas de "frontera" y "diferencia").

LA "NUEVA NOVELA" IBEROAMERICANA

Después de lo dicho, que en parte vale también para Iberoamérica, no nos queda más que añadir unas palabras finales sobre la "Nueva Novela" iberoamericana, no siendo necesario referirse a otras opiniones sobre ella, ya que éstas no existen hasta la fecha. La útil y sugerente colección de artículos de Luis Harss, *Los nuestros* (título de la edición inglesa original: *Into the Mainstream*), es una meritoria primera orientación que no persigue el fin de caracterizar al fenómeno de la "Nueva Novela". Aparte de esto, y sin contar con colecciones de material, algunas monografías e historias de la literatura (entre las cuales la *Historia de la literatura hispanoamericana* de E. Ánderson-Ímbert y la *Historia de la novela hispanoamericana* de F. Alegría son las que más ofrecen para la época que nos interesa), no existen más que artículos que raramente se aplican a penetrar científicamente el material y que, en cualquier caso, y por lo que yo sé, no ofrecen todavía una interpretación cerrada.

Y, en el fondo, no es esto extraño, pues la "Nueva Novela" de Iberoamérica no incita demasiado a una interpretación cerrada. La realidad de esta novela que se desarrolla con los caprichos de una vida que late con una fuerza inaudita contradiría con la misma frecuencia con que él consiguiera recopilar material para su tesis a quien pretendiera fijar esta novela a una cosa sola, ya fuese como transposición de determinadas circunstancias sociales, como negación de los contenidos o como búsqueda de una forma autónoma. Por ello aquí no vale más tesis que la del "no sólo... sino también", de la estructura sintética horizontal que respeta la yuxtaposición de los elementos y posibilidades, al contrario de la estructura analítica del "Nouveau Roman".

BIBLIOGRAFÍA SELECTA

GENERAL

Barthes, R., *Le Degré zéro de l'écriture*, París, 1953.

Baumgart, R., *Aussichten des Romans oder Hat Literatur Zukunft*, Neuwied-Berlín, 1968.

Erlich, V., *Russischer Formalismus*, Munich, 1965.

Forster, E. M., *Aspects of the Novel*, N. Y., 1927.

Friedrich, H., *Drei Klassiker des französischen Romans*, Frankfurt a. M., [5]1966.

Girard, R., *Mensonge romantique et vérité romanesque*, París, 1961.

Goldmann, L., *Pour une sociologie du roman*, París, 1964.

Hamburger, K., *Die Logik der Dichtung*, Stuttgart, [2]1968.

Hegel, G. W. F., *Ästhetik*, ed. por F. Bassenge, I-II, Frankfurt a. M.

Jauss, H. R., *Zeit und Erinnerung in Marcel Prousts "À la recherche du temps perdu". Ein Beitrag zur Theorie des Romans*, en *Heidelb. Forsch.* 3, 1955.

Kayser, W., *Das sprachliche Kunstwerk*, Berna, [12]1967.

—, *Entstehung und Krise des modernen Romans*, Stuttgart, [3]1963.

Koskimies, R., *Theorie des Romans*, Helsinki, 1935.

Lämmert, E., *Bauformen des Erzählens*, Stuttgart, 1955.

Lukács, G., *Die Theorie des Romans*, Neuwied-Berlín, 1965.

Pabst, W., *Literatur zur Theorie des Romans*, en *DVjS* 34, 1960, S. 264-289.

Stanzel, F., *Die typischen Erzählsituationen im Roman*, Viena-Stuttgart, 1955.

"NOUVEAU ROMAN"

Albérès, R.-M., *Michel Butor*, Cl. du XXe siècle, París, 1964.

Alter, J., *La vision du monde d'Alain Robbe-Grillet*, Ginebra, 1966.

Barthes, R., *Essais critiques*, París, 1964.

Bernal, O., *Robbe-Grillet. Le roman de l'absence*, París, 1964.

Blanchot, M., *Le livre à venir*, París, 1959.

Bloch-Michel, J., *Le présent de l'indicatif*, París, 1963.

Boisdeffre, P. de, *Où va le roman?*, París, 1961.

—, *Une histoire vivante de la littérature d'aujourd'hui* (1939-1961), París, 1962.

Butor, M., *Répertoire* I, París, 1960; *Répertoire* II, París, 1964.

Cranaki, M. e Y. Belaval, *Nathalie Sarraute*, Bibl. Idéale, París, 1965.

Esprit, número dedicado al "Nouveau Roman", julio-agosto 1958.

Fletcher, J., *The Novels of Samuel Beckett*, Londres, 1964.

Goldmann, L., *Nouveau roman et réalité*, en *Pour une sociologie du roman*, París, 1964.

Janvier, L., *Une parole exigeante*, París, 1964.

Kenner, H., *Samuel Beckett. Eine kritische Studie*, Munich, 1965.

Leiner, W., *Begriff und Wesen des Antiromans in Frankreich*, en *ZfSL* 74, 1964.

Matthews, J. H. (ed.), *Un nouveau roman? Recherche et tradition*, en *Revue des lettres modernes*, París, 1964.

Miesch, J., *Robbe-Grillet*. Cl. du XXe siècle, París, 1965.

Morrissette, Br., *Les romans de Robbe-Grillet*. Prefacio de R. Barthes, París, 1963.

Pabst, W. (ed.), *Der moderne französische Roman*, Berlín, 1968.

Pollmann, L., *La novela nueva en Francia*, Mopocho, Santiago de Chile, 1968.

Ricardou, J., *Problèmes du nouveau roman*, París, 1967.

Robbe-Grillet, A., *Pour un nouveau roman*. Coll. Idées, París, 1963.

Roudaut, J., *Michel Butor ou le livre futur*, París, 1964.

Sarraute, N., *L'Ere du soupçon*, París, 1956.

Stoltzfus, B. F., *Alain Robbe-Grillet and the New French Novel*, Southern Illinois University Press, 1964.

Zeltner-Neukomm, G., *Die eigenmächtige Sprache*, Freiburg-Olten, 1965.

Más datos bibliográficos en los estudios citados, así como, continuamente, en:

Klapp, Otto, *Bibliographie der französischen Literaturwissenschaft*, tomo I ss., Frankfurt a. M., 1960 ss.

The Year's Work in Modern Language Studies, vol. I ss., Oxford (Cambridge), 1931 ss.

Zeitschrift für Romanische Philologie, Cuadernos suplementarios. Bibliografía, tomo I ss., Halle (Tubinga), 1877 ss.

SOBRE LA "NUEVA NOVELA" DE IBEROAMÉRICA

Alegría F., *Breve historia de la novela hispanoamericana.* México, ³1966.

Ánderson-Ímbert, E., *Historia de la literatura hispanoamericana,* tomo II, México-Buenos Aires, 1961.

Arrom, J. J., *Esquema generacional de las letras hispanoamericanas,* en *Thesaurus,* Bogotá, 1963, págs. 485 ss., págs. 666 ss.

Barrenechea, A. M., *La estructura de Rayuela de Julio Cortázar,* en *Litterae Hispanae et Lusitaneae,* ed. por H. Flasche, Munich, 1968.

Bellini, G., *La narrativa di M. A. Asturias,* Milán, 1966.

Carpentier, A., *Tientos y diferencias,* México, 1964.

Coddou, M., *La estructura y la problemática existencial de "El túnel" de E. Sábato,* en *Atenea,* t. 162, 1966.

Diccionario de la literatura latinoamericana, Washington, 1957 ss.

Grossmann, R., *Geschichte und Probleme der lateinamerikanischen Literatur,* Munich, 1968.

Harss, L., *Los nuestros,* Buenos Aires, 1966.

Lorenz, G. W., *Miguel Angel Asturias,* Munich, 1968.

Loveluck, J., *La novela hispanoamericana,* Santiago de Chile, ²1966.

Rodríguez-Alcalá, *El arte de Juan Rulfo,* México, 1965.

Sábato, E., *El escritor y sus fantasmas,* Madrid, 1963.

(Diferentes trabajos en *Mundo Nuevo, Atenea, Cuadernos hispano-americanos* y *Cadernos brasileiros*).

ÍNDICE DE NOMBRES Y OBRAS

ÍNDICE DE CONCEPTOS

ÍNDICE GENERAL

BIBLIOTECA ROMÁNICA HISPÁNICA

Dirigida por: DÁMASO ALONSO

3. Dámaso Alonso y Carlos Bousoño: *Seis calas en la expresión literaria española (Prosa - Poesía - Teatro)*. Cuarta edición. 446 páginas.

4. Vicente García de Diego: *Lecciones de lingüística española (Conferencias pronunciadas en el Ateneo de Madrid)*. Tercera edición. 234 págs.

5. Joaquín Casalduero: *Vida y obra de Galdós (1843-1920)*. Tercera edición ampliada. 294 págs.

6. Dámaso Alonso: *Poetas españoles contemporáneos*. Tercera edición aumentada. 1.ª reimpresión. 424 págs.

7. Carlos Bousoño: *Teoría de la expresión poética*. Premio «Fastenrath». Quinta edición muy aumentada. Versión definitiva. 2 vols.

8. Martín de Riquer: *Los cantares de gesta franceses (Sus problemas, su relación con España)*. Agotada.

9. Ramón Menéndez Pidal: *Toponimia prerrománica hispana*. 1.ª reimpresión. 314 págs. 3 mapas.

10. Carlos Clavería: *Temas de Unamuno*. Segunda edición. 168 págs.

11. Luis Alberto Sánchez: *Proceso y contenido de la novela hispanoamericana*. Segunda edición, corregida y aumentada. 630 págs.

12. Amado Alonso: *Estudios lingüísticos (Temas hispanoamericanos)*. Tercera edición. 360 págs.

13. Diego Catalán: *Poema de Alfonso XI. Fuentes, dialecto, estilo*. Agotada.

14. Erich von Richthofen: *Estudios épicos medievales*. Agotada.

15. José María Valverde: *Guillermo de Humboldt y la filosofía del lenguaje*. Agotada.

16. Helmut Hatzfeld: *Estudios literarios sobre mística española*. Segunda edición corregida y aumentada. 424 págs.

17. Amado Alonso: *Materia y forma en poesía*. Tercera edición. 1.ª reimpresión. 402 págs.

18. Dámaso Alonso: *Estudios y ensayos gongorinos*. Tercera edición. 602 págs. 15 láminas.

19. Leo Spitzer: *Lingüística e historia literaria*. Segunda edición. 1.ª reimpresión. 308 págs.

20. Alonso Zamora Vicente: *Las sonatas de Valle Inclán*. Segunda edición. 1.ª reimpresión. 190 págs.

21. Ramón de Zubiría: *La poesía de Antonio Machado*. Tercera edición. 1.ª reimpresión. 268 págs.

22. Diego Catalán: *La escuela lingüística española y su concepción del lenguaje*. Agotada.

23. Jaroslaw M. Flys: *El lenguaje poético de Federico García Lorca*. Agotada.

24. Vicente Gaos: *La poética de Campoamor*. Segunda edición corregida y aumentada con un apéndice sobre la poesía de Campoamor. 234 págs.

25. Ricardo Carballo Calero: *Aportaciones a la literatura gallega contemporánea*. Agotada.

26. José Ares Montes: *Góngora y la poesía portuguesa del siglo VXII*. Agotada.

27. Carlos Bousoño: *La poesía de Vicente Aleixandre*. Segunda edición corregida y aumentada. 486 págs.

28. Gonzalo Sobejano: *El epíteto en la lírica española*. Segunda edición revisada. 452 págs.

29. Dámaso Alonso: *Menéndez Pelayo, crítico literario. Las palinodias de Don Marcelino*. Agotada.

30. Raúl Silva Castro: *Rubén Darío a los veinte años*. Agotada.

31. Graciela Palau de Nemes: *Vida y obra de Juan Ramón Jiménez*. Segunda edición, en prensa.

32. José F. Montesinos: *Valera o la ficción libre (Ensayo de interpretación de una anomalía literaria)*. Agotada.

33. Luis Alberto Sánchez: *Escritores representativos de América*. Primera serie. Incluida desde la segunda edición en la sección VII, *Campo Abierto*, con el número 11.

34. Eugenio Asensio: *Poética y realidad en el cancionero peninsular de la Edad Media*. Segunda edición aumentada. 308 págs.

35. Daniel Poyán Díaz: *Enrique Gaspar (Medio siglo de teatro español)*. Agotada.

36. José Luis Varela: *Poesía y restauración cultural de Galicia en el siglo XIX*. 304 págs.

37. Dámaso Alonso: *De los siglos oscuros al de Oro*. Incluida desde la segunda edición en la sección VII, *Campo Abierto*, con el número 14.

39. José Pedro Díaz: *Gustavo Adolfo Bécquer (Vida y poesía)*. Tercera edición corregida y aumentada. 514 págs.

40. Emilio Carilla: *El Romanticismo en la América hispánica*. Tercera edición, en prensa.

41. Eugenio G. de Nora: *La novela española contemporánea (1898-1967)*. Premio de la Crítica.

    Tomo I: (1898-1927). Segunda edición. 1.ª reimpresión. 622 págs.
    Tomo II: (1927-1939). Segunda edición corregida. 538 págs.
    Tomo III: (1939-1967). Segunda edición ampliada. 436 págs.

42. Christoph Eich: *Federico García Lorca, poeta de la intensidad.* Segunda edición revisada. 206 págs.

43. Oreste Macrí: *Fernando de Herrera.* Segunda edición corregida y aumentada, en prensa.

44. Marcial José Bayo: *Virgilio y la pastoral española del Renacimiento (1480-1550).* Segunda edición. 290 págs.

45. Dámaso Alonso: *Dos españoles del Siglo de Oro (Un poeta madrileñista, latinista y francesista en la mitad del siglo XVI. El Fabio de la «Epístola moral»: su cara y cruz en Méjico y en España).* 1.ª reimpresión. 258 págs.

46. Manuel Criado de Val: *Teoría de Castilla la Nueva (La dualidad castellana en la lengua, la literatura y la historia).* Segunda edición ampliada. 400 págs. 8 mapas.

47. Ivan A. Schulman: *Símbolo y color en la obra de José Martí.* Segunda edición. 498 págs.

48. José Sánchez: *Academias literarias del Siglo de Oro español.* Agotada.

49. Joaquín Casalduero: *Espronceda.* Segunda edición. 280 págs.

50. Stephen Gilman: *Tiempo y formas temporales en el «Poema del Cid».* Agotada.

51. Frank Pierce: *La poesía épica del Siglo de Oro.* Segunda edición revisada y aumentada. 396 págs.

52. E. Correa Calderón: *Baltasar Gracián. Su vida y su obra.* Segunda edición aumentada. 426 págs.

53. Sofía Martín-Gamero: *La enseñanza del inglés en España (Desde la Edad Media hasta el siglo XIX).* 274 págs.

54. Joaquín Casalduero: *Estudios sobre el teatro español (Lope de Vega, Guillén de Castro, Cervantes, Tirso de Molina, Ruiz de Alarcón, Calderón, Moratín, Larra, Duque de Rivas, Valle Inclán, Buñuel).* Segunda edición aumentada. 304 págs.

55. Nigel Glendinning: *Vida y obra de Cadalso.* 240 págs.

56. Álvaro Galmés de Fuentes: *Las sibilantes en la Romania.* 230 páginas. 10 mapas. Agotada.

57. Joaquín Casalduero: *Sentido y forma de las «Novelas ejemplares».* Segunda edición corregida. 272 págs.

58. Sanford Shepard: *El Pinciano y las teorías literarias del Siglo de Oro.* Segunda edición aumentada. 210 págs.

59. Luis Jenaro MacLennan: *El problema del aspecto verbal (Estudio crítico de sus presupuestos).* Agotada.

60. Joaquín Casalduero: *Estudios de literatura española. («Poema de Mío Cid», Arcipreste de Hita, Cervantes, Duque de Rivas, Es-*

144. Gustavo Correa: *La poesía mítica de Federico García Lorca.* 250 págs.

145. Rohert B. Tate: *Ensayos sobre la historiografía peninsular del siglo XV.* 360 págs.

146. Carlos García Barrón: *La obra crítica y literaria de Don Antonio Alcalá Galiano.* 250 págs.

147. Emilio Alarcos Llorach: *Estudios de gramática funcional del español.* 260 págs.

148. Rubén Benítez: *Bécquer tradicionalista.* 354 págs.

149. Guillermo Araya: *Claves filológicas para la comprensión de Ortega.* 250 págs.

150. André Martinet: *El lenguaje desde el punto de vista funcional.* 218 págs.

151. Estelle Irizarry: *Teoría y creación literaria en Francisco Ayala.* 274 págs.

152. Georges Mounin: *Los problemas teóricos de la traducción.* 338 páginas.

153. Marcelino C. Peñuelas: *La obra narrativa de Ramón J. Sender.* 294 págs.

154. Manuel Alvar: *Estudios y ensayos de literatura contemporánea.* 410 págs.

155. Louis Hjelmslev: *Prolegómenos a una teoría del lenguaje.* 198 páginas.

156. Emilia de Zuleta: *Cinco poetas españoles (Salinas, Guillén, Lorca, Alberti, Cernuda).* 484 págs.

157. María del Rosario Fernández Alonso: *Una visión de la muerte en la lírica española. (La muerte como amada).* 450 págs.

158. Ángel Rosenblat: *La lengua del «Quijote».* 380 págs.

159. Leo Pollmann: *La «Nueva Novela» en Francia e Iberoamérica.* 380 págs.

III. MANUALES

1. Emilio Alarcos Llorach: *Fonología española.* Cuarta edición aumentada y revisada. 1.ª reimpresión. 290 págs.

2. Samuel Gili Gaya: *Elementos de fonética general.* Quinta edición corregida y ampliada. 1.ª reimpresión. 200 págs. 5 láminas.

3. Emilio Alarcos Llorach: *Gramática estructural (Según la escuela de Copenhague y con especial atención a la lengua española).* 1.ª reimpresión. 132 págs.

4. Francisco López Estrada: *Introducción a la literatura medieval española.* Tercera edición renovada. 1.ª reimpresión. 342 págs.

IV. TEXTOS

1. Manuel C. Díaz y Díaz: *Antología del latín vulgar*. Segunda edición aumentada y revisada. 1.ª reimpresión. 240 págs.

2. María Josefa Canellada: *Antología de textos fonéticos*. Con un prólogo de Tomás Navarro. 254 págs.

3. F. Sánchez Escribano y A. Porqueras Mayo: *Preceptiva dramática española del Renacimiento y el Barroco*. Segunda edición muy ampliada, en prensa.

4. Juan Ruiz: *Libro de Buen Amor*. Edición crítica de Joan Corominas. 670 págs.

5. Julio Rodríguez-Puértolas: *Fray Íñigo de Mendoza y sus «Coplas de Vita Christi»*. 634 págs. 1 lámina.

V. DICCIONARIOS

1. Joan Corominas: *Diccionario crítico etimológico de la lengua castellana*. 1.ª reimpresión. 4 vols.

2. Joan Corominas: *Breve diccionario etimológico de la lengua castellana*. Segunda edición revisada. 628 págs.

3. *Diccionario de Autoridades*. Edición facsímil. 3 vols.

4. Ricardo J. Alfaro: *Diccionario de anglicismos*. Recomendado por el «Primer Congreso de Academias de la Lengua Española». Segunda edición aumentada. 520 págs.

5. María Moliner: *Diccionario de uso del español*. 1.ª reimpresión. 2 vols.

VI. ANTOLOGÍA HISPÁNICA

1. Carmen Laforet: *Mis páginas mejores*. 258 págs.

2. Julio Camba: *Mis páginas mejores*. 1.ª reimpresión. 254 págs.

3. Dámaso Alonso y José M. Blecua: *Antología de la poesía española*.
   Vol. I: *Lírica de tipo tradicional*. Segunda edición. 1.ª reimpresión. LXXXVI + 266 págs.

4. Camilo José Cela: *Mis páginas preferidas*. 414 págs.

5. Wenceslao Fernández Flórez: *Mis páginas mejores*. 276 págs.

6. Vicente Aleixandre: *Mis poemas mejores*. Tercera edición aumentada. 322 págs.